普通高等教育“十一五”国家级规划教材
教育部普通高等教育精品教材

21世纪公共管理系列教材

政府公共关系

第二版

主　编◎廖为建
副主编◎张　宁

本书编写人员
廖为建　吴柏林　张　宁　聂静虹
谭昆智　郭海鹰　熊美娟　王文蓉
李　莉　汤倩仪　陶军利　邓理峰
张　洁　周懿瑾　周如南

中国人民大学出版社
·北京·

“21世纪公共管理系列教材”专家指导小组成员

（以姓氏笔画为序）

出版说明

现代意义上的公共行政与公共管理的研究和教育开始于20世纪初的西方。时至今日，随着公共管理职业化的发展，公共行政和公共管理的研究和教育事业在西方发达国家方兴未艾。从20世纪80年代开始，适应公共管理改革与发展和培养公共管理人才的需要，我国的公共行政与公共管理研究和教育，在经历了发展的挫折之后，开始了恢复和重建的工作。经过20多年的发展，特别是公共管理一级学科的设置和我国公共管理硕士（MPA）专业学位研究生教育的启动以及高校公共管理本科专业的大量开设，公共管理已成为当代中国社会科学和管理科学领域教学与研究的一个充满生机活力和具有远大发展前景的学科。

为了适应新形势发展的需要，更好地研究、指导、管理高等学校公共管理的教学科研工作，2001年4月，教育部公共管理类学科教学指导委员会成立，并于2001年12月在广州召开了第一届全委会。参会委员就学科发展方向、课程设置问题进行了充分的讨论，很多委员认为应根据新形势下学科发展的需要，对目前公共管理类的课程设置进行调整，按计划年内拿出调整方案。目前，公共管理本科教育发展很快，编写反映本学科最新研究成果、与时俱进的、具有创新性的、高质量的本科教材迫在眉睫。

在教育部公共管理类学科教学指导委员会的指导、支持下，在对很多院校的公共管理类本科专业课程设置进行调研和对一些院校的课程设置情况、设置方向进行座谈的基础上，结合现有的教育部关于公共管理类本科四个方向（行政管理、公共事业管理、劳动与社会保障、土地资源管理）的课程设置情况，中国人民大学出版社组织全国著名专家，计划从2003年上半年开始，在两年内，陆续出版21世纪公共管理系列本科教材和教育部“十五”规划教材。

本套教材涉及公共基础课、专业基础课和选修课三部分的20多门课程。本套教材立足本科教学的需要，从本科教育的特点出发，从公共管理和公共行政教育的特点出发，在教材编写和内容安排上，强调基础知识、基本理论、基本技能；同时，也尽可能地体现创新性、前沿性的特点。

参加本套教材编写的有中国人民大学、北京大学、清华大学、复旦大学、中山大学、厦门大学、武汉大学、吉林大学、东北大学、西北大学等国内十几所著名大学的具有丰富教学和科研经验的教授专家，我们期望通过这种强强联合、优势互补、资源共享的方式，出版高质量的、权威性的精品教材。此外，为了保证教材的质量，更好地反映公共管理本科教学的特点，中国人民大学出版社邀请有关专家成立了21世纪公共管理系列教材专家指导小组。

公共管理的实践是不断变化和发展的，变革与发展是当代世界范围内公共管理的主题。随着公共管理实践的不断发展，公共管理学科研究的范围、主题和内容也在不断地发展和变化。这就要求公共管理教育以及相关的教材在方方面面都应该不断地更新。我们还会根据变化了的环境和要求，对教材的编写工作以及教材本身作适当调整。望广大读者不断反馈信息，对这套教材提出批评、建议，以便于我们不断修订、完善。

中国人民大学出版社

前　言

有一个汉字被评为2012年“中国年度汉字”，这个字就是“梦”。这个字之所以为人们所关注，是因为新任中华人民共和国主席的习近平曾多次提到“中国梦”这个词。习近平同志表示，中国梦就是人民梦，必须紧紧依靠人民来实现，必须不断为人民造福。这表明了政府力图扎扎实实地为人民服务，托起伟大的“中国梦”，实现“人民梦”。在这一点上，“中国梦”和“人民梦”是一致的。

这让我们研究政府公共关系的学者读到了一个重要信息，就是政府对公共关系的重视。一个重视“人民梦”的政府，一定是一个拥有良好公共关系的政府，因为人民是政府最重要的公共关系目标公众。在这样的背景下，《政府公共关系》第二版和读者们见面了。这一版的修订不但踏着新政的春风，而且在内容上和形式上也有所创新。首先，在内容上，我们去除了一些已显陈旧的知识点，如对互联网的介绍，而增加了社交媒体如微博、微信在政府公共关系过程中的运用。对原有的理论框架也做了再次梳理，力求精简而易于读者理解。其次，在形式上，我们增加了不少最新的案例，让原有的理论和知识点显得更加鲜活和丰满。但在整体上仍然保持原有的知识架构，体现我们这个团队对政府公共关系这个课题的理解，这个架构也是多年来团队深入研究得出的成果。

随着时代的进步和社会的民主发展，政府公共关系越来越成为一个重要的课题。新媒体的信息交互方式不断更新改写人们的社会关系，环境变化和社会变革让政府在公共管理领域里面临更多的挑战，这些挑战都可以从政府如何打造与人民的相互关系的角度去解读。我们不仅希望读者通过本书理解政府公共关系的基本理论框架，掌握基本的政府公共关系工作能力，还希望能和读者一起看到现实中政府公共关系建设的每一个新步伐。

廖为建　张宁

目 录

第1章

导　言

重点问题

- 公共关系的本质
- 公共性的特征
- 公共性的理论描述方式
- 政府的本质
- 政府公共关系的公共性

对政府公共关系[①] 的研究是从公共关系理论发展而来的。作为公共关系的一个分类，对政府公共关系的了解应基于两点：(1) 对公共关系有清晰的理解，尤其是对公共关系的本质有透彻的理解；(2) 对政府这个主体有清晰的理解，政府的制度设计、理念安排会影响政府各方面的作为，政府公共关系作为政府的职能之一，必然会受到政府制度、理念因素的影响。对以上两点深透的理解将有助于我们更好地理解政府公共关系。

1.1　公共关系的本质

公共关系学作为从西方引进的理论，面临着一个重要的问题，即确切的翻译。这直接影响中国人对公共关系学的正确理解。而公共关系学的核心概念"public relations"即使在西方的公共关系发展史上也一直存在争议，不少学者主张其应为 publics relations 或者是 relations with the public，即应为公众关系或是对大众的关系。Public 有两种词义，一为公共的、公开的、公用的，形容词词性，相对于 private 而言，表明它是非私人性的，

① 本书中的"公关"与"公共关系"意同。

非秘密的；一为名词含义公众、民众、大众，表明它不是个体，而是集团、群体。表面上看，似乎译为公共关系与公众关系都有道理。因而公共关系到底是**公共性**还是**公众性**的，就成为探讨的焦点。

一种观点认为应译为“公众关系”更为准确。首先，relations 被复数限定，表明它只能是在复杂的交往中体现出来的多种关系。其次，这种关系被定语 public 限定，表明它只能是社会组织在复杂的交往中与社会公众或由社会公众所组成的群体建立的非个体、非私人、非秘密的关系，它具有公众性、社会性、公开性等特点。因为它是“站在一个固定的角度（即一个社会组织）来分析问题，表明一个社会组织在其自身运转中与它所面临的各类内外公众之间建立起来的各种关系。这种关系特殊而复杂，不同的社会组织会有不同的公众对象，从而建立不同的公众关系。就一个特定的社会组织而言，由于它在不同的时期工作重点不同，也会因其工作的要求而使其面临不同的公众”[①]。因此，学者汪秀英提出，公众关系并不具有“公共”性，它不可能像“公用电话”、“公共图书馆”、“公共汽车”、“公共浴室”、“公共厕所”那样具有普遍意义。汪秀英进一步提出，虽然“公共关系”在我国已约定俗成并广为流传，似乎不影响公众关系工作的开展，然而它却影响公众关系理论的深入发展和公众关系学科的严密建设，故应该提倡用“公众关系”。别的学者也这样提出，搞活动也罢，塑形象也罢，都是有特定公众的。了解特定公众的需要、兴趣，并为他们提供服务与方便，这始终是公共关系工作的主要出发点。从这个意义上说，显然“公众关系”的表述比“公共关系”更为贴切。[②] 还有的学者认为，为了避免与大众关系、群众关系相混淆，仍译为公共关系更为准确。[③] 但该学者也认为，公共关系就是社会组织与公众之间互相理解、支持和依存的互动关系。它的一切活动都是围绕公众而进行的。可以说，公共关系就是公众关系。[④]

另一种观点则认为“公共关系”的译法更为准确。学者翟向东主编的《中国公共关系教程》就体现了这种观点。[⑤]《中国公共关系教程》指出，关系是网状的，而且也是变动的。在现代社会中，除变动性之外，关系的另一个最显著的特征，是它的“公共性”。无论是人，还是组织，为了其自身的生存和发展，都毫无例外地需要和社会各个方面建立各种相应的关系，而这种关系既不会局限于单一的方式，也不会固定于某一个对象，常常是视需要而定，应发展而变。同时，任何个人和组织都需要以社会为舞台，在考虑自我生存和发展的同时，也必须顾及社会的利益和其他组织或个人的得失。交往产生关系，关系构成网络，把这种关系和网络的共性做一个综合的概括，就是现代意义上的“公共关系”。当然，《中国公共关系教程》也倾向于把 public relations 译作“公共关系”，其中最主要的原因，在于这个词传入我国之初即被译作“公共关系”，以至已成为一个约定俗成的特定概念而被人们普遍接受和使用，并进而广泛流传。

那么到底什么是公共性呢？它和公众性又有何区别呢？

---

① 汪秀英：《公众关系学原理与应用》，3 页，北京，中国商业出版社，1991。

② 参见翟向东主编：《中国公共关系教程》，7 页，北京，中国商业出版社，1994。

③ 参见杨家栋主编：《现代公共关系》，6 页，北京，中国商业出版社，1996。

④ 参见上书，8 页。

⑤ 参见翟向东主编：《中国公共关系教程》，5～7 页。

从已有的对公共性的研究来看，公共性理论还存有很多争议与疑问，但不可否认的是，它的确给我们提供了观察问题、思考问题的一个独特视角。在试图综合理解各种公共性理论的基础上，可以归纳出两种对公共性的理论描述：理想观念型、现实分析型。

理想观念型从理想观念的角度认识公共性。如汉娜·阿伦特在《人的条件》中对公共性的理解与表述。她指出，“公共”一词表明了两个密切联系却又不完全相同的现象。首先，它意味着在公共领域中展现的任何东西都可为人所见、所闻，具有最广泛的公共性。即我们的存在感完全依赖于这种展现，从而也就依赖于公共领域的存在。其次，“公共”一词表明了世界本身。“共同生活在这个世界，这在本质上意味着一个物质世界处于共同拥有它的人群之中，就像一张桌子放在那些坐在它周围的人群之中一样。这一世界就像一件中间物品一样，在把人类联系起来的同时，又将其分隔开来。”[①] 同时，公共世界还必须超越凡人的寿命，它是我们一出生就进入、一死亡就弃之身后的世界；它不仅是我们与我们共同生活的人共同拥有的世界，而且是与我们的前人和后代共同拥有的世界。公共领域的公共性因此也就是对永恒的真诚关注。

N. 卢曼认为，凡是正确按照法律程序制定的决策都具有正当性，从而也就具有公共性。按照这个观点，比如在现实问题上，行政机关只要按照事前制定的法律行事即可，即使其行为结果随着时间的流逝已有可能满足不了社会成员的要求，也依然具有正当性，或者说具有公共性。J. 罗尔斯是自然法论的重要代表。罗尔斯的社会理论是以正义论的形式展开的，其所言的正义与我们所讨论的公共性的含义基本一致。他一方面为了纠正功利主义的“最大多数人的最大幸福”原理所带来的不平等局面而提出了“差别原理”，另一方面为了克服直觉主义的社会正义相对化倾向而提出了价值等级理论，即他把基本自由的平等原理放在最高政治价值的层次上，在其下面的层次上依次排列了机会均等原理、差别原理等。他认为通过这些原理形成的社会制度才具有社会正义和公共性。

站在哲学的高度上来理解公共性的概念，主要以中国学者贺来为代表。贺来看到了与公共性相关的另一范畴：公有现实。公有现实是指人们的实践活动所创造的，我们每个人都共有的生活现实。正如伽达默尔所言，“它指一种最内在的理解的、最深层的共有的，由我们所有人分享的信念、价值、习俗、习惯，是构成我们生活体系的一切概念细节之总和”[②]。“公有现实”是哲学的起点和归宿，它决定了哲学具有追求“公共性”的本性。西方传统哲学对公共性的追求体现在各个方面，贯彻在本体论、认识论和生存论等各个环节。传统哲学本体论和认识论对公共性的汲汲追求，在其深层结构中隐含着一种生存论的动机和对人类生存实践的关注。它试图证明：存在有或者必定有一些永久的与历史无关的模式和框架，在确定理性、知识、实在、善行和正义的性质时，我们最终可以诉诸这些模式和经验。[③] 然而，传统哲学的公共性追求是以一种极端、绝对的形式表现出来的，它存

① ［美］汉娜·阿伦特：《人的条件》，40页，上海，上海人民出版社，1999。

② 转引自贺来：《走向公共性的丧失——论后现代主义哲学的根本理论旨趣》，载《吉林大学社会科学学报》，1995（6）。

③ 参见贺来：《走向公共性的丧失——论后现代主义哲学的根本理论旨趣》，载《吉林大学社会科学学报》，1995（6）。

在着绝对教条主义的倾向，因而就有了后现代哲学对公共性追求的解构：后现代主义哲学从哲学的元价值观、哲学本体论和认识论、人的主体性、哲学的生存论等各个层面对“公共性”追求进行了全面彻底地拆解和批判。公共性之丧失是后现代主义哲学的重大理论后果，它昭示人们：超越后现代哲学的关键在于在合理的地基上重塑哲学的“公共性”维度。

现实分析型则从历史的、现实的角度理解公共性。如学者李明伍从现实的角度出发，提出以往的公共性理论的着眼点过分集中在“应当如何”上，从而轻视了“现实如何”的问题，即把历史性的公共性概念当作非历史性概念来加以理想化了。在他看来，公共性的问题归根结底可以说是平等的问题，但是现实社会中完全实现平等几乎是不可能的。基于此，李明伍对公共性进行了如下定义：某一文化圈里的公共性即为有关该圈里成员所能共同（其极限为平等）享受某种利益，因而共同承担相应义务的制度的性质。他通过如下三点来确认公共性：（1）成员范围；（2）享受利益＝承担义务的契机；（3）成员的价值判断。也就是说，公共性是由这三个部分所组成的。

类似地，美国学者斯坦利·I·本恩和杰拉德·F·高斯建构了“公共性”（publicness）和“私人性”（privateness）的“复杂结构理念”。他们主张社会的公共性和私人性有三个维度：行为者（agency）、利益（interest）和可进入性（access）。行为者指的是作为行为者，你的立场是什么？你的行动和决策，对其他人的状态有什么意义？利益指的是话题与相关人员的相关性，它决定相关人员参与讨论兴趣的大小。可进入性是指用来区分公共性与私人性的开放程度。这三个维度将帮助我们更好地理解公共性。

J. 哈贝马斯是“批判理论”的主要代表人物。他将公共性划分为古希腊“城邦”型公共性、欧洲中世纪“代表”型公共性、近代西欧“市民”型公共性等若干类型。哈贝马斯的公共性理论主要是在近代西欧“市民”型公共性理论的基础上展开的，并体现在资产阶级公共领域这个历史范畴中。他认为，资产阶级公共领域是伴随着市场经济形成的，但是它不等同于经济领域，不等同于市民社会；它不是由在历史进程中被动的、受压迫的平民组成的，而是由资产阶级革命以来的资产阶级组成的；它是由自由的个人组成，但它不等同于私人领域，因为私人领域是由完全自主的经济个体所组成的，完全受市场经济规则支配，是完全独立于国家的；它是由资产阶级组成的，但它不等同于国家，因为国家虽然是资产阶级利益的代表，但国家已经独立于资产者个体或集团的利益，而成为整个社会秩序的维护者。它是介于国家和社会之间的一个领域①，即所谓的“市民”（实际上是具有一定教养和财产的人）依自由意志通过相互辩论的场所。哈贝马斯从“市民”型公共性中抽象出“一般公开”的原理，这一原理后来又以“合理性”理论、“交往行为”理论的形式得到进一步发展。但总体来说，哈贝马斯对公共性的基本观点没有变化，他认为，只有在根据批判理性进行“对话”过程中所形成的“生活世界”里才能实现不排除任何成员的社会整合机制，即真正的公共性。

虽然两种角度的公共性看来有所不同，但仔细分析，理想观念型、现实分析型的公共性具有如下共性：（1）存在一个公共世界，也即公有现实；（2）对公共世界中的问题从多

---

① 参见余灵灵：《哈贝马斯传》，29页，石家庄，河北人民出版社，1998。

角度看待，多角度的对话、解释和沟通是合法性的前提和基础；（3）处于不断地追求“共识”过程中，没有绝对的真理；（4）从价值角度看，法律或者正义都是寻求确定公共性的标准，但也没有最终的结论。

人类在自身交流沟通的实践中，在不断地追求着这种理想的公共性，但是，一方面，理想的公共性是我们所希冀追求的公共性；另一方面，任何理想情形都如韦伯所言，只能存在于想象之中，现实的公共性不可避免地要受到各种政治制度、历史因素的影响。而我们能做的，是尽量在现实的羁绊中寻求有利的因素，朝着理想的目标迈进。对于理想观念型公共性的实现亦是如此。

公共关系学科的发展历程，一方面是公共关系基本理念发展的历程，同时它无疑也是一个追求真正的公共性发展的历程。整个公共关系原则发展的历程可以表示为：

公众该死的时代→公众该告知的时代→相互理解的时代→相互调整的时代

格鲁尼格教授的四个模式也可以很好地对其加以说明：

新闻代理模式→公共信息模式→双向非对称模式→双向对称模式。[①]

以上的模式体现了这样的一个发展逻辑：隐秘到公开，单向到双向，宣传到交流。而这种逻辑无疑也符合公共性发展的最终趋势，公开是一个前提，“公共世界”是我们得以讨论的平台，追求“共识”的过程就是一个融合、博弈的过程。

公众性强调对公众价值的认可和顾客至上的一种理念，是一种单向度的组织行为模式。而实际上，公共关系强调的是一种双向对称模式，即组织与公众之间互相理解、沟通的过程。公众性则片面地从一个极端发展到另一个极端，即原来组织居于强势地位到现在公众居于强势地位，两者都是相对解释了公共关系，因而是不全面的，不能代表公共关系的理念。而公共性则更好地解决了这个问题，注重组织与公众及公共利益，因而作为公共关系的特征理念更为恰当。

学者孔祥军提出：“把公共关系学的研究和应用置于范围广大的公众基础之上，而非把本来范围广大的公众限定在公共关系这样一个容量有限的学科之内。这只会拉近公共关系与其对象的距离，使更多的公众感到公共关系与‘一般大众’有关系。”[②] 我们认为，将范围广大的公众限定在公共关系这样一个学科之内，才能更好地体现公共关系的本质，即不是盲从于公众；同时，范围广大的公众对于研究来讲，其实很难保证其有代表的广大性及合法性[③]，实际上，对于任何一个具体的事件、关系而言，从对具体情况的分析入手，是更为恰当也更接近本质的。

以公共性为依托，公共关系的生存空间将得以拓宽。可以看到，公共关系的本质在于追求一种真正的公共性，即对于公共关系的主体——组织机构而言，如何在一个平等的平

① 格鲁尼格的《美国公共关系研究概述》详细阐述了这四个模式。参见郭惠民主编：《当代国际公共关系（第二版）》，5页，上海，复旦大学出版社，1998。

② 孔祥军：《知识经济时代的公共关系》，74页，北京，东方出版社，1999。

③ 伯明翰学派认为“大众”的内涵不是固定不变的，它代表的是一种价值、一种相对的立场，所以它首先应当被理解为一种关系，而不是经验性实体或固定本质。而且，“大众”也不是单质的整体，它实际上包含了各种各样由具体利益关系、政治立场和社会联系形成的群体，是一个杂多异质的关系组合。因此，无法将公众性作为一个有着实质性内涵的价值观，它必然是抽象的，随着历史发展而有着不同的面相。

台上更好地与其特定公众不断交流，达成共识，更好地实现双方利益的最大化，达到双赢的局面。

1.2 政府的本质

政府公共关系是当代社会发展对政府行政管理提出的客观要求。政府作为社会事务的指挥、管理和调控中心，一方面要借助政治、经济和行政、法律等“硬性”手段来管理，另一方面还必须借助公共关系这种“软性”方式来协调社会关系，达到既定的行政目标。[①]所以，政府公共关系的主体是政府。政府公共关系是公共关系学的一般理论在政务活动中的具体运用，它也是政府行为的一种。[②]

政府具有公共性，是为历来的学者所认可的。政治学家对政府公共性的论述最早应从柏拉图《理想国》的城邦正义精神算起。城邦成立的目的是为了实现正义，正义是指每个人都作为一个人干他自己分内的事而不干涉别人分内的事。柏拉图从道德的角度阐述了城邦作为实现公共的“善”的手段的具体内容，在这里，政府的公共性体现为维护正义。亚里士多德在《政治学》中指出，国家是社会团体之一，并囊括其他一切社团，其以“最高的善”为目的。善或正义的生活方式可以看作是城邦所能提供的具有公益的意识形态。

近代以来的政治学家如洛克、卢梭等多从契约精神出发去论证政府的公共性。洛克从自然状态出发，论证了人在自然状态下的诸多不便，如有人不断地受到别人的侵犯，而受到侵犯后又缺少公正的裁判，如此便容易进入战争状态。于是人们订立契约，把自己做自己裁判的权力交给公共机构即政府去完成。政府成立后的首要任务就是保护财产，由此政府的公共性体现为公共裁判和对缔约者财产权的保护。卢梭继承了洛克的自然状态理论，从达成社会契约的角度分析了如何由个人的天然自由达到个人的社会自由。在达成契约的过程中，政府得以产生，“政府是臣民和主权者所建立的一个中间体，以便两者得以相互适应，它负责执行法律并维持社会以及政治的自由”[③]。人与人之间的种种冲突损害了每个人的利益，解决的办法是运用理性，通过协商把天赋权利让渡出来，使之成为一种“公意”，由主权者国家来维护和实现“公意”。在这里，共同利益演变成为“公意”，也就是说具有了公共性。[④]

边沁则从功利主义的角度分析了成立政府的原因。人们加入政治社会是因为个人的福利比加入之前有显著增加，因而加入政治社会、成立政府是人们的理性选择。政府的公共性体现在它与自然状态相比更能提供公共福利，使社会总体的福利达到最大化。

马克思从阶级的角度去分析政府的公共性。他认为“国家是整个社会的正式代表，是

---

① 参见翟向东主编：《中国公共关系教程》，332页。

② 参见廖为建主编：《公共关系学》，334～336页，北京，高等教育出版社，2000。具体地说，政府公共关系就基本性质而言，包括政府的公众信息管理、政府的公众舆论管理、政府的公众关系管理和政府的公众形象管理。

③ ［法］卢梭：《社会契约论》，76页，北京，商务印书馆，1996。

④ 参见王乐夫、陈干全：《公共管理的公共性及其与社会性之异同析》，载《中国行政管理》，2002（6）。

社会在一个有形的组织中的集中表现”①。国家的本质特征是和人民大众分离的公共权力，从表面上看好像政府并不存在全社会范围内的公共性问题，实际上，即使政府的阶级性是其本质特性，马克思也承认政府在全社会范围内有其公共性，因为国家的产生绝不是从外部加于社会的一种力量，“国家是社会在一定发展阶段上的产物；国家是承认：这个社会陷入了不可解决的自我矛盾，分裂为不可调和的对立面而又无力摆脱这些对立面。而为了使这些对立面，这些经济利益互相冲突的阶级，不致在无谓的斗争中把自己和社会消灭，就需要有一种表面上凌驾于社会之上的力量，这种力量应当缓和冲突，把冲突保持在‘秩序’的范围以内；这种从社会中产生但又自居于社会之上并且日益同社会相异化的力量，就是国家”②。国家在这里充当不同阶级或群体的公共利益和意志的代言人角色，它等同于协调双方的公共性。由此可以看出国家具有维护全社会秩序的功能，这种功能正是国家（或政府）公共性的体现。

哈贝马斯指出，“公共建筑”不仅仅意味着大家都可以进入，它们也从来都不是用于公共交往的场所，而主要是国家机构的办公场所；国家是“公共权力机关”，它之所以具有公共性，是因为它担负着为全体公民谋幸福这样一种使命……公共性始终都是政治制度的一个组织原则。

对于公共性，有学者这样概括和描述：公共性“指的是一种公有性而非私有性，一种共享性而非排他性，一种共同性而非差异性。具体如在社会公共性领域内活动的主体不是纯粹的私人主体，还有公共主体；运作的权力（利）不是纯粹的私人权力（利），还有公共权力（利）；所作的决策不是纯粹的私人自治，还有公共决策；生产的物品不是纯粹的私人物品，还有公共物品”③；等等。

由以上分析可以看出，历代的政府都在追求公共性。政府的公共性是政府的第一属性，政府因为其公共目标而成立，这也正是政府公共性的起源，虽然不同时代、不同背景对政府公共性的外部特征有不同的要求，但实现正义、提供公共物品、满足公众利益却是所有政府公共性中的共同内容。④

历代政府追求的公共性日益向理想类型的公共性迈进。如从公共性的执行者（或成员范围）来看，政府日益扩大着自己的权力来源和其昭示的合法性，从“君权神授”到“主权在民”；从公共性的利益角度来看，政府唯有不断扩大其政策目标的公共利益，才能更好地证明其合法性；从公共性的环境、价值判断来看，政府的口号从“为君”发展到“为民”，自由、公平、正义已经深入人心。

政府主体的公共性从政府行为的角度规定了政府公共关系的公共性。

本章小结

政府公共关系是公共关系的一个分类，它的主体是政府。因此要想对政府公共关系有

① 《马克思恩格斯选集》，2版，第3卷，631页，北京，人民出版社，1995。

② 《马克思恩格斯选集》，2版，第4卷，170页，北京，人民出版社，1995。

③ 王保树、邱本：《经济法与社会公共性论纲》，载《西北政法学院学报》，2000（3）。

④ 参见祝灵君、聂进：《公共性与自利性：一种政府分析视角的再思考》，载《社会科学研究》，2002（2）。

透彻的理解，首先要对公共关系及其本质有清晰的认识；其次要意识到政府公共关系作为政府行使的一个职能，会受到政府制度、理念因素的影响。本章阐述了公共性和公众性的区别与联系，并指出公共关系的本质在于追求一种真正的公共性，即公共关系的主体如何在一个平等的平台上更好地与其特定公众不断交流，达成共识，更好地实现双方利益的最大化，达到双赢的局面。本章介绍了政府的公共性，阐述了政府主体的公共性，从政府行为的角度规定了政府公共关系的公共性。在我国，政治制度正在逐步发展完善，政府公共关系的公共性，亦即追求政府与公众之间的平等互动，也在日益发展。

关键术语

公共关系　　公众关系　　公共性　　政府　　政府公共关系

复习思考题

1. 什么是公共关系？
2. 公共关系的本质是什么？
3. 公共性的特征有哪些？
4. 描述公共性的方式有哪些？
5. 政府的本质是什么？
6. 政府公共关系的公共性体现在什么地方？

第2章

政府公共关系的理念

重点问题

- 政府公共关系的缘起
- 政府公共关系与企业公共关系的关系
- 政府公共关系的成长过程
- 政府公共关系主体与客体的互动关系
- 公共关系的定义
- 政府公共关系的定义
- 政府公共关系的三个目标

2.1 政府公共关系与企业公共关系——公共关系的缘起

政府公共关系作为公共关系的一个类别，往往被认为是由企业公共关系的理念应用到政府上而来的。但实际上，公共关系的缘起或者说萌芽其实更多的是与政府进行的类似公共关系的活动相关联的，这一方面是由于古代和近代的市场经济不太发达，企业无力进行超出生产以外的资本投入活动；另一方面是政府认识到民心向背的作用，从各方面进行了相应的投入以保证公众舆论对其合法性的支持。

美国可以说是公共关系理论的诞生地，它的公共关系开始出现于由贵族领导的爱国者和商业性的、有产阶级的英国保守党之间争夺权力的美国革命时期。在独立运动时期，这些美国的革命家深深懂得公众支持的重要性，并且直觉地知道怎样唤起和引导它。亚当斯就认为："人类的主体更多的是跟着他们的感觉走，而不是跟着他们的理性走。"[1] 所以如

① 转引自［美］Scott M. Cutlip等：《公共关系教程》，85页，北京，华夏出版社，2001。

果手边没有任何可以服务于其目的的东西，这些革命家就会制造出事件来满足其某种需要。革命家卓有成效的传播为这个国家以后的政治斗争树立了榜样。以至于美国的学者们这样称赞当时的革命家："绝大多数人都远远没有认识到，今天的公共关系模式主要是由亚当斯和他的革命伙伴们在动员舆论的过程中创新形成的。"①

另一个新的公共关系里程碑则是《联邦主义文集》的出版。一位历史学家写道：在回避对宪法的打击和谋求对宪法的支持中，《联邦主义文集》的作者们做了有史以来已知的最佳公共关系工作。②

只有当公共关系与这些权力斗争和反复发生的变革危机相联系的时候，它才富有意义，才能显示出其巨大的能量。在美国历史上，公共关系发展最迅速的时期均为危机产生的时期：第一次世界大战、大萧条和新政、第二次世界大战、朝鲜战争、越南战争、与苏联的冷战年代、入侵巴拿马、波斯湾战争以及与伊拉克萨达姆·侯赛因的持续冲突等。③

公共关系的历史在中国共产党和国民党相斗争的时期也可以清楚地反映出来。1949年新中国成立前夕，中国共产党在军事战场上向国民党发起了进攻，势不可当，而在没有硝烟的新闻宣传阵地上，我党同样取得了很大的成就。中国共产党严格新闻纪律，制定了严谨的新闻政策，发出了一系列有关城市办报方针的指示，把新闻的政治性提到其应有的位置。相比之下，"有限新闻自由"使国统区的新闻媒体不断公开批评当局政策，影响着民众心态，在民心转向上无疑帮了共产党的大忙。④

可见，政府公共关系作为公共关系的一种，它的产生是早于企业公共关系的。但不能否认的是，企业公共关系的各种实践活动为公共关系学科理论的成熟奠定了基础，成为公共关系学理论不可不述的重要历史。政府公共关系的那些萌芽活动则被当成了权力斗争的手段、策略放进了历史教材中，不幸被公共关系学科理论遗忘了。

从这些政府公共关系与权力斗争紧密联系的事实中，我们可以看到，公共性所追求的本质——合理合法性，也是政府公共关系所追求的目标，它的种种手段无非是为了一个目的——民众的支持，从而获得其统治的坚实基础。

从公共关系的学科发展角度来讲，企业公共关系一直都是研究的重点，政府公共关系似乎是从企业公共关系已经发展完善的理念中借鉴过来的。政府公共关系缺乏自己的理论体系，虽然如上文所述，公共关系史中更多体现了政府公共关系的深远影响和意义，但可能是由于研究政府公共关系的敏感性，或者更多的是出于市场经济的发达等原因，企业对于公共关系理论的需要，企业公共关系理论研究的发展过程，远远超出了政府公共关系的理论研究。

但是，需要明确的是，政府公共关系作为公共关系的缘起，其产生远比企业公共关系要早，这是因为政府公共关系提供了合理合法性的公共性。正如哈贝马斯所述，企业其实是享用了公共性给它们带来的合理合法性，从而具有一种使人消费的正当性。

---

① ［美］Scott M. Cutlip 等：《公共关系教程》，85 页。

② 参见上书，85 页。

③ 参见上书，87 页。

④ 参见张仁善：《1949 年前后中共的新闻政策及历史效应》，载《二十一世纪》，2001（6）。

2.2　政府公共关系的概念分析

政府公共关系的研究在公共关系学科历史发展中多有体现。学科历史中有六个主要时期追溯了政府公共关系的成长过程：（1）温床时代（1900—1917 年）。揭发丑闻的新闻界受到防御性新闻宣传的反击，西奥多·罗斯福和伍德罗·威尔逊动用公共关系技巧促进了影响深远的政治改革。（2）第一次世界大战时期（1917—1919 年）。戏剧性地表现了运用有组织的宣传去点燃炽热的爱国主义热情的威力——推销战争公债、征募士兵和为福利筹集捐款数百万美元。（3）急速发展时期（1919—1929 年）。在战争中学会的新闻宣传的原则和实践，被应用于推销产品、为战争加速带来的技术变化争取市场、赢得政治斗争和为慈善事业筹集数百万美元。（4）罗斯福时代和第二次世界大战（1929—1945 年）。大萧条和第二次世界大战，以其影响深刻和影响深远的实践推进了公共关系的实践。（5）战后调整时期（1945—1965 年）。这个时期国家开始从战争导向的经济向后工业时代的、服务导向的经济转移，承担起了自由世界的领导职责。在这一时期，公共关系得到了广泛接受，从业人员的数量超过十万大关。这一时期也出现了数量众多的专业协会，公共关系教育开始发轫，电视作为威力强大的传播媒介开始崛起。（6）全球信息社会时期（1965 年至今）。主要表现为高新技术加速发展，传播渠道多样化，从国家经济到以全球相互依存和全球竞争为主要特征的世界经济的转型。来自这些深刻变革的压力，使得相互矛盾冲突的利益集团之间更加需要进行协调，并相互调整和迁就融合。[①]

案例　　罗斯福的“炉边谈话”

1933 年 3 月 12 日，即罗斯福就职总统后的第 8 天，他在总统府楼下外宾接待室的壁炉前接受美国广播公司、哥伦比亚广播公司和共同广播公司的录音采访，工作人员在壁炉旁装置扩音器。总统说：希望这次讲话亲切些，免去官场那一套排场，就像坐在自己的家里，双方随意交谈。哥伦比亚广播公司华盛顿办事处经理哈里·布彻说：既然如此，那就叫“炉边谈话”吧。于是就此定名。罗斯福在其 12 年的总统任期内，共作了 30 次炉边谈话，每当美国面临重大事件之时，总统都用这种方式与美国人民沟通。在罗斯福上任后雷厉风行地推行第一次新政时，这种方法的作用表现得最为突出。他的谈话不仅鼓舞了美国人民，坚定了人民的信心，而且也宣传了他的货币及社会改革的基本主张，从而赢得了人们的理解和尊敬。对美国政府度过艰难时期、缓和危机起到了较大作用。

从对这六个时期的分析来看，政府对公共关系理论和实践的促进有着极为深远的影响。政府逐渐认识到公众的重要性，而且政府的合法性也更多地取决于公众的认同。伴随

① 参见［美］Scott M. Cutlip 等：《公共关系教程》，91 页。

着公共关系的成长历程，政府公共关系也随之逐渐成熟起来。而这种公共关系的成长历程，就是对公众利益的认同过程，每当公共关系遇到挫折或者是止步不前的时候，它都能从公众那里发现自己错误的原因，从而改正、成长。

政府公共关系主体与客体之间的互动，从政府与公众的这种互动关系中鲜明地体现出来。互动，不是简单的说服、宣传，而是平等的心态和平等的交流。科学技术的发展也每每使得公众更加了解和参与到整个社会中来。这种“牵一发而动全身”的时代对于整个世界来说，是以前历史上从来没有过的。公共关系在今天能够发展成为一门职业、一门学科、一种不可缺少的理念，都是与时代的发展密切相关的。今天这种互相依赖的关系，要求我们必须互相理解，而公共关系，作为理解问题的一把钥匙，也要求我们怀着这种基本的理念：在我们“共同生活的世界”上，平等地交流、探讨，而不是被操纵的思考与说服，寻求我们理解的钥匙——“共识”，这也是公共性的含义所在。

由于目前对政府公共关系的研究还较少，故对政府公共关系的定义探讨主要从公共关系定义的讨论而来。其中，学者廖为建主编的《公共关系学》一书对公共关系的定义做了较好的分类。管理说：公共关系是一种独特的管理职能，它主要是管理者掌握组织与公众之间的互动关系的一个工具；传播说：公共关系就是一个组织为了达到与它的公众之间相互了解的确定目标，而有计划地采用一切向内和向外的传播沟通方式的总和；传播管理说：将管理说和传播说结合起来，强调公共关系是组织一种特定的传播管理行为和职能；咨询说：侧重公共关系的决策和咨询功能；关系说：强调公共关系是一种公众性、社会性的关系或活动；协调说：认为公共关系主要是协调组织和公众之间的关系；形象说：强调了公共关系的宗旨是为组织塑造良好的形象。

所有这些定义都包含着这样的重要因素：组织与公众，组织与公众之间的传播过程，如何获得组织和公众之间的良好关系等。要说明的是什么样的传播过程可以获得良好关系？这里格鲁尼格教授为我们提供了答案。格鲁尼格教授认为，公共关系是一个组织与其相关公众之间的传播管理，其目的是建立一种与这些公众互相信任的关系。同时格鲁尼格教授也同德国、美国、中国台湾等地的博士生和同事研究如何定义所谓的与公众之间的“良好关系”。迄今为止，他们已经确认了良好关系的五大特征：（1）互相控制，即组织管理层和公众都认为他们对影响彼此的组织决策有一定的控制权；（2）关系承诺，即组织管理层和公众都意识到双方的互相依存性，并愿意给对方与其他方建立关系的一定的自主权；（3）双方满意，即双方都认为这种关系对彼此有益；（4）彼此信任，即各自都愿意授予对方以一定的控制权，因为相信对方会对其行为负责任；（5）达到目标，即不管是这种关系的存在还是通过这种关系，双方都达到了各自的目的或确保了自己的利益。①

根据以上的探讨，我们可以对政府公共关系定义如下：政府公共关系是政府通过各种信息传播手段，在行使其职能过程中与社会公众进行平等、互动的交流，从而争取达成共识，创造和谐环境。

---

① 参见郭惠民主编：《当代国际公共关系（第二版）》，5页。

2.3　政府公共关系的目标

政府公共关系既具有公共关系的一般属性，又具有不同于其他类型公共关系的特殊属性。主体的权威性、客体的复杂性、传播的优越性以及性质的民主性，使得政府公共关系目标具有特殊性。[①]

那么，政府公共关系的目标是什么呢？学术界主要从以下几个方面对其加以把握：第一，促进公众的认知是政府公共关系的首要目标。因为政府经常以强制性的权力贯彻路线、方针、政策，广大公众则对政府的内部运作状况和决策过程缺乏了解，因此给政府决策的制定和执行造成困难。政府公共关系则提高了政府管理的透明度，影响了公众的看法和意见，增加了彼此间的信赖，为政府营造了一个良好的公众环境，使政府树立了良好的政策形象。第二，提高政府的知名度和美誉度。这指的是对政府的国家公共关系来讲，需要提高国际知名度，从而更好地吸引外资，推动我国经济的发展。第三，最终目标是提高社会效益。其价值追求表现为公共取向，而企业和其他许多社会组织一般都是以本组织利益为取向。

2.3.1　促进公众的认知

促进公众的认知是政府公共关系的首要目标。在这一过程中，我们可以清楚地看到，更多的是决策制定后，为了确保决策更好地被执行，而使公众得到信息。决策制定过程中的公众对政策的参与、筹划被省略、忽视。政府公共关系目标定位的可操纵性暴露无遗。虽然在政府公关的功能过程中，强调了信息的沟通，强调了参谋咨询、公众服务等内容，但整个过程仍是以确保决策执行为出发点，从搞好关系入手，而不是真实的倾听公众的声音和意见。政府公共关系变成了一种变调的独奏。真公共性所要求的批判和平等的参与都被巧妙地掩饰和忽视了。

现代公共关系学中所说的政府公共关系从“自在的”、“自为的”，变成了“一种自觉的、主动展示和完善政府与公众关系的、明朗的政府公共关系”[②]。尽管他们都承认公众的知情权，承认“一个民主的政府必须向公民报告它的活动”，承认“有效的政府行政管理需要积极的公众参与和支持”[③]，但是，他们在制定政府公共关系计划的目标时却往往忽视这一点，只单方面强调政府的操纵与展示的作用。卡特利普的目标就较好地说明了这一点：(1) 向选民通知政府机构的活动；(2) 确保对于政府项目的积极合作，以及遵守有关管理规则；(3) 促进公民支持已经确立的一些政策和项目。从“向”、“确保”、“遵守”、“促进”这些字眼就可看出政府的操纵和展示的特性。从某种意义上来说，这也并非政府的错误。伪公共性的兴盛、现代世界的忙碌紧张使许多人茫然，误以为合

---

① 对政府公共关系目标特殊性的阐述，可参见廖为建主编：《公共关系学》，337～340 页。

② ［美］Scott M. Cutlip 等：《公共关系教程》，377 页。

③ 同上书，393 页。此为政府公共关系存在的合理性的两个基本前提。

法性就在于这种操纵展示的过程，甚至将这种操纵展示都当成是难得的对其公民的恩赐了。

从文化批判的公众到文化消费的公众的转换，令积极主动的公共交往行为消解为被动接受的个人消费行为。市场规律不仅操纵了商业领域，而且也渗透到作为公众的私人所操纵的领域，从而批判意识也逐渐转化为消费观念。在企业高效率的压力下，公共选择理论也好，管理主义也好，无非是希冀政府以企业的行事原则为用，从而带来政府的高效率。政府公共关系日益处于这种大的宏观环境之中，加之本身亦是从企业的公共关系理论借鉴而来，难免也受此影响，消费观念的盛行消解了人们本就不多的批判意识，使政府公共关系迷失了方向。政府公共关系帮助政府推动促进其政策的有效实施，这是对的。但不应忘了，政府公共关系更重要的任务在于保持公共性所需要的批判的交往意识，以保证政府一种合理合法性的存在，这也是民主的目标。

哈贝马斯指出，由于社会组织已经侵占了原来意义上的公共领域，那么，只有在它本身完全满足公共性要求的情况下，即在它重新变成严格意义上的公共领域的情况下，才能发挥组织的政治批判功能和监督功能。首先是政党，接着推及具有政治影响的大众媒体和公共组织，使它们的内部结构按照公共性原则加以组织，并在制度上允许有一种政党内部或组织内部的民主存在，即允许平等交往和公开批判。这是现代政府公共关系的应有状态。这种政党和组织的公共交往过程显然是与展示和操纵的公共关系相对立的。政府公共关系的目标便在于推动这种具有真正公共性原则的公共交往过程，从而保证真正的合理合法性。

2.3.2 政府主体意识消解了它的职能意识，出现目标置换错误

管理学中，我们经常强调目标管理，它对政府公共管理也是一样适用的。但是目标管理过程中，容易出现目标置换错误。所谓目标置换错误，指的是这样一种情况：大型组织有一个总目标，它下面的各组织、各部门又有自己的分目标，目标体系繁杂。在考核过程中，针对各组织、部门所做的评估是基于分目标的，这就使得各组织、各部门往往将自己的分目标置于总目标之上，造成目标置换的现象，从而影响了总目标的完成。这种情况也最容易出现在政府中。它表现为以下两种情况：

第一，政府的总目标是为人民服务，更好地满足人民群众日益增长的物质和文化需要。但是这个抽象目标在具体转化为各部门目标时，未必就能真实地反映总目标。各部门在制定本部门目标时，往往更多地从部门利益、个人利益出发；有的部门虽然尽力去制定反映总目标的分目标，但是由于部门层次多、信息不充分，各下级部门又从本部门利益出发，造成目标错位，并出现了目标置换现象，而政府并未意识到这个错误。政府公共关系的目标制定过程也反映出这个问题，公共关系的目标是处理好公众与政府的关系，保证双向对称模式的建立，并最终服从于政府的总目标——为人民服务。但很多部门分目标的制定实际上偏离了总目标，也不符合公众利益。因为在塑造形象和追求个人或组织利益的过程中，容易发生压制问题的情况，公共关系的目标变成单一的宣传说服或强制收费，忽视了公众问题的解决。

例如，在具体分离过程中，变成一味地为形象而形象这样的具体目标，有的地方领导

人为突出自己的业绩，到一个地方就搞政绩工程、形象工程，没有考虑到当地的实际困难和问题，自己走后留下了一个烂摊子。

再如政府在创建市场的同时，并未像原来预期的那样，逐步退出市场，而是同时又在强化着对市场的干预，甚至其本身也开始市场化，更多地卷入经济活动，这样就使得政府自身具有了相互冲突的目标，大大降低了公共管理活动的效益。[①]

第二，政府主体意识过强，消解了它的职能意识。这也同样反映在目标置换过程中。政府作为一个组织，它的任务不仅仅是维护组织地位、保证组织存在，还要使组织在社会上能够发挥它应有的作用，这是维护组织地位、保证组织存在的前提。政府这个组织的作用也就是更好地为公众提供公共管理、公共服务，如果不能完成这个任务，它存在的合理合法性就会受到质疑。因此，在政府目标设置过程中，削弱职能意识，强化主体意识，会造成合理合法性的缺乏，最终损害了它的“公共性”意识。在政府和公众之间，政府处于某种优越的地位，但是这种地位是法律赋予的，是与特殊的义务和责任相联系的，但这并不意味着在政府与公民之间存在根本的不平等关系。是否将公民和政府放在平等的地位上，政府及其官员与公民在法律面前是否平等，这是衡量行政发展与进步的标志。[②] 强化政府的主体意识，意味着强调其优势的地位，而对其承担的责任和义务缺乏相应的监督机制，这是政府另一种形式上的目标置换。

2.3.3 政府公共关系目标重塑——公共性视野

由于政府角色的特殊性，政府公共关系越来越成为一个非常重要的领域。很多社会学家和理论家都感到非常忧虑，世界变得四分五裂，每个人都在大声辩论，不尊重、不理解、争斗和立场的顽固不化取代了寻找解决问题的方法。“美国学者克鲁勃格和斯塔克呼吁公共关系人员为在社会和世界范围内实现大同社会发挥积极的作用。我们可能会有不同意见，但必须互相尊重和理解，否则我们的国家最终会分裂成为互相角逐的利益集团。”[③] 共同倾向或者说在理解和尊重中寻求共识在公共关系领域中变得越来越重要。

通过何种途径达成共识呢？这需要我们以真公共性为原则来指导重建政府公共关系目标，具体如下：

（1）政府公共关系旨在填补政府与公众之间的鸿沟，促进双方的互相认知：公众参与政府的决策制定过程，政府的政策及各类公众需要的信息被及时传达给公众。

（2）政府公共关系应树立一种有效的公关文化意识——与社会各界团结合作，共同创立一种“求同存异”的公共性文化。

（3）政府公共关系提倡职业道德文化建设，树立平等的职业意识，去除“官本位”意

---

① 参见洪大用：《当代中国社会转型与环境问题——一个初步的分析框架》，载《东南学术》，2000（5）。文中谈道：对于一些环保部门和官员而言，环境管理本身已经成为谋取自己利益的手段了，从而改变了其保护环境的性质，这是最典型的“政策失灵”。一方面，受原有计划体制的束缚，政府财政所提供的环保人员编制和经费非常有限，而实际的环保工作又比较繁重，因此，向企业收取有关费用，就兼有维持环保机构自身生存的目的。这样，就发生了所谓的目标置换。另一方面，一些官员为了私人的利益，也可能放松甚至放弃有关环境政策，只要自己的利益得到满足就行。

② 参见张成福：《论公共行政的“公共精神”——兼对主流公共行政理论及其实践的反思》，载《中国行政管理》，1995（5）。该文对以公共精神为指导、逐步实现政府与公民平等化的行政有较好的论述。

③ 郭惠民主编：《当代国际公共关系》，36～40页，上海，复旦大学出版社，1995。

识。从根本上重新定位人与人之间、政府与社会之间的关系，提高服务意识与质量。

就第一点而言，公共关系的最优模式一直都被认为是双向对称模式。促进双方的互相认知，并不断地进行信息沟通、交流，这无疑是我们一直所希望的。以前的目标单方面强调了“促进公众的认知”，这就在前提上预设了政府决策的正确性、合理性与合法性，而实际上没有公众的参与，政府决策的质量是可以被质疑的。

从政府公共关系的信息输入输出机制来看，还存在着各种问题。目前的信访制度、市长电话、专项热线、市长专邮、行政首长接待日等专访接待制度，都只能起到“稳定阀”的作用，只能就事论事，不能从根本上解决公众参政议政的需求；而且就连是否能真正解决个人问题这点，也要依靠个别官员的“清官”意识。这种在“清官”面前“喊冤”的措施和意识，从根本上来说是不规范的，甚至可以看成是一种掩人耳目的装饰和点缀。个别人走访几十年申诉自己的不白之冤，最终通过某领导的重视得以解决，这种传媒的故事不光具有令人悲愤的“故事”性，它凸显的还有整个社会中正式制度的不规范操作，是官官相护的意识和公民权利被极度漠视的表征。在谈论代表最广大人民群众的利益的时候，把人民群众“类”化的意识是极不负责的，每一位公众都是政府服务的对象，也受到政府的管理。如何代表好每一位公众的利益，需要政府与公众加强双向沟通。政府公共关系的双向对称模式现在还没有可能达到，但是这并不妨碍我们以此为目标积极努力地追求。

在民主开放的社会中，公众对政治生活的参与意识较强，政府与公众的双向沟通也愈加重要。执行有效的公共关系职能，需要建立公众参与政府决策的各种机制，它在当今社会有着重要的意义。同时要看到，从某种意义上说，程序控权比实体控权更重要，因为权力的划分是相对稳定的，而权力的行使却是经常性的，若无程序规则的约束，则会时时构成对公民权利的威胁。为此，程序常常被看作是实现“有节度的自由、有组织的民主、有保障的人权、有制约的权威、有进取的保守”这样一种社会状态最重要的基石。

在美国，行政程序法要求官僚所制定的每一项规则必须要有一个以上的公共意见参与决策。最简单的是“通告与评论”，公众可以在一定期限内，对所发布的规定做出回应。另一个管理与许可规则的形态是要求在决策作出之前，必须举行开放性的公听会。[①] 这些都为公众参与政府决策创立了极好的机会，并有助于双向对称模式的建立。我们可以在此目标的指引下，继续探索双向对称模式在政府公共关系中的实现机制。

社会协商对话便是政府与公众群体或团体进行平等、直接、公开的对话，听取公众意见，回答公众问题，这对提高政府管理的民主化和工作效率有着重要意义。社会协商对话，除进一步发挥人民政协、各民主党派、各群众团体等已有的协商对话渠道的作用外，为适应社会发展中不断出现的新的利益阶层的需要，应进一步开拓其他社会沟通渠道。对话形式除特邀的会议外，还可采用更为自由的公众咨询对话方式，以吸引更多公众参政议政。

除了对话渠道外，还应重视公众议政活动的开展，主要利用报纸、杂志、广播、电视等大众媒介，围绕公众关心的热点问题，动员公众献计献策，这也是一种很好的吸引公众

---

① 参见［美］B·盖伊·彼得斯：《政府未来的治理模式》，57页，北京，中国人民大学出版社，2001。

参政议政的政府公共关系形式。天津市政府经常利用新闻媒介对市民最关心的问题进行公开讨论；广州市委、市政府举办的“假如我是广州市长”的征文活动（市长参谋活动）等，都动员了成千上万的居民各抒己见，收到了良好的社会效果。

案例　广州市长大接访

2008年6月，在广州市首次举行的市、区、镇三级政府官员大接访活动中，张广宁一共接下了436名群众的142份信访材料，几乎是以往市长热线受理量的10倍。而在全市范围内，各级领导干部昨日共接待群众4 576批8 350人次，规模之大全国首见。

记者发现，市民投诉的焦点主要集中在社保、住房、拆迁补偿、环境污染以及法院判决执行不力上。不少群众由于常年信访都没有得到满意答复，情绪激动，一见张广宁就握住市长的手死死不放，一边流泪一边反映情况。张广宁在仔细聆听市民投诉的同时，不时出言安慰市民放宽心。对于市民提出的各类问题，张广宁有的从政策上给予解释引导，有的当场批示，要求现场接访的委办局负责人立刻落实。

对于此次走出电话间实行公众场合接访的初衷与目的，张广宁表示，面对面听取市民的诉求，与接电话感觉大为不同。通过这种方式，政府可以更直接地了解老百姓最关心什么、最需要什么、最大的困难有哪些。

说到这次接访的体会，张广宁表示，这次接待的上访人很大一部分都是重复信访，接下来各部门各区（市）在解决过程中，不仅要认真处理，还要对这些信访案件专门跟踪检查，确保问题得到实质上的解决。另外市政府还将对这次三级接访收集到的各种问题汇总分类，专题研究。他还表示，媒体也可以帮助政府收集市民意见和投诉，集中后交给市政府。每一次接访，就让群众多一分希望，少一点怨恨；让干部多一份责任，社会多一点和谐。

对于今后是否还会举行这种类型的大型接访活动，张广宁表示这次接访的经验回去市政府还要归纳研究，但他强调，这次接访的效果是好的，但是如果每次接访都需要市长出面才能解决问题，那就是一种失败。“接下来关键是建立长效机制。最好市民不出远门，在社区就有平台可以投诉。”张广宁说。

资料来源：《南方日报》，2008-06-27。

我国古代也有许多成功的准公共关系活动，如纳言——上古时代的信息收集与发布官；王官采诗——周王派官员深入民间采集民谣；不毁乡校——让公众有合法场所发表意见，议论国政。[①] 上述准公共关系思想与活动、社会协商对话以及公众的议政活动都应加强其制度化，形成公开稳定的社会沟通渠道，定期向公众开放，使各种问题及时得到解决，促进政府公共关系双向对称模式的建立。

就第二点而言，政府与社会各界以团结合作的方式共同创立一种“求同存异”、“追求共识”的公共性文化，是非常必要的。公共生活是在相互的交往中形成的一个市民社会、

① 参见武敏中：《试论我国政府公共关系的现状及发展趋势》，载《中国政治》，1997（6）。

个人、国家之间互动的场域。公共事务因此所面对的挑战既无法简单地通过国家的管理，又无法通过私人的努力得到解决。因此，只有团结合作，本着求同存异的原则去追求共识，才是真正的策略。

乔治·索罗斯在他的《开放社会：改革全球资本主义》一书中提出一个基层化原则，我们认为对当今社会很有借鉴意义。乔治·索罗斯提出，基层化原则是一种与中央集权相对立的、由下至上构建的政治秩序，由于难以确定什么是共同利益，因此，决策必须在尽可能低的层面上作出，层次越低，组织一个使人们愿意服从的社团就越容易。根据这个原则，上一级政府不应该从事任何由下一级政府可以完成的工作；凡是由民间组织可以完成的事情不应该由政府来完成；凡是由个人或家庭可以完成的事情不应由政府或民间组织来完成。这样，多元主体一起行使公共管理的职能，能够达到更好的效果。

团结合作，可以有很多方式。政府职能社会化、政府与事业单位分家等措施，都体现了政府把一些本应由社会组织承担的职能转移给社会组织的目标。政府不是一个无所不包的职能组织，很多职能通过社会组织行使会有更好的效果，即“传统观念下的行政是高高在上，通过控制实现协调。新公共精神倡导下的行政则强调更多的是通过给予自由和自主权以实现协调。合作主义的、参与的行政强调分散决策权以提高适应性，通过分权鼓励自行负责和自力更生；鼓励各地方单位和各社会组织在整体公共利害一致前提下选择和发展公共计划；允许社会和公民共同参与解决政府问题，分享社会利益的同时分担社会责任；通过打破政府的垄断，通过多元竞争以改进公共服务品质；鼓励各级政府试验和创新政策。合作主义强调的是活力，特别是社会自身的潜在活力的发挥”①。

社会的发展与进步需要政府机关之间、政府与社会之间、政府与企业之间、公职人员之间的通力合作和协作。在这种团结合作的过程中，尤其要强调新闻媒介的作用。如上文所述，媒介的改变带来了公共生活乃至公共性方式的改变，虽然对话性的公共性本质并没有改变，但是注重媒介的作用，有助于我们更好地认识公共性、理解其运作的机制。

新闻媒介系统是社会生活中信息沟通的主要渠道之一。党和政府的大政方针、计划方案都要借助新闻媒介这个渠道向民众宣传解释，并及时回收反馈意见。同时，新闻媒介更重要的是发挥舆论监督作用。在传播过程中，如何保证每位公民都能够发出自己的声音，就更需要“求同存异”，追求共识，这已引起了新闻媒介和政府的广泛重视。

就第三点而言，政府公共关系应该提倡职业道德文化建设，树立平等的职业意识，去除“官本位”意识。它有助于从根本上重新定位人与人、政府与社会之间的关系，提高服务意识与质量。传统中国的仕途选择一直是中国知识分子、百姓进入主流社会的唯一方式。但是随着改革开放的深入，人们逐渐认识到，职业无贵贱，每一个职业都是因社会需要而存在的，因而是正当的。政府职员更应该树立这样一种意识，即他只要从事一种职业，便需要遵守这种职业的职业道德。

1965 年 5 月在雅典正式通过的《雅典法典》② 明确规定协会的每个成员必须“尊重并

---

① 张成福：《论公共行政的“公共精神”——兼对主流公共行政理论及其实践的反思》，载《中国行政管理》，1995（5）。这种多元主体共同发展的意识在奥斯特罗姆的著作中也有体现。参见［美］埃莉诺·奥斯特罗姆：《公共事务的治理之道：集体行动制度的演进》，上海，上海三联书店，2000。

② 参见郭惠民主编：《当代国际公共关系》，164 页。

坚持人的尊严，并承认每个人自我鉴定的权利；鼓励道德、心理及思想条件下的真正意义上的对话，并赋予各相关方陈述情况和表达观点的权利；在各种条件下，其行为需考虑有关各方的利益，即他所为之服务的公司、机关或公共机构的利益和有关公众的利益；言而有信，不能模棱两可，在各种场合下，均保持诚实与忠信，以维护其过去或现在的委托人或雇主以及有关公众对他的信任”。

另外，会员绝对不可以“将真理从属于其他要求；传播没有事实依据的消息；参加任何不道德或不诚实或有害于人类尊严与正直的事业；使用任何‘操纵’的方法或技巧而使个体无力控制其自由意志，从而造成其无法负责的行为”。

我们认为，《雅典法典》的规定对政府人员的行为规范有一个良好的示范作用。学者张康之提倡进行公共行政道德化的制度建设，以制度的形式建立一系列明确的公共行政道德规范，让行政人员知道什么是应当做的和什么是不应当做的，使行政人员有着正确的道德价值定位和价值取向。① 制度建设应当达到这样一种效果，那就是塞森斯格所说的：“如果他不再履行对共同体有利的某个行为，或者如果他不再履行义务，他的自尊的丧失、他对共同体的福利的关切、他由于被共同体抛弃所带来的不幸，就不亚于抵消了他可以得到的任何物质上的好处。”② 所以，在公共领域中，制度的伦理化是实现公共行政道德化的前提。这就需要政府公共关系在这方面有所作为。

政府工作人员一定要认识到，在政府公共关系中信息沟通固然重要，但若不能为人民办实事、办好事，政府公共关系就必然是浮在表面，喧闹一时，会很快被公众遗忘甚至遭到唾弃。所以开展政府公共关系工作，不仅要重视信息沟通，组织指挥经济、文化建设，发展社会福利事业，开展社会公益活动，更重要的是要从根本上提升自己的思想素质，只有政府工作人员真正树立了“公共性”意识，政府才能真正得到群众拥护，政府的合法性才能得到切实的保障。

本章小结

本章介绍了公共关系的缘起，并阐述了政府公共关系与企业公共关系的区别。从历史发展的角度阐述了政府公共关系主客体之间的关系，梳理了政府公共关系的定义，界定了政府公共关系的概念。重点阐述了政府公共关系的三个目标——促进公众的认知、提高政府的知名度和美誉度、提高社会效益，并介绍了促进公众认知的途径和方法。探讨了如何在公共关系领域中寻求共识，即要以真公共性为原则来指导重建政府公共关系目标，要加强双向交流、提倡“求同存异”的公共性文化，去除“官本位”意识。

关键术语

政府　公众　公共关系　政府公共关系　传播　公众认知　双向沟通

---

① 参见张康之：《公共行政道德化的双重向度》，载《北京行政学院学报》，2001 (2)。

② [美] 塞森斯格：《价值与义务》，140 页，北京，中国人民大学出版社，1992。

公共性

复习思考题

1. 简述政府公共关系与企业公共关系的区别和联系。
2. 简述政府公共关系成长的六个时期。
3. 简述公共关系和政府公共关系的定义。
4. 简述公众之间“良好关系”的特征。
5. 造成政府公共关系的目标具有特殊性的原因是什么？
6. 政府公共关系的目标有哪些？

第3章 政府公共关系的源流与发展

重点问题

- 古希腊、古罗马国家管理中公共关系活动的体现形式
- 古代社会准政府公共关系的特点
- 公共关系在美国发展的四个阶段
- 美国政府公共关系的发展脉络
- 美国政府公共关系的发展与总统竞选之间的联系
- 中国政府公共关系的现状
- 突发事件与中国政府公共关系的发展

3.1 政府公共关系的萌芽

作为一种社会文化现象，公共关系的历史源远流长。公共关系的起源、历史发展和社会的经济基础有着密切关联，经济活动较繁荣的国家孕育了最初的公共关系。

由于西方古代国家的政治体制、国家管理方式与古代中国有很大的差异性，因此政府公共关系的活动有着各自的表现方式和特点。

3.1.1 西方古代国家管理中公共关系活动的孕育

1. 古希腊时期的公共关系

古希腊时期国家的社会组织程度相对较低，专制集权制度和神权政治思想尚未形成，奴隶主阶级和平民阶级的男子都拥有选举权，并且可以参与一些国家公共事务，他们从事的这些公共活动类似于政府公共关系活动。

（1）诗歌为社会舆论服务。

在西方，公共关系起源于古希腊。而在古希腊，公共关系的起源要从古希腊的诗歌说起。古希腊时诗歌已很发达，且富有韵律易于记忆和流传。一些富有的王公贵族为了塑造自我形象，便雇人写赞美诗，宣扬自己的美德和功绩。西摩尼得斯和品达罗斯就是当时写赞美诗的优秀诗人，他们用诗歌为政治家服务，是承担社会责任的宣传员，类似于后世的公共专业人员。正如费雷德里·惠特尼在《社会的大众媒介和大众传播》一文中指出的："公共关系开始于古希腊，在那里诗人即公共关系人员。"古希腊著名史诗《伊利亚特》和《奥德赛》就是劝说人民要为某种政治或社会目的服务的载体。

古希腊的诗歌常常涉及当时的国家管理和政治生活，而用诗歌操纵社会舆论是一种普遍的做法。古希腊哲学家柏拉图在《理想国》一书中明确提出，除了为政府写的诗歌外，其他诗歌应禁止。这是最早试图用政府控制大众传播媒介的案例，也是最早探讨自我宣传伦理问题的一次尝试。

（2）"劝服"公众的技巧发达。

古希腊的演讲与辩论艺术非常发达，在元老会或露天会场上所发表的演说时常能决定重要的社会和政治问题。政治家充分把握各种时机，如利用公众集会、元老会、各类公共活动场所发表演讲来宣扬自己的德政，树立好的形象，从而扩大影响力。

早在 2 300 年前，古希腊亚里士多德的《修辞学》被认为是最早探讨公共关系学理论的专著。亚里士多德把修辞看作是影响和争取公众行为与思想的一门艺术，就怎样运用语言来影响听众的思想与行为进行了精心阐释。所以当一个人参加政治活动时应该具备基本的修辞艺术，否则，统治者的思想就无法有效地传递给民众，也就难以得到民众的理解与拥戴了。

（3）创造特别的选举方式。

古希腊统治者曾创造了一种有趣的投票方式——"贝壳放逐法"。公众可将他认为有可能危害民主政治的人的名字记于贝壳之上，如某人的票数过半，则被流放到国外，这是关注公众舆论的表现。这种计票活动对后世的选举方式影响深远。

案例　　阿里斯泰德被逐

阿里斯泰德是较早被"贝壳放逐法"流放的一位权势者。阿里斯泰德指挥过著名的马拉松战役，在抗击波斯侵略的战争中立有赫赫战功，他曾担任雅典首席执政官的最高行政职务。但阿里斯泰德在政治上却是一个贵族利益的顽固代表者。马拉松战役之后，他利用职权，背离民主原则，操纵贵族会议，反对提高平民地位，企图在雅典建立一个由少数贵族掌权的政府。出于贵族派的利益，他反对发展工商贸易，甚至反对新建海军以对付波斯的侵略。在民主势力急剧高涨的情况下，阿里斯泰德的种种行为，使他与民主派发生了尖锐的冲突。于是，被激怒了的民众把他看作是民主政治最危险的敌人。在一次公民大会上，雅典公民便以阿里斯泰德操纵国政、图谋建立君主专制为理由，用"贝壳放逐法"将他放逐了。他下台后民主派掌权，使雅典民主政治得到了巩固和发展。

资料来源：http://baike.baidu.com/view/286539.htm?fromId=586638。

2. 古罗马时期的公共关系

（1）用诗歌劝服民众。

古罗马人在古希腊诗歌的基础上作了进一步修改，以更加巧妙的形式融合到公共关系活动中。诗人维吉尔受古罗马政府委托所写的田园诗营造了一个美好的生活环境。从表面上看，田园诗赞美乡村生活，而其深层意义在于诱导人们离开拥挤的罗马城，去乡村重新做一个农民，在增加农业人口数量的同时达到增加粮食生产的目的。这是政府利用诗歌进行公共关系活动（规劝民众）的例证。

（2）转移民众的注意力。

古罗马的管理者将马戏表演作为一种公共关系的手段，麻痹人们的意志，其目的是使人们不再关注统治者的荒淫无度、不公正等。在马戏表演的欢乐中让民众忘记疾苦，这有利于统治者的管理。恺撒大帝善于沟通，是一位优秀的公关人才，他把征战中的大量财富用于公共娱乐活动，来转移公众的注意力。

（3）获取公众的支持。

古罗马官方非常注重公众的呼声和意愿。中世纪某些著作的政治词汇，其意思都与现代舆论有一定的联系。他们创造了这样的表达方式："大众的声音，就是上帝的声音"，成为古罗马帝国国家管理中很重要的准则。

古罗马共和国将法律刻在 12 块铜板上，其内容也对贵族的权力做出了限制规定（如借贷利息），这是统治者争取公众的一种手段。

统治者还雇用游说者到处游说赞美主人的美德，以树立美好形象来粉饰自己，赢得民心，更好地为自己的统治服务。

（4）最早的公关书籍。

恺撒大帝言辞优美，在唇枪舌剑的辩论中独领风骚，获得选民的青睐而登上了独裁者宝座。他创办了世界上最早的日报——《每日记闻》，作为自己与臣民沟通的工具。恺撒为了标榜自己，专门写了一本记载他功绩的纪实性著作《高卢战记》，语言朴实生动。这本书曾被西方一些著名的公共关系专家称为"第一流的公共关系著作"。

3. 其他国家的公共关系

考古学家在伊拉克境内发现了一块 1 800 年前的农场公告板。公告板记载了早期的一些公共传播活动：关于农民如何种庄稼、如何灌溉以及如何收割等知识。在古印度王国里也散见一些公共关系活动。如间谍的职能除了从事间谍活动外，还要负责在公众中散布有利于国王和政府的传闻，引导舆论。古印第安人记载：国王特使的职能一是打探各类消息，二是保持国王与公众的联系，鼓动公众支持国王，制造有利于统治者的舆论思想。

3.1.2 中国古代国家管理中公共关系活动的孕育

在中国漫长的奴隶制和封建社会中，为了维护统治阶级的利益，中国古代政治家在各个领域从事着管理活动（如国家治理、国家交往、军事伐战、民族关系、官民关系等），这些活动都是政府公共关系的最初状态，公共关系在治国安邦中起着重要的作用。在古代，以树立统治者良好形象和巩固统治为目的的公共关系活动和公共关系思想很普遍。主要体现在以下几方面：

1. 注重民意，沟通信息

民心、民意是一种无形的力量，自古就为统治者所重视，早在西周就有“防民之口，甚于防川”之说；在春秋战国有“民为贵，社稷次之，君为轻”的思想。而“得民心者，得天下也”已成为不争的事实，如孔子曰：“为政以德，譬如北辰，居其所而众星共之”，孟子也有言：“保民而王，莫之能御也”，可见民意的力量之大，统治者常常用“民为贵”的思想收买民心、民意来巩固其统治。唐朝的李世民更是深知民心不可违，“君，舟也；人，水也。水能载舟，亦能覆舟”，因此迎来了历史上盛况空前的“贞观之治”。

中国古代在收集民意、利用民意方面的渠道很畅通。大禹为了治水曾“合诸侯于涂山”，经协商后得到大家的认可，于是指挥众人完成了治水的壮举。周朝时，宫廷已有“采诗”制度，宫廷派人从民间收集诗歌，其目的之一，就是以此来体察民情。如我国最早的诗歌总集《诗经》中的“风”，其中许多内容都是当时的“行人”（官府指派的采诗官）巡行宣令时采集的；而“雅”和“颂”主要是为统治者歌功颂德，用意在于影响民意。统治者通过不同的渠道收集和了解民意，并且自己经常采用出巡、私访、祭祀等形式接近民众，树立统治者亲民的形象。纵观历史，许多成功的统治者都深知将政权建立在取信于民、争取民众支持的基础上才是稳固的，就如同《孙子兵法》强调的“攻城为下”、“攻心为上”。

2. 注重官方交往的礼节

中国自古就是礼仪之邦。在古代社会，通过人际交往和国家交往形成了注重辞令、注重人事、注重礼仪的优良传统。一是根据不同身份、不同的场合，规范言行举止，如国家之间、君臣之间、官民之间等不同层次间在交往时，对仪式仪表、礼仪规范都作了相对严格的要求，使双方的交往更加和谐。另外，对语言传播的形式和载体也有很多讲究，如用皇帝诏令、公文、邸报等形式颁布政令，善于用诗歌、告示和通俗读物等形式教化民众。

3. 提倡人和、信义思想

在人际关系方面，中国古代思想家也曾提出过许多有价值的观点。“人和”是儒家思想的精髓，春秋时期孔子认为“礼之用，和为贵”、“己所不欲，勿施于人”；孟子提出“天时不如地利，地利不如人和”的思想，强调人和是天、地、人中最重要的因素。可见“和谐”的思想观念深入人心，并且与现代公共关系有相通的地方，体现了中华民族以“和”为贵的人文思想。

同时倡导信义思想，“与朋友交，言而有信”、“言而无信，不知其可也”、“人无信不立”，都是强调要守信用，这与现代政府公共关系活动中建立信任和取得支持的原则是一致的。

4. 对外公共关系

中国古代社会的对外关系一是体现在军事活动中。中国古代社会战乱不断，如何利用策略争取盟友、树立容贤纳良的形象，不断壮大自己的队伍，瓦解和孤立交锋的对手，成为一门很重要的学问。各个国家都建立了有利的政策和有效的军事公关战略，如统治者对少数民族的“和边”、“和亲”等怀柔策略，汉代王昭君出塞联姻，以保边塞平安；唐朝的文成公主远嫁吐蕃（西藏），为吐蕃带来了先进的技术和唐朝人的热情与友好。中国古代的说服技巧已很发达，战国时期洛阳人苏秦，周游列国宣传“合纵”之说，使六国结成联盟，与秦国和平相处了十几年；魏国人张仪则凭借其“三寸不烂之舌”，宣传“连横”主张，帮助秦国瓦解了六国同盟。

二是体现在建立“友好”的睦邻关系。丝绸之路在某种意义上是“公关之路”，开启了中西交流的新篇章。明代郑和的七次下西洋，历时 28 年，途经 30 多个国家，既展示了中华民族的灿烂文化，塑造了国家和政府形象，又加强了与亚非各国在经济和文化上的联系。

5. 危机意识也是古代政府关系的一种体现

贞观年间，魏征要唐太宗“居安思危”，在《谏太宗十思疏》中，他就对“思国之安者，必积其德义”这个在当时历史条件下安邦治国的重要思想作了非常精辟的论述，并详细阐述了“居安思危”的具体办法。南宋著名词人辛弃疾针对南宋王朝的内忧外患，写成《美芹十论》献给宋孝宗，文中提出了“审势”、“察情”等观点，希望南宋方面充实国力，积极准备，及时完成收复北方失地的重任。

3.1.3 古代社会准政府公共关系的特点

古代社会传播手段相对来说较为落后，主要是人际传播和口头传播。空间和时间的限制决定了公共关系只能在一定范围内进行。在一种很封闭的状态下，公共关系活动有以下特点：

1. 政治性

中国古代社会公共关系具有浓厚的政治色彩和伦理色彩，准政府公共关系行为涉及经济领域相对较少，主要体现为政治和意识形态，这与当时的经济不发达、统治者的最终目的仅为维护政权和统治的稳定有关。

2. 自发性和盲目性

古代公共关系活动大多是临时的、投机性的、不系统的、盲目的，一旦达到其目的，公众利益就往往被抛弃在一边，缺乏明确的、长期的、系统的公共关系计划与实践活动。

3. 神秘性

古代的公共关系传播往往借助一些编制的神话和宗教迷信赢得公众的信任。王莽篡权时，当朝的大学者刘歆、扬雄等制造所谓“天书符命”，来证明王莽即位才能应天承运。这些伪造的“天书”都是用来麻痹公众，为自己行为的“合理性”找借口。

3.2 西方政府公共关系的源流与发展

3.2.1 美国政府公共关系的源流与发展

1. 美国政府公共关系兴起的背景

（1）政治体制的更新，民主制度取代专制制度为政府公共关系的产生和发展创造了条件。

古代政治制度是皇帝君主所奉行的“朕即天下”、“朕即国家”的政治制度，统治者尽管也采取了一些具体的方式进行信息交流，但“普天之下，莫非王土；率土之滨，莫非王臣”，统治者的专权和独裁使得臣与民之间的关系更多的是服从。当民主制度确立时，开始变独裁为民主，变专制为共和制，变世袭为民选，“选举制”使当权者不得不重视舆论和民意。这为政府公共关系的开展提供了适宜的政治气候。

（2）经济全球化。

市场经济的高度发达、经济的全球化趋势为政府公共关系的产生和发展提供了物质基础。

各国纷纷加入 WTO，进入世界经济一体化的运作过程，打破了地方的、民族的、自给自足的封闭自守状态，古代社会“鸡犬之声相闻，民至老死不相往来”的现象早已不复存在。现代社会的组织交往形式和内容都发生了很大变化，各国要协调内部的政治、经济、社会问题，同时在国际交往中又要塑造良好的国际形象，这为政府公共关系的发展提供了新空间，并要求强化政府公共关系的国际意识。怎样在国际化和民族化之间找到合适的度，这是政府公共关系有待研究的问题。

（3）文化思想的进步。

20 世纪 20 年代，管理科学中的“人群关系论”和“公共关系论”等社会科学理论被运用于国家行政领域。这些理论强调人不仅是经济关系中的人，更是具有社会属性的人，注重发挥人的社会主观能动性和参与性，创造机会吸引公众参与到行政管理中来，推动政府公共关系的发展，使政府行政更加公开化和民主化。

（4）大众媒介的推动作用。

如今，报纸、杂志、广播、电视和互联网无处不在，媒介以迅猛的速度发展，为政府公共关系的产生和发展提供了强大的传播手段。古代社会由于科学技术的落后，信息传播受到了时间和空间的限制，经常是“烽火报信”和“快马加鞭”，交流和沟通的困难就导致公共关系的发展受到一定程度的束缚。

大众媒介突破了时空的界限，信息的传递也更加自由，为政府和公众之间以及政府内部管理活动的信息沟通提供了便利条件，如热线电话、电话和电视会议、电子信箱、微博等新型沟通方式的出现就是依靠科技的进步。在尼克松时代，任何公共事务要出现在他的行事历上，都要遵从一个运作规则，即首先决定要发布的标题文字、要发表的照片以及第一个段落的内文。这样一来，我们就会明确，尼克松总统在不直接沟通的情况下，是如何通过媒体、通过报刊来进行沟通的。这充分表明了媒介在政府公共关系中起着非常重要的作用。

大众媒介是一把双刃剑，它成就了美国总统西奥多·罗斯福——一位运用新闻宣传艺术的大师。观察家称，罗斯福是通过报纸的头版来统治这个国家的。不仅罗斯福，艾森豪威尔、肯尼迪以及拥有绝佳电视表现技巧的里根总统，他们政府公共关系活动的成功都依赖于电视媒体的发展。但对于约翰逊总统来说，电视媒体只给他带来了负面效应。

近年来，以技术创新为基础的新媒体兴起更加深刻地影响着政府行为和社会发展。政府的公共关系活动将直接反映在新媒体环境下的公众舆论视野中。奥巴马在 2012 年成功连任美国总统，而他的竞选团队因竞选期间在社交媒体 Facebook 中运用了一个名为“奥巴马 2012”的专门的应用软件 APP 以加强其与选民互动，成为新媒体时代政治竞选的亮点。

2. 美国公共关系的历史进程

(1) 一般公共关系在美国发展的四个阶段。

1) 孕育时期(巴纳姆时期)。

19世纪30年代,大众传播媒介的最初形态——廉价报纸的兴起促使了现代公共关系的发端。廉价报纸又称为"便士报",当时为了追求报纸的销量,以"制造新闻"来吸引读者,这样违背新闻事实的做法在新闻界非常普遍。其代表人物是菲尼斯·巴纳姆。为了强调报纸的趣味性,他制造了大量的"神话"宣扬自己。菲尼斯·巴纳姆的工作信条是"凡宣传皆好事",对自己所代表的组织进行吹嘘、制造传奇,不惜愚弄大众,根本不顾及公众的利益,这个时期也被称为"公众受愚弄"时期。这是现代公共关系的开端。

2) 形成时期(艾维·李时期)。

艾维·李被称为"公共关系之父"。19世纪末期,美国社会矛盾激化,极少数财团和垄断寡头控制着国家的经济命脉,经济危机加上他们的强取豪夺,民众的生活更加艰苦。于是新闻界掀起了一场揭露政府和资本家丑行的"扒粪运动"。这时,艾维·李站在了时代的前沿。艾维·李毕业于普林斯顿大学,曾就读于哈佛大学法学院,曾任《纽约时报》和《纽约世界》的记者。特殊的职业经历让他意识到"必须把真相迅速、准确地告诉公众",也反映了"公众必须被告知"的公共关系思想。

艾维·李为现代公共关系的实践奠定了主要基础——确立了事实公开化原则。艾维·李以其卓有成效的公共关系实践活动,于1904年与派克合资成立了派克·李氏公司,成为第一位通过向客户提供劳务而收取佣金的职业公共关系专家,使公共关系在社会上产生了很大的影响并正式成为一门职业。1906年,他在《原则宣言》中详细阐述了公共关系的职业目标:我们的计划是代表企业单位及公众组织,将对公众有影响且为公众乐闻的课题或信息向报界提供,并保证其准确性、迅速性。

3) 发展时期(伯尼斯时期)。

这是公共关系科学化的时期。美国的爱德华·伯尼斯是一位为现代公共关系奠定理论基础并使之科学化的先驱人物。他把公共关系作为一门学科推上纽约大学的课堂,并出版了《舆论之凝结》、《公众观点的具体化》等书。爱德华·伯尼斯主张注重公共关系的针对性,他认为公共关系的核心是"投公众所好",即围绕公众展开工作,按照公众的意愿进行宣传,掌握公众对组织的期待与要求的态度,确定公众价值观念应该是公共关系的基础。1928年出版的《舆论明鉴》一书明确指出了"公共关系咨询"的含义,提出了公共关系工作的原则、程序和职业道德等理论。至此,公共关系的基础理论和主要方法形成了一个较为完整的体系。《舆论明鉴》这本书被称为公共关系理论发展史上的第一个里程碑。

4) 兴盛时期(卡特利普时期)。

第二次世界大战后,公共关系进入黄金时期。二战后国际间的经济和技术合作日趋紧密,但在交往的过程中也存在语言、文化、制度等各方面的差异性,为了进行有效的沟通,就需要大量的公共关系人员进行协调。

1952年卡特利普等人所著的《有效的公共关系》(*Effective Public Relations*)①,被

① 2001年华夏出版社出版此书时,将书名译为"公共关系教程"。

美国人称为公共关系的“圣经”。此书提出了双向对称模式，即政府机构和公众之间采取平等对话的方式进行沟通，不仅注重信息的反馈，而且尊重公众意见，从而达到有效的沟通。这种双向对称模式可以及时调整组织的利益目标与公众的利益目标，从而有效地提高工作效率，并减少危机的发生。

（2）美国政府公共关系的发展历程。

1）美国早期的政府公共关系。

美国的政府公共关系开始于独立战争时期和立宪运动时期，当时塞缪尔·亚当斯和他的战友们首先采用现代传播手段，进行抵制英国殖民统治的宣传。在1750年至1783年之间公开出版了1 500多种小册子，成功地为美国革命进行了舆论制造。历史学家阿伦·内文斯认为，1787年至1788年的美国北部联邦同盟文件“是今天公共关系方法的先驱”，争取美国宪法获得批准运动的胜利是“迄今为止美国公共关系领域所取得的最大成果”，也是“历史上最好的公共关系工作”。今天公共关系中的组织公众舆论技术主要是亚当斯和他的战友们在动员舆论的过程中逐渐形成。

实践证明了这些公共关系手段和技巧的意义：一是通过事先安排好的公共关系活动吸引公众的注意力，引起讨论，对舆论进行引导。二是充分利用可以利用的媒介和渠道，展开一系列的公共关系活动，向公众渗透新的思想和信念，为革命的成功获得支持。三是为了确保公共关系活动的顺利展开，成立相应的组织，如1766年1月“自由之子”在波士顿成立，1775年通信委员会也诞生于波士顿。

2）第一次世界大战时期的美国政府公共关系。

1914—1918年第一次世界大战期间，美国参战一周后，伍德罗·威尔逊总统敏锐地意识到舆论的重要性，组织成立了公共信息委员会，任命记者出身的乔治·克里尔为该组织的主席，所以公共信息委员会也被称为克里尔委员会，该委员会公共关系人员的正式称谓是“信息官员”或“公共事务官员”，这是美国历史上第一个专门的政府公共关系组织机构，同时也是一个庞大的宣传性组织，许多优秀的新闻记者、编辑、学者、艺术家、政治家都参与其中，著名的公共关系专家伯尼斯也是其成员之一。

该组织的主要任务是向国内外公众提供美国参战的背景资料，组织公众舆论支持战争，增强参战意识，强化对政府的忠诚和信心，树立民族自豪感，为美国政府在塑造形象方面显示其巨大的力量。该组织展开了一系列的公关活动，在发行战争债券、组织募捐和招募士兵等方面都取得了显著的成绩。1917年5月，美国持有公债债券的人仅为35万，而通过盖伊·埃默森和约翰·普赖斯·琼斯的公关宣传及促销，6个月后自由公债债券持有人达到了1 000万，为战争的胜利打下了物质基础。

一战期间，克里尔委员会训练了许多政府公关的从业人员，如培养了卡尔·拜奥尔，他在28岁就当上了公共信息委员会的副主席，经过10年的努力，于1930年创立了美国最大的公共关系公司，该公司直到1978年被其他公司收购。该委员会也锻炼和培养了20世纪20年代后公关领域的专家伯尼斯。

3）20世纪30年代的美国政府公共关系。

20世纪20年代末至30年代是世界经济大萧条时期，美国的经济也处于低迷阶段。经济困难促使美国政府和工会等一些组织运用公共关系手段来协调各类经济纠纷，沟通政民关系，在这一过程中，美国的政府公共关系得到发展。

富兰克林·罗斯福是一位擅长公关的总统，他的“炉边谈话”在广播、电视专题节目中的播出，极大地鼓舞了公众的信心。他的社会改革思想无疑是一支最有力的强心针，获得了各个集团和公众的支持。此时期异常积极活跃的政府公共关系使美国得以渡过了难关。总统利用电视媒体为政府服务是美国政府公关的普遍做法，如威尔逊总统是第一位定期举行记者会的美国总统；胡佛总统首度设置了官方新闻秘书，从此白宫的新闻发言人也就相对固定了。自此，总统的记者招待会成为政府机构制度的有机组成部分，世界各国纷纷效仿。

4）第二次世界大战时期的美国政府公共关系。

在战争这个特殊的时期，公共关系在促进战争物质生产、提高军队士气、赢得公众支持等方面都起到了重要的作用。二战造就了美国一位善于运用公共关系的总统——富兰克林·罗斯福，他在应用政府公共关系方面与威尔逊总统有着惊人的相似之处。富兰克林·罗斯福炉火纯青的公关技巧，在很大程度上归功于他的公共关系顾问路易斯·麦克亨利·豪。1941 年罗斯福下令成立了情报协调局，即今天美国中央情报局的前身。该机构培育了 7.5 万名公关人员，并将这些公关人员派往美国的军队以及盟军中。1942 年 6 月罗斯福下令颁布了第 9182 号行政命令，创建了战时信息办公室（OWI），任命埃尔默·戴维斯为主任。该组织加速了公共关系的发展，对于公共关系实践在军队中、各产业中和在同盟领域中的大规模扩展，起到了带头作用。

随着战争的来临，美国军队的各个部门也都行动起来，1945 年，美国海军成立公关机构，空军也决定在新闻处下设公关科。陆军空军军团在阿诺德将军的领导下，迅速雇用和培养了一批熟练的公共关系专家，任务是宣扬空军的威力。这些公共关系组织为美国战争的胜利作出了巨大的贡献。它们负责所有的公共关系和宣传事务，用公共关系协调军队内部黑人和白人士兵之间的关系，协调驻外美军和所在国之间的关系，以及国内政府与企业等方面的关系。这些组织强调战争的价值和意义，号召人民支持政府和军队，鼓舞了盟军和公众的士气，而且在敌人中埋下怀疑和失望的种子。“精神战”的术语也从此被收入西方的词典。同时，这些部门培养了无数公共关系的从业人员，为战后公共关系的发展奠定了坚实的基础。

5）战后美国政府公共关系的繁荣时期。

战后全球性的经济竞争日益激烈，阶级、集团矛盾趋于复杂化，为了调节这些错综复杂的关系，公共关系的作用被凸显出来，负责宣传和信息传播的专职机构以及人员大量增加，政府与公众之间的沟通渠道日益健全，公共关系成为政府部门的一个重要职能部门，对社会的稳定起到了重要的作用。在美国，从政府到企业，包括总统办公室都设有专门的公共关系专家和公共关系组织机构。美国联邦政府管理与预算司发现从 20 世纪 80 年代以来有近 2 万名公共情报与公共事务人员和专家为政府部门工作，该数字表明公共关系仍然是政府内部重要的组成部分。公共关系日益受到政府及从政人员的重视，公共关系活动成为政府工作的重要组成部分。

6）新媒体时代的美国政府公共关系。

技术的飞速发展日益重塑着政府公共关系的形态。新媒体是基于计算机技术、通信技术、数字广播等技术，通过互联网、无线通信网、数字广播电视网和卫星等渠道，以电脑、电视、手机、个人数字处理（PDA）、视频音乐播放器（PM4）等设备为终端的媒体，具有个性化、互动化、细分化等传播特点。① 新媒体时代的政府公共关系面临巨大挑战，一方面从单点传播到多点交互，从单向传播到双向互动，公共关系变成一个大众广泛参与的互动式活动。2011 年，在新媒体的推动下，美国发生了全球瞩目的“占领华尔街”运动并得到全球 80 多个国家近千座城市的响应，美国政府面临着巨大公共危机应对挑战。另一方面，对新媒体的运用也成为改善政府公共关系的重要措施。2012 年，奥巴马政府在新媒体环境下不断调试公共关系策略，积极投身社交网络平台，通过选民大数据挖掘针对性地争取选票并最终成功连任。《洛杉矶时报》认为，Facebook、Twitter、YouTube 等社交新媒体对本次美国总统选举起到了关键作用。因为每五个关心政治的美国人当中就有三人是社交网站的活跃网民。新媒体时代的美国政府公共关系，呈现出技术跟进、态度重视、理念更新的特征。

（3）公共关系教育的普及与人才培养。

1946 年的一项抽样调查显示：美国有 30 个重要机构提供公共关系课程。20 世纪 40 年代，美国公共关系学会进行的一项抽样调查发现，开设公共关系课程的学院增加了 3 倍，有 92 个学校提供预定的课程为学生从事公共关系工作做准备。1956 年，有 14 所学院提供公共关系学的专业课程。到了 1964 年，公共关系的教育发展突飞猛进，已有 14 家学院可提供公共关系学的学士学位。20 世纪 70 年代，美国的公共关系教育普及开来。1973 年，美国新闻教育协会公共关系部成立了公共关系教育委员会，1975 年该委员会又通过了《公共关系教育大纲》，其中规定了公共关系专业本科生和硕士生的课程及学制，数以百计的大专院校将公共关系列为必修或选修课程。

政府公共关系人才的专业化程度有所提高，公共关系从业人员的素质不断增强。接受过专业而系统的公共关系学教育的本科生和硕士生成为公共关系组织机构的主体，也促使了公共关系这个职业为更多人所认识和尊重。政府公共关系专业人才的职责所需的基本公共关系技巧包括：媒体关系、演讲稿撰写、监督媒体、提供简报文件、制作录影带、草拟新闻稿与背景资料。他们的对内事务，主要是制作内部新闻通讯与杂志。一位优秀的公共关系人才，应具备以下能力：了解机构的内部运作流程、法则和基本的任务，以及懂得如何处理与媒体之间的关系。

（4）公共关系组织机构职业化和组织公关职能专业化。

公共关系作为一种职业于 20 世纪 60 年代开始在美国普及。1960 年，公共关系的从业人员数量突破 10 万大关，顾问公司超过 1 350 家，75%的大公司都设有公共关系部。公共关系职业化得到进一步发展。据统计，1985 年后，公共关系从业人员已达到 14 万人之多，各类型的公共关系公司的数量日益增多，尤其是在纽约、华盛顿和芝加哥等城市。

1945 年，美国公共关系理事会主席哈罗创办了《公共关系杂志》，这份杂志后来成为合并后的美国公共关系学会的月刊。美国公共关系学会产生于 1948 年，由美国公共关系理事会与全国公共关系理事会合并而成，该组织到 1984 年底已有 11 400 名会员、91 个地

① 参见《中国新媒体发展研究报告（2006—2007）》，见 http：//www.docin.com/p—2519135.html。

方分支机构。

美国总统办公室设有专门的公共关系专家和公共关系机构。美联社记者哈瑞·罗森塔针对政府公共关系，提出了一个极为有趣的观点："政府每年花费好几百万美元，雇用好几千位公共关系专家，这些人除了提供资讯之外，其他也不知花了多少钱。"1975 年美联社曾推算，政府机构中光是行政单位，每年花在公共关系活动上的费用，就超过了 5 亿美元，此外还有数百万美元的经费用在国会的自我宣传和形象塑造上。

（5）新媒体促进政府公共关系的发展。

广播电台、电视等大众媒体在此期间得到快速发展，而互联网发展速度更是迅猛，短短几年时间，几乎将世界每一个角落都联系在了一起。互联网有别于传统的媒体，一方面，它的互动性使传播者与受众之间的界限模糊，为公众提供了一个发表自己意见的平台，如网络论坛、BBS、微博等；另一方面，传统媒体的交流和沟通有时间限制，而网络可以 24 小时随时发布信息，且更新的速度较快，为政府公共关系的发展提供了新空间，促使了政府"上网"，也就是电子政务的诞生。

新媒体对公共关系的发展既是挑战又是机遇。首先，新媒体的出现打破了政府公共关系的时空限制。利用互联网技术和通信卫星，信息可以即时地传播到"地球村"的每个角落，降低了传统公共关系活动的时间和空间成本。其次，新媒体的二次传播扩大了受众规模，细化了受众分类。一方面，目标公众收到信息后的转发使信息传播人数呈现几何级数增长；另一方面，二次传播受众具有选择性和针对性，使信息传播效果更为有效。最后，新媒体的交互性设计使得传播者和受众的边界出现模糊，每个人都是自媒体，同时扮演着信息传播者和受众的双重角色。在这一过程中，政府作为公共关系主体更要在双向沟通中与公众平等互动。

3. 美国政府公共关系的现状

（1）美国政府公共关系与总统竞选。

20 世纪二三十年代，美国公众的知识文化素质普遍提高，普通人拥有了选举权，参与政治的热情与日俱增，公众拥有的这些权利促使了总统竞选活动的公开化，获得公众的支持成为总统竞选时的重要因素。在现代社会，总统竞选的各项活动已成为美国政府公共关系的重要组成部分。

政府公共关系与美国总统竞选活动的联姻有着深厚的历史渊源。最早的社会竞选活动和竞选的宣传职能出现于安德鲁·杰克逊时代。早在 1828 年，安德鲁·杰克逊创立了政治选举的新方式，按照竞选纲领进行宣传、呼吁和辩论，最终当选为总统。这个时期政府公共关系活动的主要代表人物是艾莫斯·肯德尔，肯德尔相当于最早的总统公关顾问和专职政府公关人员，他担任了杰克逊的民意测验经办人、顾问、撰稿者和宣传员。杰克逊的政治活动和政府的决策公关包括策略思想、对公众舆论的认识以及作为沟通者的技巧都离不开肯德尔的支持。

100 多年后，公共关系在总统竞选中的作用不但没有被削弱，反而愈演愈烈。在里根总统和布什总统任职期间，白宫新闻幕僚超过了 60 名，是艾森豪威尔时代的 5 倍。这批专业人才也更为专精，许多人还拥有行销经验，知道应如何推销总统的政策，以及如何以最佳做法来呈现总统的观点。总统竞选从某种意义上来说其实是一场有声有色的"公关竞争”。现在，竞选的手段也更加先进，网络已成为现代总统候选人竞选时的重要媒体选择。2012 年随着美国总统大选的临近，一系列公关活动拉开了竞选的序幕。公共关系的技巧和手段长期以来都是各种政治武器的重要组成部分。奥巴马总统的竞选团队运用一个名为“奥巴马 2012”的应用软件 APP 扩大选民情报搜集工作，使之包括可能多达数百万的未能直接联络的 Facebook 用户。

案例　社会化分析+个性化精准营销

奥巴马有大约 3 000 万 Facebook 粉丝和 2 000 万 Twitter 粉丝。在针对这些粉丝进行营销时，奥巴马竞选团队通过大量线上和线下的数据分析，针对不同的人撰写高度个性化的信息，从而达到最佳的营销效果。通过数据分析，竞选团队能够分析某个支持者的好友们对奥巴马或者罗姆尼的支持度。数据分析帮助奥巴马的竞选团队告诉这个支持者如何劝说好友们也支持奥巴马。如果这个支持者想要去劝说他的 20 个好友也去支持奥巴马，那么数据分析可以尽量确保这 20 个好友是最有可能被说服的。而这种来自自己生活中朋友的推荐，往往比电视或者报纸的广告效果要好得多。

资料来源：《数据科学家如何帮奥巴马 TKO 罗姆尼》，见 http://www.xxh.cc/article/showarticle.aspx? id=15。

（2）美国政府公共关系与伊拉克战争。

公共关系的发展历史与权力、矛盾冲突之间有密切的联系。政府公共关系发展最迅猛的时期常是战争频繁的时期，如第一次世界大战时期、经济大萧条时期、第二次世界大战时期、朝鲜战争时期、越南战争时期、海湾战争时期。

2003 年 3 月爆发的伊拉克战争引起了世界人民的关注，关于这场战争的“是与非”，大家争论不休。美国政府充分调动各类公关手段，力图使这场充满太多争辩色彩的战争变得合理化。从战争爆发是否具有合理性，到每发生一件不利于美国政府和士兵形象的事件，美国政府都有新闻发言人对其进行解释——希望通过公关手段重塑美国政府的国际形象。战争初期，美国的政府公关的确取得了一定的成效，譬如在开战之际，美国总统布什面向全国公众，尤其是即将上战场的士兵发表了电视讲话，电视画面的一角清晰可见布什总统的全家照，照片中有他微笑的妻子和女儿，表现出一种细致的公关手段。他如慈父般声情并茂的演讲，打动了公众，鼓舞了士气，拉开了一场规模浩大的政府公关战的序幕。

但政府公共关系也不是万能的，成功的公关活动必须要以真实、诚信为基础。虐囚事件曝光后，美国一向极力吹捧的“民主”、“自由”受到了前所未有的质疑，美国政府的形象受到重创。美国政府在国内和国际上陷入了空前被动的局面，此时美国政府发挥公关优势，力图通过布什的一系列公关手段（如频繁的电视演讲和外交活动）使全球公众的视线转向“反恐”来刻意回避虐囚事件。这样的公关，很难令全球公众信服。公关虽是一种塑造良好形象的有效手段，但有效也要在不违背真实的基础上才能发挥作用。

3.2.2 世界各国政府公共关系的兴起与发展状况

1. 欧洲国家的公共关系

20 世纪初，公共关系由美国传入英国。英国交易局开始利用各类宣传活动促进贸易的发展，也被称为“英国政府公共关系的最初状态”。1948 年英国公共关系协会在伦敦成立，现在该组织已发展到拥有 50 个国家和地区（主要在英联邦范围内）的 2 500 名会员。到 20 世纪 70 年代中期，各种公关机构在英国已有 5 400 个，法国约有 2 000 个，联邦德国约有 1 000 个，意大利约有 850 个。英国同时是国际上最早开始公共关系教育的国家。法国于 1955 年成立公共关系协会，与此同时政府公共关系工作进一步展开，并向职业化发展。公共关系在欧洲国家蓬勃发展，如意大利、荷兰、德国等国家的政府公共关系既设立专门的机构，又有丰富的公关理论。1959 年，在比利时成立了由比利时、英国、联邦德国、荷兰、希腊等国参加的欧洲公共关系联盟。该联盟是目前欧洲公关组织的中心，现拥有 100 多名集体会员和数百名个人会员。

2. 亚洲国家的公共关系

第二次世界大战后，亚洲国家的政府公共关系也日渐兴起，这主要体现在日本。二战后，驻扎日本的盟军将西方的民主政治强加给日本，于 1947 年 3 月用行政命令的方式在日本的各级地方政府设置公共关系办公室，政府公共关系及其他各领域公共关系正式传入日本。驻日盟军还举办公共关系讲习班，普及政府公共关系知识。20 世纪 60 年代，日本的公关进入实践阶段，并形成了系统的政府公共关系体制，对现代日本的政府公共关系产生了深远的影响。其他亚洲国家如新加坡、印度等国家的政府公共关系在 20 世纪 50 年代兴起。

3. 国际公共关系的发展

1955 年，国际公共关系协会成立。现在这一组织已有 60 个国家和地区的 760 名会员。该协会的主要作用是交流国际信息，分享公共关系的经验和先进思想。1961 年在维也纳召开的第二届世界公共关系大会上通过了《国际公共关系行为规则》。1965 年在希腊雅典召开的第三届世界公共关系大会上又通过了《国际公共关系协会大会行为规则》。1978 年在墨西哥世界公共关系大会上通过了《墨西哥宣言》。这些会议与文献，对公共关系的职业化规范化起到了一定的作用。国际公共关系协会还设立了“金纸奖”和“总统奖”，并不定期出版《国际公共关系协会通讯》和《国际公共关系协会评论》，为世界公共关系事业的发展作出了巨大的贡献。1980 年，北美公共关系委员会成立。这一切表明，公共关系已在世界范围内职业化，成为一门独立完整的新兴学科。

3.3 政府公共关系的发展趋势

3.3.1 公共关系基础理论的演变

公共关系学科研究的对象很综合化，故必须广泛吸纳社会学科、人文学科等学科知识，是一门交叉学科。公共关系的理论基础也在不断变化，由推销理论到传播管理，并向社会管理理论过渡。整个理论基础的转变，要求在公共关系工作中，以公众的需要和社会发展需要为前提来策划公共关系活动，并强调公共关系活动的宣传效应和社会效应。

3.3.2 公共关系职能的扩充

20 世纪 80 年代，公共关系在中国内地迅猛发展。但人们对公共关系的认识和理解是局部的、片面的，还仅仅局限于人际交往。开展公共关系就是进行关系资源开发，将公共关系的主要任务定位于请客吃饭等一些接待应酬的琐事，利用人际圈解决遇到的一些困难，“吃好、喝好、陪好、玩好”成为衡量公共关系是否成功的标准。

经过几十年的发展，“交际”、“接待”已不再是公共关系的主角，而只是在公共关系职能体系中扮演一个辅助的角色。现代公共关系的职能体现在多方面：收集信息、政府形象塑造、协调沟通、传播设计、危机管理、参与决策、咨询建议等，大大拓宽了公共关系的活动范畴——既包括接待、交往等日常性事务，也包括新闻、广告、促销、咨询和政府危机管理等公关活动。

3.3.3 公共关系运作的整合化

早期公共关系的整个运作模式处于一种零散化的、非专业化的状态，只是简单地开展活动、发布消息、宣传作品等，策划的公关活动既无法满足公众的需求，也与政府或企业的初衷相背离，宣传活动之间不能形成连锁效应和规模效应。

现代公共关系更加职业化。在公共关系具体的运作过程中，强调战略性、整体性和系列性，打破了传统公共关系“各自为政”的散乱状态。战略性主要指根据组织战略目标规划、开展公关策划和营销策划等系列活动。就整体性而言，公共关系有一项基本的职能就是市场调查，不仅要了解公众的生存环境、消费能力、思想观念、价值判断等方面，而且要掌握组织发展战略以及了解竞争对手的公共关系传播战略，做到“知己知彼，百战不殆”。公共关系策划中需要各方面的有机配合，强调整合营销，如大众媒介和公关活动的结合，通过密集的、系列的公关宣传活动达到传播的目的。

3.3.4 公共关系业务范围的全球化

全球经济的一体化促进了各国之间的交往，各国对外政治、经济、文化的交流成为必然趋势，但在交往过程中由于文化背景的差异性、利益的不对等性等，难免会产生一些小误会和小摩擦，这就需要各国政府的公关具有国际意识，在国际事务中充分发挥其应有的作用，进行跨国性的公关交流与合作。

3.4 中国政府公共关系的源流与发展

3.4.1 中国政府公共关系兴起的社会背景

1. 中国政治体制改革的需要

社会主义制度确立，人民成了国家的主人。这就要求政府应该重视公众参与政治生活的意愿，听取公众的呼声，使政策、法令、方针以及措施建立在公众的利益上，“三个代表”重要思想的提出就是检验政府工作的一个标准。政府和公众应该建立相互理解、支持和合作的关系，提高决策的透明度，改善党群关系、干群关系，增强公众监督政府的力度。可以说，高度民主化的社会主义民主制度为政府公共关系活动的开展提供了充分而可靠的政治基础。

2. 中国经济体制改革的需要

经济活动方式的变化必然带来公共关系观念和实务的发展。

经济发展过程难免会产生各种矛盾冲突，中国也一样。妥善解决矛盾冲突，优化社会环境，处理突发的重大社会事件，维护社会稳定，一方面要依靠正确的决策、有力的措施；另一方面还需要政府公共关系工作的支持，开展公共关系活动来阐释说明政府的决策意图。因此发展政府公共关系具有很强的现实意义，对一些社会问题如工资调整、住房改革等，在改革开始前和改革措施的实施过程中，必须倾听公众的声音，对出现的问题及时给予解决，尽量满足公众的合理要求，确保决策的顺利执行，从而维护社会的稳定，只有稳定的社会政治环境才能为改革和开放提供保障。

3. 国际交流和合作的需要

顺应时代的要求，2002 年中国加入世贸组织后成为经济全球化时代国际社会的一员。中国政府面对的不仅仅是国内公众，还应建立和改善与不同国家组织与公众之间的关系，协调中国与各国之间的经济、政治、文化等关系，这些交流与合作都需要政府公共关系严格遵守世贸组织的规定，按照市场经济的规律进行运作。中国政府公共关系的国际化发展成为必然。

3.4.2 中国政府公共关系的源流与发展

1. 中国旧民主主义革命时期的公共关系

旧民主主义革命时期，以康有为、梁启超为代表的资产阶级维新派进行了变法运动，组织成立的“强学会”在变法运动中开展了一系列有意义的宣传工作，宣扬了变法思想，扩大了组织的影响，激发了民众的爱国激情，从而推动了维新变法运动的展开。

此时期以孙中山为首的资产阶级革命派利用大众媒介在海内外进行舆论宣传，倡导“驱除鞑虏，恢复中华，建立民国，平均地权”以及“民族、民权、民生”等革命主张，赢得了一大批仁人志士的支持，为革命的爆发奠定了思想基础。孙中山先生高超的游说策略和公关技巧值得现代公关人员学习和借鉴。

2. 井冈山时期的政府公共关系

这期间的公共关系主要围绕一系列的革命活动展开（如政权的建设、土地革命以及拥军支援武装斗争等），主要任务是向全国群众宣传党和政府的方针政策，及时纠正出现的官僚现象，倡导拥军爱民，调动群众的积极性建设革命根据地，争取革命斗争的胜利。

3. 新中国成立后的政府公共关系

新中国成立后，公共关系逐渐为大众所认识和了解，并在各领域迅速发展。改革开放之初的南方一些企业如具有较高管理水平的酒店、宾馆等都设立了公共关系组织机构。1984 年，广州的白云山制药厂率先挂出了国内第一块国有企业公共关系部的招牌。1986

年，我国第一家公共关系专业公司——中国环球公关公司在北京成立，这表明公关作为一种职业被人认识，标志着公关事业进入了新阶段。1987年，中国公共关系协会成立；1991年4月26日，中国国际公关协会在北京成立，前任驻美国大使柴泽民任会长，并提出了“让世界了解中国，让中国走向世界”的宗旨和“知道、协调、服务、监督”的工作方针。

我国的公共关系教育事业和公共关系理论建设也取得了一定的成绩。1985年9月，深圳大学首先设立了公共关系专业，开设公共关系的必修和选修课程。同年，复旦大学新闻系也专门开设了公共关系课程，从此公共关系进入高等学府的讲堂。1988年1月，中国第一家公共关系专业报纸——《公共关系报》在杭州创刊，向全国发行。1989年，中国第一份在国内外公开发行的公共关系杂志——《公共关系》在西安创刊。

1988年，新华社记者以《政府形象》为题，报道了上海实施廉政建设工作的内容，引起了研究组织形象的公共关系界学者的关注。这标志着公共关系开始进入政治生活领域。中国政府公共关系经过十几年的完善，已取得了一定的成效，向职业化和专业化的方向发展。

（1）中国政府公共关系有一套完整的工作体系。

第一，成立专门的公共关系工作机构，确保信息的畅通。

公共关系组织机构的设置是开展公共关系工作的第一步。1992年5月，湖南省县级机构改革试点的双峰县，以改革者的开创精神，设立了全国第一家具有政府职能的公共关系局，被称为“中国公关第一局”。该机构将合作、接待、联络、招商引资、信息传播和形象塑造等职能融为一体，有助于政府部门调整方针政策、进行科学决策、提高管理水平，在一定程度上打破了部门间各自为政的现象，促使政府各部门服从整体需要、团结合作，从而提高了政府工作效率，树立了良好的政府形象。同时又增强了政府的公共关系职能，即加强了政府和公众的联系与双向沟通。1991年，国务院新闻办公室宣告成立；与此同时，国务院各部门以及许多省市也都设立了新闻发言人，以加强信息服务。

第二，多渠道收集信息。

天津政府自1983年开始，就设立市长电话及市长接待日，既及时地掌握了社会和民众情况，又提高了政府工作效率，把为群众办实事作为一项制度固定了下来。目前，我国各地方政府都建立和完善了此项举措。市长信箱、投诉中心、电话热线、上访信箱、意见信箱、首长接待日等便民服务项目已成为政府收集公众意见和建议的主要渠道，使老百姓能和政府官员进行直接沟通。近来少数城市开通了“政府服务热线”，为市民提供诸如政策法规查询、城市指南、办事指南、投资指南、政府通告、工商、税务、保险、证券、金融、交通服务等信息咨询。

接待信访群众、领导人下乡访问考察、会见公众代表等形式也是政府倾听民声、了解民意的有效渠道。目前我国政府的信访工作程序应更加规范化、制度化，并成为工作人员日常工作的行为准则。信访工作的工作人员还应具有良好的思想素质及公关业务能力，认真积极处理好群众来信及接待来访，做好信息的“上传下达”。基层访问、实地考察使政府官员深入一线，贴近百姓的生活，进行面对面的交流，了解信息，倾听民意，迅速发现问题和解决问题，树立开放高效的政府形象。

第三，协商对话制度的确立。

建立社会协商对话制度的基本原则，是发扬“从群众中来，到群众中去”的优良传统。协商对话的形式多种多样，除了小型新闻发布会、广播电视通知、会议传达、报纸刊登等对话形式外，还可采用更为自由的公众咨询对话方式，以吸引更多的公众参政议政。

协商对话应形成公开稳定的社会沟通渠道，定期向公众开放，使各种问题及时得到解决。中国政府通过大众媒介，围绕公众关心的社会热点问题与公众展开协商对话，动员公众积极献计献策。譬如各城市在实施一项工程前，往往参考公众的意见。天津市政府经常利用新闻媒介对市民最关心的问题进行公开讨论，大大提高了政府公关的开放程度。重大情况让人民知道，重大问题经人民讨论，决策部门只有充分了解公众的意见，才能保证决策的可行性和准确性。珠海市市政府也发动广大公众参与到电视专题“如何理解、阐释‘海上云天，天下珠海’”的活动中。这项活动使珠海公众的热情空前高涨，并使公众更加喜欢和热爱珠海这座美丽的海滨城市。这些活动一方面提高了公众参与国家事务的积极性，增强了公众的主人翁意识；另一方面还可以及时地、畅通地、准确地做到上情下达、下情上达，彼此沟通，互相理解。

协商对话还应充分发挥各类非政府组织的作用。各类非政府组织能够及时地、准确地、广泛地反映不同利益群体的具体要求，且能经常地、及时地同政府相关方面沟通与对话，这样有利于化解社会矛盾和社会风险。

（2）建立友好和睦的对外关系。

求同存异、广交朋友是中国政府处理对外关系的重要原则。1955 年周恩来总理率中国代表团出席万隆会议时，一些敌对势力企图利用各国的分歧破坏会议的正常进行。周恩来总理与各国代表进行平等协商，消除误会，团结了绝大多数与会代表。周恩来总理提出的“求同存异”、“和平共处”的观点成为中国外交的准则，也获得了国际社会的高度认同。这与中国共产党在革命和建设过程中一直倡导的“团结一切可以团结的力量”相一致。

冷战结束后，在经济全球化的背景和态势下，恐怖主义、生态环境等全球性问题日渐突出，国际间的相互依存不断增强，各国都更加注重发展对外关系。改革开放后，中国政府公共关系的重点是要让世界了解中国，让中国了解世界，建立友好合作关系。中国政府通过派遣官员访问、举办民间文化展览等活动同各国政府和人民进行广泛的交流。英国在中国内地四个城市（北京、上海、广州和重庆）展开了大规模的政府公关活动，以便让中国人（特别是年轻人）更多地了解现代英国。同样，中国也在一些国家进行了卓有成效的政府公关活动，展现中国政府的风采，让国际公众了解中国的历史文化、科学技术以及商业经济等各个方面。中国的一些城市还和国外的一些城市结成姊妹城市，每年都举办各类政府公关活动，增进了两国之间的友情，同时树立了政府良好的国际形象。

（3）政府形象的塑造。

中国政府公共关系的基本指导思想是协调政民关系，树立党和政府的良好形象。无论哪个时期，中国政府都非常重视公关工作，严格要求每一位政府工作人员的道德、思想和言行，在社会公众中树立起“为政清廉，勤政为民”的政府形象。

政府应加强廉政建设，向日常化、规范化、制度化发展，以塑造良好的政府官员形象。开展政府公关工作，不仅要重视信息沟通，更重要的是发展经济、文化建设，发展社会福利事业，开展社会公益活动，多办好事实事，解决公众遇到的实际问题，以此方能取信于民，这样的政府才能真正得到群众的拥护，才能树立和保持廉洁、勤政、务实、高效的政府形象。

政府形象的塑造可以通过政府公关活动来体现，一些城市利用自身的文化资源开展了一系列活动，如潍坊的风筝节、昆明的世博会、成都的桃花节以及哈尔滨的冰灯节等都使地方政府的形象愈加鲜明，打造了一个务实、开放的地方政府形象。中国政府围绕 1997 年 7 月 1 日“香港回归”这一举世瞩目的重大事件，策划、开展了一系列公关活动，构成了中国九七公关的一大热点。其中新华社等单位策划和主办的“香港回归祖国倒计时活动”尤为引人注目。这一活动以“祖国迎香港，同胞盼团圆”为主题，历时 932 天。其历时之长、范围之广、公众参与者之多、影响之深，被《中国经营报》评为“1997 年度中国最佳公关案例”。2002 年，中国申奥成功、国足出线、入世成功等公关活动向国际社会展现了一个自信、务实、开放、负责的中国政府形象。2003 年的公关最高奖项“环球杯”授予北京 2008 年奥运会申办委员会，是对中国政府公关的充分肯定。

4. 中国港澳地区政府公共关系的发展

中国港澳地区的政府公共关系具有浓郁的政治文化特色。第二次世界大战期间，驻港英军在港专设给新闻界提供军方资料的公共关系组织机构。20 世纪 50 年代，香港成立海外办事处负责海外公共关系。

1997 年 7 月 1 日后，香港翻开了新的一页。1997 年 7 月下旬，我军历史上第一个新闻发言机构香港驻军对外发言组在港诞生，其主要职责是沟通联络香港新闻界，接受香港媒体的查询，并承担一定的公关职能；服务对象是在港媒体（包括中央驻港媒体、当地媒体和国际媒体）和广大公众。

经过几年的探索、发展，驻军的新闻发言工作从无到有，从不规范到比较规范，从不成熟到成熟，对外发言组的工作逐渐成形。1999 年 10 月，经总部批准，香港驻军对外发言组正式列编，并更名为香港驻军新闻发言办公室。香港驻军的新闻发言工作主要包括以下方面：监督媒体舆论动态；接受媒体申请，组织媒体对驻军进行专访或合作制作专题节目；应邀出席新闻界活动，促进驻军与媒体和公众间的友好沟通，做驻军的“公关联络员”等。

香港特别行政区政府开展了一系列公关活动，如“唱好香港”的推广活动，尤其在 2003 年 SARS 期间，香港特别行政区政府利用大众媒介及时、准确地发布疫情信息，并采取了积极有效的防范措施。公开、务实的政府形象赢得了公众的支持，同心同德战胜了 SARS。政府的公关活动促进了香港地区的稳定和繁荣昌盛。

3.4.3 中国政府公共关系的现状

1. 地方政府的公关意识较淡

中国地方政府没有树立起科学合理的现代公关意识。

地方政府官员没有认识到政府公关活动的重要性，负责政府公关的工作人员没有经过系统专业的培训，不具备公关专业的职业道德素质，公关意识依然停留在人际关系和宣传方面，公关职能也主要针对上级机关和领导人，针对普通老百姓的公关意识缺乏。

当前，有群众反映某些地方政府机关部门和官员是“门难进、面难见、脸难看、话难听、事难办”，并且会有办事拖拉、办事不力的现象出现，这些都极大地损害了地方政府的形象。这是中国政府公共关系需进一步改进的地方。

2. 政府公关技巧的缺乏

现代政府公关活动已发展成为一系列专业性、规范性较强的传播沟通活动，包括调查咨询决策、策划设计制作、组织协调等，这些都需要高素质的公关人员运用大众媒介，制定专门的目标和计划来完成。因此政府公关的发展对政府公关人员的素质提出了较高要求。

公关人员最基本的素质是交流沟通能力，一方面体现在行为举止上，另一方面体现在语言表达能力上。因此政府公关人员在面对公众和媒体时，应如何应对就成为一门很重要的学问。目前，一部分政府公关人员由于不具备专业的公关知识和素质，没有掌握公关技巧，故而在面对媒体时呆板、紧张、胆怯、羞涩，或态度蛮横、表现出不真诚的样子，这些都不利于政府的声音及时、准确、有效地传达，也就不能塑造一个自信和具有亲和力的政府形象。

3. 政府公关亟须专业化

我国对政府公关理论的研究，始终跳不出企业公关的研究领域，甚至把公关简单地等同于接待、宣传、推销等工作，这些认识和研究方法都极大地阻碍了中国政府公共关系的发展。

对建设有中国特色社会主义政府公关的认识和研究还远远不够，既没有立足国情认真总结传统的公关经验，又缺乏对现代公关精神的探索。这导致中国政府公关在实践中出现了盲目性、零散性、非系统性等问题。

3.4.4　中国政府公共关系的进一步完善

1. 新闻发言人制度的建立与完善

从全球范围来看，新闻发言人制度可追溯到一个世纪之前。1904 年 2 月，日俄战争在中国境内爆发。由于日本不允许媒体赴前线了解战况，致使俄方记者报道了很多不利于日方的消息。为了改变这种状况，1904 年 7 月，日方将许多记者召集到中国长春，介绍战况。这次战况发布会被学术界认为是世界上最早的政府新闻发布会。西方国家普遍采用的新闻发布形式始于美国。我国的新闻发言人制度在对外宣传方面起到了很大的作用。1983 年 4 月 23 日，中华全国新闻工作者协会首次向中外记者介绍国务院各部委和人民团体的新闻发言人，正式宣布我国建立新闻发言人制度。外交部率先举行新闻发布会，并逐步建立了新闻发布制度。国家统计局等部门也相继设立了新闻发言人，建立了定期新闻发布制度。就地方政府而言，北京、上海、广东、南京等地是新闻发布制度建立较早和办得较好的地方。

2003 年以来，党中央、国务院领导同志高度重视新闻发布工作，在有关文件和领导同志的讲话、批示中对建立和完善国务院新闻办公室、国务院各部门和省区市人民政府三个层次的新闻发布机制、建立新闻发言人制度、做好政府新闻发布工作和加强新闻发言人培训等提出明确要求，做出具体指导，有力地推动了我国政府新闻发布制度建设和新闻发布工作的顺利开展。[①] 到2006年底，国务院已有74个部门建立了新闻发布和新闻发言人制度，设立了91位新闻发言人。全国31个省（区、市）人民政府都已经建立了新闻发布和新闻发言人制度，共设立了52位发言人。[②] 近年来，各级政府组织了新闻发布会、见面会、集体采访、专访、互联网访谈等多种形式的新闻发布活动。截至2011年底，国务院新闻办举办新闻发布会78场、中共中央国务院各部门举行新闻发布会626场，各省（区、市）、党委和政府共举办新闻发布会1 507场，总共2 211场。比2010年增加了335场，增幅为17.9%。[③]

与此同时，中国政府开始着重培养专门的、职业化的新闻发言人，并多次举办新闻发言人的培训。2003年9月22日，国新办第一期全国新闻发言人培训班开班，有66个部委的100多名新闻发言人参加。2003年11月4日，第二期全国新闻发言人培训班开班，全国各省、自治区、直辖市的近80名新闻发言人和新闻官参加培训，这是中国第一次对省级政府新闻发言人进行集中培训。此后，国务院新闻办每年还会和各省区市联合举办培训班，并以不同形式支持各省区市举办新闻发言人培训班，各地方政府也纷纷举办多种形式的新闻发言人培训。2012年7月13日，国务院新闻办公室第一次与国家行政学院合作举办全国政府新闻发言人培训班，来自32个中央政府部门和26个省（区、市）的政府新闻发言人进行了连续5天的集中培训。国新办新闻局局长郭为民指出，未来，中央各部门和各省（区、市）的新闻发言人在上岗以前都要进行专业的培训，而国新办与国家行政学院举办的培训班将作为一个固定的平台。[④] 实践证明，新闻发言人培训可以改变官员的落后观念，提高发布技巧，促使新闻发言人制度更加规范化。

在公众中树立良好形象，获取公众的参与和支持，政府新闻发布已成为现代政府施政的重要方式。新闻发言人制度是政府新闻发布的一种重要方式，它的确立与完善过程是政府信息逐渐公开化的过程，意义在于保证政府消息来源的畅通，尽量减少、杜绝信息传递过程中的“失真”现象。新闻发言人制度是政府通过新闻媒介及时地、公开地向公众传递和发布信息，介绍政府的方针、政策、路线，针对老百姓关心的社会问题，社会上新出现的热点问题做出解释。这与以前公共咨询的封闭堵塞相比较，无疑是个进步。尤其当一项新政策或新措施出台时，就需要政府部门的权威声音即新闻发言人就某个问题所持的立场和采取的措施做出回应，公众才能更好地理解和接受。譬如“物价调整”、“医药改革”等措施出台时，政府部门的新闻发言人及时向公众解释政策调整的迫切性，以及调整后其他措施的补充完善，从而消除公众的顾虑，获得更多的信任与支持。遇到重大问题时政府行政首长可以直接面对公众舆论，如SARS期间，卫生部部长以及北京市市长王岐山等重要政府官员就SARS问题举行了专门的新闻发布会；或安排权威媒体就此问题对政府官员作

① 参见《政府新闻发布工作手册》，2页，北京，五洲传播出版社，2007。

② 数据来自2006年12月28日国务院新闻办公室新闻发布会，国新办主任蔡武就中国新闻发布工作和新闻发言人制度建设推进的有关情况发表讲话。

③ 数据来自2012年1月18日国务院新闻办公室新闻发布会，中央外宣办主任、国务院新闻办公室主任、国家互联网信息办公室主任王晨向中外记者介绍2011年我办工作的进展情况。

④ 参见《全国政府新闻发言人在京集训　发言人岗前培训将逐步专业化》，见 http://news.xinhuanet.com/politics/2012-07/13/c_112433271.htm。

深度专访，如中央电视台新闻谈话栏目《面对面》就SARS问题对北京市市长作了访问，使公众对北京市的疫情情况、政府已经采取了哪些措施，以及怎样隔离、怎样防范有了详细的了解，提高了信息的透明度。

2. 政府管理透明度的提高，电子政务的推广和发展

电子政务的出现与网络技术的发展密切相连。所谓电子政务是指政府机构在其管理和服务职能中运用现代信息技术，实现政府组织结构和工作流程的重组优化，超越时间、空间和部门分隔的制约，建成一个精简、高效、廉洁、公平的政府运作模式。借助网络实现资源共享的公共意义：一是政府机构及其工作人员从网络上获取信息，了解民意；二是政府机构的信息放到网络上，可使信息公开化；三是政府公务在网络上实现与社会公众的互动处理，提高了与公众沟通的效率。

1999年中国政府倡导政府上网工程后，截至2002年1月，以gov.cn为结尾注册的域名总数达到5 864个，已经建成的万维网下的政府网站约4 677个，70%以上的地市级政府在网上设立了办事窗口。但目前，我国电子政务尚处于起步阶段，政府机关计算机、数字通信和网络等硬件设施建设不完善，不能完全适应电子政务的要求。另外还存在缺乏统一规划、统一标准，政府网络设置不规范、域名关联度低、互联性差等问题。

电子政务的应用和推广对政府公共关系的发展有实践指导价值：电子政务的应用和推广有利于塑造政府为民、便民、利民的新形象。如香港政府新闻网由政府新闻处设立，通过这个网站协助政府解释政策、宣传活动以及提出公关计划，获得了香港市民的高度评价。实行政务公开，有利于提高政府的透明度，满足公众的知情权，以增加公众对政府的信任和理解；有利于政府机构在收集信息时增强判断能力，提高工作效率，同时又发挥了公众的监督职能，公开办事制度，公开办事程序，公开办事结果，从而减少工作中“踢皮球”等低效率现象的出现。

3. 政府传播及时性和互动性的增强，政务微博的蓬勃发展

随着互联网信息技术的进一步发展，微博作为新媒体平台逐渐受到社会的普遍关注。自2009年8月中国门户网站新浪网率先推出微博测试版至2012年10月，中国的微博注册用户数量达到近2.5亿。可以说，微博效应正以迅雷不及掩耳之势席卷全国。而微博信息传播的即时性、互动性以及裂变式传播等特征，在强调社会管理创新、政府信息公开、官民良性互动的今天，恰与政府信息传播的要求不谋而合。政务微博应运而生，“微博问政”成为时下社会热词。

2009年下半年，湖南桃源县官方微博“桃源网”上线，成为中国最早开通微博的政府部门，截至2012年10月底，以新浪微博为例，全国共有22个省级政府开通了新浪官方微博，各省政务微博也达到了新的规模，如雨后春笋般不断涌现，江苏省政务微博的总数更是达到了6 222个，占全国政务微博总数的近1/10。[①] 2012年，基于6万政务微博的数量，以人民网、新浪网为代表的政务微博平台开始进入务实应用的发展阶段，政务微博日常运营趋于制度化，初步形成了有规可循的运营模式。

与民互动、为民服务，是政务微博产生的初衷，也是政务微博发展的最终方向。政务

① 参见人民网舆情监测室：《2012年新浪政务微博报告》，2012年12月。

微博的开通，不仅有效实现了政府信息的即时公开与传播，同时在政府与民众之间架起了沟通的桥梁。公安部门借助微博发布信息、提供服务，获取线索、调查取证，发布案件进展，提高办案效率，已成为信息公开的便捷平台和网络协助办案的重要工具。在突发事件应对中，微博也发挥了极大作用。在2011年上海“9·27”地铁追尾事件中，上海地铁官方微博于事故发生后不久发布多条微博，先发布信息确认列车追尾，再及时公布现场状况、伤亡情况、事故初步原因、后续调查、责任人员处理等情况。持续的微博发布，获得了网友的好评，避免了谣言的产生，促进了秩序的恢复。

总体而言，政务微博增强了政府信息传播的及时性和互动性，赢得了社会民众的青睐，呈现出蓬勃发展的态势。但是，对于还处在成长阶段的政务微博而言，问题与不足在所难免。如相当多的政务微博依然只是单方面传播工作信息，部分语言还是传统的“官话”，导致网友转评数低，也极少有网友前来浏览，很多政务微博信息也成了“摆设”；对公共性话题的参与程度较低，在公共聚焦话题上的失语，使成长中的政务微博错失了许多融入网络群体的机会。政府微博的运营机制、内容管理制度和人事制度如何建立健全还值得深入探讨。

3.4.5 突发事件促使中国政府公共关系的成熟

1. 2003年SARS事件促使中国政府公关自觉

2003年，一场前所未有的SARS迅速袭击了中国许多区域。SARS传播初期，在中国政府和大众传媒的沉默下，各类谣言漫天飞，中国公众感到了莫大的恐慌，这种恐慌一方面源于对SARS的不了解，更重要的是对整个病情状态不了解而产生的心理恐惧。2003年4月中旬，中国政府终于发出了权威声音，通过大众媒介对SARS做出了全面、科学的阐释和分析，通过召开新闻记者会等一系列公关活动，使公众对SARS有了较为清楚、全面的了解，彻底击碎了谣言，并建立了疫情通报制度，关注SARS每天最新的发展态势，信息实现了透明化。公众重拾信心，和政府一起努力，齐心战胜了SARS。

战胜SARS不仅仅是医学上的胜利，更是对中国政府公共关系的一次历练。从政府的沉默到采取有效的措施，面对突发事件时，中国政府学会了尊重公众的知情权，学会了怎样才能获得民声，怎样做才能保持社会的稳定。正如中国工程院院士钟南山在谈及政府应该如何应对突发性公共卫生事件时指出的“诚实永远是上策”。短短的一句话，道出了现代政府的本质追求。现代公共关系对政府形象的塑造应以诚实、开明为准则。

SARS事件给中国政府公关的经验是：信息的公开化应是一种经常性的行为，尤其当政府应对危机之时，更需要公共信息传递的透明与迅速，过去常说“防民之口，甚于防川”，现在信息的发达让“防口”已成为不可能，所以“堵”不如“疏”。政府面对危机时，应以坦诚的态度争取公众的鼎力支持。“得民心者得天下”，政府得到公众的信任和支持，就是一笔无形的财富。

2. 2008年汶川大地震事件标志着中国政府公关走向专业化

2008年5月12日14时28分04秒，我国四川省汶川、北川县城突发里氏8.0级强震，近半个中国有震感。据民政部报告，截至2008年9月25日12时，四川汶川地震已确认造成69 227人遇难，374 643人受伤，17 923人失踪。这场大地震不仅是一场自然灾害，更是摆在中国政府面前的一场严重的公共危机。地震发生后，我国政府立即采取有效措施，尽一切力量抢救灾区人民生命，保护人民的财产安全，及时发布地震相关信息，并成功处理地震造成的堰塞湖泄流问题，积极进行灾后重建工作。对 2008 年汶川大地震事件的反应与处理使中国政府公共关系更加专业化、规范化，标志着中国政府公共关系开始走向专业化道路。

此次中国政府公关的专业化主要体现在两个方面：

一是增强信息的透明度，在速度第一的原则基础上做到信息真实公开，保障公众知情权。地震发生后，我国政府迅速成立抗震救灾指挥部，并利用自己拥有权威信息源的优势，通过媒体及时发布信息。如在距离地震发生不到一个小时的时间内，中央电视台就立即中断其他节目，开通了 24 小时直播节目《众志成城，抗震救灾》，以信息滚动更新的形式不断发布各路记者从抗震救灾第一现场发回的消息，安抚社会恐慌情绪，遏制谣言产生。5 月 13 日至 6 月 5 日，国务院新闻办公室共组织相关主题新闻发布会 23 场，充分表现出"国家级发布平台"在特殊时期全面、连续、权威发布的鲜明特点，这些发布成为社会各界关注和国内外媒体瞩目的重要信息源。此外，各家媒体均邀请地震方面的专家学者对地震情况以及目前的抢救情况进行深入解读，并及时向社会传递防震知识，缓解公众紧张情绪。应急速度快，动员部署快，信息披露快，谣言扑灭快，成为中国政府在此次抗震救灾公共关系工作方面的可圈可点之处。

二是积极开展灾后重建，开放国际社会援助。在此次应对汶川地震的危机中，我国政府第一时间成立了抗震救灾指挥部，胡锦涛、温家宝等国家领导人到地震灾区指导工作，不惜一切代价抢救伤员，开展心理大干预行动，并将 5 月 19 日到 21 日确立为全国哀悼日，向全社会传递了全国上下团结一致共同抗击灾难的决心与信念。此外，相较于 1978 年唐山大地震，在这次抗震救灾行动中，我国政府积极开放国际社会援助，日本、俄罗斯、韩国、新加坡、德国、意大利、古巴、法国、英国、印度尼西亚、巴基斯坦等国迅速派出专业救援队、医疗队赶赴灾区，抢救生命。外国记者能够第一时间进入地震现场，纷纷对中国政府的开放态度表示赞誉。在重大自然灾害危机面前，举国之力和对外开放的社会动员机制形成，说明了开放的中国政府的公共关系更加自信、理性、务实和专业。

3. 2011 年甬温线"7·23"动车事故给新媒体环境下的中国政府公关提出了新挑战

2011 年 7 月 23 日晚，对于甬温线动车 D3115 和 D301 的乘客而言，这本应是一次平常的旅程，但这两辆"不可能追尾"的动车却发生了极其惨烈的追尾。在这场死亡碰撞中，至少 40 人的生命被抹去，无数家庭的命运因此改变。事故的发生，裹挟着负面舆论如暴风雨般汹涌而至，对新媒体环境下的中国政府公关提出了严峻挑战。据中国传媒大学网络舆情（口碑）研究所数据显示，截至 2011 年 7 月 28 日 10 时，有关温州动车追尾事故直接相关报道共有 17 595 篇，参与转载的网站有 468 家，这些新闻报道总共获得 2 845 626 条网民评论；另有论坛主帖 92 796 篇，博客文章 53 495 篇，以"温州动车追尾"为关键词的微博有 9 616 248 条。① 可以说，"7·23"动车事故在社会舆情热度上达到一个新高度，网民指责声、质疑声高涨，考验着党和政府的执政能力与政府公信力。然而，中国政府在这场舆论战与公关仗中的表现却不尽如人意，铁道部对事故现场的处理、对伤员

---

① 参见中国传媒大学网络舆情（口碑）研究所：《党政舆情参考》，2011（86）。

的救治以及随后新闻发布会的举办，都成为社会舆论抨击的对象。

事故发生后，网友针对事故提出的质疑与追问主要集中于事故发生的真正原因、救援措施的效用、伤亡及善后的情况、铁道部对列车残骸处理的举动、中国高铁的整个状况、铁道部门的应对等多方面，各种谣言借着微博等新媒体平台一度甚嚣尘上。在社会一片怨声载道的情况下，铁道部的新闻发布会不仅未能打消民众疑虑、澄清谣言，反而弄巧成拙，引发民众新一波失望与不满。铁道部的新闻发布会由铁道部门新闻发言人就事故原因、伤亡人数、救治情况以及后续处理作相关通报。然而，新闻发布人在新闻发布会上却展示了他职业性的微笑，语态以强势为主，语调高亢、激昂，对很多核心问题未能给出清晰有力的解释。新闻发布会的召开在社会舆论场中一石激起千层浪，不少网友纷纷表示铁道部的做法是对生命的漠视和对人民群众知情权的极大不尊重，“不管你信不信，反正我信了”和“这是生命的奇迹”等发布会语录甚至已经作为“高铁体”被网友广泛传播，用来调侃铁道部，表达质疑的情绪。

甬温线“7·23”动车事故之后的舆论危机，并不仅仅是新闻发言人态度和用语的问题，而是折射出中国政府在新媒体环境下对危机处理与应对的不足。民众需要的不只是第一时间的事故信息公布，更需要了解严谨的调查过程和令人信服的数据；政府不仅应全力以赴进行搜救工作，人性化地对事故进行善后处理，更需要尊重民众的意见，妥善公布死者姓名、年龄、乘坐的列车座位等相关情况。同时，政府应对事故后续情况进行持续滚动更新，开放新闻媒体跟踪报道渠道，以保障社会民众的知情权与监督权，遏制谣言产生，缓解社会紧张情绪。在社交媒体如此发达的当下，政府面对的质疑、挑战更多，中国政府在新媒体环境之下的公共关系工作依旧任重而道远。

3.4.6 建设有中国特色的政府公共关系

公共关系这门学科作为“舶来品”，在中国的最初发展阶段，无论是理论基础还是案例实践都一味地模仿国外。经过几十年发展，中国公共关系的发展已取得了一定的成效。1991年，在全国公共关系会议期间，党和国家领导人充分肯定了我国公共关系事业所取得的成就，并明确了公共关系事业发展的方向和根本任务。立足本国实际，创建和发展具有中国特色的政府公共关系成为中国公共关系从业人员的奋斗目标。

具有中国特色的政府公共关系主要体现在以下几个方面：

1. 中国政府公共关系的核心思想是“为人民服务”

中国共产党在革命和建设过程中积累了宝贵的经验，实践中归纳总结的公共关系理论、经验和政策已成为现代公共关系学习的资料库。

各个时期“全心全意为人民服务”都是中国共产党一贯追求的准则。新中国成立后建立了社会主义制度，此时公众的利益和国家的根本利益相一致，兼顾国家、组织和公众的利益是中国政府公共关系的基本原则和要求。现今，将“为人民服务”这一思想落到实处，政府官员通过学习增强了公共关系意识，树立了亲民爱民的领导者形象。政府部门设置了许多便民服务，及时了解公众的需求，从而更好地为公众服务。

2. 中国政府公共关系必须继承传统文化

任何一种文化特色都来源于传统，中华民族五千年的灿烂文化对形成具有中国特色的政府公共关系具有深远影响。

传统文化中的民本思想，如孔子提倡的“节用而爱人，使民以时”、孟子提出的“民为贵，社稷次之，君为轻”等思想认为社会统治的稳定取决于民，重视官与民之间的关系，这与中国政府提倡的“为人民服务”的思想相通。孔子提出“君子喻于义，小人喻于利”、“言忠信，行笃敬”，倡导守信用、诚实，这些对现代政府公共关系的建设有很重要的指导意义。

3. 中国政府公共关系必须为市场经济服务

中国政府公共关系必须关注我国由计划经济向社会主义市场经济过渡中出现的新现象、新问题、新情况，及时发现问题和解决问题，根据社会主义市场经济的特点和规律调整政府公共关系的方向和方法，更好地为市场经济服务。

本章小结

本章主要梳理了政府公共关系的起源和发展。首先，阐述了古代国家管理中公共关系活动的孕育，即政府公共关系的萌芽，归纳总结了萌芽状态的政府公共关系具有的特性。其次，介绍了西方政府公共关系的发展阶段和发展趋势。重点梳理了美国政府公共关系的源流和发展，文章在介绍一般公共关系发展的四个时期（巴纳姆时期、艾维·李时期、伯尼斯时期、卡特利普时期）的基础上重点分析了美国政府公共关系的发展脉络，并扫描了美国政府公共关系的现状。本章第三部分对中国政府公共关系的兴起背景和现状作了详细介绍，对建设有中国特色的政府公共关系提出了一些建议。

关键术语

准政府公共关系　政府公共关系的萌芽　公共关系的源流与发展　美国总统竞选与政府公共关系

复习思考题

1. 古代社会准政府公共关系的特点是什么？
2. 简述一般公共关系在美国的四个发展阶段。
3. 美国总统竞选与政府公共关系发展之间的联系是什么？
4. 突发事件与中国政府公共关系之间的联系是什么？
5. 阐述中国政府公共关系的现状。

第4章 政府公共关系主体

重点问题

- 政府公共关系组织机构的功能分析
- 政府公共关系组织机构的组织分析
- 政府公共关系的制度规范
- 政府公共关系的运行机制
- 公务员的公关意识
- 公务员的公关素质
- 公务员的公关能力

政府公共关系是由政府公共关系的主体、政府公共关系的客体和政府公共关系的手段三大基本要素构成的。政府公共关系的主体是执行政府公共关系任务、实现政府公共关系功能的载体和实体，即政府公共关系组织机构。通过本章的学习，要熟悉政府公共关系组织机构，把握政府公共关系人员应具备的条件，充分认识政府公共关系组织机构和公共关系人员对做好政府公关工作的重要性。

4.1 政府公共关系组织机构

政府公共关系组织机构是执行政府公关任务、实现政府公关功能的行为主体，是政府公共关系工作的专业职能机构。专门的政府公共关系组织机构是政府公共关系主体建设的组织保证。政府公共关系组织机构能否充分发挥政府公共关系主体的整体功能，能否有目标、有计划地推进政府公共关系工作，关键就在于是否设置了政府公共关系组织机构。

4.1.1 政府公共关系组织机构的功能分析

组织机构是把人力、物力和智力等按一定的形式和结构，为实现共同的目标、任务或利益有秩序有成效地组合起来而开展活动的社会单位。政府公共关系组织机构的功能可从“中介”性、内外部和内设方面分析。

1. 政府公共关系组织机构的“中介”性

中介是指在不同事物或同一事物内部对立两极之间起居间联系作用的环节。对立的两极通过中介连成一体。政府公共关系组织机构的“中介”性强调的是性质、地位和表现方面。

(1) 政府公共关系组织机构的性质。

从工作性质上看，政府公共关系组织机构的职能是传播与沟通，即统筹政府管理机构中有关传播沟通的业务，使政府传播沟通的目标和手段更加专业化，使政府的传播沟通工作具有更高的效率和效益，使政府的传播资源投入更加合理、产出更加理想。因此政府公共关系组织机构的职能目标和业务内容完全不同于其他的职能部门。政府公共关系组织机构的传播沟通活动职能化是现代信息社会的一个特点：信息传播沟通已成为政府公共关系组织机构管理的重要手段。在没有政府公共关系的职能部门之前，政府有关部门实际上也在进行着各种各样的传播沟通活动，只不过是分散的、随机的、不系统的，缺乏统一目标和科学管理。随着在现代环境下政府对社会及公众的依赖性越来越强，政府的传播沟通业务量越来越大，传播的资源投入越来越多，建立和强化组织的政府公共关系职能，对政府传播业务加强科学的管理，便提到了管理者的议事日程上来。政府公共关系职能的形成是现代政府管理职能演化的结果。

在政府系统建立公共关系组织机构，配备专业人员，并与外部公共关系组织机构密切合作，形成“以内为主、内外结合”的一体化组织网络，是提高政府公共关系科学性和有效性的组织保证。

政府公共关系组织机构的名称，不一定叫公共关系部，它可以叫公共事务部、传播沟通部、新闻处、信息联络处等，不论叫什么，它都处于政府系统与公众之间的“中介”地位，都起着一种沟通政府组织与其内外部公众之间关系的“桥梁”作用。

与外部的公共关系组织机构相比，政府内部的公共关系组织机构熟悉政府的内部情况和外部联系，极易参与政府决策及其他管理活动，既能严守政府秘密，又能在处理一些极敏感的公共关系问题时处处为政府着想。

(2) 政府公共关系组织机构的地位。

长期以来，政府公共关系组织机构的地位和作用一直被局限在向外传递信息的简单的、单一的和十分有限的领域，这恰好应了一句成语——大材小用。其实，政府公共关系组织机构在社会组织中具有不可小视的地位和作用。

从管理作用上看，政府公共关系组织机构在组织总体中扮演着一种“边缘”、“中介”的角色，即处于决策部门与其他专业职能部门之间、组织与外部环境之间，担负着建立联系、沟通信息、咨询建议、辅助服务、策划组织、协调行动等责任。这可以从内外部管理两个方面来看。从内部来看，介于管理子系统与其他非管理子系统之间；从外部来看，对外代表组织，对内代表公众。

一个理想的政府公共关系组织机构的“中介”地位表现在三个方面：首先，它有开展公共关系活动的必要权力，拥有帮助公众解决问题、消除矛盾，根据政府公关目标独立开展各项工作的职权。这种地位和职权，使行政组织内部的其他部门都无权干扰或指挥它的工作。其次，它能够与行政组织的最高领导层保持经常性的、有效的“热线”联络，以便接受最高领导层的直接领导。最后，它的“中介”地位不是凌驾于政府组织内的其他职能部门之上，不能充当最高领导层的“代言人”。它只是比较靠近行政组织的最高领导层，充当行政组织与各类公众的联络者、信息传递者的角色，同时也能积极地向最高领导层提供建议、参与决策，并按照最高领导层的意图，协调组织内部和外部的各种关系。

（3）沟通桥梁的表现功能。

让政府了解民众，让民众了解政府。政府公共关系组织机构要有效地充当政府与公众之间的沟通桥梁，必须具备并充分发挥公共关系的特点：观察行政组织与公众之间的公共关系状态，聆听来自内外公众的意见、反映、批评和建议，及时通报并加以调整；深入了解公众的甘苦，向公众表示同情和理解，为公众排忧解难；向公众发布有关行政组织以及与公众有关的真实信息，让公众了解组织方针、政策及其实际运作过程；收集、整理、分析有关信息资料，提供各种可供选择的决策方案，协助领导进行决策和管理工作。其功能主要表现在如下四个方面：

1）信息功能。公共关系的重要职能之一就是收集信息，监测环境。一切关系到行政组织生存、发展的内部信息，任何环境因素的发展变化，都是公共关系人员信息搜集的要素。政府正是通过对这些信息的收集、整理和分析来了解、掌握环境变化的。

没有这种情报作用，政府就将成为瞎子、聋子，就无法正确了解和掌握瞬息万变的环境，无法正确预测发展趋势，也就无法在使自身适应环境变化的基础上发挥其能动作用。政府公共关系组织机构就是这样一个收集处理情报信息的职能部门。

案例

广州社情民意研究中心就是政府公共关系组织机构性质和功能的延伸。广州社情民意研究中心是中国第一家非官方的民意调查和社会舆论机构，具有社团法人地位，实行“人员自聘、活动自理、经费自筹”的组织方式。

广州社情民意研究中心在专家指导和户籍管理部门的配合下，通过多阶段分层严格抽样，建立了城市调查系统、农村调查系统、市场调查系统和快速反应系统等多套调查网络。其任务是围绕经济社会发展问题和政府的重大政策决策，了解、把握社会各阶层的看法和态度。反映社会舆论、收集公众评价、提出改善建议，为领导机关提供民意调查结果和舆论依据。开展多种形式的社会协商对话、策划各种形式的社会公益活动，努力促进社会各界的沟通。

2）咨询功能。包括为协调政府机构与环境、公众的关系而拟订出可供选择的行动方案，帮助决策者预测政府的政策行为将会产生的结果和影响，敦促和提醒决策者及时修正会导致不良后果的政策和行为等。政府公共关系组织机构只是领导核心层的参谋助手，它只能协助，而不能干扰或阻挠领导核心的决策。一旦决策形成，公共关系组织机构将责无旁贷地承担起向公众报道信息、解释政策及行动方针等任务，即使对领导的决策和行为有不同意见，也只能及时向决策核心反映，而绝不允许采取抵制或反对的行动。

政府公共关系组织机构在传播科技与民主沟通的关系问题上，能发挥自己的咨询功能。如随着信息社会的来临，对于信息与通信科技（ICT）能否带动民主沟通的发展这类议题会不断有争议，主要有两种看法：一是认为信息与通信科技将使政府集中控制信息，使权力更为集中，更加巩固权威地位；另一种看法则认为信息与通信科技能促使民主政府的开放自由，并增进民主品质。

3）传播功能。政府公共关系传播者是组织信息的采集、发布者，是代表组织行使传播职能的人。在我国政治组织中，该角色一般由党和国家的新闻发布机构、新闻发布人以及各级党和政府的新闻、宣传部门担任；在各种福利组织和非营利组织中，该角色由组织内部的宣传部门、公共关系部门或宣传人员、公共关系人员担任。

政府公共关系传播者是政府公共关系的主体，因为它是构成传播过程的主导因素。在协调公众关系、改善周围环境的过程中，在树立政府形象、提高信誉的过程中，在沟通内外联系、谋求支持与合作的过程中，政府公共关系传播者居于主动地位，起着控制者与组织者的作用。它的任务，是将外部的信息传达给组织内部公众，将有关政府的信息发布出去，传递到目标公众那里。

案例

2002年底，开全国之先河的地方法规《广州市政府信息公开规定》开始在广州实施；接着在全国人民代表大会上，有代表提交议案，呼吁尽快制定政府信息公开法；之后CCTV西部频道播出的《新闻夜话》栏目透露，政府信息公开条例正在起草之中；2008年5月，《中华人民共和国政府信息公开条例》正式颁布实施。

上述法规的实施传达出政治文明和民主政治的信息，这就是，“政府是信息公开的义务人，老百姓是信息公开的权利人；政府信息以公开为原则，不公开为例外”。“一旦全国人大立了法，公民获得政府信息将再也不是被‘赐予’，而是依法享有本来就属于他们的知情权。信息不公开老百姓可以依法起诉政府。”

显然，这对强化老百姓的主人翁地位、增强公务员的公仆意识以及打造公开透明的“阳光”政府，都会产生积极的推动作用。

4）服务功能。政府公共关系工作本身就是一种服务工作，其管理地位和日常业务都具有明显的服务性质。政府公共关系工作的成效也需要以服务的质量来加以衡量。政府公共关系通过各种服务使政府内部运转得更加顺畅协调，使政府外部环境更加和谐、良好。

从政府内部来看，政府公共关系在政府管理体系中处于中介性的服务地位。它在政府内部不直接作决策，不直接控制人、财、物等资源，但却利用其信息传播手段为政府各个部门服务，渗透到政府决策管理的各个环节中去。这种政府内部公关服务做得越好，政府和整体效能就越高。

从政府外部来看，政府公共关系部门为公众和社会提供信息、咨询、培训、公益等受大众欢迎的服务，将公众利益、社会利益、社会责任与义务摆在首位，往往成为一个政府中社会性、公众性最强的部门，成为最直接为公众利益服务的工作部门，这种政府外部公关服务做得越好，政府就越得人心，就越受公众的欢迎，社会形象就越好。

例如，在服务的功能上，香港特区政府规定政府公共关系的目的是阐述、分析政府事业单位的各种新设施、新规定、新改革，以获得公民、立法机构及社会团体的赞助与支持，使公民了解政府机构的功能。

总之，政府公共关系组织机构是有特定任务的职能部门。如果没有公共关系组织机构统筹政府的公共关系工作，不仅会使政府自身的生存受到威胁，而且政府社会管理活动的进行和自身的健康发展也将无从谈起。

2. 政府内外部公共关系组织机构

政府公共关系依照政府的职能应包括对外、对内两个方面：一方面，对外宣传本辖区的形象，包括树立良好的政府领导人的个人形象，加强对外联系，发展本国或本地区与其他地区的良好关系；另一方面，对内争取广大公众的信任和支持，实施有效的管理，形成和谐稳定的政治局面。

（1）政府外部公共关系组织机构。

政府的对外传播既可提高内聚力，又可增强外渗力。“内聚力”，即对外国资金、技术与人才等的吸引力。近年来，我国各地政府在改善外国来华投资环境方面，已做出巨大努力。“外渗力”也就是中国走向世界的推动力。我国各地政府对在海外的影响和声誉均有了足够的重视。

外部公共关系组织机构，在功能上与政府内部的公共关系组织机构有一定的差别。一般有公共关系顾问和公共关系公司两种形式。

公共关系顾问是指专为社会组织提供公共关系方面的技术性、服务性咨询，并收取一定费用的专业人员。这些专业人员可能是一个人，也可能是精通不同领域公共关系事务的若干人，以合格的法人资格，利用自己的专业公共关系经验和技术，为组织提供公共关系服务。一些国家的政府往往长期或临时聘请这些专业人员作为公共关系顾问。

公共关系公司是随着公共关系作为一种职业的出现而产生的，由职业公共关系专家组成，是专门为社会组织提供公共关系咨询或受理委托为客户开展公共关系活动的社会服务性机构。与公共关系顾问或其他类型的公共关系组织机构相比，它具有人员、信息、财物、技术、经验的优势，具有完善的从事各类公共关系工作的组织系统，基本职能是对委托者（或称客户）的公共关系工作进行指导、提供建议以及监督，工作程序是独立或与委托者共同进行调查分析、制定计划。

国际上知名的公共关系公司有美国的爱德曼公共关系公司，其提供的服务是有口皆碑的。值得一提的还有美国雅商顾问行，它是唯一一家由美籍华人创办的专门从事美国贸易反倾销咨询及美国各级政府事务顾问的服务机构，其以协助中美各界建立广泛合作关系为宗旨，积极推进中美两国企业及政府部门之间建立平等友好的交流。美国雅商顾问行的战略联盟和伙伴包括知名的美国律师事务所和公共关系公司。

（2）政府内部公共关系组织机构。

在内部，政府公共关系有其自身的特殊性。由于政府一般不存在知名度的问题，因而它的首要任务是提高自己的美誉度。政府公共关系的基本目标是树立起“创新、务实、廉洁、高效”的政府形象。作为一种特殊的社会组织，还应加强政府管理的民主化，增加政府工作的透明度。同时，政府公共关系所面临的社会公众广泛而复杂，因此必须采用各种协调手段来调节各种社会关系，维持社会的稳定与平衡。另外，政府公共关系活动旨在追求社会效益，而不是经济效益。

适时地在政府的内部公众身上实施公关管理，也是政府公关管理的一个重要内容。政府机构成员作为内部公众，首先要面对的便是政府自身，作为政府组织的一员，与政府的利害得失休戚相关，任何事关政府的大事都会在内部公众心理上激起强烈的反应，这时，政府公共关系部门要摸透其心理，审时度势，因势利导。

当政府遇到重大困难和压力时，让政府机构成员充分知晓有关情况和利害关系，并予以适时引导（即有效的传播和沟通活动），就会激起内部公众的紧迫感和责任感，促使其“心往一处想，劲往一处使”，同心同德，拧成一股绳，千方百计，排除万难，帮助政府渡过难关。当政府取得辉煌的成就时，适当宣传，让下属知晓，就会使其产生强烈的荣誉感和自豪感。政府公共关系部门要引导政府成员这种积极、高昂、饱满的情绪，把它带到日常工作中去，搞好政府工作。政府公共关系部门的职责之一就是抓住时机，通过内部的良好互动，创造一个良好的关系环境，促进行政管理质量的提高。

3. 政府内设公共关系组织机构的利与弊

公共关系组织机构是专门执行公关任务、实现公关功能的行为主体，是公共关系工作的专业职能机构。但是任何组织机构都有其利弊，政府内设公共关系组织机构也不例外。

（1）政府内设公共关系组织机构的优势。

1）熟悉内情。政府公共关系组织机构容易把握问题的关节点，便于及时抓住问题的症结，采取切实可行的针对性措施加以解决，并能迅速开展活动。

2）易获信任。公共关系部的成员与组织的其他成员一样，都是组织内部的一员，并能充分发挥“自家人”效应。因而团队关系对公共关系工作的开展具有较大优势。

3）及时协调。由于公共关系部及其人员属组织内部的部分，能直接、迅速并高效地与各个部门和高层管理者保持密切接触、交流意见、沟通情况以及进行协调，完成日常公关工作，如定期的、专题的和日常事务性的活动，保持公关工作的连续性。此外他们还能够方便地处理一些不宜马上为外界知晓的事件等。

4）效率较高。公共关系部是内部机构，对临时突发性问题可以提供及时和急救性服务；能够随时听从调遣去解决某些应急问题，也可随叫随到地去完成组织内部各项公共关系事务；能在计划性上和持久性上将公共关系工作做细做好。

5）成本较低。自设的公关部便于控制预算和投入，量入为出，注意为组织节省经费。

（2）政府内设公共关系组织机构的劣势。

1）缺乏客观公正。与政府组织关系密切，在协调组织与公众关系时常常倾向于社会组织一方，有时会在分析问题或处置对策时陷入“当局者迷”而不自知的境地。这样一来，就要危害社会组织与各类公众之间的关系。

2）知识和经验有限。公共关系部及其人员年复一年地在一个组织中工作，知识和经验很单一，缺乏专门的经常性的公共关系训练，因而遇有重大的、复杂的和难度较大的公共关系问题时常常会束手无策。不仅如此，其经济、技术力量和专业水平有限，活动能力和水平也是有限的，因而一旦走出社会组织与各类公共关系问题打交道时常常会不得要领、不知所措。

3）公关职能被滥用。由于公共关系部人员能直接地与各个部门和高层管理者保持密切接触，如处理不当，关系往往会被异化，甚至出现职能的滥用。

4）难言之隐。公共关系部及其人员的好主意、好建议常常不被重视，一旦有了成就都会归属其他部门，在很多方面只能迎合或违心。同时，其职能、业务、人员、经费、计划实施有可能受政府机构的组织管理方式和领导水平的消极制约，因而不可能真正完全独立地按照公共关系规律要求开展工作。

根据对内外两种公共关系组织机构的比较分析，政府部门要开展卓有成效的公共关系活动，必须正确认识其各自的优点和弱点。把它们看作互不排斥、互不冲突的两支生力军，适时适地交相并用这两支力量，以避免公共关系工作的被动或失误。

4.1.2 政府公共关系组织机构的组织分析

政府公共关系职能部门设置的公共关系组织机构，能增强公共关系职能，把各种社会公众意见或特殊的紧急状况及时、准确反馈，并使其能与政府中的各层次、各部门保持密切联系，保障政府公共关系组织机构良好的灵活性和适应性，对各种情况作出迅速的反应。

1. 政府公共关系组织机构的类型

公共关系的理论和实践证明，政府内部公共关系组织机构是专门负责处理政府公共关系工作的最高职能部门，它服务于政府的总目标和基本任务。其最佳位置处于领导决策层与职能部门之间，略高于机构内部的其他职能部门，协助领导层处理内部关系，帮助公众解决实际问题，化解矛盾，在客观上发挥着调研、咨询、协调、信息交流、交往联络的职能。由于社会制度、管理体制和政治、经济、文化、区域等各种原因，政府公共关系组织机构在实践中并无统一的模式，从理想角度看，它一般可分为公共关系部、公共关系岗位、公共关系秘书、职能分散型四种形式。

（1）公共关系部。

公共关系部是政府系统中最规范的公共关系组织机构。由于公共关系部结构完整，人员齐备，因而能够弥补其他三种公共关系组织机构的弱点，全面有效地开展各种形式的公共关系活动。

案例

国务院新闻办公室组建于1991年1月，它是一个典型的公共关系部。作为国务院的一个综合性办事机构，该新闻办公室的主要职责是组织、推动、协调政府有关部门对外介绍中国的工作，以增进世界对中国的了解，促进中国同各国的友好关系和经济、科技、文化等方面的交流与合作，从而有利于更好地深化改革和扩大对外开放。但是，它并不取代有关政府部门原有的新闻发布、对外文化交流等职能。

中华人民共和国香港特区政府中有一个叫做新闻处的机构，是政府的公共关系部门。特区政府新闻处处长兼任着政务司司长的公共关系顾问，在政府总部和新闻处各置一间办公室，经常接受政府及各有关方面的公关咨询。从行政长官办公室到各有关部门，新闻处都派驻着新闻主任，既接受咨询，又发布消息，构成一个快捷灵活的新闻网络。新闻处设有新闻及大众传播研究科、宣传科、探访事务统筹科、公共关系科、海外公关科五个专业科，号称“五子登科”，是特区政府的“笔杆子”。

政府新闻处职能并非“新闻”二字所能概括，它既是政府的公共关系部，也是政府的通讯社、宣传部、出版社、艺术设计部、新闻办公室。负责发布特区政府的各种消息，宣传其政策法令，编印其文件资料，设计其形象，为政府主要官员的演讲、政府相关文件提供公共关系方面的意见，为本地新闻界和传媒提供各种新闻咨询及服务，接待各国新闻界宾朋，向世界推介香港形象，管理特区政府所属的驻外办事处，以其舆论行为，鼓励外国朋友来香港旅行、投资，紧密地为香港特区的经济、新闻和文化事业服务。

(2) 公共关系岗位。

为了克服公共关系职能分散型机构的缺点，有些政府机构有针对性地在一些职能部门设立了公共关系岗位，专门代表政府机构处理与公众的协调沟通工作。设立公共关系岗位与原有的组织机构冲突不大，而且位置较为灵活，公众对象比较专一。专人负责公关工作可以建立较为可靠的公众联络渠道和资料库。

正因为如此，许多政府机构大都倾向于在个别职能部门设置公共关系岗位，以解政府公关的“燃眉之急”，如政府机构的新闻发言人制度，就是一种公共关系岗位。公共关系岗位的缺陷是只有一人或数人承担或兼任，而且又分散，很难举办大规模的公共关系活动，也很难深入持久地开展公共关系活动。

(3) 公共关系秘书。

公共关系秘书是其公关岗位设立在与组织领导人最为接近地方的机构形式。其工作内容是统筹规划组织的公共关系工作，从整体上规划政府机构的公共关系项目和计划，选择与组织面临问题相关的最佳目标和实施策略；承担起与新闻界联络沟通的工作，协助领导人处理一些日常公共关系事务，以及有计划地协调各部门的公共关系等。

公关秘书的权限地位不应低于组织内部的二级部门领导人，其工作点以设在政府机构的办公厅室或者首长办公室为宜，职责是把公关的规划组织指挥工作集中起来，围绕着组织的总目标，开展持续、有效的公关活动。

(4) 职能分散型。

职能分散型是指公共关系工作分散在政府组织内部的有关部门或机构里，而没有专门的公共关系组织机构。由于有关职能部门的确承担了一部分公共关系工作，所以我们可以把这种情况看作特殊形式的公共关系组织机构。例如政府部门的办公室、宣传、新闻发布、交际、联络、信访、人事、后勤等机构，都在不同程度地起着政府组织与公众沟通的作用。

职能分散型的公共关系组织机构较为适应中国政府机构目前的状况，而且其多年来形成的关系和建立的沟通网络很有利于工作。

其实，政府公关类型的机构顺序排列应该是职能分散型、公共关系岗位、公共关系秘书、公共关系部。我们可以看出政府公共关系组织机构的演变规律：

首先是分散在各职能部门，其次是在职能部门设置公共关系岗位，后又增设公共关系秘书，最后成立公共关系部。四种形式既有差异，又有密切的联系，前两种职能分散，后两种职能集中。从职能分散到职能集中成立公共关系部，正是政府公共关系组织机构由不成熟到成熟、由不完善到完善的过程。这对一些筹划成立公共关系组织机构的政府部门来说，应当是很有参考价值的。

案例　　深圳市设公共关系处　顾客导向入政府服务

深圳市政府办公厅公共关系处已经悄然成立并开始运作，其功能与目前某些大公司设置公共关系处强调协调关系、塑造形象的职能无异。据专家介绍，在市政府设立公共关系处这在内地城市中尚属首次，开创了政府强调“服务”的风气之先。

目前该处的主要工作是加强与媒体的沟通，通过让媒体充分了解政府重大决策、重大项目、重大投资的真实准确信息，继而让市民充分了解政府的难处，获得市民的支持。同时，协调政府各部门提升对市民呼声、社会难点、热点的反应速度，塑造政府良好形象，协调政府和市民的关系。

政府公共关系处的设立，反映了政府与公众的关系发生了变化，不再是管理者与被管理者的关系。深圳市成立公共关系处，是建设“服务型政府”的重要举措之一，政府要面对公众确立“顾客导向”，也就是说要把公众当作顾客来看待。

资料来源：章东：《深圳市设“公共关系处”　顾客导向入政府服务》，载《广州日报》，2006-01-10。

2. 政府公共关系部的结构

结构的哲学定义是不同类别或相同类别的不同层次按程度高低的顺序进行有机排列。政府公共关系是政府与社会公众之间的传播管理。所以，政府公共关系部的结构如下：

（1）内部结构。

政府公共关系部的内部结构，是指其内部设置或建制情况，它是人、财、物等硬件要素与理论、目标、程序、步骤、方法、技巧等软件要素的有机排列组合，主要包括隶属关系、部门构成及其职责、人员构成及其职责等内容。

政府公共关系部的隶属关系主要指其与政府领导层和其他部门之间的职权划分和行政归属。根据政府机构的层次、规模、类型或区域范围等因素，公共关系部的隶属关系应具体情况具体分析，既可以是行政组织体制中的二级机构，也可以成为最高领导层的特殊机构或智囊团体。许多政府机构虽没有建立名叫公共关系部的机构，但不等于没有做公共关系工作，只是这些负责公共关系的机构分散于各个部门中，因而在建立公共关系部时，可根据政府工作的需要或公共关系业务的某个热点，先偏重于发挥公共关系某一方面的功能，然后逐渐加以健全和完善。

（2）公关职能的具体化。

政府公共关系部的职责是公关职能的具体化，包括对内关系、对外关系和专业制作三个方面。可分为：

1）收集信息。为政府有关部门搜集、汇编有关信息及情报资料，如新闻剪报、市场信息、民意测验资料，以及各种政治、经济、金融、文化、科技等社会情报。

2）策划或举办专题活动。如举办新闻发布会、展览会、纪念活动、剪彩仪式、周年庆典、联谊活动，以及与社区、文化、体育、慈善、福利等有关的大型公众活动。

3）组织新闻发布。为组织策划新闻传播，包括为组织撰写新闻稿件，选择新闻媒介，建立与新闻界的联系，组织新闻发布会。

4）内外联络沟通。协助政府与有关公众联络沟通，建立和维持良好关系，如政府关系、社区关系、名流关系等。

5）参与决策和管理、咨询诊断。也称总体的公共关系顾问咨询，如为客户设计企业或产品形象，作公共关系诊断，作公共关系规划，提供专业化的公关顾问，为客户决策做参谋。

6）礼宾接待。为宾客安排、组织重要的外交活动，如贵宾和重要人物的访问会见、大型宴会等。

7）会议服务。为政府部门计划、组织大型会议，如信息交流会、经验研讨会、专题报告会、公众对话会等。

8）编辑出版。为组织设计、编制、印刷各种文字宣传资料和纪念品，如介绍性书籍、公共关系杂志、宣传画册或活页、宣传招贴或服务介绍，以及代表组织标识的徽记、商标、招牌、纪念品等，以及为政府有关部门制作影片、录像带、录音带等视听材料。

9）处理危机事件等。当组织面临危机时，与相关公众的沟通和传播会比往常任何时候都显得更为重要。公关部门要掌握对外报道的主动权，以组织为第一消息发布源，向公众宣布发生了什么危机、组织正采取什么补救措施等。

10）培训服务。举办政府公共关系和传播人员的技术培训班，培训公共关系人员或特定的传播人员。

（3）政府公共关系部的规模。

政府公共关系部的规模是指公共关系组织机构等所包含的范围。政府公共关系部有大、中、小三种规模。

1）大型公共关系部，是专为层次较高（如中央政府、省级政府）或管理对象繁杂（如外贸、旅游等）的政府机构设立的内部机构形式，一般分为四个层次：公共关系部领导人员、主要的关系部门或职能部门、各业务科和作业组。这种内部构成有利于从事复杂而系统的公共关系工作。

2）中型公共关系部，一般也要完成大型公共关系组织机构的工作，只是其分工不如大型机构具体、细致。它一般有公关部负责人、职能部门和各业务科三个层次。

3）小型公共关系部，则只有公共关系部负责人和具体办事人员两个层次。

4.2 政府公共关系的制度与机制

设立专门机构进行政府公共关系活动，已成为世界各国的普遍现象。但是，就目前来看，中国政府部门的公共关系工作较为薄弱，如意识不强、职能不够明确、机构不健全、活动缺乏统筹规划、效果不够理想等。由于缺乏统筹管理公共关系工作的机构，具有公共关系性质的工作分散在办公厅（室）、宣传、交际接待、对外联络、新闻发布、信访等职能部门中，即使有些政府部门已设置了公共关系岗位或公共关系秘书，也难以承担起统筹规划公共关系工作的任务。因此，在明确政府公共关系职能的基础上，不失时机地建立健全政府公共关系组织机构，是一项非常重要的工作。

4.2.1 政府公共关系的制度规范

政府公共关系制度规范是组织管理过程中借以约束全体组织成员行为、确定办事方法、规定工作程序的各种规章、条例、守则、规程、程序、标准以及办法等的总称。

1. 认识与规划

在政府部门建立公共关系组织机构，涉及许多因素，如机构的规模、体制、管理方式，领导层次对公共关系的估价和重视程度，组织的特殊要求，以及社会的政治、经济、文化环境和传播技术水平等。因此，当前，不能期望一蹴而就地解决所有问题，要结合我国的政治、经济、行政体制改革，采取补漏拾遗、适当调整、重点建设、逐步健全的方针，形成有中国特色的政府公共关系组织机构网络。其中要着重从两方面入手。

（1）规划具体目标。

确定政府的形象地位，对规划政府公共关系具体目标具有指导性的意义。但是，它又有着长期性、抽象性的特点。它的实现需要具体化。一系列具体化的政府公共关系目标能保证战略目标的实现。

政府具体公共关系目标的规划，同样也是建立在对政府所处的环境及其发展趋势的充分研究的基础之上的。它包括历史的溯源，借以了解政府与公众在沟通中处理问题的背景及影响；考察政府所处的外部与内部环境，借以了解政府内外的关系状况、可能产生的误解，哪些公众可能会给政府带来公共关系问题，政府特别要沟通的公众群体；趋势展望，借以明确政府所要完成的使命和目标，以及在工作实施过程中有利或不利的因素；政府公共关系的特定价值等。

规划具体的政府公共关系目标，其重点在于可检测、能够管理。故而，目标的内容要清楚、明确，完成目标的时间期限要明确规定。各具体目标要注意互相衔接，且内在逻辑联系清晰。而且，我们在将政府工作的整体规划分解为许多具体分目标的同时，也相应地将这些具体分目标与实施者的责任联系起来，并有着相应的实施步骤和评价方法。

政府公共关系的具体目标，若依完成目标的时间要求划分，依次可有即时目标、近期目标、中期目标以至达到长期目标。长期目标亦可认为是已具体化了的战略目标。在这个意义上，它已经赋予战略目标更为具体的内容。而短期目标则往往作为长期目标的一部分、一个阶段或者作为处理某种突发的公共关系事件被提出来。

依政府公共关系的沟通内容，政府公共关系目标可分为四类：传播信息、联络感情、改变态度和引起行为。这一种分类尤为重要，因为公共关系活动本质是传播沟通。此外，依问题的重要程度，政府公共关系目标又可分为重要目标、次要目标等。依活动内容，若以企业为例，则可分为组织形象目标、性能目标、质量目标、服务水平目标、服务方式目标、服务质量目标等。

（2）特定的工作性质。

开展公共关系工作，要根据特定公众对象和政府机构的工作性质，不能盲目照搬、仿效其他企业组织或国外的做法，以增强公共关系工作的针对性。如外贸、公安和交通管理等部门，其面临的工作对象（公众）就有着很大的不同。设置公共关系组织机构没有必要强求一律，而应该多样灵活、各有特色。

另外，还要考虑政府机构所处地区的特点及其公共关系工作所涉及的不同国家或地区环境的特点，如少数民族地区和边疆地区的政府机构，以及与海外交往频繁的政府机构和宗教侨务事务管理机构等部门，都可以设立适应其特点的公共关系组织机构。

2. 体制与机构

要实现政府公共关系的目标规划，不能只靠公共关系组织机构孤军作战，还要依靠政府组织中各部门的互相配合和全体组织成员的协同努力。因此，专门的公共关系组织机构要统一协调公关工作，就必须在管理体制上确定它与领导核心层的关系。要在组织层级和职权方面保证它既能与本组织的领导决策人保持直接联系，与组织中的各层次、各部门保持密切接触，能及时了解组织的内外部情况，能在决策中心领导下独立开展公关工作，而又不能命令和指挥其他部门，不受其他职能部门的干扰。按照这个要求，可考虑按两种形式建立政府公共关系组织机构。

（1）领导核心直属型。

这种类型的公共关系组织机构有部门并列和部门独立两种具体形式。

1）部门并列型公共关系组织机构类似于香港特区政府新闻处，虽处在与其他职能部门同级的第二层次上，但在协调职能的发挥上，常由政府部门最高领导人直接领导，公共关系部门负责人与其他职能部门首长参加最高决策。

2）部门独立型公共关系组织机构虽属于第三个层次的部门，但是公共关系部门的负责人与其他部门的负责人地位平等，都对最高领导层直接负责，其规模和职权虽小，但相对独立，行政上不归属于任何第二层级机构，具有较大的灵活性和自主性，便于更好地发挥其全面协调和独立对外的作用。

（2）领导核心间接型。

这类公共关系组织机构处于第三层次，隶属某一个第二层级机构，但由于其工作特殊，故能与最高领导层保持经常、密切的联系，并能列席最高领导层会议。当组织各部门运行良好，公共关系任务不突出时，机构和公共关系工作人员一般都隶属于政府机构的办公厅（室）。中国政府具有公共关系工作性质的接待、交际、信访等部门就是如此。

政府公共关系部门的权限，可根据实际情况选择上述不同的形式。但从实际出发，可以把领导核心间接型和领导核心直属型结合起来，设计一种混合型体制，即在政府的办公厅（室）设一处相对独立的公共关系组织机构，由办公厅（室）首长掌管并对最高领导层首长负责。以省级人民政府为例，办公厅可设一处专门公共关系组织机构，由秘书长掌管，并对省政府领导层负责，或由副秘书长任公共关系部门负责人，直接与省政府决策层保持密切的联系，以便于组织、规划、协调省政府内外部的各项公共关系工作。

案例

两次世界大战中美国政府的公共关系组织机构就是领导核心间接型的典型。美国是公共关系的策源地。美国政府正式运用公共关系的名义和手段解决迫在眉睫的重大问题，可从两次世界大战期间政府设立的两个公共关系组织机构——克里尔委员会和战时信息办公室中得以体现。

第一次世界大战期间，根据威尔逊总统指示而设立的公共关系报道机构——克里尔委员会正式成立，这标志着公共关系不仅已经从企业、课堂进入总统的办公室，而且其在政府层面的发展有了实际的根基。公共关系人员的正式称谓是“信息官员”或“公共事务官员”。克里尔委员会的宗旨在于：尽一切公共关系努力，为威尔逊总统及内阁提供咨询、开展活动，以影响美国和世界舆论。

第二次世界大战使美国造就了另一位善于运用公共关系的总统。富兰克林·罗斯福在应用政府公共关系方面与威尔逊有惊人的相似之处。二战爆发后，他指定筹备成立战时信息办公室（OWI），专门为他的政府开展公关活动。在OWI的鼎盛期，仅其新闻处就雇用了300名专职记者。戴维斯在解释该机构的职能时说：“OWI不仅告诉美国人民战争的进程，而且通报在哪里进行和它是怎么样来的——它的实质和根源，解释政府的作为以及政府希望从胜利中得到什么。”

二战后，美国政府在OWI的基础上，成立了美国新闻署，这一机构成为政府面向全世界的发言人。美国之音（VOA）后来归该署管辖。与克里尔委员会一样，戴维斯的同事中，有好多日后成了公关界的领袖人物。

从克里尔委员会到OWI可以看到，此后的美国历届政要都十分重视公共关系。从罗斯福推行新政到肯尼迪与尼克松的电视辩论会，从尼克松的“水门事件”到克林顿的“白水门事件”，再到布什的“劳拉演讲”，尽管起因不同、目的有别、效果各异，但公共关系思想在其中的影响是显而易见的。

4.2.2 政府公共关系的运行机制

政府公共关系组织机构为不断适应环境的变化而求发展，便产生了政府公共关系行为；为实现政府公共关系组织机构的公共关系目标，从事公共关系工作的专职机构和专业人员便应运而生了。

1. 职责与专业服务

职责是为了在某个关键成果领域取得成果而完成的系列任务的集合，它常常用任职者的行动加上行动的目标来加以表达。专业服务是组织或个人，应用公共关系专业知识，按照公众的需要和要求，为公众在公共关系领域内提供的服务，其知识含量和科技含量都很高。

(1) 数量和专业。

要建设好政府公共关系组织机构，就要确定公共关系负责人和公共关系一般工作人员的数量及专业构成。

公共关系负责人是公共关系组织机构的领导者和管理者。他们要负责统筹策划公共关系活动的全部环节，是组织中举足轻重的人物。他们的日常工作为：

1）确定工作目标，制定工作计划；

2）对人力、经费、设备、时间加以预算和分配；

3）领导全体公共关系人员开展工作；

4）内调外联，协调各方关系。

政府公共关系组织机构的领导人，往往由政府的领导成员兼任。这种由领导成员兼任的公共关系领导人，除了处理上述四种工作外，还有一些特殊的工作。

1）出席政府最高领导层的工作会议，参与政府最高层的决策活动；

2）充当政府的发言人，主持由政府主办的新闻发布会，负责向社会各界人士解释说明政府的有关政策行为；

3）充当政府的外联代表，出席主持各种社交活动，在政府与其他组织或公众的交往活动发生重大问题时，亲自到现场处理解决。

公共关系一般工作人员是在政府内部公共关系组织机构中工作的各类专业人员。其分类和日常工作有以下几方面：

1）调查分析人员。擅长调查研究社会信息，其主要任务是收集信息、预测公众动向和社会发展趋势，评估组织的形象和公共关系的工作效果，并寻找其形成的原因。

2）策划人员。擅长策划公共关系计划和活动，其主要任务是根据分析人员提供的资料，提出公共关系活动的目标、计划和方案。

3）传播人员。擅长组织和实施传播，其主要任务是按照既定的公共关系目标、计划和方案去开展、管理公共传播活动。

4）文秘人员。擅长文字和日常接待，其主要任务是撰写新闻稿、演讲稿、广告文稿、宣传手册、报刊文章、计划书和报告书、简报与通告、来往信函，以及起草文件等。

5）专门技术人员。这主要是指财务人员、美工人员、摄影摄像人员、微机技术人员等。

公共关系人员还应做好设计与创作传播资料、演讲与主持、宣传劝服、与新闻界联系、同公众联络交往等多方面的工作。

(2) 分工和职责。

政府公共关系组织机构内部的合理分工及其职责，是其按照程序完成任务的保证。根据政府公共关系的对象和运行程序，可以在机构内部设立对外关系组、对内关系组、调研规划组和传播实务组。对外关系组负责处理政府机构与权力机关、司法机关、社会团体、企事业单位、国际公众之间的外部公共关系；对内关系组负责处理政府机构内部的各种公共关系；调研规划组主要负责公共关系状况的调查分析，制定整体规划；传播实务组主要负责处理具体的传播实施工作和专业技术制作等。这几个组的分工是相对的，在具体工作中它们应当互相配合，密切协调，共同完成公共关系任务。

政府公共关系组织机构的负责人必须有明确的职权。负责人应该具备较强的领导能力，熟悉公共关系业务，具备一定的管理权限，能够参与机构决策，代表领导层处理内部和外部的传播沟通事务，能够随时与组织内的其他部门负责人商讨问题。负责人应履行的职责有：对公共关系部门的责任；对领导决策层的责任；对政府组织的责任。

总之，建设政府公共关系组织机构，要根据社会主义事业的发展，结合行政管理的任务和职能，针对国内外环境的变化，继承发挥党和政府的优良传统，吸收外国的成功经验，不断地调整完善，以保证政府公共关系组织机构通过科学有效的公共关系工作，协调沟通内外部关系，树立政府的良好形象，提高政府的行政管理效益。

2. 把握政府影响力

权力是一种决策、指挥和控制的影响力。管理学中的权力主要包括支配权、法定权、继承权和影响权。政府影响力是特指政府组织及其工作人员在职责范围内所行使的法定权。

政府公共关系组织机构应当明确，无论何时何地，作为国家权力机关的政府公共关系组织机构总是要与社会、组织和个人发生或多或少的联系，从而多方面、多层次地影响人们的各种行为。这是由政府公共关系组织机构的社会职能、经济职能所决定的。政府影响力就是探讨权力在社会活动中的影响与作用，它在经济社会中是客观存在的。因此，必须充分发挥政府影响力在社会活动中的积极作用。

(1) 消除两种极端倾向。

倾向是偏向于一方，而极端是事物发展的端点状态。政府公共关系在运行机制中就应该注意消除两种极端倾向。

1) 权力决定一切的极端。在计划经济体制下，政府把组织的所有权和经营权高度集中起来，组织没有也不能有自主权，只能听命于上级机关下达的指令性计划。如在企业中，政府的权力可支配生产、分配和消费，支配资金、物资和人事。企业的兴衰成败，并非取决于企业本身的优质产品、先进技术和良好管理，而是取决于企业领导行政级别的高低、主管部门的“恩赐”以及国家是否给予优惠政策。

这种权力经济扼杀了企业的活力，极大地束缚了社会经济资源的优化配置，从而造成经济长期停滞不前、结构失衡、社会生产落后、人民生活贫困。

2) 完全放权的极端。这是由于片面理解了精简机构、政企分开的原则，政府对企业采取不理、不管、不问、完全放任的态度，从而导致市场失衡。由于盲目，企业在产品结构上出现了“大而全、小而全”的现象；在市场竞争中出现了各自为战、互相争斗、垄断吞并等情况，这种消极因素导致了经济衰退、社会矛盾加剧等完全自由的无政府状态。这是政府的权力未能介入或者未能发挥其相应的职能，未能对市场进行必要的干预、影响、调控的结果。

(2) 把握政府影响力的“度”。

要消除上述两种极端，有机地把政府的权力职能和企业的运行环节结合起来，就要把握好一个“度”，也就是掌握政府影响力中权力使用的条件、范围、幅度和力度。比如，在营销环节，由于市场本身存在着一定的缺陷，不定性因素较多，当市场机制本身不能自行调节、控制，即市场失灵时，政府及其工作人员就必须运用权力手段（如行政、法律等）有效地进行协调、控制。使宏观调控这只“看得见的手”和市场机制这只“看不见的手”有机结合起来，为企业创造一个良好的营销环境，从而保障经济健康发展。

要把握政府影响力的“度”，就必须走出两个误区。这两个误区为：其一，将政府组织在权力行使过程中履行的职能与干预企业经营自主权等同起来；其二，将政府工作人员的权力行使同“官”“商”合一、以权谋私等同起来。从我国现状来看，要走出这两个误区，政府公共关系组织机构应树立服务意识并加强法制建设。

4.3　公务员的公关意识、素质与能力

政府公共关系是塑造政府形象、体现政府管理功能的一项专业性很强的工作。不经过培训、不具备一定的文化修养和技能素质的人员是无法胜任公务员工作的。进入新世纪，面对经济全球化、科技进步迅猛发展的趋势，公务员的公关意识与素质的高低直接影响到政府公关的效果，进而影响到政府的形象。

4.3.1　公关意识

公关意识可以理解为公共关系观念、公共关系思想，是一种现代化经营管理和行政管理的思想、观念和原则，是一种开明的管理观念，是一种全新的思维方式和交往方式的体现。公关意识是指经过思考，对公关的本质属性、特征、作用及活动规律、方法等形成系统的认知。

1. 公关意识的内涵

公务员要转变思想观念，强化公关意识，树立起“全员公关”意识为社会服务；要充分认识到自身形象是政府整体形象的一部分，以“公仆意识”为社会服务，以“沟通”、“协调”意识指导政务工作，借此润滑政府的运作机制。

要加强对公务员的素质教育。针对公务员的现状，开展理论学习和培训，以提高其整体素质。同时，注意在实践中锻炼干部，使公务员面向企业、面向基层、面向社会公众，切实做到一切为社会公众服务、一切为经济建设服务，加强政府与公众之间的联系，架起政府与社会公众之间沟通的桥梁。

2. 公关意识的内容

观念和意识是一种体系，或称观念群、观念链。作为一种整体性构架，观念是由物质观念、制度观念、精神观念组合而成。公关意识带有综合性。公关意识的内容主要有以下几个方面：

（1）尊重公众、为公众服务与公众合作。官员是公仆，是为人民服务的公仆。公务员要树立参与、互动、合作、服务的公共管理理念。尊重公众就要强化服务职能，而强化服务职能并非撇开管制只讲服务，而是把服务作为管理社会公共事务的出发点。所以，政府公共服务职能的实现，要建立在广泛动员各种积极力量共同参与社会公共事务管理，以及

同非政府公共组织、公众密切配合、良性互动的基础之上。

（2）注重自身形象，真实、真诚、公道、讲信誉。形象就是外界对我们的印象和评价。我们的个人形象代表着我们所在组织的形象。形象由两部分构成，一是知名度，二是美誉度。真诚即真实诚恳，真心实意，坦诚相待。公道强调不偏不倚和公平合理，而信誉是诚实守信的声誉。公务员的自身形象是在真实、真诚、公道、讲信誉基础上形成的。

（3）注重沟通，实行公开化。服务型政府要给公众一个知情权，信息公开是关键。政府信息公开的基本目标是使公众获得政府信息，这一基本目标包含三个方面的具体内容，即政府信息获取主体广泛性、政府信息获取方式便捷性与政府信息获取客体有效性。三者构成了服务型政府背景下政府信息公开的目标取向，符合服务型政府下公共服务的特点与要求，代表着政府信息公开未来发展的趋势。

（4）讲求平等和利益上的互惠。这是以双方长远的利益为出发点，其特点符合双方的根本利益，有利于社会的和谐和稳定，有利于组织与公众的健康发展，在平等的地位上使双方互利互惠。

（5）谋求整体协调。协调是和谐一致；配合得当，就是正确处理政府内外各种关系，为政府正常运转创造良好的条件和环境，促进政府目标的实现。政府在设置公共关系部时，应与政府内部各部门相协调，如果有冲突，应作适当调整，以免制造矛盾。同时，机构内部人员的设置也应考虑整体效应，以使其能与公共关系组织机构协调一致地工作。

（6）寻求长期和谐发展。和谐内涵的本质是共同发展，只有关系和谐，才能实现共同发展，它既明确了目标，又明确了实现目标的途径。同时，发展是硬道理。和谐发展就是根据社会—生态系统的特性和演替动力，遵照自然法则和社会发展规律，利用现代科学技术和系统自身控制规律，合理分配资源，积极协调社会关系和生态关系，实现生物圈稳定和繁荣。

4.3.2 公关素质

根据美国和我国对公共关系的定义，公共关系从业人员是指专门从事组织机构信息传播、关系协调与形象管理事务的咨询、策划、实施和服务的人员。素质是心理活动发展的前提，对人的素质的理解要以人的身心组织结构及其质量水平为前提，对公关素质的理解亦是如此。

1. 法律道德素质

（1）增强法律民主意识。

市场经济是法制经济，公务员要学习和遵守法律、法规，形成自觉的法律意识。法律是体现统治阶级意志，由国家制定或认可，并以国家强制力保证实施的行为规范的总和。现代社会是一个法制社会，依法办事是任何法人和公民都应奉行的准则，社会的一切交往活动都是在一定的法律制约和保护下进行的。公共关系是市场经济高度发展的产物，发达的商品经济社会更是一个法律完备的社会。因此，公共关系与法律有着特殊而密切的关系。

从总体上来说，法律是构成政府公共关系主体活动外部环境的制约因素之一，政府公共关系的一切活动都置于一定的法律保护和监督之下。法律调整着组织与组织、组织与个体、个体与个体之间的相互关系。从具体功能来看，法律对政府公共关系活动起着导向、控制和保障的作用。政府公共关系人员的法律意识表现为知法、守法、护法和民主。

民主素质要求公务员认识到，人民有管理国家和自由发表意见的权利。民主属于上层建筑，属于政治的范畴。同时，政治民主的实施也体现在五个层次上：人民素质、法制文化、舆论开放、政党竞争和司法独立。民主的绝对价值是保障人权和自由；民主的相对价值就是要依照其发展的程度，理解民主政治给市场服务带来的效应。也可以说民主是制度设计的工具。市场经济的出现，使得利益重新分配，这必然导致利益矛盾冲突，就必须靠民主化机制来使其公平合理。

（2）提高职业道德。

职业道德是职业范围内特殊的道德要求，是一般社会道德在人们职业生活中的具体表现。职业道德对于提高公务员的道德素质、改善组织中的人际关系、提高组织的工作效率、取信于组织所服务的对象具有重要作用。从公共关系的特殊要求来看，公务员的职业道德要求可概括为诚实、信用、公益、平等、公正和责任。

2. 文化与技能素质

（1）具备文化知识。

公务员需学习掌握与公共关系工作紧密相关的其他学科知识，如传播学、管理学、心理学、社会学、哲学、新闻学、广告学、市场学、美学等。也就是说，公务员除了掌握专业知识外，在其他方面知识广博将会有利于政府公共关系工作的开展。

政府公共关系工作对公务员提出了很高的要求，一个优秀的公务员除了具备一般的文化科学知识结构外，还需具备一些体育、艺术等方面的知识和技能。对一位优秀的公务员来说，“没有用不着的知识，只有学不完的知识”。可见，政府公务员的事业成功离不开扎实的专业知识和宽广的知识结构。

（2）掌握专业技能。

1）组织管理能力。公共关系工作从本质上来说属于管理职能的范畴，政府公共关系部门也都属于该组织部门的管理层，而且政府公共关系部门要经常组织各种类型的公关宣传活动，有的规模大、时间长，牵涉的各类组织多，因此，公务员必须具备相当的组织管理能力才能胜任此项工作。此外，组织管理能力还表现在策划方案、落实实施过程、现场的直接组织和指挥控制等方面。

2）捕捉和处理信息的能力。优秀的公务员应该像新闻记者那样，对新事物、新信息有一种职业的敏感性，并且把这些与组织有关或者可能有关的信息捕捉到手，对其加以分析，以感知事态发展的趋势，预测后果，及时向组织提出建议和发出警示，供组织决策时参考。

3）能说会写的语言文字传播能力。在海外一些发达国家和地区的社会组织会把“擅长写作”和“能说会道”作为优秀公务员的职业素质。公务员要用语言吸引公众，说服公众，打动公众的心，这些都离不开出色的口才。当然，擅长于各种文体的写作，更是从事公共传播工作所需要的基本能力。

4）独特的创新和应变能力。政府公共关系活动要吸引公众，必须在形式和内容上独具匠心，要以新、奇、特的绝活来赢得公众的赞赏。

3. 仪态风度素质

公务员代表的是政府部门的形象，公务员的形象与政府的形象紧密相连。在初次相识时，外貌往往会给人留下第一印象。而这第一印象的好坏可能会决定公众交往的意愿。但人的外貌并不是单一因素，它还包括公务员的仪表和气质风度等因素。

仪表和气质风度则是一个人内在的素养和外形美好的综合体现。容貌好而言行粗俗的人不会给人以良好的印象，而一个相貌姣好、举止优雅、知识丰富的人则常常会给人留下仪表端庄的印象。

优秀的公务员要始终重视外形与内在素养的结合，而且要不断地修炼以适应时代的要求。优秀的公务员在给公众留下翩翩动人形象的同时，也是在展现政府的美好形象。

4.3.3 公关能力

公关能力是指有目的、有计划地为改善或维持某种公共关系状态而进行实践活动的能力。公关能力表现为一个人在社交场合的创新能力、应变能力和沟通协调能力，等等。良好的公关能力是现代社会生活中人的重要素质之一。

1. 创新能力

江泽民同志曾说过："创新是一个民族进步的灵魂，是国家兴旺发达的不竭动力。"① 习近平同志在2012年反复强调以"改革创新精神"推进各项工作，明确提出"继续解放思想，坚持改革开放"②。同样，创新也是知识经济和公共关系内在本质的统一体现，是二者共同的灵魂。培养创新能力是发展的需要。创新能力是指人们根据一定的目的，运用已有的知识，通过思维活动，产生新认识、创造新事物的能力。创新能力亦指竞争能力、竞争优势，同时也是公务员的必备素质。

新世纪对公务员的要求，最重要的已不再是掌握更多、更深的知识，而是知道到什么地方、用什么方法获得自己需要的知识，有更新知识的意识和迅速更新知识的能力，以及在更新和应用知识的过程中体现创新意识，表现创造能力。也就是说，创新能力是公务员终身发展的需要。要在发展公关能力的同时，发展思维能力，激发想象和创造潜能。

培养公务员的基本素养是根本任务，培养其创新能力是发展需要。只有注意知识的积累、感悟和运用，注重基本技能的训练，才能开发公务员的创造潜能，促进组织的持续发展。因此，要在培养公务员基本素养的过程中培养其创新能力，要在积累中发展、在感悟中创新、在运用中创造。

2. 应变能力

中国有句古话："生于忧患，死于安乐"，意思是人要有忧患意识。用现代的流行语言

---

① 徐冠华：《认真学习江泽民同志的科技思想》，载《人民日报》，2006-09-01。

② 李泓冰：《人民时评：改革开放要有新开拓》，载《人民日报》，2012-12-12。

来说，就是要有危机意识。未来是不可预测的，所以公务员要有危机意识，在心理及行为措施上有所准备，才能应付突如其来的变化。如果没有准备，单从心理上受到的冲击就会让人手足无措，更谈不上采取什么应变措施了。

公务员要把危机意识落实在工作和生活中，在心理上要有能随时接受和应付突发状况的准备，才不至于在发生意外时慌了手脚。在生活和工作中要有充分的认识和准备。只有具备较强的危机意识，未雨绸缪，早做准备，才能防患于未然。

要尽可能地减少危机发生时给我们带来的损失，这就需要公务员具备良好的应变能力。应变能力是现代人应当具有的基本能力之一。在瞬息万变的当今社会，我们每天都要接收来自各方面的大量信息，如何迅速地分析这些信息，是人们把握时代脉搏、跟上潮流的关键。随着社会竞争的加剧，我们所面临的变化和压力也与日俱增。作为公务员，有可能会面临来自各方面的困扰。因此，只有努力提高自己的应变能力，才能保持健康的心理状况，并有效化解来自各方面的困扰。

在工作和生活中，遇事沉着冷静，学会自我检查、自我监督、自我鼓励，有助于培养良好的应变能力。如果迟疑不决、优柔寡断，就应主动地锻炼自己分析问题的能力，并迅速作出决定。如果因循守旧、做事容易半途而废，那就从小事做起，培养创新思维，要求自己不达目标不罢休。只有下定决心并积极付诸行动，应变能力才能不断增强。

3. 沟通协调能力

当前，全球一体化已是大势所趋，政府管理层很可能涉及各种文化背景，因此必须要有多种文化的沟通协调能力，必须要对多种文化有深刻而又全面的了解。没有多种文化背景，没有多种文化的沟通协调能力，组织就难以在竞争中发展和取胜。

综上所述，一个优秀的公务员必须从公关意识、公关素质和公关能力三个方面去努力。公关意识、素质和能力的形成，有先天的因素，更有赖于后天的培养。公务员应有意识地培养并提高自身素质，唯其如此，才能在市场经济的条件下完成塑造政府良好形象的艰巨任务。

案例

1. 提高政府及其公务员的公关意识

公共关系意识代表着一种开明的管理观念，是顺利地、有效地开展公共关系工作的思想基础，是公共关系自觉化的动力。公众是否理解政府作出的政策选择，进而作为具体的载体去完成这些选择，都取决于公众对政府的认同感和理解程度。因此，要转变政府机构及其工作人员较为淡薄的公关意识，将政府公共关系观念渗透到政府工作人员的日常行为之中，树立“全员公关”的意识。

要充分认识自身形象是政府整体形象的一部分，要注意自己的言行举止，在工作中全心全意为人民服务，以自己的行动来体现人民政府为人民的本质，用自己的一言一行向公众证明政府的工作思路，使公众对政府及其工作人员有更多的信任和理解。

只有在活动中尊重行政相对人的合法权益，严格要求自己，强化自身应履行的义务，才能得到公众的认同与支持。强化信誉意识、形象意识、沟通意识和效益意识的协调发展，切实做到一切为社会公众服务，一切为经济建设服务，架起政府与社会公众之间的桥梁，为陇南的科学发展提供优质服务。

2. 社会舆论对完成政府公共关系管理任务的影响

社会舆论特别是有积极作用的社会舆论，是完成政府公共关系管理任务的工具，是政府进行决策的重要信息来源。承担政府公共关系任务的部门要通过不同形式、多种渠道了解社会各阶层、团体及广大公众的不同层次的利益要求，作出判断，从而作出科学的决策。

政府公关部门应充分利用舆论这一强有力的工具，了解公众的意愿，倾听他们的呼声。只有做符合公众利益的事情，才能获得他们的支持和信赖，才能使政府本身得到进一步的完善和发展。

资料来源：何红梅：《提高政府及其公务员的公关意识　为陇南的科学发展提供优质服务》，载《陇南日报》，2010-01-19。

本章小结

本章主要阐述了政府公共关系主体，介绍了政府公共关系组织机构，政府公共关系的制度与机制，公务员的公关意识、素质与能力。

本章重点介绍了政府公共关系组织机构的功能分析，阐述了政府公共关系组织机构的“中介”性、政府内外部公共关系组织机构、政府内设公共关系组织机构的利与弊；在政府公共关系组织机构的组织分析中，剖析了政府公共关系组织机构的类型和公共关系部的结构。

本章还探讨了政府公共关系的制度规范和政府公共关系的运行机制。

在公务员的公关意识、素质与能力的阐述上，重点分析了公关意识的内涵和内容。而公务员的公关素质就要特别强调法律道德素质、文化与技能素质、仪态风度素质等。最后阐述的是公务员的公关能力，即创新能力、应变能力和沟通协调能力。

关键术语

“中介”性　　公共关系组织机构　　政府公共关系部　　制度规范　　运行机制
公关意识　　公关素质　　公关能力

复习思考题

1. 谈谈政府公共关系组织机构的“中介”性。
2. 请分析政府内外部公共关系组织机构。
3. 如何看待政府内设公共关系组织机构的利与弊？
4. 谈谈政府公共关系组织机构的类型。

5. 请分析政府公共关系部的结构。
6. 如何认识政府公共关系的制度规范？
7. 请分析政府公共关系的运行机制。
8. 谈谈公务员的公关意识、素质与能力。

第5章

政府公共关系职能

重点问题

- 政府公共关系的职能探析
- 政府公共关系职能定位的背景和动力
- 政府公共关系职能的任务性模式
- 政府公共关系职能的功能性模式
- 加快政府的观念转变
- 深度挖掘政府公共关系职能的潜力
- 政府公共关系行为要与国际接轨

政府是建立在社会经济基础之上的上层建筑的核心部门，从广义上说，包括行使行政、立法、司法职能以及代表国家实行宏观管理的各级权力机构。政府，作为国家的行政机关，是国家权力机关的执行机关，对国家各方面事务行使着指导、管理、服务、协调、监督、保卫等职能。

公共关系在政府的行政管理过程中具有明确的职能范围，并发挥着特定的作用，能够帮助政府适应并影响内外部公众环境，为政府的有效管理创造良好的社会条件。本章主要介绍政府公共关系的职能，以解决公共关系在政府管理中“做什么”和“有什么用”这两个问题，同时对现代政府公共关系职责和作用的发展趋势作出简要分析。从本章中我们可以看到，政府公共关系在传播沟通中渗透，并具有支撑等辅助性职能。

5.1 政府公共关系的职能探析

政府为了进行有效的管理，在公众中树立良好的形象，必须运用各种传媒手段与公众进行相互交流、相互适应的社会沟通活动，以此争取公众的信任、理解与支持。这就是政府公共关系的职能所在。随着社会主义市场经济体制的确立、政治体制改革的不断推进和现代政府的职能转换，政府公共关系已成为政府沟通内外关系的强有力手段，成为社会政治生活民主化程度的标志之一。因此，充分发挥政府公共关系的职能，具有十分重要的意义。

5.1.1　拓宽政府与公众沟通的渠道

随着经济体制的转换和政治体制改革的深入推进，政府职能和管理模式必然要随之发生变化，这使政府公共关系的职能日益重要。在新的经济体制下，政府要成功、有效地履行其职能，就必须充分发挥政府公共关系的职能。政府公共关系为政府职能的顺利履行打开了通道，它有利于协调社会各方面的利益，完善政府同企业及各类经济实体之间的关系，争取公众对政府各项政策及改革措施的理解与支持，创造良好的社会关系环境，提高政府的管理效能。

重视政府公共关系职能，就要注意政府的形象管理，提高政府行为的透明度，通过正常途径将必要的政府工作信息传递给公众，并对公众关注的问题做出合理的解释和说明，增强公众对政府行为的理解和认同感。例如利用新闻媒体，通过召开新闻发布会、进行电视讲话等途径增强政府与公众的沟通，进行政策文件传递、信息资源交流、领导人实地察访、官员和群众的直接接触，开设政府领导人热线电话、就一些公众关注的问题作出解释回答，召开听证会与公众面对面交流，进行民意测验、了解民众的看法等。

案例

十届全国人大新当选的政府领导举办记者招待会，就本届政府的主要任务和人们关注的重大问题回答了中外记者的提问，使得公众对新一届政府的作为有所了解，政府行为的透明度增加了，同时也增强了公众对新一届政府的信心。广州市政府成立了广州社情民意研究中心，专门了解公众对政府政策的反映和公众的要求，以此作为政府决策的基础。

深圳市设立了“市长专线电话”，公众可就一些关心的问题直接进行询问，而且每周出两至三期的《市长专线电话简报》，将各种信息反馈给公众，同时还在《深圳商报》开辟了“市长专线回电”专栏，使各类问题都得到尽可能圆满的答复。

5.1.2　提高政府施政民主化的水平

政府公共关系职能强调的是双向传播交流信息、引导公众舆论、协调平衡内部关系、优化社会人际环境，树立公共领导权威，塑造政府信誉形象，驾驭处理危机事件，谋取国家政通人和。政府公共关系的基本特征是社会整体利益、实事求是、情理交融、法律规范、道德规范和全员参与，而这正符合了政治民主化的内在需要。

政治民主化是社会主义制度的本质要求，是社会主义社会的基本特征。政治民主化的表现就是人民群众通过广泛参与政治过程行使当家作主的权利。政治民主化的主要内容可以概括为两方面：一方面是最大限度地吸引广大人民群众参与国家管理；另一方面是使政府在管理和决策中的一切行为符合广大人民群众的意愿和要求。政府公共关系的职能为这两方面内容的实现创造了条件和可能，它可以通过双向信息交流和各种传播手段，更为真实、广泛地了解和汇集人民的意愿，反映公众的呼声，获得更加广泛的公众的理解和支持，从而调动人民群众的积极性，增强人民群众参政议政的主动性。

5.1.3 维持社会和谐与稳定的局面

稳定是发展和改革的前提。在社会主义初级阶段，正确处理改革、发展与稳定的关系，保持稳定的政治环境和社会秩序，具有极为重要的意义。没有稳定，什么事也干不成。我国当前正处于体制转型时期，社会各方面的利益波动较大，有些矛盾可能会比较突出，而人们观念的转变尚需要一个过程，因而，保持社会稳定具有重大的现实意义。

保持稳定主要是要消除群众的各种疑虑和误解，缓和或化解各种矛盾与冲突，以减少或消除可能发生的动荡，形成一种巩固稳定、和谐的社会政治局面。要做到这一点，除了要依靠政府各项决策正确、措施得力之外，还需要政府公共关系来宣传、解释、说明政府决策意图和配套措施，以争取群众的理解与支持，以免引起群众的误解和不良反应，从而达到维护社会安定大局的要求。

5.1.4 推动对外开放与交流的进程

对外开放是我国一项长期的基本国策。面对经济、科技的全球化趋势，我们要以更加积极的姿态面向世界，完善全方位、多层次、宽领域的对外开放格局。对外开放不仅是经济开放，也包括政治、文化、信息方面的开放；不仅是国与国之间的开放，也意味着地区与地区之间、部门与部门之间的开放。在这种全方位、多层次、宽领域的对外开放格局中，国家、地区、部门要建立和发展同外部世界的联系与合作，首先必须了解对方，同时让对方了解自己。要达到相互了解以至信任的目的，就需要发挥政府公共关系的职能。因此，从这个意义上讲，政府公共关系既是对外开放的要求，也是对外开放的条件。

案例 广州大接访

2010 年 10 月 18 日上午 9 时，广州市流花展览中心，广州市四套班子首次齐接访。这是继 2008 年 6 月 26 日，三级行政首长大接访之后，又一次更大规模的集体接访。

带铺盖通宵排队，上访人的热情和人数较两年前并无二致。据初步统计，本次接访活动全市市、区两级领导共接待来访群众 3 978 人次。

接访至下午近两点后，省委常委、市委书记张广宁召集各相关部门开会：件件个案都请市长过目，请局长亲自督办！不要随便说不！踢皮球的人可能面临问责！

“有什么问题，你们问吧。”接待完信访的群众，张广宁返身来到媒体群中。针对大接访制度已施行两年，上访人长龙仍不见短尾的情况，张广宁称：广州不回避上访人山人海的问题，我们直面并解决，但是能像我们这样去积极面对的城市，也不多见。对于城市里突出的矛盾和问题，我们不仅不能回避，还要直面解决。

这一次市领导带头亲自接访，我们就是想当面倾听老百姓的声音，进一步了解老百姓还有什么问题，以真正有针对性地解决。

这一次广州市四套班子的领导共同参加大接访活动，就是希望向市民群众传递一个信号——“党委、政府是关心你们的”。

张广宁书记说，今天的接访是成功的，但是如果永远都是我带头，就是失败的。从他的话，我们可以观察到，这次上访人的问题主要是：国土房管、劳动保障。如果再过两年还是这些问题，那就是失败了。

政府公共关系的职能就是拓宽政府与公众沟通的渠道、提高政府施政民主的水平、维持社会和谐与稳定的局面、推动对外开放与交流的进程。广州大接访让我们看到政府对民众力量的敬畏，也看到构建和谐社会的期望。大接访在解决问题的背后，是要最终找到解决社会问题的制度和方法。

资料来源：任朝亮：《广州市领导今日大接访》，载《广州日报》，2010-10-18。

5.2　政府公共关系职能定位

政府公共关系就是一般公共关系在政府工作中的具体运用，是一种行政管理职能。它是以特定的经济、政治条件和环境为依托，致力于提高行政效率和社会效益，运用各种传播和沟通手段与广大公众建立相互理解、信任、合作的持久关系，以期提高政府的美誉度，塑造良好的政府形象，争取公众对政府工作的理解、谅解和支持的一种行政管理职能，体现了政府与公众之间的一种互动关系。

具体的政府公共关系职能包括交流职能、决策咨询职能、传播沟通职能、形象评估和塑造职能等。我们通过经济市场化所要求的政府职能与政府公共关系职能的比照，可以发现政府公共关系这项行政管理职能正迅速凸显出来并显示出越来越重要的作用。

5.2.1　政府公共关系职能定位的背景和动力

中国正处于社会转型的特殊时期，它以结构转换为核心，带动社会体制的转型、利益的调整和观念的变化等。目前，社会成员必须适应两个转变：一是从传统农业社会环境转向现代工业社会环境；二是从传统社会主义计划经济保护状态转向社会主义市场经济竞争状态。体制变革和产业变革交织，使得人们的生存、发展状况发生了很大的变化。从政府公共关系的角度分析，政府的管理和服务的方式也发生了很大的变化。

政府公共关系职能定位的背景和动力就在于：政府由全能的政府转变为有限的政府，也就是说要改变过去指挥一切、照顾一切的家长形象，该管的管，不该管的就不管，把工作的重点放在宏观调控和依法行政方面，特别是在加速国内行政规则的立、改、废方面。

政府由“任性”政府转变为守信政府，以修改现行法律和制定新的法律方式全面履行相关义务，采用统一、公正和合理的方式适用和实施法律，取信于天下。

政府由拖拉政府转变为高效政府，按照市场化、国际化、效率化的取向进行改革，使政府机构更精简，人员更精干，政策更透明，行政效率更高。

政府由利益倾斜的政府转变为公正超脱的政府，改变既当“运动员”又当“裁判员”的现状，在市场主体中间保持公平和中立，对所有市场主体一视同仁。

此外，政府还要由神秘的政府转变为透明的政府、权力政府转变为责任政府、无序政府转变为程序政府、人治型政府转变为法治型政府。

5.2.2 政府公共关系职能的任务性模式

社会存在决定社会意识，政府公共关系职能模式是政府公共关系工作的方法系统，是由一定的公共关系目标和任务，以及这种目标和任务所决定的多种具体方法和技巧构成的有机体系。政府公共关系职能模式有任务性和功能性两种。功能性是以政府公共关系在组织运行中所发挥的理念作用为标准而加以划分的，分五方面展开讨论。

1. 信息引导

习近平总书记在2012年强调“人民对美好生活的向往，就是我们的奋斗目标”，这也是政府公共关系的首要职能。政府公共关系活动的本质即有效达成政府与公众的信息沟通。政府公共关系活动的首要职能就是获得信息，并经过收集、加工、传递、存储，为政府管理提供服务，促使政府与其管理对象之间的关系更加和谐一致。在市场经济条件下，政府引导经济的一个重要方面就是用信息引导。建立良好的政府公共关系，有助于政府系统的信息引导。一方面，它能促进各种信息更好地输入，克服官僚主义等弊病，为公众提供一个下情上达的机会，使政府机关了解社会公众的要求和期望；另一方面，良好的政府公共关系也有利于政府系统的信息输出，给政府机关提供一个上情下达、直接向群众宣传解释某些重大方针、政策的渠道，使社会公众了解政府系统决策的程序、意图和面临的困难，避免这样或那样的误解，以便得到他们的理解和支持。

(1)《中华人民共和国政府信息公开条例》施行。

党的十八大报告提出：“坚持走中国特色新型工业化、信息化、城镇化、农业现代化道路，推动信息化和工业化深度融合、工业化和城镇化良性互动、城镇化和农业现代化相互协调，促进工业化、信息化、城镇化、农业现代化同步发展”。

2003年中国信息化最具影响力的十大动向是《中华人民共和国政府信息公开条例》施行，其规定的主要内容有：1）政府信息公开以公开为原则，不公开为例外；2）信息公开原则上不收费，只能收取预先确定标准的成本费用；3）除通过公报等官方出版物或以放置在办公场所供公众查阅的方式主动公开其信息以外，还必须通过互联网上的官方网站主动公开；4）正式决定是否公开的程序：政府机关按照法律程序决定是否公开政府信息；5）办事指南与信息登记簿内容：政府机关向公众提供该机关的政府信息登记簿，包括每条信息的名称、索引、主题、基本内容。

如今政府向公民公布信息，公民有权获得其所需要的相关政府信息，已成为全球信息化的一大趋势。基本的原则应该是，政府信息公开的范围应最大化，政府信息保密的范围应最小化。

(2) 信息工作的内容。

政府机构就像是一个巨大的信息集散地，各类信息每天大量地汇集在这里，对政府公共关系工作而言，另一个工作目标就是如何有效地收集、处理、存储、传播信息。公共关系工作的本质就是一种信息交流传播活动。政府公共关系的信息工作主要包括：

1）主动地、有计划地收集信息。广泛开展各种类型的国情民意社会调查，充分掌握各种最新资料；设立专门调查统计机构，使信息收集、整理工作做到部门化、专业化，定期提高政府工作效率和工作针对性，制定出更多符合群众利益的决策。

2）及时公开地传播信息。尽快通过各种媒介和渠道向社会各界公开发布信息，并不断向新闻媒介提供社会公众关注的材料，以满足公众要求“被告知”的权利。

（3）公共关系信息利用的原则。

公共关系信息可以载舟，也可以覆舟。利用得好，它可以为政府的公共关系工作带来良好效益；利用得不好，它也可能使组织受损，给政府的管理造成严重的被动局面。

1）与组织目标一致。公共关系信息的利用，只有与政府的目标一致时，才有希望取得良好的效果，这种一致应具有一种层次相应的特征，即与政府的总目标、分目标、具体目标具有相应性。将公共关系信息应用于实现某一具体目标的工作时，公共关系信息当然既应符合具体目标需要，又不应妨碍所属分目标以至总目标的实现。

2）对公众利益负责。公共关系信息的利用绝不能损害公众的利益，而应自觉维护公众的利益。从维护公众利益的原则出发，应着重注意：在公共关系信息利用前要检查公共关系信息本身是否有损公众利益；检查公共关系信息利用的方式方法是否有损公众利益。

3）对社会环境无害。公共关系信息的利用绝不能对社会环境造成危害。危害社会环境实际上也会危及政府部门工作的开展，对政府自身的社会形象造成严重损害，并对社会的发展和进步造成障碍。

政府公共关系工作离不开对公共关系信息的利用，没有公共关系信息作为基础，政府公共关系工作便无从下手，更难以深化。但对公共关系信息的利用也不能胡用乱用，必须遵循一定的原则、一定的法度，才能真正使政府公共关系工作循着正确的方向，取得良好的效果。

2. 沟通协调

这是政府公共关系的基本职能。政府与公众的沟通是指政府作为公共关系的主体与公众之间通过多种途径和方式所进行的思想与信息的交流过程。政府与公众的双向沟通，既可以让公众明了政府的方针、政策和举措，把政府意志转化为公众意志，还可以根据民意科学决策、制定政策，从而为政府创造更有利的工作环境和条件。

要加强政府机构的对外信息发布工作，及时向社会大众传播有关信息。政府还应注意利用新闻媒介的作用，一方面扩大对政府方针、政策的宣传；另一方面，加强舆论监督。此外，还要建立和健全社会协商沟通制度，倾听公众呼声，了解公众疾苦，关心公众生活，以此作为施政参考。当前政府公共关系工作中最重要的一点，就是增加政府的透明度。

（1）政府工作的透明度。要增加政府工作程序、工作内容的透明度。工作程序不公开，难免会让公众办事时走弯路，费时费力，同时也容易滋生腐败。只有对政府的工作内容（需保密的除外）公开，才能使公众理解并支持政府的工作。

（2）政府工作人员情况公开化。政府工作人员的职责之一是代表国家行使权力，他们的素质、效率、作风如何直接关系到政事的成败，也直接代表着政府的形象。因而必须让公众对其有足够的了解。应当公开的内容具体包括：定期公布政府工作人员的政绩，对其升迁罢黜要向社会公众交代理由，干部的晋升报考应由社会公众代表签署意见；政府工作人员所享有的经济待遇、福利标准及家庭情况除涉及法律规定的隐私范围外，都应让社会各界知晓。

（3）建立和完善各种监督机制。建立和完善各种监督机制是非常必要的，尤其是群众监督机制，接受群众监督、批评，使政务更公开、公正、合理。推行信息公开制度、增加工作的透明度是加强政府自身建设中一个不可缺少的部分。让公众及时了解和掌握相关的信息，可以使政府更好地接受来自公众的监督，而这种监督的结果就是促使政府能够加大工作力度，增强工作实效。

3. 形象塑造

这是政府公共关系的核心职能。政府是一种特殊形式的组织，其形象也不同于一般的组织形象，而是公众对于政府综合认识所形成的整体印象和评价。它是政府机构的静态实体（如政府设施、组织机构、政令政策及法规文件档案等）和政府人员的动态言行等因素综合作用于政府内外公众主观意识的产物。政府形象对于政府的生存和发展有着至关重要的意义。

（1）政府形象的内涵。

良好的政府形象来源于政府的具体实践，亦即政府在管理过程中的具体作为和表现。公共关系被人们称作“塑造形象的艺术”。政府形象的塑造与维护又必须借助于公共关系活动的开展。如果没有公关理论的指导及相应的科学手段的运用，所谓形象只能停留在表层，很难得到提高和完善。因此，塑造和维护政府形象便成了政府公共关系工作的核心职能。

1）政府形象，主要是指政府及其工作人员在民众心目中的美誉度大小，是政府获得民众欢迎、接纳、信任的程度。固然，政府工作具有权威性与政策性，但无论是从民主政治的大气候还是从中国特色社会主义政府公共关系的“小环境”来看，权威性及政策性都必须建立在民众信赖政府的基础之上。

2）政府的形象如何，直接关系到党和政府的威信及其工作的成败。许多政府工作人员心目中没有形象意识，对现代传媒的重大作用了解不够，又缺乏应有的传播技巧，表现在决策和行动中则是对自觉进行形象投资和形象塑造重视不够，涉及公共关系观念和协调观念两个方面。

3）公共关系观念的淡薄表现在缺乏为公众服务的观念，“门难进、面难见、脸难看、话难听、事难办”的现象时有发生。一些领导干部更多考虑其权威性和政策性，习惯于高高在上，发号施令，不愿踏踏实实为群众、为社会奉献，通过自己的工作方便于民，让群众满意，用热诚的服务去赢得好感和信赖。更有甚者，将手中的权力作为群众办事的路障进行“关、卡、压”，严重败坏了政府的形象。

协调观念的缺乏表现为不善于调节、平衡和统一各种不同的关系、利益和要素，不懂得“兼顾”、“统筹”、“缓冲”和必要的“调和”、“折中”等的意义和价值，目光短浅，思路狭隘，经常陷入难以协调的矛盾中。

（2）政府形象的具体实践。

政府为了进行有效的管理，必须争取广大公众的信任和支持。而这种良好关系的形成，首先应基于以下两个原则：第一，公众有知情的权利，政府有告知公众的责任；第二，政府需要得到公众关于国家政策和社会问题的信息，有效的行政管理应保证公众的参与和支持。在现代社会中，政府公共关系已成为政府沟通内外关系的强有力手段，是政府从事管理的重要组成部分，是社会政治生活民主化程度的标尺之一。塑造政府形象的具体实践表现在：

1）多办实事，取信于民。政府官员要树立公众意识，并在各项工作中体现出来；要善于选择突破口，把公众意见大、呼声高、急需解决的问题作为办实事的重点；要讲信誉，言必信，行必果。

2）加强廉政建设，纠正不正之风。政府部门要使廉政措施规范化、制度化、法制化；要建立和健全社会监督机制；既要为政清廉，又要勤政为民。

3）找到政府形象完美的契合点。政府形象由主客观两方面组成，政府的实际表现是政府形象的客观基础，它从本质上决定着政府形象的好坏，但这种表现又必须通过公众心理上的感受才能形成一种总体印象和评价，所以政府形象又要受到公众主观评判的影响，具有一定主观倾向性。要塑造最佳的政府形象，必须实现主观性和客观性的统一，使两者相互促进、相互影响，达到一个完美的契合点。

政府形象的塑造是一个动态的过程。随着公众心理期望的变化、各种信息的作用和社会舆论的发展，公众对政府的形象要求会越来越高。随着社会经济的发展、科学技术的进步和政府职能的改变，政府形象会被赋予新的内涵。

4. 传播教育

传播教育是政府公共关系的天然职能。在传统教育上，我们比较喜欢用宣传，现在如果从公共关系的理念和角度来分析，我们用“传播”的效果要比“宣传”的效果好，这是因为“宣传”是单向的，而“传播”是双向的。政府公共关系的一个重要的手段就是传播，即把政府的各种政策、措施和意图广泛地向社会传播教育，使社会各个方面对政府的各项政策措施充分理解，以获得更大的支持。

传播教育职能的主要内容有：一方面是把政府内部的信息有效、有目的、有步骤地向社会输出，以获得社会各方面的理解与支持；另一方面是教育和引导，即经常教育政府工作人员树立“全员公关”意识，使自己的一切行为自觉地维护政府的形象和声誉。同时又要充分运用各种传播工具和传播媒介，将政府的政策、措施和意图传达给社会公众，给予正确的解释和充分的说明，并告诉公众政府正在做什么、准备做什么、人民可以得到什么和如何支持政府的工作，使公众理解政府的决策和措施，赞同和支持政府的工作，保证政府政策、措施的顺利实施。

5. 咨询建议

这是政府公共关系的重要职能。政府决策是实现政府管理目标的关键。决策质量的高低直接影响政府工作的成效。从公共关系的角度而言，充分发挥咨询建议的参谋作用，是保证决策质量不可缺少的条件。

（1）有助于政府决策民主化。

政府公共关系的咨询建议职能有助于促进政府决策的广泛民主化。社会公众参与国家大事的讨论，是他们的基本权利和作为国家及社会主人的地位的体现。这就要求政府必须将决策意图、计划和面临的困难告知公众，做到政务公开，以征求他们的意见和建议；然后把来自公众的各种信息分门别类地进行整理加工，向决策者提供咨询建议资料，从而保证最终形成的决策中能广泛吸收公众的合理化意见，吸取群众智慧，使决策建立在尽可能广泛的民主基础之上。

（2）有助于政府决策科学化。

政府公共关系咨询建议职能有助于政府决策的科学化。由于通过公共关系活动所搜集到的数据、资料和情况一般都是来自社会各方面的真实信息，因此政府公共关系人员可依靠这些信息资料，广泛征询公众及有关专家集团的意见，同时监测环境的变化，预测社会变化趋势，以供政府决策，使决策更具有科学性。

5.2.3 政府公共关系职能的功能性模式

政府公共关系职能的功能性模式是以公共关系在组织运行中所发挥的实际作用为标准而加以划分的，它贯穿于政府公共关系主体与对象的公共关系活动之中。按其作用可分为以下几种：日常事务性公共关系、交际性公共关系、服务性公共关系、社会性公共关系、征询性公共关系、矫正性公共关系等。

1. 日常事务性公共关系

在政府公共关系组织机构的日常运行中，贯彻政府公共关系工作目标，努力树立形象、争取公众、扩大影响。它要求政府公共关系组织机构在日常运行的各个环节、各个渠道都时时注意形象问题，处处给人留下好感，在内外公众中都留下好的印象。日常事务性公共关系工作的要点主要在于政府公共关系组织机构各项工作的文明化、制度化、实际化。其具体要求有：

（1）树立文明管理的理念。

它要求政府公共关系组织机构在管理思想上树立文明管理的观念。即使与公众发生矛盾，也应本着严于律己、宽以待人的精神妥善地予以处理；无论内外公众，皆应以诚相待，以情相接。

（2）制定合理的规章制度。

政府公共关系组织机构必须制定合理、全面的相应规章制度，并且要使这些制度条款化、公开化，认真加以宣传，严格予以贯彻。

（3）监督检查执行情况。

要经常性地进行监督，检查具体的执行情况，绝不能让它成为一纸空文。

（4）细微之处见精神。

政府公共关系组织机构的日常事务要真正地切合实际，确实能起到于细微处见精神的效果。这就要求政府公共关系组织机构在考虑进行这一系列日常事务时，应听取公众意见，进行调查研究，把事情做到点子上，并真正与公众“痛痒”相关，而不是脱离实际、好高骛远。

2. 交际性公共关系

交际性公共关系是指政府公共关系组织机构不借助于任何媒体，而是以人际接触为手段，与公众进行协调沟通，为政府广结良缘的公共关系活动。

（1）交际性公共关系的特点。

1）“快节奏”，节省人力、物力。2）灵活性，即利用面对面交流的有利时机，充分施展公关人员的交际才能，达到有效沟通和广结良缘的目的。3）人情味强，即以“感情输出”的方式，加强与沟通对象之间的情感交流。

（2）建立起良好的社会关系网络。

政府公共关系人员可充分利用交际性公共关系活动的机会，协助政府建立起良好的社会关系网络。具体方式有开展团体交往和个人交往。团体交往包括各式各样的招待会、座谈会、工作午餐会、宴会、茶话会、舞会等。个人交往方式有交谈、拜访、祝贺、个人署名信件来往等。

（3）进行交际活动遵循的原则。

1）广泛交友，构架信息网络。美国社会学家詹姆斯·科尔曼结合经济学中的理性行为理论与社会学中的社会网络结构理论提出了“社会资本”① 的概念。他认为，社会关系的存在是行动者为了实现各自利益相互进行各种交换甚至单方转让对资源的控制的结果。科尔曼对社会网络理论的运用明显地体现了社会关系内部的“信息网络”。“信息网络”的优势来自个人的社会关系网络。所以，广泛交友、构架信息网络在进行交际活动时特别重要。

2）经常来往，交际要勤。公共关系活动不仅要广结良缘，还要善于巩固和发展与公众建立的联系和友谊。交际性公关主要运用各种交际方法和沟通艺术，广交朋友，协调关系，缓和矛盾，化解冲突，为组织创造“人和”的社会环境。经常来往、交际要勤的特点是直接沟通，形式灵活，信息反馈快，富有人情味，在加强感情联络方面效果突出。

3）礼貌待人，注意礼节辞令。礼仪、礼节是开展社交性公共关系活动的重要组成部分，这要求政府公共关系人员在开展公共关系活动时要礼貌待人，注意礼节辞令，在仪表言语、行动和精神风貌上都要给公众留下良好的印象。

4）以真诚为基础。真诚即真实诚恳。政府公关人员要真心实意、坦诚相待，从心底感动他人而最终获得公众的信任。政府公共关系活动要以真诚为基础，无论是对其他组织还是对于个人都要实事求是，坦诚相待，不说假话，以取得公众的信任。

交际性公共关系是一种极为有效的公共关系模式。不过，开展交际工作时，应该坚持政府公关实务的原则，绝不能使用不正当的手段，如欺骗、行贿等。还要明确社会交际只是政府公关的一种手段，绝不是公共关系的目的，也不要把私人间的一切交际活动都混同于公共关系。

3. 服务性公共关系

服务性公共关系是政府公共关系组织机构向公众提供各种优质服务，以实际行动获取公众的理解和好评，建立政府良好形象的公共关系活动。政府要想获得良好的社会形象，

---

① ［美］詹姆斯·科尔曼：《社会理论的基础（上）》，87 页，北京，社会科学文献出版社，1990。

宣传固然重要，但更重要的还在于政府公共关系组织机构的工作，在于政府公共关系组织机构为公众服务的程度和水平。

（1）优质服务。

优质服务是指在符合行业标准或部门规章等通例的前提下，所提供的服务能够满足服务对象的合理需求和适常期许值，保证一定的满意度。“公共关系就是90％要靠自己做得好”，其含义即在于此。离开了优良的服务，再能干的宣传家也必将一事无成。因此，开展优质服务是政府公共关系组织机构一项重要的公共关系工作。

（2）活动特点。

服务性公共关系活动目的在于以实际行动使目标公众得到实惠。通过提高公众满意度，塑造良好的政府组织形象，争取公众的支持。服务性的特点是依靠自己本身实际行动做好工作，其特别媒介是服务，而不是依靠宣传。所以，它基本上仍是人与人之间的直接传播形式。服务性公共关系活动的特点在于实在性和隐蔽性。

1）实在性。与其他活动相比，实在性是服务性公共关系最显著的特征。组织以特殊的媒介——服务，来密切组织与公众之间的关系，使公众得到实惠。

2）隐蔽性。这种公关战略的目的是提高政府的形象，在方式上却深藏不露、潜移默化。但隐蔽性的传播符号有多种，且人情味十足、反馈灵敏、调整迅速。

服务性公共关系效果如何取决于公共关系得到社会和经济效益的多少。开展服务性公共关系活动要强调的原则有提高自觉性、注重实在性、提倡特色性、确立规范性。

4. 社会性公共关系

社会性公共关系是政府公共关系组织机构利用举办各种社会性、公益性活动塑造政府形象的模式。其目的是通过积极的社会活动，扩大政府的社会影响，提高其社会声誉，赢得公众的支持。其特征是公益性、文化性、宣传性。经过精心策划的社会性公共关系活动，往往可以在较长的时间内发挥作用，具有潜移默化地加深公众对政府美好印象的功能。

（1）活动的形式。

1）以机构活动为中心，即以政府机构本身的重要活动为中心而开展活动。

2）运用大众传播媒介，即运用大众传播媒介举办各种活动，提高政府政策和理念的宣传效果。

（2）把握的原则。

1）富有公益性。突出政府承担社会责任的良好形象，政府不应对受益方提任何条件，但可以在事前对受益方进行认真选择。通过方式恰当、对象恰当的社会性公共关系活动，强化政府的良好形象。

2）注重文化性。充分展示对真善美的和谐追求，因此，要尽量把活动与资助社会文化事业联系起来，提升地区文化形象，促进信息交流，提高广大民众的素质等。

3）具备传播性。社会性公共关系活动与传播相结合，可以使政府公共关系向更高水准、更高档次迈进。

政府公共关系人员策划社会性公共关系活动时应谨慎行事、三思而行。防止出现两种倾向：一是贪多求大，毫无节制地涉猎各种社会活动，陷入不可自拔的境地，反而使政府的形象受损；二是政府公关机构不能使公益活动染上强烈的功利性，损害政府形象。

案例　让公众接受政府政策

政府公共关系应确立的首要目标就是“促使为适应环境变化、技术进步而产生和新法律、新政策得到社会公众的接受和承认”。

众所周知，一项新法律、新政策要得到社会公众的接受和承认，往往要通过向公众做大量的传播工作才能实现。忽视了这一现实，常常会使政府部门考虑不周或传播不力，从而导致有关新法律、新政策不为公众所接受和承认。因为新法律、新政策能否发挥其效力，并不是政策制定者一厢情愿之事，也不是政策执行者能够完全决定的事。只有政策对象接受新政策，新政策执行才会获得成功；政策对象不接受新政策，新政策执行只能面临失败。

目前，世界上大多数国家实行车辆靠右行驶的交通规则，但也有少数国家仍然是车辆靠左行驶。专家们认为，这种与众多国家交通行驶位置的差别，是造成交通事故多发的一个原因。因此，一些国家逐渐将车辆行驶的位置从左改换到右，如瑞典、尼日利亚。改换车辆行驶位置说来容易，实施则难度极大。试想这种新法规不可能先在某一城市和地区试行，因为这将意味着在同一个国家有的地区车辆靠左行驶，有的地区靠右行驶。在一个幅员广阔、车辆众多的国度里，一天之内奇迹般将车辆行驶位置从左改换至右，谈何容易！

政府部门的决策者非常清醒地知道：一旦这种交通法规改革运转失败，那么危险的混乱将直接给国家带来一场灾难。正是出于这样一种考虑，目前一些国家不敢轻易地作出改换车辆行驶位置的决定。然而，尼日利亚政府不仅果敢地采取了改换车辆行驶位置的行动，而且做得非常成功。其具体组织实施这一计划的方法步骤如下：

1. 政府确定这一计划的组织实施机构

尼日利亚联邦政府情报机构和地方政府情报机构为实施主体。这种官方的情报机构是尼日利亚政府有力的行政机构，并有其组织严密的情报网。

2. 明确计划实施目标

决定在同一天内全国统一实施新的交通法规。车辆行驶位置从靠左行驶改换为靠右行驶。

3. 划定目标公众

(1) 城市公众与农村公众；(2) 机动车司机、非机动车驾驶员及行人；(3) 普通公众（接受能力较强）与特殊公众（文盲等接受能力较差）。

4. 计划实施

第一阶段：

(1) 提前两年时间，对机动车和非机动车驾驶员进行训练。

(2) 利用一切传播手段，在新交通法规实施的一年前告知全国人民。

1) 利用广播、电视、报纸、杂志等大众传播媒介广泛宣传新交通法规。

2) 在海报、广播、电视节目宣传的基础之上，拍摄新交通法规的纪录片，把所有宣传内容与形式融为一体。在电影院及派出流动放映队深入农村放映该纪录片，并开展教育农民的活动。

3）交警示范，指挥改换车辆行驶位置后的车辆行驶。

4）印刷发行通俗的宣传品。在城市，国家情报机构辅助电视、广播、电影等媒介向市场妇女摊贩宣传新的人行横道线。驾驶学校印发小册子，介绍新、老交通法规之间的不同。

5）为此次交通改革，国家印发特种邮票。

第二阶段：

（1）发动一场海报运动，如为农村特制的海报上画着当地司机和行人，便于人们接受。

（2）在靠近学校、市场以及高速公路旁的大招贴板上张贴有关海报。

（3）在报纸上登载小型海报和口号，一再重申改换车辆行驶位置的日期。

（4）举行讨论会、辩论会及讲座，讲解新驾车制度的利弊。

（5）大众传播媒介用打油诗劝告司机和行人在该运动中应起的作用。

（6）地方广播站广播用当地语言编写的打油诗或以当地最有效的形式进行宣传。

（7）对文盲采用视听方法和直观教具。

在上述方法步骤实施之后，尼日利亚终于迎来了改换车辆行驶位置的那一天。情况出乎意料地理想，全国并没有一片混乱，也没有造成严重的伤亡事故，而是一切正常。人们称赞这次改换车辆行驶位置的运动是一次计划周密、收效良好的政府公关活动。它的成功完全是由于政府开展了扎扎实实的公共关系工作——事先做好充分准备，在一段较长的时间内，发起强大的宣传攻势，做好深入细致的工作。

5. 征询性公共关系

征询性公共关系是指政府公共关系组织机构收集社会的舆情民意，掌握社会发展趋势的公共关系活动方式。其目的是掌握舆情民意以为政府的管理决策提供依据，使政府的行为尽可能地与国家发展目标的总体趋势相一致。征询性公共关系活动适用于任何形式的公共关系活动，因为任何形式的公共关系活动都需要检验效果，都具有征询的色彩。否则，不但政府公共关系活动的绩效无法衡量，甚至连其目的也不明确，徒有为活动而活动的热热闹闹的形式罢了。

（1）实施的过程。

具体的实施过程是：在政府公共关系组织机构进行一项工作后就要设法了解社会公众对这项工作的反应。经过征询，将了解到的公众意见进行分类整理并加以分析研究，然后提出改进工作的方案，直至满足公众的愿望为止。

1）征询性公共关系的特点是长期、复杂、艰巨。它要求从事这项工作的政府公共关系人员具有智慧、耐心和诚意，能通过各种方法获得公众的配合，不断向政府提供有价值的信息，使政府公共关系组织机构成为“千里眼”、“顺风耳”，能根据公众要求随时调整政府的行为，不断改进政府的管理和服务，保证政府与社会环境的协调、平衡，促进社会的发展。

2）征询性公共关系工作方式有组织社会调查、访问相关公众、征询管理意见、建立信访制度和相应的接待机构、设立监督电话、处理举报和投诉等。

（2）遵循的原则。

征询性公共关系是以采集社会信息为主、掌握社会发展趋势的公共关系活动模式，同时，也向公众传播或暗示组织意图，使公众印象更加深刻。开展征询性公共关系是政府公共关系组织机构一项分内的职责。具体而言，应遵循的原则是：

1）态度公正。在活动中，政府公共关系人员不但应是政府的“耳目”，更重要的是要站在中间人的立场上，广泛、及时、公正地采集一切有关政府形象的意见和建议，起到政府公共关系组织机构与社会公众的中介者的作用。

2）收集信息。收集信息视野要宽广，不能局限在某些领域和方面，却把有价值的信息漏掉。既要善于从报纸、广播等大众传播媒介或专家、名人的采访调查中，收集“大趋势”的信息，也不要忽视其他渠道获得的“小消息”。“大趋势”的信息固然重要，通过它的分析研究，可以了解到社会环境的发展变化，提高预见能力；“小消息”也绝不可忽视，它对改善组织的服务，树立组织的形象，沟通与公众的关系，也起着重要的作用。

3）注重预测。预测工作是征询性政府公共关系的重要内容。政府公共关系人员应以敏锐的眼光和洞察力，对政府在管理中的社会环境和发展趋势等进行全面的预测分析，为决策服务。

6. 矫正性公共关系

矫正性公共关系是政府在遇到危机时所采用的一种公共关系模式。这种模式适用于政府的公共关系严重失调，从而使政府形象发生严重损害的时候。其特点是及时。及时发现问题，及时纠正错误，及时改善不良形象。在政府形象受到损害时，政府公共关系组织机构应立即采取有效措施，尽量地减轻损害造成的后果，做好善后工作，配合政府的其他部门，重新建立起政府的新形象，挽回政府的声誉。政府形象受损的原因一般有内外两个方面。

（1）外在的原因。

当组织与环境的关系严重失调、组织遇到巨大风险时，如果不能及时发现问题，积极采取有效措施纠正错误、改善不良形象，那么，不用说组织的发展，即便是它的生存也岌岌可危了。如某些误解、谣言，甚至人为的破坏，致使政府的形象受到损害。

这时，政府公共关系组织机构应及时、准确地查明原因，迅速制定对策，采取行动，纠正或消除损害政府形象的行为和因素。政府公共关系组织机构对于损害政府形象的误解和谣言绝不能掉以轻心，稍有疏忽就将给组织造成不必要的损失。政府公共关系组织机构必须随时注意周围环境的变化，对于那些有损于政府的行为和因素，应明察于端倪，防患于未然。

（2）内在的原因。

由于政府内在的原因，如人员素质、服务态度、管理政策、决策方针等方面发生了问题，而导致政府公共关系严重失调。此时，政府公共关系组织机构应迅速查清原因，采取行动，尽快与新闻界取得联系，控制影响面，并及时把外界的舆论准确地反馈给决策层和有关部门，提出消除危机的办法和纠正错误的措施。与此同时，政府公共关系人员还需运用各种公共关系手段和技巧开展公共关系活动，消除不良影响，向新闻界并通过新闻界向广大公众公布纠正的措施和进展情况，求得公众的谅解，平息风波，恢复信任，重新树立政府良好形象。

5.3 充分发挥政府公共关系职能

要充分发挥政府公共关系职能，就要营造适合政府公共关系职能发挥的良好环境。要加强对政府公共关系的研究，特别是深入研究适应现代政府公共行政的政府公共关系的原理、原则及效应作用等；加强政府公共关系的硬件建设，如进行公共关系工作所必需的现代化信息处理设施、先进的传播设施建设等。各级政府在提高行政人员整体公共关系素质的同时，培养和造就一批适应改革开放和社会主义市场经济的高素质政府公共关系人才。

5.3.1 加快政府的观念转变

观念是人们在社会实践中形成的一些看法和观点，包括在对事物观察、理解、体验的基础上做出的一些判断、形成的概念，是对事物的认识。加快政府的观念转变要强调以下几个方面：

1. 正确认识政府公共关系职能

在政府机构中设立公共关系职能部门是适应社会主义市场经济的需要，是适应政府职能转变并有效发挥公共管理职能的需要，是加强与人民群众联系和开展国内外交往的需要，也是政府观念转变的重要标志。政府公共关系职能部门的设立，既可以作为“信息库”，及时让政府了解所需信息，又可以作为“智囊团”，参与政府民主化、科学化决策，还可以作为“润滑剂”，沟通、协调政府与外界的联系，树立起良好的政府形象。

随着市场化进程的不断推进，政府改革也成了我国经济转型时期最具有全局性、长远性、深刻性的关键问题。为了适应社会主义市场经济体制的需要，政府需要更好地履行公共管理的职能。政府公共关系正是在政府观念转变过程中，为适应政府公共管理职能应运而生的。在现阶段，人们对政府公共关系职能存在两种偏见：

（1）扩大政府公共关系的职能。

认为政府公共关系无所不包、无所不纳，把政府公共关系职能与公共行政职能混淆，这种倾向不仅会影响政府职能的正确发挥，而且会使政府公共关系工作陷入混乱、无序的状态。

（2）缩小政府公共关系的职能。

认为政府公共关系工作仅仅是传媒引导、宣传教育，没有把政府公共关系工作提高到实质性的高度。这种认识造成了对政府公共关系工作的“虚化”。

现阶段，由于政府公共关系职能部门设置不明确，职责不一，已难以满足市场化进程中政府公共关系的多种需要。各级政府尽早设立明确的公共关系职能机构，才能加快政府的观念转变，正确认识政府公共关系的职能。因此，克服上述两种偏向的产生，加快政府观念的转变，更好地履行政府公共管理的职能，必须正确认识政府公共关系的职能。

2. 变革中的政府公共关系

政府—社会关系是国家生活中至关重要的问题，构筑两者之间良好的发展态势一直是公共关系学界关注的课题。所以，变革中的政府公共关系就显得尤为重要。

(1) 时代视野：变革管理与关系协调。

我国将公共关系职业描述为：专门从事组织机构公众信息传播、关系协调与形象管理事务的调查、咨询、策划和实施。其中“信息传播”、“关系协调”、“形象管理”三个关键词也体现了政府公共关系发展的主流思路。

(2) 传播视野：数字化生存与信息社会。

互联网的诞生引导着一场无所不在的重大传播革命，数字化的世界已经改变了各组织内部和各组织与其公众之间的传播。新的媒介技术的影响主要表现为：

1) 局域网和互联网前所未有地使得双向传播成为可能；2) 新媒介的景观正在迅速地发生改变，并且将在未来持续下去；3) 新技术使得前所未有地分发和获取更多的数据及信息成为可能。

在这样的背景下，就政府与媒介的关系而言，引导公众舆论的前提是充分知情，起点是“先入为主”（表现为对“新闻首发权”的争夺），重点是解释事实，方式是平等交流。数字化传播时代的来临将使理想的公共关系实践模式——双向对称传播模式更易成为现实。

数字化传播时代给我们带来的另一大挑战就是如何面对快速和急剧的社会（组织）变化。政府公共关系作为组织与其公众之间的传播管理，目的不是要控制或说服公众；相反，政府公共关系的目的是建立、维系和加强各种关系。在变革时代，“关系”比其他任何时候都重要，政府公共关系人员是其所处的社会、为之工作的组织中的“变化代言人”。这一点进一步印证了政府公共关系的理论模式——调整与适应的模式。

(3) 战略视野：经济全球化与本地化。

中国加入世贸组织，从发展战略上看，这一变化将使得中国公关业的全球化和本地化问题更加突出。它会使得中国真正步入全球经济的一体化进程，国际公共关系的领先观念和规范运作同样也会使得发展才 20 多年的中国年轻的公关业面临更大的压力，但随着越来越多的中外公关业者同场角逐，竞争也会带来合作和交流，现在是一个“竞合时代”。

国际化和本地化将是中国加入世贸组织后中国政府公共关系发展的主要趋势，政府公共关系部门会由此学到很多国际公共关系经验，从而在很大程度上提升政府公共关系部门的专业化水准。

(4) 管理视野：管理与技术。

政府公共关系是政府战略管理的重要组成部分。政府公共关系人员通常以传播技术人员和传播管理人员这两种角色在政府机构中发挥作用。大多数政府机构人员是以传播技术人员或专家的身份进入这个领域的，但“卓越公共关系与传播管理”的研究表明：没有管理人员协调组织的公共关系活动，它就不可能成为组织战略管理的一个组成部分。

在政府机构中，政府公共关系人员会同时扮演管理人员和技术人员这两种角色。卓越的政府公共关系部门必须至少有一位高级公共关系管理人员，他综合规划、指导公共关系工作，并由机构领导层成员给予支持。

(5) 市场视野：服务与需求。

美国公共关系学者爱德华·伯尼斯最初对公共关系人员的定义是“公共关系顾问”①。

① 郭惠民：《回归公共关系顾问的角色》，载《传播》，2004 (9)。

公共关系要对组织的战略管理作出贡献，政府公共关系人员就要成为顾问型人物，在政府公共关系咨询上发挥作用。近年来中国公共关系行业的调查显示：高级咨询顾问、高级管理人员、客户经理始终位居中外公共关系公司紧缺人才的前三位。

“卓越公共关系与传播管理”的研究表明：卓越的公共关系部门参与组织战略计划制定的过程，它们帮助组织了解那些影响组织目的和任务的环境；战略性地开展公共关系工作；制定针对给组织带来巨大威胁和机遇的内外战略以及公众的传播沟通计划。这一切都与咨询服务有关。

政府公共关系部门通过帮助政府管理机构建立起与公众的良好关系，通过良好的关系，政府公共关系部门也可以为政府赢得来自各方公众的支持，为政府创造社会效益。这就是政府公共关系对政府管理的贡献。

（6）业务视野：整合与单一。

政府公共关系要在政府管理中发挥作用，就必须与其他管理功能互相配合，有机整合。单一功能难以发挥它应有的作用。现今国际公关业内探讨的一大问题，就是将公共关系的功能与市场营销的功能进行整合，形成“整合营销传播”或“整合品牌传播”。

美国马里兰大学新闻学院的詹姆斯·格鲁尼格教授表示：组织同时需要市场营销和公共关系这两种功能。[①] 从本质上讲，市场营销有着经济的作用，而公共关系则有着社会和政治的作用。公共关系应该帮助组织中的其他功能部门与受组织影响的公众进行交流。

政府公共关系工作的最终落脚点可能在政府的“品牌”上，而政府品牌的核心则是“信誉”。现代品牌理论的发展已经走出早期品牌理论专注消费者公众的局限，提出品牌的建立、维护和发展与组织的“利益关系人”有关。两者殊途同归，不失为一种理想的假设。

在当今信息爆炸、媒体泛滥的多元化社会环境中，品牌传播给政府提供了一种全新有效的传播概念和策略，它无疑具有某种前瞻性的重大意义。

5.3.2 深度挖掘政府公共关系职能的潜力

政府是代表国家实行行政管理的各级机构及其职能部门。政府的职能是对国家各个层面的事务进行指导、管理、协调、服务、保障；政府工作具有权威性、指导性、协调性、监督性、服务性的特点；政府是公共利益的分配者、社会秩序的维护者、社会矛盾冲突的协调者、和谐文化建设的倡导者。因此，政府公共关系是经济与社会发展对政府行政管理提出的客观要求，政府开展公共关系活动是为了更好地发挥组织的职能作用。

1. 非理性解析：政府公共关系职能的另一种理解

我们总习惯于用对传统观念的理性遵从来衡量政府管理的实际效果，而对公众对象在个性化、非理性化方面的发展趋势缺乏应有的观照。殊不知，这种发展趋势乃是市场社会对人们长期以来受传统理性（主要表现为计划经济体制对人的行为方式的模式化）所束缚的欲望、本能、动机、需要、意志、激情、无意识、习俗、直觉等精神心理因素解放的必然结果。反映到政府管理中来，给人的感觉是管理效果中理性可控制的成分日益减少，而

① 参见焦伟晨、何婷婷：《公共关系在企业中的问题》，载《河南建材》，2010（6）。

实效与预期之间的反差总在不断增加。

市场社会的初期发育离不开人的非理性因素的激活。比如没有物质欲望、利益、需要的驱使，要改变旧观念以及封闭和怠惰的生活方式及思维方式，只能是空话一句。问题在于在缺乏科学、理性、规范、系统的条件下，人的非理性行为因素若得不到恰当的引导，就会泛化为一种潜在而盲目的社会破坏性力量——这在今天的现实生活中已经表现得很突出了，如受集体无意识的发财欲望驱使的“民工潮”、各种源于投机取巧心理的短期行为等。社会存在决定社会意识，政府公共关系管理活动无法超脱这种非理性的影响。所以，我们用非理性的观念对政府公共关系做另一种理解。

(1) 政府公共关系管理的非理性解析。

政府公共关系管理即政府对公众的思想意识和行为方式的规范，旨在获取公众在思想认识、主观愿望和客观实际上的一致性，以保证全社会的高效运转。政府公共关系管理的时机就是指实施公共关系管理的时间和重点。强调时机的把握，目的在于取得良好的效果，最直观的莫过于提高人的自觉程度。显然，这是一种针对理性、科学、规范的追求过程，最终欲达到的目的就是目标与实效的高度一致。就此，也可将政府公共关系管理理解为思想和行为方式的理性化过程。但人的理性（如正确的判断、推理、思考、逻辑、伦理、价值等）恰恰是针对情绪、情感、意志、态度、动机、直觉、无意识等非理性因素才得以确立起来的。正是有了人的非理性的客观存在，才需要政府公共关系管理这种理性活动来规范它。

对政府公共关系管理过程有三种理解：1）政府公共关系管理过程是一个理性与情感的互动过程。2）政府公共关系管理过程是一个意识与无意识的互动过程。3）政府公共关系管理过程是一个平衡与失衡的互动过程。

(2) 非理性制约政府公共关系管理的途径。

按照理性的观点，政府公共关系管理及其效果的分解理应符合一定的逻辑特征，实际效果与预期目标之间应具有高度的连续性和一致性。但由于人的非理性的客观存在，使得实际效果具有更多的非预期性色彩，用理性不能解释它们。由于非理性的解释方法承认在一个开放的社会生存环境下政府公共关系管理的非逻辑性特点，因此它能较好地说明管理效果与预期目标之间的非连续性和非一致性。

(3) 政府公共关系管理途径的非理性原则。

公共关系管理盲目地追求效果与目标高度一致的传统观念和做法，已经无法适应时代发展的需要，我们必须清醒地认识到实际效果与预期目标的偏离是一种必然的现象。这是一种公共关系管理观念上的更新。所以，要在强调坚持公共关系管理的目标性、系统性、科学性、综合性、一致性和法制性等理性原则的同时，针对效果的非预期性而重视导致这种特性的非理性因素的客观存在，建立一个非理性的公共关系管理原则体系。政府公共关系管理途径的非理性原则是：情感原则、无意识原则、个性化原则、体验性原则、自主性原则。

总而言之，市场社会是个全新的社会，理性在这个时代里需要继续加以弘扬，但非理性的全面唤起和激活同样等待着引导和规范。政府公共关系管理的实效之优劣，越来越受到人的非理性的制约和影响。政府公共关系职能研究仅从理性和预期的角度去把握公共关系管理的总体效果，一味追求目标的稳定性和实效与它的高度一致性、连续性，从而片面强调具体措施的普适性，必然会忽略具体问题具体分析，导致公共关系职能的发挥趋于简单化和表面化。面对非理性所造成的一系列非预期性问题，公共关系组织机构便也只能束手无策。

人们不该混淆“市场经济”与“市场社会”的区别，社会毕竟不是由“经济”一种成分构成的。这种区分对于政府公共关系职能研究非常重要，它有利于政府公共关系管理更清楚地认识自己的任务——“使竞争、合作和团结三者有机地结合起来”。

2. 政府公共关系中的公众心理

政府公共关系职能的实现，离不开对公众心理规律的研究。在公共关系活动中，必须分析研究公众是如何接受政府公共关系信息和影响的，公众对社会环境的心态怎样，公众对社会环境变动的心理承受能力如何，以及政府公共关系中的人际关系和沟通艺术等。只有正确把握或测度好政府公共关系中人的心理活动及其特征，才能采取相应的正确有效的政府公共关系活动心理策略，使公众按照政府公共关系所引导和期待的方向从事某种活动。一位出色的政府公共关系人员，必然应是一位睿智的公共关系心理专家。

（1）政府公共关系中的公众心理。

公众的心理一般会受到各种社会因素的制约。“营造环境”的政府公共关系活动，从一定意义上来说，是充分利用各种外部条件和积极手段对公众施加影响的活动，也必然会对公众的心理发生制约作用和诱导作用。公众心理在政府公共关系作用下的反应，也有其共性和个性。

公众的心理顺应政府公共关系活动的制约和引导，变成了意向和行动，并通过外部活动形式表现出来，出现政府机构所期望的情况，政府公共关系就取得了成功。

在政府公共关系中，人们的认识过程也是由感性到理性，由具体到抽象。公众在接受政府公共关系信息的过程中，其心理活动仍受到其他社会因素和活动的影响。他们在接收到政府公共关系信息后，会均衡优劣，产生观察、注意、思考、兴趣、尝试等心理活动，由感知到综合思维，最后做出判断并付诸行动。由此看来，公众的心理活动是一种综合性反应和表现，那么政府公共关系活动也必须相应地进行综合性努力。

公众的心理活动及其变化，会因为政府公共关系内容的不同而有所差异。不同层次的公众，在同一政府公共关系信息的作用下，也会产生不同的心理反应。即使是有共同性质的公众心理现象，在不同公众身上也会表现出不同的特点。政府公共关系活动，必须在注重公众心理共性的同时，注重公众心理的个性。从而对不同层次的公众、不同内容的公共关系活动，作出不同的适合公众心理过程特点的安排，达到政府与公众沟通、协调和相互理解、合作的目的。

（2）公众心理定式。

在一定社会条件和公众之间的相互作用及影响下，公众在一定时期内往往会对某一对象普遍产生共同的心理及行为倾向，这就是心理定式。公众的心理定式有时有助于政府公共关系问题的解决，有时则会造成障碍。政府公共关系组织机构应当顺应和引导公众心理定式来开展政府公共关系活动。

（3）公众的心理需求。

公众的心理形态，大体上可以分为高低两个层次。低层次的如物质需要和追求时髦等，高层次的如风俗、习惯和公众舆论等。高层次心理形态建立在低层次心理形态的基础上。人们不同层次的需求，都有其相应的心理活动。

政府公共关系活动必须注意分析公众心理的共性和个性，以公众心理定式作为自己公关活动的起止点，顺应和引导公众心理需求及变化，争取公众对政府的理解、信任、支持与合作。例如在政府机构的公共关系活动中，利用公众的爱国主义感情，鼓励人们去保家卫国；在文体活动中，利用运动员的爱国激情和献身精神，鼓励他们去顽强拼搏，创造新纪录；在经济活动中，利用人们的消费心理，改善和推进自己的生产和经营等。总之，政府公共关系人员，应对公众的动机、心态、个性进行了解和分析，顺应和引发公众的心理需求，提高社会组织的经济效益和社会效益，在公众中树立政府的良好形象。

5.3.3　政府公共关系行为要与国际接轨

政府公共关系又可以划分为日常公关和专项公关两类，前者是指政府在日常工作中的公关行为，后者是指政府针对特定项目的公关行为。国际接轨是指一个国家的经济、文化、艺术、体育、卫生等所有相关内容与当今国际社会的大环境相统一，通俗地讲，就是使一个国家的一切事物与国际上的事物连接到一个“轨道”上，这个“轨道”也可以称为国际标准化，从而使全球的事物发展得到统一化。

1. 网际网络与电子化民主

目前，随着新传播科技的加速聚合以及计算机网络的普及发展，信息与通信科技，以其易得性、廉价性、匿名性，以及公开、无宰制的机制，足以挑战现存政治阶层、打破政治结构对于强而有力的大众传播媒体之垄断，实现电子化民主（electronic democracy）。电子化民主是指在民主政治体系中，运作的中心工具为计算机及计算机网络。在民主的过程中，通过计算机及计算机网络的使用，通过传递相关信息、整合并分享利益，以形成决策。因此，新的信息与通信科技可改善政府机构的响应性与课责性，并增加民众在决策过程中的参与，进而汇整草根性团体的力量与意见，搜集民意，以指导政策制定。

通过信息与通信科技的计算机中介传播，可实现“理想言谈的沟通情境”，促成真正共识的达成。在计算机中介传播中的对话空间是一个多元化、去权威化的开放性公共空间。在此网络空间中，不论身份为何，每个人皆可就其理念或观点发表言论。同时，网际网络上开放的公共空间亦隐含去除中介者及守门人的沟通形式，使沟通对话得以立于平等的基点上。

相较于面对面地参与讨论，通过信息与通信科技的计算机中介传播，互动讨论可以更加理性、更具逻辑性，且参与讨论者皆处于平等的发言地位。电子论坛有刺激公共议题辩论与对话的潜力，借此可促使公民的觉醒与公众参与。借由网际网络上的公共空间，可联系分散在各地的民众吸收及交换公共信息，以形成新的观点，网络上的公共论坛已逐渐成为 21 世纪重塑民主的新兴公共领域，为政府与公众的良性沟通提供了丰富的可能性。

新传播科技的对话机制可增进对话空间。架构于全球信息网的线上公共论坛的形式，特别符合上述概念。它不仅是虚拟的公共空间，“网络公民”还可以在上面自由地发表意见、参与对话讨论。

网际网络的对话机制确实迥异于传统媒介单向的沟通方式，为互动的双方提供了一个深入论辩的场域，因此，在万维网的传播架构上，似乎可导引出一种新形态、理想的沟通机制。

2. 新闻发言人制度与政务公开

新闻发言人作为一种“制度”，其内容涉及政府的重大事项、重要活动、社会关注的热点问题、海内外关注的问题、重大突发事件、公共政策、公共服务、政府决策等所有与公众利益直接相关的问题，针对这些内容提供一种接受公众公开咨询、质询和问责的制度安排。

（1）新闻发言人制度是政府公关框架的重要组成部分。

西方国家普遍采用的新闻发布形式始于美国。二战后，媒体的影响力渐强，传媒在西方国家甚至成为立法、司法和行政之外的第四种力量。从20世纪50年代美国在白宫设立新闻办公室和发言人之后，各国政府也纷纷效仿，用这种做法引导舆论，树立自己的对内对外形象。据美国全国政府传播者协会估计，在美国各级政府大约有4万名政府传播者。

我国新闻发言人制度起始于20世纪80年代。1983年4月23日，中国记者协会首次向中外记者介绍国务院各部委和人民团体的新闻发言人，正式宣布我国建立新闻发言人制度。

从西方国家的实践来看，政府很难在一切问题上获得公众的赞同，常常会受到各个方面的指责。在这种情况下，把政府的职能活动视为公共关系活动，有效地开展这种活动，树立良好的公众形象，就能赢得公众的舆论支持。在公众中塑造良好的形象，获取公众的参与和支持，就成为现代政府施政的重要方式。

（2）新闻发布要实现的功能。

在中国，靠发文件、开会、领导讲话传递政府信息的方式，一直持续到今天。官方比较习惯的另一做法是：把政策写成文章，直接提供给媒体发表。但是现在，大家更多的是要求互动——“公众提问，政府回答”。新闻发布就要实现这个功能，这是中国政府务实、开放的表现之一。

此前，对外国记者的接待是各单位“外办”的职责，但这条渠道往往比较慢。有了新闻发言人之后，联系就方便了。因此，我们要不断完善制度，充分保障其发挥作用。

新闻发言人有发布的权利，也有不发布的权利。但如果由于漏发信息而导致公民利益受损害，则应追究其责任。因为每个人都有趋利避害的本能，如果不发布就不承担责任的话，以后的新闻发布会将变得“无可奉告”。所以要赋予发言人权利，同时他们也必须承担责任。

同时也要给发言人犯错误的权利。因为临场发挥时，用词不可能像文件里那样严谨。如果稍有错误就对发言人进行批评，会让他们变得谨小慎微，失去其所起的沟通和桥梁的作用。

在责任问题上，还要公平对待新闻机构的采访，不能凭个人好恶进行选择。某些新闻官只找能够为自己带来“宣传效果”的媒体，这样会妨害信息披露的公正和效率。但建立这样一种制度仅仅是一个层面上的事情，关键还是在政府如何使用它。

我们不能为了形式而形式，但换个角度讲，任何改革都是从形式开始的。比如1998年北京市第一中级人民法院开始实行公开庭审，当时这只是形式上的变化，但最后催生了全国审判制度的改革。新闻发言人制度只是政务公开的一个层面，其他还有信息公开等多项内容，这也是一个涉及进一步促进政治文明的问题。

案例　外交部新闻发布会

新闻发布会这种服务模式源自美国，1954 年，新华美通率先通过传真机为客户代发新闻稿，由此揭开了新闻专线服务的序幕。经过半个世纪的发展，如今，这种模式已被广泛接受，全球 500 强公司中 90%选择了此项服务；新闻发布会又称记者招待会，是一个社会组织直接向新闻界发布有关组织信息、解释组织重大事件而举办的活动。

中华人民共和国外交部的新闻发布会一般是定在每周星期二与星期四的下午举行，时间通常是 30 分钟。但在特殊情况下，新闻发布会也有 1 个小时 15 分钟的。如 2009 年 3 月 14 日的西藏问题发布会，与国外媒体与记者相互间的对话，就是刀光剑影、正面交锋。

中华人民共和国外交部新闻发布会的班子有 6～10 人，大家每天要看大量的文件，与各相关部门沟通，通过各种渠道和途径收集资料与信息，并且设想在发布会中将会出现的问题。所以，在新闻发布会中国内外媒体与记者提出的问题，大都能够在准备中预测到。这样一来，胸有成竹地在现场应变的能力就强。

政府新闻发言人的基本条件为：第一是爱国，爱国这个政治立场是最基本的。第二是把握政策，把握政策要全面、深入。没有答不上的问题，只有没掌握的政策。如陈云林到中国台湾、陈水扁被抓，不是外交问题，而是内政问题；岛内事务一概不予以回答，请国外媒体与记者看我国有关的信息与报道等等。第三是临场应变，新闻发言人的反应要快和全。例如，三鹿奶粉事件，不是外交问题，而是企业问题。外交部讲不权威，要让主管部门讲才权威。大原则要把握，具体问题要由有关部门回答。

前外交部部长李肇星说，新闻发言人不是人，而是一种制度。新闻发言人作为政府的外交官员，既要回答国内的问题，又要回答国外的问题。新闻发言人脑力、体力耗费特别大，一般 3～4 年就要交换。新闻发言人没有属于自己的时间，唯一属于自己的时间就是睡着了，甚至有时做梦也在想工作上的问题。新闻发言人回答某些问题时是有风险的。但是，你要想到：你是代表国家的，首先就是要坚持国家的政策和立场。要清楚地认识到，新闻发布会的中心是新闻发言人，而不是记者。千万不要让记者在新闻发布会上占了上风，要学会在压力下调动自己的潜能。

在新闻发布会上，没有坏问题，只有不好的发言人，所以，我们要学会用不同的政策和策略来应对不同的问题。如关于与达赖谈判的问题，不是外交部门的事，而是统战部门的事情。但是，涉及西藏引起的国际问题，就是外交部门的事。同时，新闻发言人在发言过程中，要少讲自己的经历和感受，因为新闻发言人是代表国家，而不是代表自己。

本章小结

本章主要从三个方面切入，阐述了政府公共关系的职能、职能定位和如何充分发挥政府公关职能。政府公共关系的职能探析剖析了充分发挥政府公共关系职能的重要意义。

在政府公共关系职能定位上，分析了政府公关职能定位的背景和动力、政府公关职能的任务性模式和功能性模式。在剖析充分发挥政府公关职能中，强调了加快政府的观念转变、深度挖掘政府公关职能的潜力和政府公关行为要与国际接轨。

关键术语

政府公共关系职能　任务性模式　功能性模式　观念转变　非理性解析　公众心理　国际接轨　电子化民主　新闻发言人制度　政务公开

复习思考题

1. 简述政府公共关系的职能。
2. 简述政府公共关系职能定位的背景和动力。
3. 简述政府公共关系职能的任务性模式。
4. 简述政府公共关系职能的功能性模式。
5. 如何才能充分发挥政府公共关系的职能？

第6章

政府的公众对象与舆论环境

重点问题

- 政府公众的含义、特征和分类
- 政府的目标公众
- 我国政府公众环境的现状
- 公众舆论的发展特点、含义、特征
- 公众舆论的社会功能
- 公众舆论环境和政府的关系
- 公众舆论环境的引导和控制
- 媒体、公众、政府三者之间的关系处理

案例

2010年2月25日，“平安肇庆”新浪微博正式开通，这是中国最早的公安微博，一个“敢为天下先”的尝试使得小地方“肇庆”在微博的方寸天地中展现了大作为，引领公安微博问政风潮，推动互联网时代警务革命，一跃成为全球政府微博的佼佼者。2011年12月29日，“平安肇庆”微博入选“2011年度中国最具影响力政务微博名单Top10排行榜”；2012年6月14日，《平安肇庆——中国公安第一微博》获得第二届中国最佳警察公共关系案例赛金奖；2012年7月27日，“平安肇庆”荣获第三届中国发言人优秀微博奖；2012年12月5日，“平安肇庆”腾讯微博被评定为2012年度十大公安微博。到底是什么样的力量让“平安肇庆”引发了一场中国警务革命，成为全球政务微博的佼佼者呢？

掌握政府目标公众的特点，积极引导公众舆论，建立和谐的媒体、公众、政府关系，是“平安肇庆”成功的关键。

政府公众是政府公共关系过程中的目标对象。对政府公众的研究也是政府公共关系的重要内容。作为社会公共事务的管理者，政府只有明确地认识和分析自己的公众对象，才能“因地制宜”地制定政府公共关系的目标、策略和方法，使政府机构的政策及其工作人员的行为的有效性建立在科学的基础之上。本章主要介绍政府公众的含义、政府公众的主要特征、政府公众的分类、政府的公众环境以及舆论环境等。

6.1 政府公众及其分类

政府公共关系工作的对象统称为“政府公众”，因此，“政府公共关系”也称作“政府公众关系”。“政府公众”这一概念在政府公共关系中有其特定的含义，正确理解这种含义，树立正确的政府公众意识，对于科学地理解和把握政府公共关系的工作有实质性和指导性意义。“政府公众”这个概念在公共关系中有很多具体的含义，在实际的政府管理行为中，必须对具体的公众对象和公众关系进行具体分析，这是政府制定正确的公共政策和有效执行相关公共政策的重要依据。

6.1.1 政府公众的含义

从公共关系学的一般意义上讲，公众是指与公共关系主体利益相关并且相互影响、相互作用的个人、群体和组织。

“公众”的英文是 public，它有两个基本含义，一是“公开的”，即“属于社会的”，在词性上属于形容词；二是社会群体，在词性上属于名词。

政府公众与企业公众有很大区别：政府公众是指以政府为公共关系的主体因某种公共事务所产生的公众对象；企业公众则主要是以企业型公共关系组织为公共关系的主体所产生的公众对象。这里的政府是指狭义上的政府，即国家权力的执行机关——行政机关。

从政府公共关系的角度看，政府公众是政府公共关系工作中公共信息沟通与传播的公众对象，是指与政府机构的利益直接或间接相关的人、群体和组织。他们对该政府机构的目标和发展具有实际或潜在的影响力、制约力。

政府公众具有以下特点：

（1）政府公众是政府传播沟通对象的总和。

（2）政府公众具有层次性，包括个人、群体和组织。

（3）政府公众具有“共同的意识”，具有某种公共问题要解决。

（4）政府公众与政府的管理内容和范围密切相关。

公众与政府组织的相关性，是指对特定的组织机构具有利益的相关性，即公众的意见和行动对该组织的目标和发展具有实际或潜在的影响力、制约力，而组织的决策和活动，对公众某些问题的解决也有实际和潜在的影响力和制约力。①

6.1.2 政府公众的主要特征

政府公众虽然与人民、群众、人群一样，都是由一定数量的人构成的，但是这几个概

① 参见［德］哈贝马斯：《公共领域的结构转型》，上海，学林出版社，1999。

念还是有一定的区别和联系的。

一般理解的“群众”泛指政府管理范围内的社会大众，而政府公共关系也可以将政府机构内部的人员作为自己的内部公众对象来研究，并且将上级部门作为沟通传播的对象。

“人民”是一个政治哲学及社会历史范畴的概念，量的方面泛指居民中的大多数；质的方面指一切推动历史前进的人，其中包括劳动群众，也包括具有剥削性但又促进社会历史发展的其他群体。

“人群”作为社会学用语，在量上指居民中的某一部分；在质上，人群是一个松散的结构，具有流动性，不一定需要合群的整体意识和相互联结的牢固纽带，凡是人聚在一起皆可称为“群”。

基于以上的区别和联系，我们归纳了政府公众的几个主要特征：

（1）同质性。

政府公众是面临同一性质的问题而形成的群体。公众的同质性是由公众形成的原因所决定的，即特定公众的形成是因为他们面临共同的问题，而且对问题的处理有相似的意见。例如，一个城市来自不同行业的居民，随着经济发展和社区建设的优化，会因为收入层次和文化层次的差别，分别住进了不同层次的社区，形成一种客观上的“分离”。收入水平、文化层次、消费观念的差距直接形成了人们的分离：高层次的社区和中低层次的社区。前者倾向于“享受型”，后者倾向于“实惠型”，不同的利害关系造就了他们不同的群体分化。①

（2）群体性。

政府公众的群体性体现在构成公众的特征上。一两个人或一群互不相关的人不能构成公共关系的对象。因某一个公共问题作纽带集结在一起的人群才构成公众。比如，游行示威的人群、需要拆迁的居民、遭受自然灾害的灾民等。

（3）可变性。

政府公众的可变性是指因某一公共问题而集合在一起的公众群体因公共问题的解决而解散，公众群体的组合因公众的需求、态度的变化而变化。公众与非公众永远处于相互变换之中。例如，为生存而示威的下岗职工群体，一旦生存问题解决了，因这一问题集结在一起的公众群体就随之消失了。政府公众的可变性不仅表现在公众群体的组合、公共问题的解决或公共问题数量多少的变化，还包括了公众的需求、态度和作用的变化。比如，随着生活水平的提高、九年制义务教育的开展，我国处在温饱线以下的公众群体和文盲群体大大地减少了，公众的生活水平和文化层次大大提高。

（4）互动性。

政府公众具有互动性，主要表现为政府公众和政府公共关系主体之间构成的互动关系。政府公众的意见和行动对政府机关的生存及发展具有影响力和制约力；反过来，政府机关所制定的公共政策、所采取的公共行为，对公众也具有影响力和制约力。也就是说，公众和政府在社会公共利益上具有一致性和双向性。由于政府机关属于公益性组织，为社会和一般公众谋利益，以维护整个国家和社会利益为目标，所以它的职能和作用与社会公

① 参见唐跃进、向力力编著：《行政公关学》，59 页，武汉，华中理工大学出版社，1999。

众的切身利益紧密相关；政府的信用主要是以它能否为公众提供满意的公共产品为基础的，所以它必须走群众路线，了解民情，服务于人民，以获得人民的支持和拥戴。

从同质性、群体性、可变性和互动性这几个方面来把握公众的主要特征，可以帮助我们正确理解公众与人民、人群、群众这几个概念的区别和联系。

6.1.3 政府公众的分类

现实生活中，政府公众与一般意义上的公众所面临的群体类别、层次结构都有很大的趋同性，所以我们的政府公众分类可以借鉴一般意义上的公众分类。对公众进行较为具体分类的先驱者是美国的杰瑞·A·亨特瑞克斯，他为组织界定了以下重要公众：媒介、雇员、社区、政府、投资者、消费者和特殊公众。

政府公众是由不同的个人、群体和组织组成的，在政府公关中通常提到的公众名称有：一般公众、首要公众、次要公众、顺意公众、逆意公众、独立公众、内部公众、外部公众、组织公众、非组织公众、未来公众、潜在公众、活动公众等。

第一，根据公众对政府的态度分类，可以将公众划分为顺意公众、逆意公众和边缘公众三类。

顺意公众是指那些对政府的公共政策、公共行为和公共产品持赞成意向和支持态度的公众对象。逆意公众是指那些对政府的公共政策、公共行为和公共产品持反对和否定态度的公众对象。边缘公众则是指对政府政策和行为持中间态度，观点、意向不明朗的公众对象。公众态度是制定政府公共传播政策的根据。

第二，根据公众的组织结构分类，可以将公众划分为个体公众和组织公众两类。

个体公众是形式上分散，以个人作为意见、态度和行为的表达者，以个体形式与公关主体发生联系的公众对象。组织公众是以一定组织或团体形式出现的，以组织团体作为意见、态度和行为的表达者，并与公关主体相互交往的公众对象。组织公众又可分为一般社团型公众和公共权力型公众。一般社团型公众指一般组织机构；公共权力型公众主要指政府及各类行政管理机关，如公安、税务、市政等部门，也包括上级主管部门。

第三，根据关系的稳定程度分类，可以将公众划分为临时公众、周期公众和稳定公众三类。

临时公众是指因为某一临时的因素、偶发事件或特别活动而形成的公众对象。比如，因为飞机航班误点而滞留机场的旅客、足球场闹事的球迷等。周期公众是指按照一定规律和周期出现的公众对象，如逢节假日出现的旅客高峰、逢招生考试时出现的考生及其家长等。稳定公众即具有稳定结构和稳定关系的公众对象，如老主顾、常客、社区居民等。

第四，根据关系的重要程度分类，可以将公众划分为首要公众和次要公众两类。

首要公众即关系到政府机构生死存亡、决定政府施政成败的那部分公众对象。次要公众指那些对政府的生存和发展有一定影响，但并没有决定性意义的公众对象。

第五，根据归属关系分类，可以将公众划分为内部公众和外部公众两类。

内部公众是指政府机关内部沟通、传播的对象，包括政府机关内部全体成员构成的公众群体及相关组织，如政府内部的干部、工作人员、单位组织等。内部公众既是政府内部公关工作的对象，又是外部公关工作的主体，是与政府自身相关性最强的一类公众对象。

加强政府内部公众沟通的目的是培养政府机构成员的向心力、凝聚力，培养政府成员的主体意识和形象意识。内部公众关系处理关系到不同国家、不同地区、不同级别的政府机构之间的相互合作，在经济合作日趋全球化、区域化的形势下显得格外重要。

外部公众是指在政府机关外部形成的与政府机关有直接或间接利益关系的个人、群体和组织，对政府机关的施政活动具有一定的影响力和制约力。在数量上他们比内部公众要多得多，在关系上，他们比内部公众要复杂得多。可以说，政府机关之内除了内部公众外，其余的都可以归于外部公众。

第六，根据公众发展过程的不同阶段分类，可以将公众划分为非公众、潜在公众、知晓公众和行动公众四类。

非公众是指与组织无关，其观点、态度和行为不受组织的影响，也不对组织产生作用的公众群体。潜在公众即由于潜在公共关系问题而形成的潜伏公众、隐患公众、隐蔽公众或未来公众。知晓公众即已经知晓自己的处境，明确意识到自己面临的问题与特定组织有关，迫切需要进一步了解与该问题有关的所有信息，并开始向组织提出有关的权益要求。行动公众即已采取实际行动，对组织构成压力，并迫使组织相应采取行动的公众群体。

在公众发展的不同阶段，组织应该采取不同的公关政策。非公众处在政府公共关系工作视野内，但在一定时空条件下对政府部门的政策和行为不存在任何关联和相互作用，非公众的观点、态度和行为不受组织的影响，也不对组织产生任何作用和后果。划分出非公众是为了减少公共关系工作的盲目性，提高政府公共关系工作的准确性和针对性，以避免传播资源的浪费。

潜在公众是指将来有可能与政府发生直接利益关系的公众。对潜在公众可以有两种理解：一种是指有待开发，但尚未与政府组织发生任何直接利益关系的那部分公众；另一种是指已经和政府组织发生了某种关系，并由此出现了某些问题，但自己尚未意识到问题存在的公众群体。潜在公众有转化的可能性。对可能产生正效应的潜在公众善加引导、催化，可以对政府组织的生存和发展起到积极的推动作用。而可能产生负效应、造成危机、影响政府组织生存和发展的潜在公众必须给予充分关注，实行有效的引导或控制，做到未雨绸缪，加强预测，积极引导，密切监视，分析后果，制定多种应对方案，防患于未然。而消极等待、被动应付，以为这类公众还未对组织的生存与发展构成威胁，便不去研究和着手处理的做法将会令政府工作陷于被动。

对于知晓公众则应该采取积极主动的公共关系姿态，及时沟通，主动传播，提供信息，满足公众要求被告知的心情，使公众对组织产生信赖感，主动控制舆论局势。最后，对于行动公众必须采取相应的行动，将压力转变为动力，转变为对政府组织有利的社会合力。

第七，根据公众之间的决定性区别，可将公众划分为消极公众和积极公众。

“公众”可以根据“人们消极地还是积极地就某个问题进行沟通的程度，以及他们对于某一组织所经营的业务以支持还是限制的方式积极做出反应的程度”而划分为消极公众和积极公众。消极公众是与政府存在着内在关系，但又因对这种关系的认识不够，或政府的行为对其造成的影响尚未被其察觉，同时又具有觉察、卷入和认知这些问题的可能性，但目前对政府的行为和传播持消极不干预、不影响、不积极反馈态度的公众。

积极公众是组织之间的互动关系已经形成、对组织问题认知和卷入较深、对组织积极施加影响的那部分公众。积极公众是政府公共关系计划的重要目标，因为他们最知晓并关注政府正在做的事情，并主动对政府的政策、行为、策略或目标施加影响。如果政府部门不同积极公众沟通以处理相互间的矛盾或冲突，那么，这部分公众就可能形成社会压力集团，直接通过抗议、抵制、冲突等行为来与政府对抗。

政府在密切关注积极公众的同时，要关注消极公众的发展变化，因为他们随时会转化为积极公众。

除了以上七种主要的分类方法外，还可根据组织的价值判断，将公众分为受欢迎的公众、不受欢迎的公众和被追求的公众；也可以按人口学结构，即按年龄、性别、民族、职业、经济状况、文化程度、政治或宗教信仰、种族等标准来划分。[①]

6.2 政府目标公众分析举要

不同的条件下，政府的目标公众对象也会有所不同。政府机构的职能、级别和政策目标不同，具体的目标公众对象也不完全相同。比如中央政府的目标公众对象、环境保护部门的目标公众对象、扶贫政策的目标公众对象，相互之间都有很大差异。以下列举几种常见的目标公众。

6.2.1 网络公众

网络公众是指以互联网技术为依托产生的虚拟世界里生存、生活的各类个人、组织和群体。随着互联网技术的不断提高、网络信息时代的到来，人们的生活又有了一个新的生存空间。人们在这里可以获得各类信息，可以自由交流，并拥有了一个可以自由发言的平台。同时也给政府提供了一个了解社会问题、体察民生民意的沟通渠道。相应地，政府自身的建设和完善过程也就诞生了所谓的“电子政府”和“电子政务”等时代新生事物。各级政府也都开始探索“网络发言人”制度。在社交媒体大行其道的时代，政府也逐渐进入微博这个民间舆论场，开设了政务微博。这些政府的自身改革正是反映了网络公众对政府的影响非常巨大，同时政府也非常重视网络公众的存在。新闻媒介的网络舆论传播机制营造了一个非常庞大的、有凝聚力的舆论群体力量。

6.2.2 社区公众

社区公众是指政府所在地的区域关系对象，包括当地的管理部门、地方团体组织、左邻右舍的居民百姓。社区是一个政府管理赖以生存和发展的基本环境，是政府管理的根基，共同的生存背景使社区公众具有“准自家人”的特点。发展良好的社区关系是为了争取社区公众对政府的了解、理解和支持，为政府创造一个稳固的社会环境；同时体现政府

① 参见廖为建主编：《公共关系学》，111～115页。

对社区的责任和义务，通过社区关系扩大政府的区域性影响。社区公众是由特定的社区活动空间所确定的，区域性、空间性很强。

6.2.3　名流公众

名流公众是指那些对社会舆论和社会生活具有较大的影响力和号召力的有名望人士，如政界、工商界、金融界的首脑人物；科学界、教育界、学术界的权威人士；文化、艺术、影视、体育等方面的明星；新闻出版界的舆论领袖；微博中成长起来的、具有大量粉丝的草根博主与知名博主。这类关系对象的数量有限，但对传播的作用很大，能在舆论中迅速“聚焦”，影响力很强。通过社会名流去影响公众和舆论，往往具有事半功倍的效果。建立良好的名流关系的目的，是借助名流的知名度扩大政府的公共关系网络，扩大政府的公众影响力。

6.2.4　国际公众

国际公众是指一个国家的产品、人员及其政治、经济、文化活动进入国际范围，对别国的公众产生了影响，并需要了解和适应对象国的公众环境时，所面对的不同国家、地区的公众对象。国际公众对象具有其独特的社会和文化背景，因此传播沟通活动具有显著的跨文化特征。搞好国际公众关系的目的是争取国际公众的了解、理解与支持，为本国政府及其政策、产品和人员塑造良好的国际形象。所以政府应该运用良好的国际公共关系手段，向国外公众、舆论和市场传播自己的信息，介绍自己的政策、文化、产品和服务，从而提高本国政府的国际知名度和美誉度。

6.2.5　媒介公众

媒介公众是指新闻传播机构及其工作人员。媒介公众是政府公共关系工作对象中最敏感、最重要的部分。这种关系具有明显的双重性：一方面新闻媒介是政府与广大公众沟通的重要中介；另一方面新闻界人士又是需要特别争取的公众对象。

政府与新闻媒介建立良好关系的目的是争取新闻传播界对政府的了解、理解和支持，以便形成对政府有利的舆论环境，并且通过新闻媒介实现与大众的广泛沟通，增强政府对整个社会的有效治理。媒介公共关系的意义在于：良好的媒介关系有利于形成良好的公众舆论。新闻媒介机构及其工作人员是社会信息流通过程中的“把关人”。他们决定着各种社会信息的取舍、流量和流向，确定着公众舆论的中心议题，能够赋予被传播者特殊的、重要的社会地位，即具有“确定议程”和“授予地位”的功能。

公众具有变动性，不同的组织应该根据组织的类型、特点、所处的特定阶段，具体分析自身的目标公众。

6.3　政府的公众环境

在我国当今开放的环境和竞争的条件下，政府对社会公众的依赖性越来越强，政府的公共关系业务量越来越大，对公众传播的资源投入越来越多，从而需要政府在管理行为和管理职能中形成相应的公共关系工作机制，以适应和整合复杂多变的公众环境。

6.3.1 研究政府的公众环境的必要性

公众环境是政府组织赖以生存的基础和空间，也是政府公共关系活动的对象。

环境是组织生存的基础，如果对环境一无所知，那么任何一个社会组织都将无法生存下去。环境研究是一种视野宽阔的战略研究，它审视组织所处的环境因素及其变化特点，根据环境来制定自己的决策，从而占据环境优势。①

任何组织面对的公众环境都是由多种不同性质、不同特征、不同类型的公众对象构成的，任何公关策略和传播措施的拟订都要针对具体的公众对象"对症下药"，增强其可行性和有效性。作为社会公共事务的主要管理者，政府组织机构当然也不例外，它所面对的公众对象形形色色：层次之复杂、数量之众多，是很多社会组织所无法比拟的。研究政府公共信息活动的一些传播理论家得出结论说，不瞄准广大人群中的具体部分，各类公共信息活动是不可能有效的。因此，政府在开展公关活动时，首先要把公众环境整体细分为各种不同类型的目标对象。

公众环境为政府"有机体"提供资源，政府对公众具有很强的依赖性。

首先，公众作为政府有机体的外部环境是政府组织存在的基础。我国《宪法》明确规定："中华人民共和国一切权力属于人民。"人民是公共权力的来源。从实质上讲，公共权力是一种委托权，体现一种委托关系：公众把管理国家和社会公共事务的一部分权力委托给政府，政府按照委托依法实施公共行政。所以，充分尊重公民的权利，尽可能满足公众的价值期待，即公众对政府地位、性质和作用的主观要求，也是对自己利益要求、权力资格、权力地位的心理预期；无差别地为公众提供服务，提高政府的回应性是政府行政管理的根本任务。

其次，政府的正确决策从哲学意义上讲，其最终来源于公众、人民。唯物辩证法中认识与实践的辩证关系，在实践中就转化为"从群众中来，到群众中去"的群众路线。正如毛泽东所说，在我党的一切实际工作中，凡属正确的领导，必然是从群众中来，到群众中去。政府政策的立项、出台和执行过程，都必须从民众的根本利益出发，结合民众中存在的社会问题和社会需求，征求不同层次的民众的意见，使政策的有效性和可行性得以保证。这就需要政府和公众之间有一个互动的信息沟通渠道，使政府的决策行为和公众的参与及监督紧密联系起来。

6.3.2 我国政府的公众环境的现状

1. 我国公众素质的现状

经过30多年的改革开放、教育普及以及互联网对公众的信息冲击，中国人的社会性格和公众素质也在不断改善，特别是新媒体的发展使得我国公众素质发生了翻天覆地的变化。转型社会对所有社会成员的价值观念、生活方式都产生了极为深刻的影响，也促进了

---

① 参见唐跃进、向力力编著：《行政公关学》，92页。

自立自强自主的公民意识、平等意识、环保意识、权利义务意识、公共服务意识、风险意识不断增强，社会心态和价值观念走向多元化、开放化和理性化。但同时，也存在着一些不足，如日常生活的法制观念淡薄、诚信缺失、科学素养不足等情况。

2. 我国的现代公众意识建设

现代公众意识是现代公众关系观念的重要内容，也是现代政治意识和管理观念的重要标志。面对日益开放、日益多元化和信息化的社会环境，任何政府组织都不可能漠视公众对其重大的影响甚至决定作用。现代社会组织之间的分工越来越细密、相互依赖性越来越强、联系越来越密切，决定了政府组织的生存和发展必然与公众息息相关。因此，政府必须树立现代公众意识。这就要求政府无论是制定目标和政策，还是从事管理和执政活动，都必须高度关注公众利益，倾听公众意见，满足公众需求；加强与公众沟通，争取公众理解、赢得公众支持。用美国公关学者康菲尔德的话来说，即“在所有决策和行为上，均以公众的利益为前提”。

树立现代公众意识，重视公众，在实践中体现为公关主体能够在深入、正确理解领会公众含义的基础上，运用适当的公众分类方法进行准确细分，才能针对目标公众有效开展政府公关活动，把树立现代公众意识、重视公众的现代行政管理理念落实到现实操作层面，为政府的生存、发展和管理服务。

6.4　公众舆论

在政府公共关系研究中，公众舆论环境是政府公众环境中非常重要的一个研究课题。政府和公众环境之间一个很重要的互动因素就是公众舆论的推动。随着现代社会的飞速发展、现代科技的不断提升，公众舆论环境无论是在人文积累方面还是在技术操作方面都有了很大的变化。

6.4.1　现代公众舆论的发展特点

现代公众舆论与传统公众舆论在舆论环境、表达方式、社会影响等方面都有很大的不同。舆论的主体不断扩大，舆论的内容更加丰富，这就给公共舆论学的研究开拓了一个广阔的空间。改革开放后的现代中国正在形成一个“公共领域”，这个公共领域就我国而言就是一个全新的舆论环境，改变了舆论标准和手段。

（1）舆论环境的变化。现代社会是一个开放的社会、民主的社会，在市场经济强有力的作用下，公共社会的两大因素——公共领域与私人领域开始分化，从而演化出了一个广阔的公共领域空间，它是国家与社会之间、公共权力领域与私人领域之间的中间地带，是公众参与公共事务，对公共事务进行讨论和批判，并对国家与社会之间的关系进行协调的公共空间。公共领域不具有政治国家与社会组织那样严密的结构和制度，但公共领域中讨论的问题具有公共性，公众在这一领域中对公共权力和其他共同关心的问题做出评价，调节国家与社会的需要。这给当代舆论活动带来了新的机制。

（2）舆论标准的变化。在社会转型期的中国，随着市场经济的发展，政府改变了对社会的治理方式，国家与社会发生分离，公共领域和私人领域逐步分化，公共问题日益突出。于是许多学者开始呼吁和提倡“公共观念”、“公共精神”、“公共道德”。公共意识在人们对舆论概念的使用上也反映了出来，过去广泛使用的“舆论”、“社会舆论”悄悄地换成了“公共意见”、“公众舆论”。这突出表明我国当代舆论标准正在发生变化，一种新型的舆论形态正在形成之中。

（3）舆论手段的变化，舆论与传播的关系是密不可分的。首先，任何意见如果不表达出来，不经过传播过程，就不能称其为舆论。人们根据自身的经验、以往的知识储备和价值系统以及所掌握的材料，自主地对社会公共事务做出自己的判断，公开表达自己的看法，这是舆论形成的第一个先决条件。其次，经过传播和扩散，即使是少数人的意见也可能转化为多数人的共同心声。最后，不同的传播手段对舆论活动的质量有着决定性影响。正如美国学者乔萨托利所说：在技术上使用新闻媒介，“新闻”和报纸出现之前，道听途说是不能真正成为公众舆论的。在现代社会中，大众传播媒介和自媒体都在舆论活动中扮演着极为重要的角色。社会公众共同生活在大众传媒所营造的“拷贝世界”之中，通过“电子传媒，事件在全球变得无所不在，不是同时发生的事件也具有了共时性效果”。同时，社会公众通过大众传播媒介和社交网络联系起来，成为一个整体，他们越来越倾向于借助新闻媒体表达他们的意见、建议和愿望等。因此大众传播和网络新媒体传播已成为社会舆论的两大并行流通渠道。①

特别值得一提的是，网络公共领域除了具备传统公共领域的一般特征之外，还有一些其他一些特征：

（1）虚拟性。网络公共领域的虚拟性特征主要表现在三个方面，即网络空间的虚拟性、网络行为的虚拟性和网络行为者身份的虚拟性。网络空间的虚拟性是指网络空间是人为设计和构建的信息世界，不同于人类凭借感性和理性认知的现实世界。网络行为的虚拟性是指网络上的一些场景只是通过网络信息技术使人有身临其境的感觉，但并不是真实存在的。网络行为者身份的虚拟性是指网络交往主体的身份是虚拟的，行为者可以按照自己的兴趣和爱好设计自己的网络身份。但是，网络公共领域的虚拟性并不意味着网络公共领域就完全是非真实的、虚幻的和不存在的，实际上，在网络公共领域中，参与者、参与者的活动及其产生的社会影响都具有真实性，网络舆论和网络民意都是现实世界中大众对公共事务意见和观点在网络世界的反映，又会对现实世界中的公共事务产生重要影响。

（2）互动性。互动性被认为是互联网最为显著的特征。让每一个用户成为网站的参与者和贡献者。即便承认传统公共领域存在一定的互动性，但是网络公共领域的互动性也与传统公共领域的互动性不可同日而语。

（3）开放性。开放性是互联网最根本的特性，整个互联网就是建立在自由开放的基础之上的。开放性意味着任何人都能够得到发表在网络上的任何信息，意味着任何个人、任何组织（包括各种类型的政府组织与非政府组织）都不能完全控制互联网。任何进入这个空间参与讨论的个人不存在地位的卑贱和等级的高低，不同的观点和意见可以在这里自由辩论、深入讨论。

---

① 参见程世寿：《公共舆论学》，12～13页，武汉，华中科技大学出版社，2003。

6.4.2 公众舆论的含义

哲学上，舆论是一种社会意识的反映，是对象意识与自我意识相互交织的产物，意识性是舆论的重要特征。需要注意的是，作为一种社会意识的舆论，与其他社会意识，如哲学、政治、法律、文学等相比，它的主要特征是一种流动的意识，在人类社会的整体意识结构体系中居表层地位。这种表层性主要表现为：

（1）舆论活动的群众性，使舆论活动呈现出无时不在、无处不在的流动状态，成为人们每日每时都可以感觉到的一种社会意识现象。

（2）舆论主体在表达舆论时，往往缺少条理性、科学性，舆论所表达的意见不等同于真理。

（3）舆论在反映客观现实时，总是捕捉各个领域刚刚出现的利害问题和重要事件，把触角伸向各个领域的最新动态，占领这些领域的表层空间。

从政府公共关系角度看，公众舆论是舆论的一种。公众舆论是指社会公众对于公共事务的议论通过公共论坛的扩散而形成的公共意见，它是民意和众意的反映，是人民的精神、愿望和意志的总合。公众舆论是社会公众以社会公共事务为主题，在社会与国家之间这个广大的空间——公共领域进行意见的自由交流而形成的舆论，因此，公共性是其最主要的特征。公众舆论的公共性特征是由它的形成方式和对象所决定的。它是社会上大多数人对政府组织的基本态度和行为，是衡量政府组织公共关系状态的重要标志。

6.4.3 公众舆论的特征

1. 媒介舆论的迅速扩张和主导地位的强化

媒介舆论的迅速扩张是改革开放30多年来我们国家最重要的变化之一。这个变化是在不知不觉中发生的，但对于当代中国公众舆论的影响力却非同小可。随着民主观念的进步、互联网技术的出现及扩张，新闻媒介的体制有了很大改善，传播手段和力度也有了日新月异的变化。当代中国的新闻主流媒体在舆论整合中的作用是有目共睹的。前国务院总理朱镕基在视察中央电视台时，为《焦点访谈》题词“政府镜鉴，改革尖兵”，充分说明了媒介舆论在公众舆论导向中的地位和作用是不容忽视的。

2. 人际舆论借力新媒体成为第二主导力量

街谈巷议是过去我们传统的一种舆论形态，在传统媒体环境中，其作用和地位不是很明显。但在新媒体崛起的今天，公众有了更直接和更有影响力的交流平台，通过微博等社交性媒体，公众的交流空间扩大，交流及时性加强。不仅增加了社会公共问题的曝光率，同时也增加了政府的公开性和透明度。所以当代的人际舆论不仅主体非常广泛，而且很容易形成一种庞大的舆论压力，在网络意见领袖的引导下，由于舆论指向性明确，所以很多问题能及时有效地得以反映并获得解决。

案例 3亿微博网友

由百家网媒提名、1 300万网友投票以及来自两岸的终审专家评委三轮评选，由《南方都市报》、南都全媒体·南都网、奥一网发起主办的“2011华语网络传媒盛典”，颁出“特别致敬奖”，对象是3亿微博网友。

微博和网民不再是虚拟的，曹轲认为：当网民超过3亿的时候，其就是我们这个社会的主要部分。社会和网络是一体的，网络社会跟我们的未来、跟我们的社会是息息相关的。2011年，在微博新媒体的作用下，网民开始“拥有了权利，而不再去仰望权力”，他们记录时代历程，并通过社交网络的链接传播信息，进而又转化成为一个个行动者。新媒体技术使得点对点的人际传播迅速改变了传统的金字塔传播模式，成为现代社会另一种主要的舆论产生方式。

3. 价值取向的多元化、矛盾化趋势

改革开放为公众提供了多种价值目标，使得公众在人生价值、职业价值、审美价值等方面的价值选择呈现出多元化趋势，打破了过去价值选择上的单一性。公众受到多向度价值引力的牵引，必须在物质目标和精神目标、经济价值和文化价值、实际利益和道德义务的相互冲突中权衡再三。于是价值选择的多向性倾向成为一种十分普遍的现象。同时，由于处于社会的转型期，社会变革所带来的双向社会效应在舆论上还表现为一系列矛盾的产生，典型的冲突代表就是保守性舆论和激进性舆论的冲突。当现实触及了人们的基本生活态度和根本利益时，舆论出现了彷徨状态，公众潜在的原有信念体系与公开的表达之间，有意无意地出现了矛盾。例如，改革过程中贫富差距过于悬殊，尤其是少数人钻了体制改革的空子，通过不正当手段暴富起来的现象，使得不少公众在生活观念和价值选择转变中陷入了困惑和矛盾之中。

4. 公众舆论结构的分散化

区域经济发展的差距、利益群体的分化、城乡的分化，直接导致了公众舆论结构的分散化。进入社会转型期以来，东西部经济的差距以及城乡之间的经济差距造成了公众在群体上的分化，彼此利益的冲突在舆论上也悄然形成了对峙状态，而且文化和经济的优越性决定了媒介的发展程度。现代社会的舆论中心始终在城市特别是大城市，因为城市人群密集，集中了最大数量的、较高素质的公众，并且媒介资源和设备都是最先进的、最充足的。媒介资源的不平衡直接导致了东西部、城乡舆论的分散性。目前，很多西部和农村的社会问题是经过大城市媒体的曝光和传播才引起了社会的关注和聚焦。所以公共信息的不对称、舆论的过于分散，不利于东西部和城乡的交流。[①]

6.4.4 公众舆论的社会功能

1. 公众舆论的道德规范功能

舆论活动之所以能够发挥巨大的道德规范作用，首先，是由舆论的本质特征决定的。舆论通常表现为公众对公共事务的综合看法。从属性上看，舆论是公众整体意识的外化，用以评价现实生活。舆论活动总是与道德评价紧密联系在一起。道德不仅是舆论的主要内容，而且，道德的维系也主要依靠舆论活动。正如恩格斯所说，氏族制度是从那种没有任何

① 参见程世寿：《公共舆论学》，79～83页。

对立的社会中生长出来的，而且只适应于这种社会。除了舆论以外，它没有任何强制手段。

其次，是由于公众舆论活动能够满足社会公众道德追求的需要。公众舆论活动是一种信息互动过程。这一过程有助于满足人们“渴望高尚，追求高尚”的求善性需要；有助于人们走出困境，获得道德上的解脱；有助于人们坚定某一信念而获得道德认同感；有助于人们开展社会活动时的道德需要；有助于满足个人独特的道德慰藉。

最后，公众舆论活动能够形成某种道德氛围，实现道德由“现有”向“应有”的转化。这是因为社会舆论是一种大众化的舆论，是一种社会公论。这种公论所形成的道德氛围，其势能总是略高于社会个人的道德水平，从而形成一种势差。这种势差具有强大的裹挟力、强制力，无形中迫使公众向较高的道德水平转化。这个转化过程是社会心理学家凯尔曼所说的“服从—同化—内心”的过程。

2. 公众舆论的社会意识整合功能

社会意识是一定社会中的人对客观事物的主观反映。舆论和公众舆论都是社会意识的反映。公众舆论的社会意识整合是指通过公众舆论活动中的意识互动，对原有的社会价值观念和社会规范体系进行调整，从而建立起一种新的体系的过程。

“意见”是指公众对公共事务的评价与看法。它既不同于真理，又不是与真理绝对对立。意见整合是指由于特定的社会事件或社会问题所引发的，无数个人意见相互交流、相互作用、相互融合的过程。这种意见整合的过程使得公众舆论对个人的独立意识形成一种精神压力，它可以迫使个人从众而失去自己独立的精神人格。意见整合的过程就是许多个人意见在社会群体的互动中趋同的过程。

心理整合功能是指统一情感偏好和意志要求，从而形成相对一致的倾向性和一致性的过程。在舆论活动中，通过意见互动而产生群体意见和群体心理，从而形成一种很强的心理定式，这种心理定式会产生同化效应，从而改变原有的情感偏好与意志要求。

公众舆论的意识形态整合功能，较明显地表现在社会变革时期的舆论活动中。一般呈现为两种方式：一种是意识形态的自我更新、改良；一种是意识形态的革命更替。

3. 公众舆论的社会监督功能

公众舆论之所以具有社会监督功能，归根结底是由舆论的本质与特征所决定的。舆论的本质或精神内核是社会群体意识的反映，是民心、民意的反映，它拥有一种无形的力量。正因为如此，每一个社会的统治者或组织者都必须十分重视它。“得民心者得天下，失民心者失天下”，这是亘古不变的真理。

关于舆论的这种作用，我国古代的思想家和政治家早已认识到了。西周时期，当时的政治家周公旦总结了夏商灭亡的教训，提出了“民监论”。周厉王的卿士召公也提出了“防民之口，甚于防川”，宜疏导而不宜堵塞的思想。春秋战国时期的齐国大臣管仲对此阐述更为详尽。他说：“政之所兴，在顺民意；政之所废，在逆民心。”对于人民来说，“刑罚不足以畏其意，杀戮不足以服其心”，只有顺应民心，满足人民的愿望，才能治国安邦。他还提出了“市人之言”这一特殊概念，指出：“夫民，别而听之则愚，合而听之则圣。”这些思想为我国的民本主义思想提供了丰富的材料。[①]

---

① 参见程世寿：《公共舆论学》，109～110 页。

案例　“表叔”落马

2012年8月26日，有网友在微博上发了一张陕西省安监局长杨达才带着价值3.5万元的名表以微笑的姿态出现在车祸现场的图片。面对惨祸，无动于衷，微笑以对，并不是一种从容精神，而是对自己治下的交通事故、安全责任丝毫不上心的表现。于是，网民们发怒了，开始对此人进行人肉搜索，名表逐渐浮出水面，并且由1块很快上升到11块，而且价值都在3万到数十万元之间，于是就有了陕西纪检部门的介入调查，最终导致“表叔”落马。

“表叔”落马的事件透露出了很多问题。但更重要的是，让我们发现了网络监督的力量。网民并非因切身利益被剥夺，而是基于公民意识参与监督，倒逼了反腐调查，制造了舆论契机，助推了制度构建的反思、努力。网络监督的力量必将日渐凸显，成为最有力的监督工具。

然而，网络监督虽然效果显著，但大多数是由网民自发组织起来的。自发的运动往往具有盲动性，网络举报也不例外。很多时候我们往往因为人肉搜索而使得一些个人本不该暴露于公众的隐私被公之于众，使之形成了一种网络暴力文化，这是需要政府做出正确引导的。

6.5　公众舆论环境

6.5.1　研究公众舆论环境的意义

对于舆论环境的研究由来已久。英国思想家洛克认为，舆论是一种合法的标准，可用来衡量法律的执行和政府的工作，他把“意见的法”或“名誉的法”看作是同刑法和民法并列的第三种法。可以看出，他这里的“意见的法”或“名誉的法”就是舆论环境。

研究公众舆论环境有两点意义。首先，有助于认识各种舆论之间的相互关系和影响。按照不同的标准可以将千姿百态的舆论分成不同的类别，如公众舆论、阶级舆论、国内舆论、国际舆论、政治舆论、文化舆论等。各种舆论形态的主体不尽相同，有的是全体公众，有的是具有同质性的一部分公众；各种舆论形态的客体也不尽相同，有的是社会生活中的一切公共事务，有的是某一个特殊领域的公共事务。

其次，研究公众舆论环境有助于认识公众舆论与其他舆论类型的区别。

公众舆论环境的复杂性源于舆论形态划分标准的多元化，用不同的标准划分舆论的类别，就可以从不同的角度看到公众舆论环境的类别特征。

第一，地域类别。由于舆论往往是围绕地区性事务形成的，因此这种划分方法最为常见。根据地域特征可划分为四个层次的舆论：国际的、全国的、地区的和组织范围的舆论。由于国际舆论和全国舆论包括地区舆论，一般均为公众对公共事务公开发表的意见、见解，并且一般都要通过公共论坛来扩散，因此这三种舆论形态和公众舆论常常属于重合关系，而组织舆论则不完全属于公众舆论的范围。

第二，主体类别。按照这个标准，常见的舆论有工人舆论、农民舆论、党派舆论、贵族舆论等。这种类型的舆论主体往往是某一同质人群的集合。这些舆论的主体和公众舆论的主体范围相差很大，因此政府公众舆论的主体范围远远大于他们，但舆论的主题却不一定一致。

第三，主体意识类别。常见的划分有先进舆论、落后舆论、正确舆论、错误舆论等。一般来说，能推动生产力发展、促进社会民主的舆论称为先进的、正确的舆论；阻碍生产力发展、破坏社会民主的舆论称为落后的、错误的舆论。由于受到时代背景和认识水平的局限，公众舆论存在先进与落后之分。

第四，客体类别。按照客体类别可分为经济舆论、政治舆论、文化舆论等。由于公众舆论的客体包括公共事件、社会问题、社会思潮等，所以公众舆论和此类舆论属于交叉关系。也就是说，如果某个公众舆论的客体涉及那个层次的问题，那么该公共舆论就属于那一类相应的舆论，并具有该类舆论的特点和规律。①

由此，舆论环境的复杂性和多元化也就决定了它自身的研究地位和作用。在我国的改革中，公众利益、信念、态度和意见的多元化是一种必然趋势。这一趋势促使公众主体意识进一步觉醒，舆论环境作为一种相对独立的力量，发挥着极为明显的作用。

6.5.2　公众舆论环境和政府的关系

任何政府组织都生存在特定的公众舆论环境之中，其政策和行为既受到公众舆论的左右和影响，也影响和左右着公众舆论。特别是在当今这个大众传播时代，公众舆论变得日益敏感，公众舆论对政府组织的压力也日益增强。通过政府公共关系去影响人们的看法、意见、态度和行为，为政府执政营造一个适宜和良好的公众舆论环境，是政府公共关系管理的重要任务。

公众舆论环境，是政府行政管理工作的信息沟通与传播的重要研究方面，它包括内部公众舆论环境和外部公众舆论环境两个方面。一方面，内部公众舆论环境是指行政机构内部一切工作人员构成的舆论主体的内部环境；政府公关首先应以他们为舆论工作对象，内求团结，使他们之间保持良好的沟通协调关系，形成强烈的凝聚力和认同感。另一方面，外部公众舆论环境泛指政府管辖范围内的广大公众，包括各民族、各阶层的人民群众、各类企事业单位、各种社团组织等舆论主体组成的外部环境；政府公关要重视与外部公众舆论的沟通传播，要运用各种公关手段了解人民对政府的期望，及时向人民报道政府正在怎样满足这种期望。正确地解释政府的有关政策和行为，根据公众的需求不断完善政府的各项工作，树立全心全意为人民服务的良好形象。

鉴于公众舆论环境的重要性，政府公共关系必须很好地分析和处理政府与公众舆论环境的关系。

首先，公众舆论环境对政府行政行为有着一定程度的限制，公众舆论对政府具有很强的监督性。公众作为政府执政的环境为其提供资源的同时，也严格限制着政府行为的方向、方式等，成为政府行政行为有力的外部监督。监督的力度是否强大、监督的方式是否

① 参见程世寿：《公共舆论学》，150～151 页。

科学、监督的内容是否重要均与公众的素质有关。监督也蕴涵着非常深的知识性、技术性。我们首先应重视高素质监督的必要性：人的潜意识中具有“就低性”，虽然人都表现出进步的要求，但这种要求多是源于社会对个人的价值评判的驱使，或源于外在的压力。如果一种行为不足以影响社会对他的评价，那么人的本能会倾向于一种惰性或利己的选择。行政管理中的政府回应性问题也是如此，如对公众的需求和所反映的问题处理不及时、不恰当就会引起外部监督力量的强烈反对，从而可能引起该政府组织中的相关人员的降职罢免的结果，或对政府的名誉产生严重不良影响，在这种情况下，才能引起政府组织及人员的重视，从而增加对公共舆论的回应。

其次，公众对政府的不信任问题是公众舆论环境出现不稳定状况的重要因素。公众对政府不信任的一个原因是公众对政府不了解、缺乏信息沟通。例如，在西方国家政府改革过程中，特别强调政务的透明与公开：一方面是回应现代信息社会公众对透明、公开、责任等的需求，另一方面，也希望通过政府行政的公开化、透明化，加强公众对政府及其运作的了解，从而改变公众对政府的不信任态度。公开与透明是现代民主政治的必然要求，列宁曾指出：“广泛民主原则”要包含以下两个必要条件：第一，完全的公开性；第二，一切职务经过选举。没有公开性而谈民主制是很可笑的。没有政府公开，没有公众对权力运行情况的知晓，很难重新建立政府与公众的信任关系，公众参与就更无从谈起。西方国家在这方面的做法主要是政务公开化、设立政府信息中心、通过网络等手段使公众了解政府行政及其过程。

总之，政府的治理，并非是政府单方面行使权力的过程，而是政府和公众环境相互协力、相互信任的过程。当代公共事务和公共问题的复杂性，政府公众环境的动态性和多元性，使得政府无法成为单一性的治理者；在这个信息爆炸的时代，公众舆论环境也呈现出分散以及多元化的趋势。在此背景下，传统的集权式治理模式无法适应变化了的社会，因此，构建双向互动式的治理模式，也成为政府管理社会、服务公众的民主模式。

6.5.3 公众舆论的引导

舆论是社会上相当数量的人对一定的社会问题所发表的意见的总和。它是一种客观力量，它以赞赏或谴责的方式，对个人或组织发挥着独特影响。就政府而言，舆论是指社会公众对政府的政策、行为、人员所形成的意见、看法、评价的总和。了解社会舆论，可以为政府决策提供依据；引导舆论，可以为执行政策减少阻力，增加助力。政府在管理公共事务中的一个明显现实是：公众舆论影响政府决策，而政府公共关系可以通过有计划地传播沟通而对公众舆论加以引导和影响，以优化行政环境，推动、协助决策的实施。

对公众舆论的引导主要有以下几种方式：

1. 通过新闻媒介引导公众舆论

新闻媒介是现代社会的舆论机关，它在公众舆论环境中扮演着双重角色：一方面，它是公众舆论的主体与领袖；另一方面，它又是政府组织引导与调控公众舆论的重要手段和工具。美国学者麦克利德曾就大众媒介与舆论的关系写道：媒介在舆论形成过程中的角色，是作为渠道或联系者、变动的代言人、认识方法的提供者发挥作用。无论作为表达渠道，还是舆论代表或是认识方法的提供者，媒介对舆论形成的每个发展阶段的影响，几乎无处不在、无时不在。媒介为人们观念导航，迫使人们超越自身狭隘的经验，学会更多地凭借大众传媒提供的信息和议题去认识世界，勾勒、修改头脑里关于现实世界的图像。

通过新闻媒介引导公众舆论的方式很多，主要有以下几种：

第一，通过信息选择，设置社会议题，引导社会公众舆论，使公众的意见和倾向朝媒介预期的方向发展。在现实生活中，公众自身得到的信息不多且简单分散，公众自身的经验和素质有限，加上客观认知能力的局限，他们对社会议题的选择自然受到限制；而新闻媒介铺天盖地的传播能量对公众在认知方面形成了一种舆论压力，使得公众对舆论客体的意见在"耳濡目染"中和媒介意见趋同。慢慢地，公众就习惯于以媒介的议题作为自己的议题，以新闻媒介的价值导向作为自己的观点形成的方向。

第二，通过意见报道，形成某种舆论。新闻媒介直接传播某种意见，对社会公众的思想态度影响更直接，对公众舆论也具有直接的导向作用。意见的来源有多种，如舆论领袖的意见、新闻媒体直接发表的言论、评论等。新闻言论代表媒体的观点，但是公众对它的信任，会使它对公众产生亲和力和说服力，从而引导公众的主观倾向。

第三，通过典型报道，提供社会典范。典型报道是我国新闻宣传的优良传统。榜样就是力量，重大的典型如大公无私的雷锋、身残志坚的张海迪等能影响几代人。无数当代先进典型散发出的精神力量，对社会形成积极、健康、向上的公众舆论发挥了重要作用。当前报道要注意典型的多样化、平民化倾向和典型人物的人情味以及典型选择的理性化。这类报道贴近生活、涉及面宽，更容易引起人们的共鸣。

2. 新闻发布会，通过新闻发言人制度影响公众舆论

现代社会政府引导公众舆论的重要方式是建立新闻发言人制度，即举办新闻发布会，通过新闻发言人影响公众舆论。现在世界上的各个国家，乃至于一些大型企事业单位，都设立了负责新闻发布的专职机构，都有自己的新闻发言人。例如，在美国就有白宫新闻办公室和总统新闻发言人，政府的各个部门也都有自己的发言人。在我国也有国务院新闻办公室和外交部新闻司以及多个政府职能部门的发言人。

3. 通过舆论领袖引导公众舆论

舆论领袖不是靠行政地位或强制性方法迫使他人同意或服从他的意见，而是靠自身的智慧、信息资源的权威和人格力量来影响他人。舆论领袖一般具有以下几个特征：(1) 德高望重；(2) 人际关系和谐；(3) 消息灵通可靠；(4) 意见专业、独到、有说服力。

通过舆论领袖引导公众舆论的最基本方式是请舆论领袖就某一公共事务发表倾向性意见。新闻媒体的专家访谈、答记者问、权威人士的会议发言等都属于这种方式。

4. 进入新媒体舆论场，发挥自媒体作用，主动引导公众舆论

互联网技术是我国形成了传统媒体之外的一个民间"舆论场"。它更加贴近公众、更加直接、更加具有互动性和开放性、及时性。政府主动进入这个民间舆论场，直接与政府公众进行交流，可以较好地影响公众舆论。现我国各级政府都开始了探索运营政府微博的道路，有些已经取得了良好的效果。

6.5.4 处理好媒体、公众、政府三者之间的关系

1. 发挥媒体和公众的舆论监督作用

媒体和公众的舆论监督是一种重要的社会监督，是指社会公众对社会公共事务和公共

权力机关的偏差行为进行批评和制约。它主要是通过社会公众发表意见，形成批评性舆论，对监督对象的思想和行为产生矫正和制约作用，它是一种软性的社会监督。媒体舆论和公众舆论的融合会对政府的公共事务行为形成一种强大的社会制约。

大众媒介是政府公关的中介，但它又担负着监督政府的作用。因为新闻舆论对人们的思想和行为具有迅速的、广泛而深刻的导向作用。当今社会是一个信息社会，传播媒介的力量不断扩张，使得以往的舆论群体的力量和方式被弱化，而经由大众传媒凝聚起来的公众舆论力量却变得非常强大。实践证明，公众舆论的力量强大，使公众舆论监督成为一种极为有效的防腐剂。

我们的公众舆论之所以有力量，就是因为它具有公开性、透明性、针对性、广泛性的特点。这种公开的舆论监督，对社会腐败行为可以形成很大的威慑力量。为了正确发挥舆论的监督作用，在揭露腐败现象时，必须注意事实准确，依据法律和政策，把握分寸。因为舆论导向也有正向的和负向的。正向舆论的特性从三个方面显现：第一，舆论的产生来自公众或代表公众；第二，舆论的内容符合事物本质，反映客观规律；第三，舆论的倾向顺应历史潮流，引导人们前进的方向和社会进步。相反地，负向的舆论的显现具有危害社会的负面影响。

在我国，要充分发挥舆论的监督作用，当前要特别注意坚持社会主义方向，加强和改善党对新闻工作的领导，坚持四项基本原则。

2. 保障公众的知情权

有学者指出，公众舆论环境的演变取决于三个条件：第一，公众获得真实信息的权利；第二，公众公开讨论其关切问题的程度；第三，公众民主和法制意识的强弱。①

可见，政府公共关系人员的首要任务是告知。大量的其他职能和职责会指派给具体的政府从业人员，其中许多涉及范围很广也很重要，但是确保信息不断地流动到政府内部和外部的人员一般来说是最优先的考虑。关于信息的工作是全球性的，因此信息的告知要远远超出本土之外。随着政府变得更加复杂和无处不在，维持公民的参与和确保政府对公众需求及时回应，变得越来越困难。对地方官员而言，公共关系工作的复杂程度是显而易见的。这层政府不但提供的服务最贴近公众，而且影响力越来越大的公众团体也给地方政府的管理施加了直接的压力。

政府接触到社会的方方面面，政府的每一个层面都与公共关系紧密相连并有赖于公共关系。实际上，民主的目标本身就紧紧地同公共关系的目标相匹配。成功的民主政府应能在相互理解和双向交流的基础上维持与公众的回应关系，而公众的冷漠和忽视是政府最大的敌人。

3. 调控舆论，塑造政府的公众形象，确立政府信用

把握和调控公众舆论，为政府的决策提供依据，为决策的执行减少阻力，增加动力；完善传播机制，健全沟通渠道；协调内部外部关系，创造“人和”的行政环境。一般来说，造成公众冷漠的原因是公众的挫折感和对于各级政府公共事务管理的无力参与的普遍心态。更为严重的是公众对政府的负面看法，如体制僵化、官样文章、特殊利益集团、腐

---

① 参见程世寿：《公共舆论学》，149 页。

败等。所以政府对舆论的调控，要充分考虑到公众的情绪、感情、思想、实际生活，因为公众是政府工作的终极对象。

现代民主政治高度重视舆论和民意，视舆论和民意为政治性与行政性决策和行动的基石与根据。重视舆论和调控舆论就必须重视与公众的沟通，就必须建立各种有效的渠道、途径来了解民意、追踪民意和反馈民意，从而可以安抚和满足民意。

塑造政府的公众形象，确立政府的信用，需要一系列的有效制度来支撑和保障。

第一，建立和完善信访工作制度，这是政府公共关系的一个重要内容。信访工作制度是政府了解民意和公众动态的一个重要渠道，使政府领导和有关人员有机会直接了解公众动态，直接听到群众的心声，了解民众的情绪，掌握社会的动向。

第二，建立和完善政府新闻发言人制度，这是政府公共关系的一个常规性工作。政府新闻发言人制度，一方面使政府在公众场合能够以一个统一、协调的形象出现，避免产生信息传播失控而导致的形象混乱的局面；另一方面使具体负责的行政首长能够更冷静、专注地思考和研究问题，特别是在应对复杂、疑难问题时有较充裕的应变、回旋余地，而不必事事抛头露面。而且这样不仅加强了政府自身的信息传播工作，也提高了政府政务的透明度，满足了公众的知情权，更有利于政府公务的推行、公共政策的出台和实施。

第三，确立办事公开制度、拓宽公众参政议政渠道。由于行政组织的规模庞大、结构复杂、身份特殊，使得公众对政府的办事程序缺乏了解，从而导致很多社会问题不能有效解决，陷入低效率和扯皮旋涡。办事公开制度，使得政府的办公程序更明确化，增加了政府和公众相互了解的机会。同时，开拓公众参政议政渠道，让公众的意见能够有比较充分的机会和有效的方式公开表达出来，让政府及时、广泛地了解各种不同意见，为制定、执行和完善政府决策提供了依据，而且能使各种潜在的社会摩擦与冲突在“逐渐弱化”的状态中得到缓解和解决。

案例　　甲型 H1N1 流感事件中的政府应对

2008 年 4 月的甲型 H1N1 流感事件中的政府应对，堪称媒体、公众、政府三者之间和谐关系的典范。

政府：掌握信息公布的主动权，把舆论引导权牢牢掌握在手中。在此次甲型 H1N1 事件中，中央政府和地方政府相关部门积极努力，保证了信息在政府不同级别和不同部门之间的流动。政府对信息的全面掌握，保证了政府对新闻传媒发布信息的主动权，通过权威真实信息的发布，杜绝了谣言流传的可能，从而牢牢地掌握住了舆论的引导权。

新闻传媒：兼具信息渠道与舆论监督的功能。在本次事件中，新闻传媒除了较好地充当了政府与公众之间的信息沟通的渠道外，还时刻关注政府在甲型 H1N1 流感事件中的表现，更好地履行了舆论监督的职责。同时，值得指出的是新闻传媒在本次事件中从自身的角度对事件进行了思考与内省。

公众：既是政府工作的监督者，也是相关信息的发布者。与 2003 年的 SARS 事件相比较，公众在本次流感事件中信息的传播上表现得更为主动。他们不再满足于被动地接收相关信息，或对政府的信息公开进行舆论监督，而是更为主动地在互联网等媒体上发布自己所知的关于流感的信息。

甲型 H1N1 流感事件中，政府、新闻传媒与公众业已形成了渠道畅通、信息透明、相互协作制衡的动态关系。在甲型 H1N1 流感这样的公共卫生事件中，政府具有优先掌握相关信息的优势，通过新闻传媒及时、真实地发布信息来掌握信息流通的主动权，满足公众对相关信息的知晓权，也便于引导社会舆论；新闻传媒能够及时传达政府的信息，便于公众进行舆论监督，保证突发性事件中信息渠道的畅通，避免了民间小道消息的扩散引发的社会不稳定；公众在了解相关信息的基础上发挥自身的主观能动性，一方面对政府工作进行监督，另一方面也从自身所掌握的信息出发，为政府工作提供建议。

资料来源：丁柏铨、郭元：《在政府、新闻传媒、公众关系视野中观照甲型 H1N1 流感事件》，载《今传媒》，2009（8）。

本章小结

本章主要阐述了政府公共关系的公众对象和公众环境。首先界定了政府公众的内涵，归纳总结了政府公众的特征和类型。在此基础之上简要介绍了五种常见的目标公众。其次回答了研究政府和公众环境的必要性，并描述了我国政府的公众环境现状。本章在梳理总结了公众舆论的含义、特征、发展特点和社会功能之后，详细介绍了公众舆论环境。本章最后一部分阐述了研究公众舆论环境的意义以及公众舆论环境和政府的关系，并分别给出了引导公众舆论环境的主要方式和处理好媒体、公众、政府三者之间关系的三种方法。

关键术语

公众　　政府公众　　目标公众　　公众环境　　公众舆论

复习思考题

1. 简述政府公众的含义、特征和分类。
2. 简述政府的目标公众。
3. 简述我国政府的公众环境现状。
4. 简述公众舆论的发展特点、含义、特征。
5. 简述公众舆论的社会功能。
6. 简述公众舆论环境和政府的关系。
7. 如何引导和控制公众舆论环境。
8. 如何处理好媒体、公众、政府三者之间的关系？

第7章

政府公共关系媒介

重点问题

- 政府公共关系与大众传播媒介的关系
- 经济全球化与政府公共关系
- 大众传播媒介的传播特点
- 政府公共关系的媒介选择与运用
- 网络媒体在政府公共关系中的运用
- 组织自控媒体与公众活动平台在政府公关中的作用
- 政府公共关系中的人际传播

如果说公共关系是指某个组织与特定的对象公众之间通过沟通和交流来设立形象、减少摩擦、润滑相互关系的行为的话，那么公共关系则可以看作一种现代社会中典型的传播行为。尤其是政府公共关系，它通过向全社会发布公共信息和上情下达、下情上达来达到管理调控社会体系的目的，这是政府作为一个社会的管理者面向全体公民或特定的社会集团进行积极有效的信息传播的过程。之所以说政府公共关系过程是一种典型的传播行为，是因为政府公共关系过程完整地体现了传播学意义上的传播过程的各种要素。比如说，政府公共关系行为中的政府是主动的，有传播目的的传播者，由于其特殊的地位和保证公共信息流通的社会原则，政府的传播内容对于全体公众都十分重要而且十分有价值。同时，在信息传播或公关过程中政府会积极利用现有的大众传播媒介资源，并力求使大众传播媒介的传播达到最佳效果。在这样一个过程中，构成传播过程的五个要素——传播者、传播内容、媒介、受众、传播效果都具备了。特别值得一提的是，政府公共关系中的传播行为，不同于普通的人际传播行为或大众传播行为，它是由最有社会地位权威的传播者设定传播对象和目标，积极利用大众传播媒介的空间，以求最佳的传播效果的行为过程。所以说，政府公共关系是一种典型的传播行为，研究传播行为不可能离开传播媒介，因此，从传播媒介的角度看政府公共关系的实践，或者说，注重政府公共关系活动与媒介的相互关系是公共关系学一个极为重要的课题。

这一章首先介绍政府与媒介的相互关系和作用，着重探讨在经济全球化和信息化的背景中两者关系的变化与发展趋势，同时介绍并分析对于政府公共关系来说，各种传播媒介在传播对象和传播效果上所具有的优势和弱势。

7.1 政府公共关系与传播媒介

政府公共关系是一种典型的传播行为，这表现在任何政府在公共关系活动中始终都扮演着一个主动的、积极的、有明确传播目的和特定受众的传播者角色，而政府公共关系活动会积极利用公共媒介资源和其他资源，以保证有效的传播效果。没有传播媒介，政府公共关系是不可能实施的，这就等于一个有完美内容的信息，没有通过媒介传出去，只停留在传播者的计划中，那么其社会效果只能是零。

政府公共关系的实施离不开媒介，那么，政府与媒介有着什么样的关系呢？两者是不是单纯的传播者与媒介的关系？在社会体系中，政府和媒介的社会功能和作用是否有相同之处？在我国现代化和信息化的过程中，是否应该重新认识政府与媒介的角色与作用？这些问题是值得首先认识和探讨的。只有在对政府和媒介各自的社会作用、政府的媒介观、媒介与政府的相互关系有了清楚的认识后，我们才能对在政府公关活动中政府的作用范围，以及政府如何使用各种媒介资源等问题有一个把握。这是一个必须首先理清楚的重要问题，尤其是政府公共关系人员容易站在政府的立场上看问题，忽视媒介和其他社会因素的立场与作用，这种从单方面开展的政府公共关系是很难达到良好效果的。

7.1.1 社会体系中的政府与媒介

不少社会科学对政府与媒介的关系都作过分析和探讨，如社会学、政治学、行政学、传播学、新闻学等，这些理论观点对帮助我们认识政府公共关系活动中政府与媒介的关系很有意义。我们首先看看这些来自不同学科的观点。

社会学认为，政府与媒介是社会体系中两个独立的组织，政府是国家意志的执行机构，或者说是国家公共事务的管理机构，公共权力的执行者。而媒介是传达信息的工具，如作为大众传播工具的报纸、广播和电视等。社会学将政府和媒介看成是社会系统中两个独立的组织，政府作为社会的管理者，是重要的公共信息源和公共信息的发布者，对媒介的传播内容有限制作用。同时，作为民主社会中独立一员的传播媒介有传播公共信息和监督政府和观察民意的职责，对政府的政策和各种管理行为可以贬褒评价。因此，社会学在理论上认为政府与媒介之间是一种相互影响、相互作用的关系，政府在进行政策传播时要以积极的传播者的立场出现，并要采用适当的传播方式，因为传播方式往往决定了媒介传播的社会效果。

政治学认为，媒介是民主与政治参与的重要促成条件，尤其是大众传播媒介，它面向广大公众，是沟通政府与公众，了解社会舆论最方便、最快捷的工具。在政治学中，民主政治与政治参与都涉及广泛与公众接触、交换信息、收集民意与反馈的问题，而大众传播媒介的公共性和公正性及其反映社情和民意、引导社会舆论的功能和作用恰好与民主政治与政治参与的目的是一致的，因此，政治学认为媒介在促进一个社会的政治民主化和公众的政治参与方面有重要作用。

行政学又是怎样看待政府与媒介的关系的呢？行政学在行政决策、行政监督和行政信息的流通方面比较重视传播媒介的作用。行政决策需要科学的、正确的信息作为决策的依据，同时也要考虑公众对政策的意见和反馈，这个时候媒介的作用就很重要了。特别是公众的舆论方向一般都是由大众传播媒介来反映的，一般来说，媒介上的公众舆论方向对政府的各项决策有促进或阻碍的作用。至于行政信息和行政监督，尤其是舆论监督，大众传播媒介的信息传递功能和舆论反映功能是其实现的保障之一。

而在传播学领域里，政府与传播媒体的相互关系被作为一个特定的分支——政治传播学展开研究。一般来说，传统传播学将政府看成是一个强有力的、有明显传播意图的传播者，同时又是具有很高权威性的信息提供者或信息源。传播学认为，作为一个强势信息源，政府对媒介传播活动的控制作用，对媒介传播内容的直接或间接的影响是不可避免的。而政治传播学却强调媒介对政府政策决定过程的作用，比如说，在政府制定公共政策的过程中，媒体的相关报道可以促进政府了解公众舆论和社会议题，加速政策的制定过程。同时，媒体的报道也可以将政府议题告知公众，使公众关注政府的相关活动。

新闻学是从新闻自由与社会责任的方面来认识政府与媒介的关系的。新闻学从不同角度对政府与媒体的关系进行了定义。首先对于新闻媒体基本的社会功能，新闻学者认为新闻媒体是强有力的政治报道和政治宣传的工具，它告知重要的政治信息、政治议题和政治动向，促进现代社会的政治朝民主透明的方向不断进步，这个功能主要表现在媒体的政治报道扩大了政治民主化，使公众关心、探讨国家大事，对国事畅所欲言。在这里特别要强调的是新闻的社会功能受不同国情的制约和影响，西方新闻学强调媒体通过对政府信息的报道来监督政府行为，政府与媒体是相对独立的。而中国新闻学则认为新闻媒介是党和政府的“喉舌”，媒介的立场和政府的立场应该是一致的，因此新闻媒介是从从属的角度来报道政府信息的。

同时，新闻自由与社会责任论等古典新闻主义理论也从另一个角度分析了政府与媒体的关系。古典新闻主义理论认为，政府应该保障媒体的新闻自由，保障公共信息的透明，同时对媒体的过度自由化如商业化和娱乐化，提出了相应的社会责任理论，要求媒体自律并更好地担负起各种社会职责。从新闻管理体制上来看，全球有国有制、公有制和私有制三种新闻管理体制。西方国家以私有制为主，从理论上看私有制下的媒体是独立于政府的，是仅次于立法、司法和行政的“第四权力”。中国等社会主义国家以国有制为主，强调的是媒体的工具作用和“喉舌”论，媒体是政府的一个部门或宣传工具。

综上所述，不同的社会科学对政府与媒体相互关系的透视分析角度不同，不过这些学科都认为，政府与媒介虽然社会职责和功能不同，但它们是相互联系、相互影响的，两者的关系可以归结为：

(1) 政府与媒介作为社会体系中的一分子是相互独立的；

(2) 政府作为社会的管理者和权力代表者，对媒体的传播活动有一定的制约作用；

(3) 媒体是社会舆论的传播载体，理论上是代表公众利益，对于公众有一定的权威性，所以，媒体报道对政府行为也有一定的反作用；

（4）政府与媒体的具体关系受特定社会环境中政治经济制度或国情的制约。

在对政府与媒体的相互关系有了概括性的了解后，下面的部分将对政府与媒介的社会功能进行比较。

案例

近年来，网络社交媒体微博成为中国政府公共关系的一种重要传播平台。2009 年被称为中国政务微博的元年。所谓政务微博是指政府部门主导的正式注册的官方微博账户。政务微博虽然是一种社交媒体，但是在中国的社会管理创新、政府公共信息公开、引导社会舆论、促进官民沟通、倾听民众心声、塑造政府形象、鼓励公民政治参与等方面起到了积极的作用。最早的政务微博据说是 2009 年下半年开设的湖南桃园县官方微博“桃源网”，之后是云南省委宣传部的“微博云南”。据新浪发布的政务微博年度报告，2012 年 12 月新浪微博注册用户突破 4 亿，政务微博数量突破 6 万，相比 2011 年同期新浪政务微博数净增 41 932 个，增长率达 231%。其中，综合排名全国前十位的政务微博是：“上海发布”、“平安北京”、“成都发布”、“平安中原”、“公安部打四黑除四害”、“南京发布”、“广州公安”、“警民直通车—上海”、“上海铁警发布”、“外交小灵通”。分析的主要指标有微博活跃度、微博传播力、微博引导力。

7.1.2 政府与大众媒介的社会功能

政府与大众媒介虽然同为社会体系中的一分子，但是它们的社会功能不同，下面将作一比较，探讨一下政府与媒介在社会功能方面有何异同。一般来说，政府与媒介都具有权威性和公共性，但是在如何为社会公共利益服务方面，两者有所不同。

1. 公共性

政府是社会的管理机构、政策决定机构和公共利益及权力的代表机构，其主要功能是维系各个社会集团和组织，维护社会的安定和发展，对社会公共事务进行决策和处理，其主要目标简单来说就是最大限度地维护社会公共利益。

媒介与政府不同，它不是社会管理机构而是传播机构，虽然媒介的传播活动也能起到调整社会体系、加强社会集团之间的组织化等作用，但这是通过传播相关的政治经济信息而实现的。一方面，随着大众传播媒介的急剧发展和社会作用的增大，现代媒介被越来越多地要求承担和履行一定的责任与义务；另一方面，为了自身的生存和更好地体现媒体的社会作用，大众传播媒介也主张积极报道与公共利益有关的信息，以此来加强大众传播媒介内容的公共性，协助社会管理者担负起一些社会责任。一般来说，与公共利益有关的新闻最具有新闻价值，现代新闻学中的新闻价值要素就包含了社会重要性、公共性和受众的利益。这说明媒体也和政府一样重视公共利益，只是采取的方式不同而已。

2. 权威性

由于政府是社会的管理者，因此理所当然地具有权威性，这是由它的社会地位和掌握公共权力的特殊性而来的。从政治学的角度来说，政府是社会公共权力的象征，被授予高于其他社会集团的权威性。可以说，政府的权威性是与生俱来的。

媒介也有权威性，但是这要通过媒介持之以恒地进行真实、公正和中立的报道来建立。而且，媒介权威性也是与它可以直接接触社会权力机构、掌握第一手信息、为公众提供权威性信息和对策有关的。媒介的权威性可以说是后天的，不同媒体有不同的报道理念，也造成了各种媒体的权威性大小不一。

3. 政府控制与媒介监督

政府与媒介都具有权威性和公共性，都以维护社会的公共利益为目标，但是，在如何实现这个目标时，政府的做法与媒介的做法是不同的，有时甚至可以说是相反的。

作为管理者的政府认为公共利益的有效实现是通过目标管理和社会各集团的相互配合和舍小利顾大局的整体调控达成的。政府式的管理方式力求稳重、谨慎和循序渐进，对可能导致社会安定发生变动，或对政府的管理程序不利的行为，政府会使用权力进行控制。对不符合政府管理程序的信息传播行为，政府会进行阻止或干涉。用传播学或新闻学的术语来说就是政府的信息控制或新闻控制。从这个角度来看，政府与媒介是管理者与被管理者、权力机构与从属机构的关系。

与政府机构的做法不同，主张新闻自由和社会信息公开的媒介是通过传播行为来为公共利益服务的，媒介没有政府机构那样的管理权，它只能通过报道来反映目前社会最重要、亟待解决的问题。在报道社会公共问题时，媒介固有的价值观会使媒介更多地关注社会上的负面问题，注视并公开政府管理上存在的问题和不足的一面，也就是说，媒体的力量在于监督与揭露。现代媒体所担负的社会责任之一就是监督政府的管理和决策行为，对其进行褒贬评价，同时将管理不善的一面公之于众，促使其更正与改进，以达到维护社会公共利益的目的。由于媒体声称代表公众的利益和声音，来自媒体的批评可以看成是来自公众的批评，特别是在公众舆论受到媒体报道的影响时，媒体的报道对政府的决策就会有较大影响。在这种情况下，媒体的报道就会对政府行为产生影响。

综上所述，政府与媒介在实现、维护社会公共利益时所持有的理念和所采取的方法是不同的。政府作为管理者，易于强调保持和维护现有的局面，通过维系和团结社会各个集团来达到共同的社会目的。而媒介通过传播各种公共信息来保持政治的透明度，通过公开社会管理上的负面事件来达到促使管理者反省和更正的目的，这是一种间接的维护社会公共利益的方法。

以上对政府和媒介社会功能的分析比较会使我们对政府公共关系过程中政府和媒体的能力及职责范围有一个较为深刻的认识。下面再分析一下政府的媒介观。

7.1.3 政府的媒介观

政府的媒介观是指政府如何看待媒介的作用和政府与媒介的关系。应该说西方政府与中国政府的看法是有所不同的，尤其是在对媒介的社会功能和作用的认识方面存在分歧。下面我们就对比分析一下中西方政府媒介观的不同之处。

1. 西方政府的媒介观

西方政府对媒介的看法是随着西方社会的发展和近代资本主义制度的建立而产生和变

化的，具体表现在不同的社会时期存在着不同的媒介制度，这些媒介制度直接反映了特定时期政府与媒介的相互关系。一般来说，主要西方国家的政府建立过三种不同的媒介制度，即政府与媒介的关系经历了三种不同时期：集权主义时期；自由主义时期；社会责任论时期。

（1）集权主义时期。

所谓集权主义，是指维护专制制度的理论，集权主义的媒介制度主张媒介要绝对服从于统治阶级的权力，无条件地为统治阶级服务，它产生于15世纪欧洲封建专制主义时代。15世纪中期，欧洲近代印刷术有了很大的发展，印刷术的发展降低了印刷媒体的成本，提高了印刷速度，使报纸、杂志和书籍成为普通大众都能购买的东西。近代报纸就在此时诞生的。尤其是在文艺复兴和欧洲宗教革命时期，不少反封建、反专制、提倡资产阶级革命的主张和思想都是借报纸和书刊公之于世的。当时的封建王朝政府认为这些宣传新思想的印刷媒体对自己是一种威胁，纷纷公布了一系列的禁书法令和出版管制法令，使出版业受到政府或教会严格约束。集权主义制度下的媒介被束缚于种种法律中，如报刊必须维护国家统治者和专制政府的利益，必须对统治者负责；政府有权对出版物进行检查；报刊不能批判政府，不能否定当权者的价值观，如果报刊或书籍对政府或统治者进行了批判，则被视为犯罪，将受到严厉的法律制裁。在英国，国会颁布《印花税法案》，对报刊课税，沉重的税额使几乎一半的英国报刊被迫停刊；当时的英国政府还禁止记者采访国会辩论，对敢于报道政府的黑幕、揭露政府不正行为的记者判以诽谤罪或叛国罪。

集权主义媒介观在欧洲的法国、德国和俄国实行了数百年，直到18世纪资产阶级革命取得成功后才被废除，由资本主义媒介制度取代。但是第二次世界大战时期，一种可以被称为现代集权主义的媒介观出现了，这种现代集权主义媒介观不是仅仅对媒体的内容进行检查或限制，而是通过政府的强制性压力迫使媒介充当国家和战争的宣传机器。来自法西斯政府的强权政治使德、意、日的媒体成为政府的宣传工具，形成了媒介发展史上的一段黑暗时期。

集权主义媒介观强调的是一种媒体绝对服从于专制政府的理念。也就是说，政府对媒介实行严格的管制，集权国家往往都有限制媒介传播内容的法律，以控制和操纵媒介的活动，强有力的政府管理和媒介制度使当时的媒介不可避免地成为集权政府统治社会的工具之一。集权主义媒介观是一种限制人类新思想传播和言论自由的理念，它阻止人类在政治、经济和文化各方面谋求更大的自由、民主、发展和进步，在现代社会这种理念虽然早已被摒弃，但是应该承认，有时仍然会有类似的现象发生。

（2）自由主义时期。

18世纪欧洲的资产阶级革命促成了媒介发展史上一个大的进步，这就是自由主义媒介观的形成和确立。

自由主义媒介观的形成经过了一个漫长的时期，其主要理念——新闻自由，最早是在16世纪的英国作为资产阶级革命的口号之一被提出来的。新闻自由的提倡者针对集权主义制度下专制政府压制媒介自由报道的现状，大力主张言论传播和出版的自由，反对和抨击政府的出版检查制度。他们主张言论自由，让人们通过言论自由寻找真理，识别谬误；认为自由是人类不可剥夺的天生权利，应该受到法律的保护；主张用言论自由保障媒介舆论对权力的监督，防止政府的权力滥用。尤其是曾任美国第三、四届总统的思想家杰弗逊，他明确表述过自由主义媒介观中政府与媒介的关系。杰弗逊认为，政府存在的基础是民意，人民只有通过媒介了解真相和真理，才能对政府的行为做出评论，才能监督政府，政府才能听到人民的意见。

自由主义媒介观包括以下主要原则：1）不经政府许可拥有出版自由权；2）报刊等媒介可以批评政府的观点和行为；3）政府不能干涉或审查媒介的传播内容；4）媒介有权传播与政府不同的意见。从自由主义媒介观审视政府与媒介的关系，我们可以看到，自由主义媒介时期的媒介比集权主义时期拥有了不可比拟的自主权，媒介成为独立于政府控制之外的对政府有批评权和监督权的实体，是民意民情收集和传播的工具，也是代理民众监督政府的机构。政府要通过媒介的报道了解民意，修正管理社会的方向。

因为集权主义时期媒体经历过种种不自由的处境，所以自由主义媒介观的倡导者首先重视的是媒介的传播自由权，他们注重政府应给媒介自由，对媒体应有怎样程度的自由则没有细论。但是，不得不承认的是，自由主义媒介观的基本原理——新闻自由，对今天政府与媒体的关系准则起了根本性的构架作用，尤其是在有较长新闻自由历史的西方国家，政府必须保障媒体的传播自由，允许媒体对政府的批评和监督等理念早被写入国家宪法，通过国家的基本法得到体现。

（3）社会责任论时期。

新闻自由的理念通过资本主义革命的成功在西方国家得以确立，但是要看到，自由主义媒介观是与资本主义的政治经济制度结合在一起的，当资本主义发展到垄断资本主义阶段，自由主义媒介观的局限性就不可避免地暴露出来了。进入20世纪，西方传媒业急剧发展，传媒业的垄断程度也越来越高，媒介的主导权渐渐被少数垄断集团的拥有者掌握，新闻自由变相地成为少数媒体拥有者的言论自由。比如说，媒介垄断集团出于营利的目的，使媒介的传播内容不断滑向娱乐化、浅薄化和庸俗化，涉及社会公共利益的报道越来越少，普通的公众在媒介上发表自己意见的机会和空间也越来越少，媒介在得到自由传播权的同时，也出现了有损社会道德、危害社会公共利益的报道，这引起了人们对自由主义媒介观的不满。

20世纪40年代，一种被称为社会责任论的媒介观应运而生，这种理论是对自由主义媒介观的补充和修正。社会责任论主张：1）大众传播媒介要在新闻自由的同时负起相应的社会责任，承担起对社会和公众的义务；2）媒介在传播信息时要遵从真实、客观和公正的原则；3）媒介的报道行为要符合法律和制度的规定，同时公众对媒介的传播内容有批评和干预的权利。

与自由主义媒介观的视角相反，社会责任论的媒介观对现代媒体的社会行为有较高的要求，它认为媒体的自由不是绝对的自由，而是伴随着义务、责任和自律的自由。也就是说，媒介在享受政府和公众授予的传播自由的同时，也必须对社会和公众负责。

那么，社会责任论是怎样看待政府与媒介的关系呢？第一，社会责任论强调媒介不能无原则地使用新闻自由，必须在国家法律、政府有关规定的范围内报道，煽动扰乱社会稳定、民族分裂及种族歧视的报道是不被允许的，这就体现了国家制度及政府政策对媒体的约束作用。第二，对媒介传播内容的庸俗、煽情及危害社会道德的行为，政府可以通过法律实行约束。这也可以看成是政府对媒体传播内容上的限制。第三，政府同时要保障媒体的新闻自由，媒体对政府事务有报道权，对政府行为有批评和监督权。这体现了媒介对政府的反作用。

在现代西方国家，随着各种社会问题的不断增加，政府与媒体的关系也越来越复杂，用于调和两者关系的主要就是自由主义论和社会责任论这两种理论。一方面，西方政府用社会责任论来协调在报道国内国际的各种问题时与媒介的矛盾；另一方面，西方媒介集团也用自由主义媒介理论作为自己的传播行为的后盾。一般来说，对有关本国的报道，西方政府会以本国立场为中心来衡量媒体的报道，如果有不符合本国立场的内容，就会要求媒体在传播中体现对本国社会安定和发展的责任；对与有关他国的报道，政府则给予媒体较大的空间，维护其传播上的自由。

综上所述，西方政府与媒介的关系经历了从控制、自由到责任的漫长的发展，现在基本上是保持在自由主义论和社会责任论的框架中，政府与媒介的相互关系有默契也有冲突。应该说，双方既把自己的行为准则约束在这两种媒介理论的范围内，同时又把争取自身的最大裁量权当成目标。

2. 中国政府的媒介观

我国是世界上最早使用报纸的国家之一，古代中国政府对媒介的传播作用有较早的认识，对传播媒介的管理也有较长的历史。下面我们对中国从古代到当代的政府与媒介的关系做一概括性的介绍。

（1）古代中国政府的媒介观。

早在唐朝，中国就有了《开元杂报》，宋朝有朝报，明朝有官报。这些早期报纸都是当时政府主办的，用于上下交流政府的信息，帮助各级官吏了解政治时事。唐宋时代中国政府已建立了新闻出版管理制度，其目的是维护政府的统治。例如对于有关军事、地震、灾害等信息是严禁刊登的。这说明了古代中国政府把媒介看成是统治阶级的传声工具，对媒体传播的内容是有严格限制的。

（2）近现代中国政府的媒介观。

中国在1840年鸦片战争后开始了半殖民地半封建时代。清政府的媒介观基本上属于集权主义的媒介观，即对国内民族报业实行严格的管理，尤其对宣传新思想的反封建革新派的报纸实行扼杀。可以说，近代中国政府对媒介的看法基本上延续了古代政府的思维。

那么，近代史上首批中国办报人的媒介观又是怎样的呢？1896年维新派创办《强学报》，康有为认为报刊的作用是“保疆土，助变法，增学问，除舞弊”，也就是宣传特定的主张和思想；孙中山把报纸看成政治变革的舆论“喉舌”；创办过《时务报》的维新人士梁启超则认为报纸的功能就是“国家之耳目也，喉舌也”，比较强调媒介的政治鼓动功能和宣传作用。可以说，到近代为止，中国政府及办报人对媒介的认识都几乎集中于媒介的政治宣传功能上。

到了20世纪20年代，著名新闻工作者戈公振提出报纸的要素主要是新闻，首次强调媒介的信息传播功能。但是，这种认识没有能成为主流认识，媒介是“喉舌”、是工具的理念还是根深蒂固的。这与中国漫长的封建历史进程有关，亦与当时中国的民主革命风潮及战争连绵的时代背景有关。

中国无产阶级革命理论中的媒介观受马克思恩格斯的党报理论的影响很深，认为党报的首要职责是宣传党的主张，了解、讨论及表达党的需要，批评反对党的思想。简单地说，传播媒介是党的“喉舌”、政府的宣传工具，以宣传政府的方针政策为中心任务。也就是说，在无产阶级革命的过程中，政府与媒介是主导与从属、上级与下级的关系。媒介不能报道违反党的原则和政府方针的东西，在政府面前，媒介在传播内容方面的自由裁量权是有限的。这种认识代表了中国新的无产阶级政府的媒介观。

（3）当代中国媒介制度的形成和发展。

从 1949 年新中国成立开始到 80 年代中国改革开放初期，中国的主流媒介观基本上都是“喉舌”论或工具论。随着政治经济体制的改革和对外开放，中国的新闻事业也有了较大的变化，从新闻理论到媒介体制都开始与世界接轨，对媒介的社会功能及与政府的相互关系也有了重新认识和定位。

7.1.4　政府与媒介在传播中的角色

在了解了古往今来各国政府对媒介功能的认识和关系变化后，我们在这里具体看一下在传播活动中政府与媒体各自承担什么样的角色。分析这样一个问题，有助于我们理解信息传播过程中政府的职责、媒介的作用以及两者的相互作用。

按照香农—韦弗的传播模式，任何一种传播活动都可以简单地看成是由信息源、发射器、噪音、接收器、信宿五种要素组成的一个过程。[①] 从传播学的视角来看待政府公关活动，我们会发现，政府在这个过程中有两种角色——信息源和噪音，媒介在这个过程中也有两种角色——发射器和信宿。

1. 作为信息源的政府

由于政府处于社会管理者和公共权力使用者的特殊地位，它的行为和发布的信息具有权威性和社会重要性，是媒介最重要的信息来源。据有关学者统计，美国大众传播媒介传播的内容有 49%来源于政府机构。[②] 日本的大型印刷媒介和电子媒介都会派记者常驻国会和首相府，以免漏掉任何有关政府的消息。这都表明了政府信息的重要性和媒介对来自政府的信息的重视，同时也显示了政府必须承担的一个重要的社会功能——发布公共信息。在任何一个社会，公共信息的透明和发布渠道的畅通是其民主制度健全的标志，政府有责任将公共信息及时地、真实地通过各种媒介发布出去。这个信息源的角色对政府来说是很重要的。

从政府公共关系的角度来看，通过发布公共信息树立健康的政府形象是一项重要的活动。例如，政府的新闻发言人制度、政府的记者招待会、政府要员接受媒体的采访、政府新闻办公室为媒体提供信息和资料，这些都可以看成是政府公共关系行为，同时这也是传播活动中的一种典型的信息源的发布行为。

作为信息源或者说信息发布者和信息提供者，政府要做到真实、及时、公正、全面和

---

① McQuail Denis, *Mass Communication Theory*: *An Introduction*, London: Sage Publications, 1994, p. 35.

② Lawrence C. Soley, *The News Shapers*: *The Sources Who Explain the News*, New York Prsegaer, 1992, p. 49.

平衡地发布或提供信息。真实和及时是指要在第一时间发布信息，信息的内容完全符合现实的情况，没有隐瞒、捏造、弄虚作假或失误。公正、全面和平衡是指对发布的信息理解要公正，避免片面的信息和来自单一渠道的信息。

只有通过真实、及时、公正、全面和平衡地发布信息的行为，政府才能在媒体和公众面前树立起一个健康民主的形象。政府信息发布行为中的公共关系要素是潜在的，不是明示的，是通过透明公开的信息源形象来体现的，一些刻意操作的公共关系行为与信息源角色不相符合，而实事求是、为公众着想、勇于承担责任才是有效的公共关系行为。

2. 作为“噪音”的政府

噪音在传播学领域里是指干扰某种传播行为正常进行的自然或社会因素。政府是一个社会里媒介制度的制定者和媒体行为的管理者，在保证媒介的传播自由的同时，对媒介内容也有管理权，对媒介内容中的不符合法律或社会道德规范的部分可以进行干涉。也就是说，政府在作为信息源的同时，也起着一种“噪音”式的阻碍作用，阻止某些妨碍政府运作或社会安定的信息的传播。政府的“噪音”功能体现在通过法律或相关规定来约束媒介的传播内容，或通过在大众传播媒体上发布正式信息，更正、说明或评判某些观点。此外，通过在政府自控媒体如政府网站、机关杂志上发布信息活动，以对抗或降低某些特定信息的传播效果也是一种做法。

在政府公关行为中，政府要随时注意某些对抗性信息的形成和传播方式、途径，在适当的时机用正面或负面“噪音”去抵消不良后果。

3. 作为发射器的媒介

应该说，大众传播媒介是政府最重要的传播工具之一。大众传播媒介属于公共资源，政府、社会组织和任何一名公众都有使用权。由于大众传播媒介的公共性和权威性，公众是在默认其传播的信息都是真实的前提下接受媒体信息的。因此，使用大众传播媒介发布政府信息是比较有效的一种传播方式。同时，大众传播媒介的传播范围和受众的广泛性也是其他类型的媒体所不能比拟的，任何政府都会把大众传播媒介作为发布政府信息和公关活动的最佳选择。

但值得一提的是，大众传播媒介的社会职责中有代表公众监督政府的一面。所以，大众传播媒介在传播政府信息时，不仅仅是传播，同时会对政府信息的具体内容进行询问、质疑、调查，用其他资料佐证或反证。一般来说，通过大众传播媒介传出去的政府信息多少会有点内容上的增减或偏差，这是由媒介职能或职业的特性所决定的。

在政府公关活动中使用媒介时，要考虑到不同媒介各自的特点，以及媒介传播中内容的变动和社会效果。

4. 作为信宿的媒介

在政府信息发布或公关活动的过程中，媒介还有一个不太为人所察觉的角色——信宿即受众，这是指媒介在很多情况下往往是政府的第一传播对象。政府一般要通过媒体向公众传播信息，如政府的新闻发言人主要面对的是各个大众传播媒介的记者，政府的记者招待会接待的是国内外的新闻界人士，政府要员接受来自媒体的采访，政府新闻办公室也是向媒体提供信息和资料的。虽然说政府最终是向公众传播信息，但是不得不通过媒介这个环节。媒介是发射器同时也是受众，这个观念不可忽视，尤其是面对政府公共关系的范畴内的媒介时，不能简单地把它看成一种传播的工具，而首先要把它视为传播的对象。

恰恰相反，大众传播媒介是一种能按照固定模式为信息赋予新意思的信息制作组织，媒介有自己的传播理念、采写方针、编辑原则和经营方式，这些要素都会对信息的具体内容产生各种各样的影响。因此，政府在利用大众传播媒介进行信息传播或公关活动时，要了解媒介的组织性质、传播理念和制作方式，发布信息时要考虑媒体的思维特点和传播制作上的规律及偏好，以免造成传播过程中不必要的信息误差，降低了传播的效果。

这部分我们探讨了传播过程中政府和媒介的双重角色，理解政府与媒介的各自不同的角色有利于把握政府公共关系活动。

5. 政府公共关系中传播媒介的作用

前面谈到传播媒介是政府公共关系的必要条件，同时，媒介也具有特定的社会功能，对社会体系的维系和发展会有影响。一般来说，媒介的社会功能有四种，即环境监督、反映社会现实、传播社会文化以及娱乐。

那么，在政府公共关系中媒介又有什么样的作用呢？我们从正反两面来看一下。

首先，政府公共关系中媒介的正面作用有五种。

(1) 信息发布。

政府要面向全社会发布信息就不得不使用传播媒介，尤其是大众传播媒介，它传播速度快、范围广，受众稳定，传播效果较好。同时大众传播媒介视政府为最重要的信息源，积极地承担着传播政府信息的职责。

(2) 反映民意。

大众传播媒介不但要积极传播来自政府的信息，还要作为社会瞭望塔替政府收集公众对政府的意见，为政府的决策提供参考。

(3) 设定政府议题。

大众传播媒介在采写和编辑中把政府信息放在重要版面来提示其重要性，政府议题可以通过媒体的报道被认为是目前社会上最重要的议题。

(4) 民意的形成与反馈。

对于一个议题，媒介的报道可以引导公众舆论朝某个方向发展扩大，同时还可以为政府提供公众的反馈意见。

(5) 政府形象塑造。

媒介通过一定时期的正面报道可以为政府树立正面形象。

其次，大众传播媒介的报道在政府公关中也会有负面作用。

(1) 噪音的形成。

通过发布与政府不同的信息尤其是对抗性信息，会减少政府信息的传播效果，或造成相反的效果。

(2) 负面议题设定。

媒介在报道政府行为时对负面行为比较感兴趣，有扩大报道负面新闻的特点，其结果常常是设定了负面议题。

（3）形成民意与压力。

对特定议题的报道如果引起了公众的注意力，势必导致社会舆论关注政府的对策，公众舆论的方向和政府的意向不一致时，会给政府带来压力。

（4）政府形象破坏。

大众传播媒介对政府行为长期的负面报道会导致政府形象受损和信誉下降。

综上所述，大众传播媒介不是简单的传播工具，在传播政府信息时，有其发挥正面作用的一面，也有其导致负面效果的一面。

案例

历史上因媒体报道而失去政治地位的政治家不在少数，因把政治家赶下台而闻名的媒体也为数不少。在欧洲有如法国《绑鸭报》、德国《图片报》这类专门揭露政治阴暗面，揭露政界和政治家隐私的媒体。2011年，德国发行量最大的报纸《图片报》做了一个专辑，回顾了二战以来，发生在德国政治、经济和文化领域的100个最壮观的辞职事件，其中政治界人士的辞职占了一大半。而这些高官辞职事件的2/3，是发生在最近10年内的。该报统计，2000年以前，几乎每十年才有一起引发社会较高关注度的政要人士辞职事件，如1974年5月6日联邦德国总理维利·勃兰特的辞职。勃兰特当时政治声誉不错，他曾为德国的纳粹历史道歉、做出“华沙之跪”举动，获得过诺贝尔和平奖，事发当时他正处于事业蓬勃向上的发展期。某媒体揭露他的一名私人秘书是民主德国的间谍，引发舆论的巨大关注和媒体的探询，勃兰特面对强大的舆论压力，不得不辞职。

《图片报》指出，最近十年来被迫下台的德国政治家，几乎都是被一些细节问题如私生活而绊倒的，像勃兰特这样涉及国家安全问题的并不多。这些将政治家们赶下政治舞台的媒体报道的内容有如2001年国防部长沙尔平因用军机载情人去西班牙度假而辞职；2005年，来自基民盟的一名参议员因在酒会上向流浪汉头上浇香槟而辞职。最新的一位就是因抄袭博士论文而下台的国防部长古滕贝格。《纽约时报》报道说，其实直到辞职前，古滕贝格仍是德国最受欢迎的政客之一。看来，现代政治家处在媒体严密监督的环境之中，他们的私人行为也不得不谨慎些了。

7.2 信息化与全球化背景中的政府与媒介

现代社会可谓信息社会，信息通过报纸、杂志、书籍、广播、电视、通信卫星和网络等媒介渗透到人们的日常生活里，媒介传播的信息成了人们认识世界、了解周围环境所不可缺少的东西，是许多人的固定消费品之一。政府发布政策和指令、总统和政治家进行选举、企业的广告宣传，都是一种信息传播。可以说，一个民族的文化传统和宗教习惯，一个国家的政治体系和经济发展，一个人的价值观和知识水准，都和它周围的信息环境息息相关。虽然在信息产业化以前，信息就对人类社会的发展有很大的影响，但是，信息网络密布社会的各个角落，与社会体系合为一体还是在大众传播媒介时代，具体地说是在广播和电视普及的 20 世纪六七十年代，这正是信息化时代的开始。信息化社会的主要特征是信息产业的高速发展及其社会重要性的增加，人们可以通过多种媒介获取多种信息，或运用媒介进行自由的信息沟通。信息化使社会具有两个新的特点：一是社会成员个人可以更自由地使用媒介接受或发布信息，二是国家或大型媒介集团可以通过设置和控制信息网络来引导社会信息的流向。

信息的流动对社会经济的发展产生了很大的影响，信息的快速流通和信息产业的扩大化使跨国媒介集团应运而生，同时也加速了经济全球化的过程。经济全球化主要是指企业在全球范围内开展业务或者说商业的无国界发展趋势，而大众传播媒介正是经济全球化的推进工具。超国界商业集团的全球推进和发展需要媒介的造势，需要媒介为它们在全球范围内提供有共同社会意识形态的市场。

虽然说社会信息化和经济全球化都是伴随着大众传播媒介的发展，借媒介发展的东风而开始形成的，但是，信息化和经济全球化给某个特定的社会带来的变化也反过来促进了这个社会里媒介机制的变化。尤其是社会信息化和经济全球化背景中的传播活动，已超出了原来的意义范围。

7.2.1　社会信息化与经济全球化背景中的传播

社会信息化与经济全球化背景中的传播活动有几个特点，即资本与媒介的合作、媒介传播范围的无国界化、媒介与被动的大众和网络媒介的主导作用。这些特点表明了社会发展与媒介发展的相互作用，同时也表明了新信息环境中媒介的传播特点。

1. 资本与媒介的合作

经济的全球化要依靠大众传播媒介为其铺路，这表现在商品市场的无国界需要有共同的消费理念作为基础。例如，一个美国快餐连锁集团的全球发展就需要拥有不同饮食文化传统的国家对美国快餐文化有一定的认可；一个欧洲品牌的亚洲扩展也需要亚洲消费者对其品牌底蕴的理解和崇尚。这些都只能通过大众传播媒介的长期和定式的传播活动来加以实现。正因如此，强势资本从一开始就把与媒介集团的合作看作是全球发展的先决条件。不少跨国集团纷纷与知名媒体建立合作关系，出资或赞助媒体的传播活动，这种传播活动自然不能避免为出资者造势的立场。有的大公司大集团索性购买或自立媒介公司来为自己的发展打市场。在这样的情况下，媒介集团的商业化倾向势必越来越严重，大众传播媒介原有的传播方向、范围和内容都会根据商业指向进行重组，越来越明显地受到来自媒体股份拥有者、广告商和商业团体、利益团体的影响。

2. 媒介传播范围的无国界化

社会信息化和经济全球化以前的大众传播媒介一般来说都有其较为固定的传播范围，如国内、省内或市内。随着信息传播技术的急剧发展和商业集团全球市场化的指向，大众传播媒介的传播范围也发生了很大的变化，即国界的扩展和受众的全球化。在传统的大众传播媒介中，报纸由于需要印刷是最受区域限制的媒介之一，但是现在，跨国界的报纸随着通信技术的快速发展应运而生，不但在中国可以看到大量的海外报纸，中国的一些原来面向国内和省内的报纸也在海外发行了。

同时，另一个明显的趋势是，不少海外知名媒体纷纷进驻中国市场，或与中国媒体合作，或独自拓展市场。中国的受众可以看到不少拥有外国公司股份的媒介产品，特别是电视节目和杂志。这样的信息环境势必导致受众信息接收方式和理解的多角度化。例如，近年来进军我国的境外电视频道就有美国有线电视新闻网（CNN）中文财经频道和国际频道、香港阳光卫视历史频道、香港凤凰卫视的财经资讯频道和国际频道等，这些境外电视媒介的入境将一种国际标准的信息传播价值观带给了中国的受众。

3. 媒介与被动的大众

社会信息化和经济全球化中的大众传播媒介在传播范围的广度、传播方式的强度和传播内容的偏向性三个方面独具特色。传播范围广表现在媒体的活动是面向全球开展的，同时也意味着不同国籍的受众可以在同一时间内接受同一内容的媒介传播，特别是重大新闻和有关突发事件的信息传播，也就是说，这种传播范围和内容的一致会导致全球受众的相同化。

现代媒体被注入强势资本后会利用最先进的科学技术来提高和强化传播效果，如信息传递上的同步化，内容上的细分化，视觉上的图文并茂，新闻节目解说演示的趋向性，最明显的是媒体内容的娱乐化。媒体的这些传播上的特点使受众能轻松及时地得到大量新鲜的信息和精神上的放松，但是源源不断的信息、细致入微的解说和媒体内容整体上的娱乐化倾向也会使受众变得无所适从，失去或怠于对信息的自我思考，或沉湎于娱乐信息，成为真正意义上的“受”众。

也就是说，社会信息化和经济全球化时代的大众面对的是信息的海洋和具有明确传播目的、追求最佳传播效果的大众传播媒介，在有强势资本作背景的媒介面前，公众的被动性就显得很明显了。

4. 网络媒体的主导作用

从社会经济发展史来看，一种新媒介的诞生总是会导致经济的发展。一开始就以全球为传播目标的网络媒体的出现，可以说是全球化经济的促进者。网络媒体的传播特点不同于以往的传统媒介，其中最大的不同是其传播速度快、传播范围广、传播内容博、传播方式的兼容和受众的超阶层、无国籍。由于网络媒体把所有人看成传播对象，在传播信息时就会以一种普遍性较强的价值观作为信息选择标准，使得任何通过网络获取信息的人都会渐渐产生一种类似的价值观。网络媒体的信息传播，会使传统传播媒介的信息选择上的“特性”慢慢淡化，取而代之的是一种易为所有人接受的普遍性。

社会信息化和经济全球化背景中的媒介传播活动出现了几种新的趋势，在这样的新信息环境中如何展开政府公关活动、如何认识传播媒介的新特点、如何对应媒介机制的变化，是政府公共关系面对的新的课题。

7.2.2 中国政府公共关系面临的变化与挑战

在社会信息化和经济全球化的大背景下，中国也在发生着迅速的变化，政府作为社会的管理者也进行了各种行政上和组织上的改革。但是，对于政府公共关系活动来说，还是传播模式上的改革最为重要。原有的传播模式已不适应社会信息化和经济全球化的进程，政府公共关系部门势必要认识新环境中媒介的发展特点，采取科学有效的传播方式。

1. 中国政府公共关系的传播模式

中国政府公共关系历来的传播模式有几个特点，即自上而下的单方向传播模式，以宣传为主的传播内容，工具论为中心的媒介观念，缺乏科学的传播技巧。

（1）一般来说，中国的政府公共关系传播行为还被局限在由上而下的单方向一线式传播模式中。由于长时间的机关式信息传播，所有信息流程都习惯于由上级到下级的层层传递，传播速度慢，反馈少，下情难以上达，上情难以为下面所理解。许多政府公共关系活动被当成官样文章或官方活动没有为公众所认知和理解，无法达到预期的效果。

（2）政府公共关系传播中的宣传倾向也比较明显，传播公共信息的功能偏弱，宣传政府功绩的成分过于明显，使公众从一开始就有抵触感。

（3）政府人员的媒介观仍然以工具论为主，认为政府与媒介是上级与下级的关系，是命令与服从的关系，无法与媒介进行很好的合作，导致公共关系活动的效果减弱。

（4）对如何科学有效地组合运用各种媒介以求最佳的公共关系效果，对如何根据不同的传播对象和不同的公共关系内容选择不同的媒介，还缺乏系统的理论指导。这些都是目前我国政府公共关系传播活动中的一些问题所在。

这些问题的存在会影响政府公共关系的传播效果，使政府公共关系活动事倍功半。只有从根本上更新政府公共关系意识，才能找到解决问题的办法。

2. 中国政府公共关系面临的变化与挑战

进入社会信息化和经济全球化时代，中国政府公共关系面临着不少新的变化和挑战，尤其是公共关系媒体体制和功能上的变化。这些变化和挑战都是需要政府和政府的公共关系人员清楚地认识和积极面对的，同时最重要的是如何调整政府的职能以对应新的挑战、适应新型媒体的传播特点。那么，对于传媒界的巨大变化，中国政府公共关系面临着怎样的挑战呢?

（1）资本对媒介的把关。

由于经济的全球化需要媒介的市场打造和营销宣传，不少强势资本通过投资和合作等方式对有影响力的公共媒介实行传播内容上的潜在导向或把关控制，而媒介的商业化也使其越来越看重发行量和广告收入。这样，媒介在传播内容上就不可避免地对强势资本的利益有所偏向，导致对公共信息传播上的怠慢。对于政府公共关系来说，资本与媒介的新的关系会导致媒介在报道政府公共活动和公共信息时的主动性渐渐淡化。

（2）海外媒体在中国的活动。

社会信息化和经济全球化时代的中国政府不仅要面对众多的中国媒体，同时还要面对来自海外的各家媒体。不论是政府的信息发布活动，还是公共策划活动都要把海外媒体作为重要的合作对象，尤其是树立和推广政府的对外形象时，要分析了解海外媒体的传播理念和特点。海外媒体在中国的活动有两种，一是海外媒体在中国常驻记者的采访发稿活动，一是海外媒体资本进驻中国后的合资媒体的采访活动。相比之下，政府公共关系人员会比较熟悉中国媒体的采访方式和提问的角度，比较容易与中国媒体打交道。而对于海外媒体就不能用相同的手法来对应了。由于不同的媒介制度，中外媒体采访理念也不尽相同，一个比较易于采取与政府合作的态度，一个则正好相反，习惯于从审视政府行为的角度看问题。如何面对海外媒体的采访、如何在海外媒体中树立健康的政府形象，是新时期政府公共关系的一个重要课题。

（3）多媒介的综合传播效果。

信息化是和传播业的飞速发展同步的，目前，政府面对的传播媒介的种类越来越多，不同的体制、传播对象、传播区域和传播方式，不同的传播理念和对政府权力的立场态度，令政府在选择媒介时比较为难。这就需要政府及其工作人员对各种媒介的传播特性有一个综合的了解，尤其是对于外国媒体、合资媒体、新型媒体的传播方式和效果要有一个推测和估计。同时，不仅仅是传统的传播媒介，新型的传播媒介也会在诸如网络等方面展开政府公共关系活动。

（4）网络媒体的传播。

网络媒体的发展和传播效果是有目共睹的，几乎所有国家的政府都建立了政府网站，用以发布政府信息，宣传政府的主张，沟通民意。同时，在网络媒体上进行政府公共关系活动也有很多优势，如传播成本小、速度快、范围广等。我国各级政府一般都有各自的官方网站，为公众提供了大量公共信息，使人们足不出户就可了解政府的主张和行动。但是，和国外政府网站相比，我国政府网站的信息量还不够大，更新速度还很慢，最大的一个弱点是与公众在网上交流的机会少，听取公众意见的网上平台很少。网络媒体传播的最大优势除了传播速度快、传播范围广，就是传播者和受众能及时交流沟通这一点，这正是网络媒体迅速普及的原因之一。而我国的政府网站比较重视上情下达，却忽视了在网站上给公众一个对政府活动进行反馈和发表意见的渠道。这种单方向的信息传播不符合信息化社会的传播原则，是需要改善的。

（5）受众心理的变化。

随着社会信息化和经济全球化的发展，普通公众的信息环境也有了较大的变化，一个人可以轻松地接触多种传播媒体，包括国内媒体和海外媒体，对同一个问题可以在不同媒体上看到不同角度的报道。多媒体和多角度的信息传播使受众尤其是有高学历、高信息储备量的公众的信息分辨能力提高，使其从被动的受众转向主动的信息接收者。这就要求政府部门的信息发布或公共关系活动不能是单纯的传播，而是要熟知传播对象的接受心理及其变化特征，在这样的基础上进行有意识的传播，这样的传播才可能有效。

上面我们讨论了在社会信息化和经济全球化时代政府公共关系面临的一些传播上的问题和挑战，这就要求新时代的政府公共关系人员有充分的认识和理论上的准备。这些问题和挑战也可以看成是新的机会或转机，解决的关键是转变我们的公共关系传播意识。

7.2.3 媒介与政府关系的变化

前面分析过政府与媒介的相互关系，在中国媒介工具论的意识比较有历史，也比较牢固。改革开放使中国的大众传播媒介的工具角色渐渐淡化，取而代之的是自负盈亏的媒介经营体制，这使媒介组织的社会功能和传播体制都有了较大的变化。到现在，媒介工具论虽然仍然存在，但是对媒介的约束作用已经大不如前了。与从前相比，现在政府与媒介的相互关系经历了以下几种变化：

1. 媒介体制的变化

媒介体制的变化是中国改革开放中最明显的变化之一，由于媒介开始采用市场经济的方式，由市场而不是政府决定传播的方向，这样就导致了媒介重视发行量和广告收入，使传播内容不可避免地向商业化方向发展。改革开放以前，政府是媒介最为重视的对象，政府的有关信息常常被放在被强调的版位。但是，媒介体制的变化改变了这种政府信息优先的状态，商业信息、娱乐信息、消费信息、有关广告商的正面信息以及可以带来商业利益和提高发行量的信息占了多数的版面。同时，会导致发行量和收视率减少的信息（如政府会议等）和会给广告商和媒介股份拥有者的利益带来损失的信息都有可能被忽视或掩盖。

例如，经营学里的整合营销观念被作为一些大型媒体集团的经营方式来实行。也就是说，信息被看成是商品，受众被看成是消费者，即媒介的最终目标。受众不喜欢、不爱看的内容就会被删除或减少传播的机会。

对于政府公共关系活动来说，对媒介的体制变化和商业化倾向要有一个清醒的认识，要懂得如何在商业化机制下与媒体打交道，以及如何让媒体重视政府信息的发布。

2. 传播理念的变化

改革开放以前的中国媒介作为政府的一个附属部门，一直起着“喉舌”和工具的作用，对于政府而言，媒介是下级单位，必须服从政府的管理和指示。在信息传播方面，媒介的自由裁量权比较小，传播方式比较保守。由于在财政上依靠政府，所以也不太看重社会传播效果。但是，20 世纪 80 年代初开始的政治体制改革和经济体制改革同时促进了中国媒介体制的改革，媒体自负盈亏，走上了市场化的道路。来自政府方面的管理少了，更重要的是，媒介体制的市场化使中国媒体开始考虑传播的真正意义是什么，怎样的传播才能在获得公众的同时获得市场，媒介的社会功能到底是什么。也就是说，媒介对与政府的关系进行了重新定位，在肯定协助政府传递公共信息是媒介的重要职能之一后，认为新时代的媒介在通过传播信息使社会公共事务和政府行政保持透明的同时，应该完成两个观念上转变：一是服务的第一对象由政府转换为公众，二是传播内容的重点由政府宣传转为信息传播。

这就使媒体在传播方式上有了很大的变化，比如重视公众舆论和议题，重视从公众的角度看政府议题，报道方式上减少了宣传的色彩，倡导客观报道和媒体的社会责任，重视自然信息的及时有效的传播。

媒体传播理念上的变化对政府公共关系活动的展开有了新的要求，政府应该改变以往媒介管理者的姿态，理解媒介的思考角度，吸引媒介的注意力来传播政府议题。在媒介面前，政府应是一名合作者而不应是领导者，要对媒介的传播理念和特有的传播方式有一定的了解。

3. 传播目的的变化

中国的大众传播媒介最初主要体现了政府的传播工具这样一个功能，在社会信息化和经济全球化时代，媒介仅有这样的作用是远远不够的。随着现代传播学理论和西方新闻学理论的引进，很多媒体都对自己的目标对象有了一个新的认识，这就是受众至上观念的形成。媒介为谁传播、传播什么，都是围绕这个目标来展开的。这样就会形成一种新的媒介服务观念，也就是说，媒介要想拥有受众市场就必须站在受众的立场上，以他们的需求为传播目标，当公众与政府发生矛盾时，媒介要站在公众的立场上为公众代言。同时，公开政府的信息和行为，监督政府的决策和实行也是现代媒介的职能之一。

从这个角度来说，政府公共关系活动的关键和重点应该从政府所主张的对外宣传转向通过媒介与公众进行多方位的信息沟通和意见交换，因为良好的沟通和有效的意见交换都是建立健康的政府形象的好机会。

政府与媒介关系的变化是历史发展的必然趋势，对这种变化要有清醒的认识，采取科学的方法进行积极的应对是现代政府公共关系的基本立场。

7.2.4 全球信息化背景中媒介的发展趋势与政府公共关系

在全球信息化的大背景中，我国媒介将会有很大的发展，这是不容置疑的。其未来所呈现的三种主要发展趋势无疑对我国政府公共关系的媒体运用方式提出了新的课题。也就是说，中国政府不能再按以往的方式和观念来应对媒体，而是应该用一种合作与相互理解的态度、积极有效的方法利用媒介进行公共关系传播活动。那么，我国媒介发展的三种趋势是什么？作为政府公共关系人员应如何面对这种变化？

我国媒介发展的趋势之一是媒介管理体制将转变为资本管理，这必将导致媒介在传播内容上被资本控制和商业化的局面。政府公共关系人员首先要对这种发展趋势有一定的了解，善于在媒介的商业化机制中突出政府信息源的重要性和权威性，突出政府信息的公共性和主导性。

趋势之二是我国媒介将出现以经济类和娱乐类信息为主要内容的传播导向。与以往政治新闻和政府信息占主要地位的传播格局不同，政治类信息由于受众兴趣淡化而不得不退居其次，商业性信息和娱乐性信息由于有广阔的市场而越来越成为媒介的宠儿。也就是说，媒介的传播内容是以受众——市场为导向的，没有市场价值的信息，很难被媒介放在重要位置进行传播。这就要求政府公共关系人员对当前的信息市场要有一个比较明确的把握，在向媒介提供政府信息时，要善于从某个特定的角度强调信息的新闻价值和市场价值，不能仅仅考虑政府方面的宣传要素，更要考虑传媒和受众方面的要素。

趋势之三是我国的媒介在未来将会出现更多的多类型媒介集团，这些同时拥有印刷媒介、电子媒介和网络媒介的媒介集团将会主导社会的传播局面。由于大型媒介集团具有传播实力雄厚、传播范围广、受众多且稳定的优势，它同时也是政府公共关系传播活动的首选合作者。与大型媒介集团建立良好的合作关系，懂得如何同时利用多种媒介进行政府公共关系活动或政府信息传播是很重要的。

7.3 大众传播媒介

大众传播媒介是指通过报纸、杂志、广播、电视和通讯社等面向大众传播信息的媒介。一般来说，大众传播媒介指的是媒介组织，如报社、杂志社、电台、电视台等。大众传播媒介是政府公关活动最重要的传播媒介。

7.3.1 大众传播媒介的传播特征

正如其名，大众传播媒介最主要的传播特征是面向大众，而不是少数的个人或小群体。它是通过一个媒介组织，运用有力的传播工具来进行的，同时，这些传播工具都是以先进的通信技术来保证其传播速度、传播量和传播范围的。

大众传播媒介是保证一个社会信息循环流通、公共决策透明、社会管理得以民主运作的保证，可以说，由大众传播媒介组成的社会信息网络的发达与否表明了一个社会的发展与进步的程度。这是因为大众传播媒介从其诞生开始就被赋予了一种社会使命，即沟通社会上下的信息，保证社会管理者与公众之间的对话，促使公众参与社会管理和社会舆论的形成。正是由于这种使命，大众传播媒介具有其与生俱来的权威性、公共性和公正性，为了履行自己的这种社会使命，大众传播媒介视客观、公正、中立以及为民代言、维护社会公共利益为自己的报道原则。

基于其权威性、公共性和公正性，受众一般都在对大众传播媒介的信息不加怀疑的前提下接受媒介的传播内容，接受其社会议题的设定，默认其信息重要程度的排行。这些都是为大众传播学多年研究的成果所证实的。从政府公共关系活动的角度来看，利用大众传播媒介这个社会公共资源来进行公共关系传播是非常有利的。

那么，大众传播媒介在传播上有什么特点呢？一般来说，与其他媒介相比，大众传播媒介有以下五个特点：

（1）传播速度快。

大众传播媒介总是积极利用最先进的通信技术，将以最快的速度传播最新的信息作为传播准则。一般而言，一项新的通信技术问世后，会导致新型的大众传播媒介的诞生，如利用了无线电技术的广播、利用了视屏通信技术的电视等。有先进的技术作为基础，大众传播媒介的信息传播速度才能得以保证。

（2）传播范围广。

报纸以其数百万份的发行量，广播和电视以其电波的覆盖区域为大众传播媒介传播范围之广提供了保证，这是除互联网以外的其他任何媒体所望尘莫及的。

（3）传播量大。

报纸有不断增加的版面，广播和电视有 24 小时的时间和空间，这些都能保证大众传播媒介可以传递大量的信息。

（4）受众广泛、稳定。

正如大众传播媒介这个名称所指，大众传播媒介是面向社会大众的，受众人数多、涉及阶层广是它的特点。同时，经过较长的发展历史，报纸、广播和电视都有了较为固定的读者、听众和观众，尤其是较为有名的大众传播媒介，已经拥有一批忠实、稳定的受众，这对于获得稳定有效的传播效果是很重要的。

（5）传播效果佳。

大众传播学的研究表明，现代大众传播媒介的传播效果是有效的，尤其是在传播社会公共信息、设定社会议题、引导和形成公众舆论、促进社会各阶层的交流和沟通方面卓有成效。

由此看来，大众传播媒介对于政府公共关系传播来说应该是首选。同时，大众传播媒介还是一种公共资源，作为社会管理者的政府对其应该积极加以利用。

7.3.2 政府公共关系与大众传播媒介

1. 大众传媒是政府公共关系的最佳媒介

2002年11月，广东省佛山市发现了第一例“非典”病例，如果当地政府通过大众传播媒介向公众及时告知这一情况，使公众有正确的认识的话，或者说运用大众传播媒介积极地展开政府危机公关的话，也许不会导致后来的由于公共信息匮乏而民心不安的局面。但是，由于当时春节即将来临、“两会”将要开幕，政府采取了不公开“非典”信息的立场，对大众传播媒介的相关提问给予否认。由于政府放弃了在大众传播媒介上的信息发布权和议题设置权，使流言蜚语遍布民间、人心不稳，国外媒体对这种做法更是严加批判。这种面临突发事件不会积极利用大众传播媒介的做法反映了政府危机公关的水平还比较低，没有认识到大众传播媒介对政府公共关系的重要性，从而错过了进行政府公关的最佳时期。

但是，在“非典”后期，政府的媒介运用方式有了较大的改善。2003年4月20日，卫生部召开了一次新闻发布会，当时担任新闻发言人的卫生部常务副部长高强在大众媒介面前公开宣布北京患病人数，并坦然承认工作中的失误，同时，卫生部新闻办公室积极通过媒体向公众发布最新疫情报告，其他各级地方政府也纷纷设立政府新闻发言人，或由高级官员出面接受大众传播媒介的采访。这种积极的态度使公众及时获悉了政府的行为和相关的公共信息，起到了安稳民心的作用。

从上面的例子可以看出，政府公共关系活动有必要积极利用大众传播媒介来进行，这是因为公共关系活动主要是面向广大公众的传播活动，它传播的内容主要是信息，所以必须积极利用有效的媒介来实现好的传播效果。在各种传播媒介中，大众传播媒介是一种社会公共资源，鉴于其一定的社会权威性和广泛的受众面及有效的传播效果，政府在进行公共关系活动时如果积极主动地运用大众传播媒介，和媒介联手传播政策信息，引导公共舆论，就可能取得良好的传播效果。尤其是在突发事件发生时，政府要和媒体相互配合进行危机公关，例如，政府要积极在大众媒介上发布信息，尽快设置政府议题，面对不同的大众传播媒介要统一传播的主题和基调，信息要全面、权威，解释和说明要照顾公众的信息接收心理。这样才能真正实现政府公关的目的。

2. 我国当代大众传媒的特征与政府公共关系

从上述五个传播特点上看，我国的大众传播媒介与西方国家的大众传播媒介存在一定的相同之处，但是，在大众传播媒介的传播理念和传播机制上两者之间还是各有不同的。从公共关系角度看，我国的大众传播媒介具有其自身的特点，即变化探索中的传播理念和新旧传播理念的媒体的共存。

过去，我国大众传播媒介是作为政府工作的配合者和政府的从属机构而存在的，现在，一部分媒体已经渐渐淡化了这种角色，但是仍然有相当一部分媒体仍然保持这种角色和认识，积极配合政府的工作，重视政府信息的传播。同时，对于在社会信息化和经济全球化的背景下，我国的大众传播媒介应该向什么方向发展，如何既适应社会信息化和经济全球化的进程同时又兼顾我国的国情，这还是一个探索中的课题。从多种媒体一种理念到不同传播理念的媒体的共存，这些均对政府公共关系提出了不同的要求。不同的传播理念会导致对不同的传播内容的重视和不同的传播效果，政府公共关系人员首先要对媒体的传播理念有一个比较清晰的认识，懂得用变化的观点去看待现代大众传播媒介及其价值观。应该认识到的是，我国大众传播媒介的传播理念的变化之一是重视社会公共信息或有关公众利益的信息，这一点和政府的目标和利益是一致的，因此，政府公共关系人员要善于将政府公共关系信息与媒体理念有效地结合起来进行传播。

7.3.3 大众传播媒介与政府公共关系的媒介选择

一般来说，政府公共关系信息可以分为以下几种：公共信息、宣传信息、协调信息、服务信息。这些信息应该按照其特点来选择不同的大众传播媒介。我们首先来看看这些不同信息的特点。

1. 大众传播媒介的种类及其传播特点

公共信息是指政府面向全社会公众发布的有关社会环境和社会管理政策的信息，如政府的政策和法令、工作或会议的成果报告以及突发事件的通告等，要求快速大面积的传播是其特点。宣传信息是指用于树立政府健康形象、推动或推广政府政策和法令的执行的相关信息，要求有较好的传播效果。协调信息是指政府作为社会的管理者要整合社会各个阶层和集团，加强和协调彼此的联系和团结，为共同促进社会的发展出力所发布的沟通性信息，这种信息的受众针对性比较强。服务信息是指政府为社会成员所提供的各种有关政策、方针和法令的解释性或说明性信息，要求使用有较好的对话、回馈功能的媒介。

那么，对于各有所长的各种大众传播媒介，政府公共关系应该采取怎样的传播原则呢？或者说，对于不同的政府公共关系信息，应该怎样选择不同的大众传播媒介呢？下面我们针对不同大众传播媒介的特点和不同类型信息的特征对其加以分析。

（1）报纸。

报纸采取的是文字和图片传播，其特点是可以进行大版面、有深度和详细的报道，作为印刷媒体它易于保存，可以重复阅读，特别适宜于重要的政策和法令等信息的登载。报纸的版面排置有明显的轻重之分，可以清楚地体现传播者的议题设置意图和信息重要性。例如，重要信息往往被排在头版头条，这样最容易被读者看到，而不重要的信息则被放在版角或内版。

报纸是大众传播媒介中历史最长的媒介，也最具有亲和性，知名的报纸往往拥有固定的读者，传播效果比较稳定。同时，不同性质的报纸拥有不同阶层的读者，传播的针对性易于把握。

（2）杂志。

杂志是一种定期发行的比较强调专业性的媒介，由于杂志版面比报纸多，其最大的特点就是信息传播上的深度、广度和专业权威性，可以就一个问题进行长篇深入的报道，也可以就一个重要议题做全面的报道，还可以以专辑形式出现。杂志的时效性比不上报纸、广播和电视，但是它有自己的优势——可以作深度报道或专题报道，因此，杂志比较适宜于政策性或协调性信息的传播。

（3）广播。

广播是一种以声音为媒介的传播工具，其最大的特点是对受众的限制小，几乎没有文化水平上的要求，传播速度比较快，覆盖区域广，是一种易于普及的大众传播媒介。但是广播的信息保留性差，难以确认和重复，也不易用于解释艰深难懂或重要的问题。但是对于宣传性信息却可以达到老少皆知的效果。

（4）电视。

电视通过声音和视频影像来传递信息，它的特点是声像并茂、生动感人、传播效果较好。因为和广播一样使用电子通信技术，故其传播速度快，传播范围广，对受众的限制较少。但是它的制作成本比较高。

（5）网络媒体。

以互联网通信技术为基础的各种传播平台也成为新型的大众传播媒介，网络社区、QQ 等即时通信工具、博客、微博、微信等各种网上沟通方式都带有大众传播媒介的基本传播特征，而且在传播速度和范围上，有非常大的优势。网络媒体的传播特点和作用将在后面做专门介绍。

2. 大众传播媒介受众的特点

大众传播媒介的受众和其他媒介的受众是有区别的，首先他们对大众传播媒介有一定的需求，会主动去购买报纸、杂志和书籍，会定期或习惯性地主动接触电视、广播或网络媒体。这是因为作为社会的成员之一，公众有通过媒介了解社会、对自己所处的社会环境做出适当的判断的要求，尤其是在突发事件或战争时期，大众传播媒介是最易于接触、最方便入手的传播媒介。同时，各种大众传播媒介如印刷媒介和电子媒介互相补充，提供大量的信息，适应和满足社会不同阶层对不同信息的需要。在现代民主社会，大众传播媒介也是公众了解政府的有效工具，它通过报道政府信息和反映民情民意，实现监督政府和舆论的作用。这些特点都使大众传播媒介的受众具备量大、面广、稳定等特点。政府公共关系活动要积极把握其特点，积极有效地利用大众传播媒介。

3. 政府公共关系的媒介选择

从历史上来看，报纸和杂志这样的印刷媒介比较有权威性、影响力和说服力，适宜于公共信息、协调信息和服务信息的传播；广播和电视这样的电子媒介由于传播速度和范围上的优势，比较适宜于宣传信息的传播。但是，现代大众传播媒介在各自的优势和弱势上都有了很大的改进，例如，报纸通过电子排版和改进印刷技术使传播速度大为提高，电视通过增加播出时间将报道做深做细，不同媒介传播优势之间的距离渐渐缩短了。但是，这并不是说在进行政府公共关系活动时可以随便挑选大众传播媒介，因为还要考虑到受众和综合传播效果的问题。

对于受众来说，喜欢印刷媒介和喜欢电子媒介的受众是有阶层、经济收入、学历和知识水平等因素上的差别的，同时，还有印刷媒介和电子媒介两者都频繁接触的受众存在，这就要求政府公共关系人员要有受众意识，懂得受众心理。一般来说，收入和知识水平较高的受众喜欢印刷媒介，收入和知识水平较低的受众喜欢电子媒介。要达到较好的传播效果，建议同时使用两种以上的大众传播媒介进行传播，尤其是印刷媒介和电子媒介交叉使用，这样的好处是不同的传播媒介的优弱势得以互补，同时覆盖了不同的受众阶层。

以下是对不同的政府信息如何选择大众传播媒介的建议，在实际选择过程中要根据具体情况，如传播内容、传播目的、目标受众、经济预算等要素选择（见表 7—1）。

表 7—1 政府信息传播与大众传播媒介选择

信息种类	第一选择媒介和理由	第二选择媒介和理由
公共信息	报纸——深度、详细，可重复阅读，易于保存	电视、广播——传播面广，速度快
宣传信息	电视——传播面广，形象感人	广播、报纸——传播范围大，内容详细
协调信息	杂志——适合详细说明、解释，针对性强，专业性强	报纸、电视——解释性强，受众层次广
服务信息	报纸——解释性强，信息回馈	电视、杂志——传播速度快，专业性强，信息可以回馈

在 1997 年香港回归之后，为了更多地吸引海外投资和商贸活动，香港特区政府决定重新打造香港的都市形象，以“旅游之都”为主题进行世界性的公共关系活动。这次公共关系活动制定了长期的计划，在选择大众媒介方面，他们认定了以杂志为主、网络为辅的媒介战略。从 1998 年开始连续几年，香港旅游协会每年邀请超过千名来自世界各地的知名旅游杂志的记者到港采访。特别是 2002 年邀请世界著名的旅游杂志《国家地理》的摄影师来港制作了“香港一日”的专题摄影报道，向世界传播回归后的香港依然是一流的旅游胜地这个信息。如果把这些知名世界传媒的报道版面转换成广告篇幅，就相当于每月 12 亿港元的广告效益。香港旅游发展局同时还与《国家地理》杂志建立协定，实行以全球为市场的香港“旅游之都”的宣传活动，并在旅游旺季在港举行各种传统文化的活动，令访港旅客切身感受到香港的文化氛围。

鉴于网络媒体受众的广泛性和使用成本的低廉，香港旅游协会还同时建立了一个名为“香港——动感之都”的专门网站，用大量的页面介绍香港的旅游资源和旅游知识，并提供多种语言版本。1999 年，太平洋亚洲旅游协会将这个网站评为最佳旅游网站，成为全球五个最佳旅游网站之一，平均每月可吸引 2 000 万人次访问。香港特区政府以杂志和网络为主的公共关系活动取得了很好的效果，每年来港旅游的人数不断上升。

4. 政府与媒介合作关系的形成

大众传播媒介是政府在开展公共关系活动时重要的合作者和渠道，政府公共关系人员应该与媒介建立良好的关系，善于与媒介工作者打交道。一般来说，要注意以下几点：

第一，良好的关系是合作的基础，尽量尊重大众传播媒介的传播方针和理念，以平等的姿态提供真实的信息，并且讲究办事的效率。

第二，要积极主动地提供信息，建立固定的信息发布渠道，专人负责与媒体的联络。美国白宫有 40 多位公共关系人员，其中 15 位专门负责对大众媒体的联络事项，如与知名记者保持良好关系、向记者事先“吹风”、观察收集媒体的相关报道等。

第三，政府作为信息源要善于主动设置媒介议题，策划新闻报道主题，邀请媒体采访团去采风或访问，展示政府的成绩和正面形象。

第四，熟知媒介运作过程的特点，把握公共关系的时机、编辑方针、发行周期、截稿时间、版面分布特点、发行对象等。这样，在开展政府公共关系时就会有的放矢，可以根据媒体的不同特点来选择信息发布的对象。

第五，在经济全球化时代，政府公共关系人员不仅要熟知国内大众传播媒介的特点，还有必要了解境外媒体的特点。这是因为越来越多的境外媒体不但长驻国内，还积极进军国内媒体市场，对国内受众的影响力日渐增大。所以政府公共关系人员不能忽视境外媒体的存在，而是要积极利用这块新的资源。对境外媒体与国内媒体的不同之处，如意识形态、新闻价值观、采写原则、问题审视的角度等，要有一个事先的了解和正确的认识。

7.4 网络传播技术

7.4.1 网络传播技术的发展

互联网于1969年诞生于美国。在紧急情况下计算机仍然可以通过自身的路线进行相互联系和信息交换是互联网研究的主要目的。之后，世界网络技术飞速发展。20世纪90年代初期，随着万维网的发展，互联网开始走向民用，操作难度的不断下降使一般利用者的数量大幅度上升，各国政府机构和一些商业机构也意识到网络的巨大优势和潜力，纷纷加入网络的使用和投资网络的建设，这是网络飞速发展的背景之一。一般来说，网络飞速发展的原因有几个：（1）人类对信息共享和信息交流的强烈需求；（2）有先进的通信技术和信息工程技术作为科学基础；（3）使用方法日趋简单方便，无须高深的知识就可以操作使用；（4）网络提供了多种服务和商业机会，使利用者和经营者同时受惠。网络极大地加速了信息的传播，使人们通过一种全新的通信方式来接触信息，网络可谓是一次崭新的人类通信方式的革命。

中国的互联网起步虽晚，但是发展却非常迅速。1986年中国首次进入互联网，1990年在国际互联网中心登记了域名cn，1994年中国第一个网页诞生，到了1997年，中国上网用户有117万，而2002年上网用户则达到了4 580万，仅次于美国位居世界第二。根据2004年1月15日中国互联网络信息中心（CNNIC）在北京发布的第13次《中国互联网络发展状况统计报告》显示，到2003年12月31日，我国网民达到了7 950万人，上网计算机达到3 089万台，网络国际出口带宽总数达到27 216M，cn下注册的域名数、网站数已分别达到34万和59.6万。这份报告认为，互联网已经发展成为中国影响最广、增长最快、市场潜力最大的产业之一，并正在以超出人们想象的深度和广度迅速地发展着。

从信息传播的角度来看，网络为人们的相互沟通和交流提供了以前无法想象的方便。一般来说，网络的信息传播服务有信息检索、电子邮件、BBS和网络社区等几类。由于网络技术发展较快、普及较广，互联网已经成为当代社会主要的传播工具之一，在信息提供和交流方面给人类带来了无法比拟的方便。与传统传播媒介相比，在传播的速度、范围、信息量上，以及在信息接触、交流、共享的自由上，互联网都是以一个王者的姿态出现的。

案例

你使用微信吗？微信是腾讯公司于2011年1月21日推出的一款通过网络快速发送语音短信、视频、图片和文字，支持多人群聊的手机聊天软件。用户可以通过微信与好友进行形式上更加丰富的类似于短信方式的联系。微信软件本身完全免费，收发微信时产生的上网流量费由网络运营商收取。2013年1月，微信注册用户已经超过3亿。微信在传播上有什么特点？相比于QQ的即时通信、微博的关系网络和信息高速传播，短信的资费限制，微信的优势在于更加精准、私密的沟通圈子、更廉价的沟通成本与更为有针对性的沟通效果。从使用者角度来说，微信更方便快捷，同时兼具接收QQ下线信息等功能，以及语音聊天功能，和QQ、短信相比，无须文字输入，更方便传达信息，和微博相比节省流量，又可以实时互动。最重要的一点在于，微信新开发的“摇一摇”功能，解救了众多用户的无聊时光，在空闲时使用“查看附近人”功能，也扩大了交友的范围和可能性。

7.4.2 网络媒体的传播特点与政府公共关系

1. 网络媒体的传播特点

从信息传播的角度来看，网络媒体有以下几个特点：

（1）极强的时效性。

网络技术给网络信息传播带来的最大优势之一就是传播速度快，这是报纸、广播和电视等传统媒介所无法比拟的。传播速度保证了网络信息的新鲜和价值。同时，网络信息还是互动的，传播过程的简化使网络信息几乎是和事实同步的，一有新的信息形成，马上可以在网络上发布，省去了报纸的印刷时间和广播、电视的音像制作时间。

（2）广泛的传播性。

网络从诞生开始就是以全球为传播目标的，网络信息的无国界性和无阶层性使其能在全球形成一个巨大的接收网，网络的传播范围是难以计算的。

（3）多样化的信息。

由于网络的信息负荷量极大，所以网络承载的信息内容也是丰富多彩、各种各样的。它几乎包含了传统媒介所有的信息形式，如文字、图像、声音、动画等，还可以以各种文档形式方便地传递信息。人们可以根据自己的爱好选择接受不同形式的信息，在信息选择上的自由度大大提高了。

（4）超链接的方式。

与传统媒体相比，网络媒体在传播上的优势还体现在信息链接上，一条信息可以引出成千上万的其他信息甚至是信息库，这对于加深受众对信息的理解和获取多角度的信息是很有利的。

（5）传播的多方位性。

从传播过程上来看，传统媒介一般都有比较固定的传播者，如媒介组织的工作人员，以及固定的信息接收者——如社会的受众。但是，网络信息传播则打破了这一格局，使传播者和受众的界限变得模糊了。受众可以作为传播者在网上发布信息，媒介组织可以作为一个接收者收集网络的信息焦点作为再传播的内容。

那么，网络媒体与传统媒体在传播信息时有什么不同呢？我们可以参考表7—2。

表 7—2　　网络媒体与传统媒体的比较

信息的传播与接收	网络媒体	传统媒体
传播速度与范围	快，广	慢，较小
反映民意，与受众的交流	快	慢
受控制与管理程度	小	大
受众意见发表的自由度	大	小
信息的保存性	中	强（报纸），弱（广播、电视）
家庭亲和性	弱	强
信息流动性	强	弱（报纸），中（广播、电视）
信息流动的方向	双向	单向
传播区域的限制	小	大
受众的接受条件	高	低

2. 网络媒体与政府公共关系

基于网络媒体在传播上的优势，使用网络媒体进行政府公共关系的主要目的有三个：第一是传播公共信息，第二是提供政府服务，第三是宣传树立政府形象。从网络媒体平台的种类来看，政府公共关系主要有两种利用方式：一种是建立政府网站，通过自控网站来进行信息传播，这种方式占绝大多数；另一种方式是通过官方传统媒体，如党报、机关报、官方电台和电视台的网站来发布信息。在我国，这样的网站有人民网、新华网等，其数量比较少。

通过网络媒体为公众提供信息是信息化时代政府的基本职能之一，下面我们以政府网站为主进行说明。政府网站的目的是及时迅速地公开各种政策、法令、管理章程以及有关突发事件的信息和对策，使公众能及时了解政府的各项方针和目前的社会现状，保证公共信息的畅通。同时，政府网络媒体要使社会各阶层在共同的信息环境中保持协调和相互配合，实现政府管理职能。网络传播的双向性保证了政府与公众和社会各集团之间的反馈和交流，体现了政府公共关系的咨询功能和协调功能。

政府网站为社会公众提供多种服务，如网上申请证件、申报户籍、查询个人的税收资料和社会保险资料、申请各种社会补助和保险等。使公众足不出户就可以轻松便捷地接受政府服务。由于网络媒体本身十分适宜于信息性服务的提供，所以，政府可以同时将多种服务网络化，既方便了公众，又节省了人力物力和时间，提高了政府工作的效率。

政府网站还可以通过介绍政府工作情况、说明解释政策法令、展示政府工作成果来树立和提升健康的政府形象，或者通过宣传性信息来招商引资和吸引人才，这都体现了政府公共关系的宣传功能。例如，香港政府的政府网页由专门设立的电子政府协调办事处负责，政府的各部门都有自己的部门网页，详细列明工作目标、内容、组织架构、各项工作的负责人和联系方式、公开资料、期刊、公共服务、最新消息等。香港政府还设有政府资讯中心网站，网站主体内容由政府网页、政府服务、政府资讯和新闻司几大部分组成，市民可通过不同的网站了解政府内部机构的职能和所提供的服务。同时，香港政府网站还承担各种对外公共关系和宣传活动，如“非典”后香港对外形象的更新、促进香港旅游资源的发展等。

利用官方传统媒体的网站来发布信息也有其优势。这些网站技术力量强，采编人员素质较高，由于继承了官方媒体的权威性，受众接触的主动性比较强，比较适宜于发布有关公共事件、突发事件的信息。

例如，2003 年 10 月有关“神舟”五号发射的信息就是由新华网和人民网率先发布的。新华网在 2003 年 10 月 15 日早上 9 点 12 分率先发布了“神舟”五号发射的消息，并以六种语言同时发布流动信息，使新华网的访问量比平时增加了 5.5 倍。由于访问量的猛增，新华网在全球互联网的排名急升至 54 位。而人民网作为“神舟”五号发射的官方报道网站从 2003 年 8 月就开始报道筹备工作，利用官方网站的优势积极报道现场信息和国内外的反响。人民网还采取文字直播的形式随时报道发射的最新信息，使网民的访问率大大提高，每天的网民留言超过 3 000 条。同时，人民网还在强国论坛上邀请相关知名人士与网民在线交流，收到了很好的传播效果。

总之，网络媒体是进行政府公共关系活动的一个较好的选择。但是，也要看到网络媒体在传播上的弱势。例如，对受众的经济和知识水平有一定的要求，这使网络媒体的受众趋于中产阶层。网络媒体会遭到黑客的袭击，因此要求管理者有较高的技术水平。

7.4.3　中外政府网络的现状和作用比较

网络时代对各个国家的政府部门提出了新的要求，这就是快捷、高效的工作效率和快速透明的信息公开。网络对于政府来讲是一种有效的信息传播手段，同时也是一个架在政府与社会公众之间的沟通交流的平台。在全球范围内，政府部门的办公网络化、自动化、电子化，尤其是与社会同时实现信息共享已是一个大趋势。而政府网络的建设和使用正是其中一个重要的方面，正如前面所指出的，政府网络不仅仅在提高政府政务效率方面有重要作用，同时，也通过政府的信息传播体现了政府公共关系的主要职能。这样的职能具体体现在政府网站的作用上。

1. 外国政府网站及其信息传播功能

世界各国政府对包括政府网站建设在内的电子政府的实现都十分重视。其中，英国政府（http://www.direct.gov.uk/Homepage/fs/en）处在领先位置，60%的英国地方政府机构已开通互联网服务网站。到 2004 年，通过政府机构的网站享受政府服务的英国公众已达到 41%。法国总理府（http://www.admifrance.gouv.fr/）在 2000 年 1 月初要求政府各行政部门发展网络交互服务功能，利用网络简化行政办公活动。日本政府（http://www.mofa.go.jp/mofaj/）在 2000 年的新纪元工程中也明确提出在 2003 年实现“电子政府”的目标，这就是说，日本的各级政府要百分之百地用计算机系统处理各种行政事务。

美国政府（http://www.state.gov/）的电子政务已经进入了全面发展的阶段。美国的政府网站有以下几个特点：第一，各级政府和部门都有自己的网站，数量较多；第二，政府网站的内容涉及面广，有政治、经济、军事、生活、娱乐网站，也有教育、医疗、求职、贷款等方面的网站，提供大量的服务性信息；第三，各级政府网的超链接、上下级政府的网络互相连接，形成了一个覆盖全国的大型政府网络。

从信息传播的角度来说，外国政府网络体现了三大功能。第一，公共信息的快速传播和广泛交流共享。公众可以在任何时间接触政府网站，获得自己想要的信息。第二，加强和加速了政府与公众之间的沟通与反馈。一般的政府网页都列有具体部门、具体负责人的电话、传真、电子邮件地址等联系方式，使公众的声音可以直接传入相关部门。有的政府网页还附有最高领导者的邮件信箱地址，公众可以直接向政府要人反映自己对政府政策的意见或建议，甚至是不满。第三，提供各种网上服务，如登记、注册、申请、声明、介绍、联系、消费等。

在网络信息时代，各国政府都面临着各种各样的新课题，尤其是政府部门在快速、广泛地提供公共信息方面起着越来越重要的作用。一般来说，政府掌握了一个社会80%以上的有价值信息，如政策法规信息、经济商业信息和服务性信息，基于这些信息的公共性和公众的知情权，人们对政府的信息提供职能也有越来越高的要求。

通过接收政府网站上的信息，公众对政府的作为和成果有了进一步的了解；通过在政府网站上接收回馈自己的意见，缓和了公众与政府的关系。这些都可以看成是政府网站的公共关系效果。

2. 中国政府网站及其信息传播功能

1999年1月22日，中国电信和国家经贸委经济信息中心等多家部委信息主管部门倡议发起了“政府上网工程”。据2013年中国互联网络信息中心的最新统计，中国gov.cn域名下的政府网站数为2.5万个，各省级人民政府都拥有了自己的政府网站。通过政府网站，各级政府的各个部门都能树立健康的形象，提高政府工作的透明度和加深与社会公众之间的信息交流。

电子政府思想库网站在2002年对北京、上海、广州等全国十大城市政府门户网站进行了一次调查，从中分析了中国政府网站的现状。从我国政府网站的具体信息内容来看，提供政策法规、部门介绍、本地概览、机构设置、通知公告以及部门联系方式的相关信息较多；相反，服务时间、地点、办事指南以及动态新闻的信息较少。和外国政府网站相比，我国政府网站有以下几个特点：

（1）政府网站的自身定位问题不明确，侧重点仍然放在“管理”而不是“服务”上。

（2）政府网站的服务性信息较少，介绍性信息较多。

（3）信息发布速度较慢，主页更换频率低。

（4）为公众提供的反馈、交流场所太少。

我国的政府网站虽然发展很快，但是以上这些不足之处也反映了我国政府在网络媒体的使用上还有需要改进的地方，政府网站的整体服务质量有待提高。

7.4.4 利用网络媒体进行政府公共关系传播的原则

网络媒体的优势在于它能迅速传播信息和方便地提供信息性服务两方面，所以，利用网络媒体进行政府公共关系的要点要放在传播公共信息和提供信息性服务上。针对我国政府网站的特点，在政府网站的建设上有必要加强对下面几个问题的认识和重视。

第一，政府网站建设的根本理念是信息与服务。我国政府一直以来都比较侧重管理型政府的角色，视社会其他成员为管理对象的观念仍旧存在。这种认识阻碍了政府亲和形象的形成，使政府与公众的关系变得僵硬。政府网站从一开始就要是一个便民服务台，只有树立了服务型政府的理念才能通过政府网络实现政府公共关系的目的。

第二，政府网站要注意信息服务的广度与深度。网络媒体的最大优势在于信息传播的速度快、范围广，政府网站在提供公共信息时要保证信息的时效性和对信息进行有深度、有说服力的说明解释。如果政府网站重要公共信息的发布速度慢于一般网站，就会减少政府网站的权威性；如果政府网站没有对重要公共信息做深入的说明，那么就会导致在信息解释上出现多意和歧义。这些都会降低政府信息传播的效果。

第三，政府网站在向公众提供信息服务时要注意服务的速度和质量。速度慢等于失去了使用网络媒体的意义，而质量则直接关系到政府的形象问题。

第四，政府网站要加强在信息传播上与受众的双向互动交流，我国的各级政府网页很少设置供公众发表意见和畅所欲言的交流平台，而网络媒体的优势之一正是相互交流的即时性和交流空间的低限制性，传统媒体因为版面和时间的限制不能很快很好地发挥这个作用，但是网络媒体很简单地就实现了。我国政府的网站应该更加重视在网络上与公众的相互交流，这对政府的决策和健康形象的树立尤为重要。

7.5　组织自控媒体

7.5.1　政府自控媒体的种类与传播特点

1. 政府自控媒体的种类

政府自控媒体可以按传播的方式分为六类，即政府网站、口头传播媒体、印刷媒体、电子媒体、展示性媒体和可携带式媒体。作为网络媒体的政府网站已在前面讲过，以下重点分析其他五种媒体的性质和特点。

政府利用口头传播媒体进行公共关系传播的方式主要有新闻发布会和记者招待会。新闻发布会是指由政府的新闻发言人定期或不定期地召集大众传播媒体发布政府信息的方式。其特点是由固定的新闻发言人口头面向传媒发布政府新信息，信息发布后允许记者提问，新闻发言人要当场回答相关提问。这种传播方式比较直接，信息的权威性强，利于媒体与政府的交流和反馈。同时，新闻发言人的言行往往被看成是代表着政府的立场和形象，也能起到政府公共关系的作用。

记者招待会一般是由政府召集大众传播媒体在指定的时间和地点接受政府高级要员就某个重要话题的信息发布，发布后会有一段时间供媒体人员提问。记者招待会一般不是定期召开的，而是在政府认为有必要对目前某个重要的社会问题表示意见时召开。从其传播特点上看，记者招待会与新闻发布会一样都有权威性、直接性和反馈的及时性，但是不同的是后者中信息的传播者往往是政府高官。基于信息发布者的名望，大众传播媒体不仅会就发布的信息提问，还会对有关信息发布者的个人问题提问。同时，政府高官更能代表政府的形象，通过他在媒体面前的个人风度和姿态，受众会直接联想到政府的形象。

政府自控的印刷媒体有公开发行的和内部发行的两种。政府公开发行的印刷媒体指面向特定组织或特定的社会公众发放或发行的报纸、杂志和书籍，一般不以营利为目的；政府内部发行的印刷媒体是指供政府内部传阅的报纸、杂志、书籍和报告集、统计资料等。

政府自控印刷媒体由政府出资、编辑和发行，数量上比不上大众传播媒介，但是它常常被作为大众传播媒介的信息来源而得到重视。内部发行的报纸和杂志在相关组织内部的传播程度比较高，有一定的效果。

政府自控的电子媒体是指体制上附属于政府的电台和电视台。一般来说，每个国家的政府都会有国营的电子媒体如电台和电视台，用于面向国内传播政府信息和面向海外进行宣传。这些政府自控的媒体有以下几个特点：（1）媒体的所有权归政府，主要经费由国家拨给；（2）其主要职能是政府的传播工具，承担政府给予的各项传播和宣传任务；（3）一般来说是面向全球进行国际传播，如我国的中央人民广播电台和中央电视台，美国的VOA和CBS电视网等。

政府自控的展示性媒体则是指政府出资制作的幻灯片、录像和小型纪录影片等，一般在政府内部或特定的组织内部播放，供组织内部成员或前来参观访问的客人观看。其内容多为介绍性的信息或资料，如城市历史、文化和风光的介绍，政府方针、政策和成果的展示，城市形象和政府形象的宣传等。

政府还可以通过一些可携带式媒体来进行信息传播或公共关系宣传活动，如光盘、录音带、录像带、纪念册、介绍手册等。这些媒体的特点是便于发放、携带和保存，主要供特定的传播对象或公众随意拿取，一般由政府的宣传部门编辑制作，长期放置于政府部门的对外接待场所。例如，日本北海道札幌市的观光资源十分丰富，是一个著名的旅游城市，札幌市的市政府大厅一楼就设置了一个展示厅，摆放了上百种介绍本市历史、文化和各种旅游资源的光盘、录像带、介绍手册和单页宣传单等，供来这里办事和参观的人随意拿取。由于这些媒体信息丰富实用，易于携带和保存，常常供不应求，对促进札幌市观光事业的发展起了一定的作用。

2. 政府自控媒体的公共关系作用

政府自控媒体的公共关系作用可以从对内和对外两个方面来看。

首先，对内的公关作用表现在上情下达、内部成员的团结和协调、提高政府工作效率三个方面。在政府内部或上下组织内部发行的报纸、杂志、资料或书籍等一般均用于政府职员对相关政策、方针和工作准则的认知与理解，或者用于工作方法的指导和信息的收集。通过接收这些政府自控媒体的信息，政府内部职员能得知目前工作的方向和重点，上下机构也因此可以统一步调，达到工作上的相互配合与协调。还有，通过传播对工作上的指导意见，可以使组织内部成员避免失误，提高工作效率，从而有效地达成目标。

其次，政府自控媒体的对外公共关系作用表现在为公众获取公共信息提供方便以及树立形象和对外宣传两个方面。政府的公共信息传播不能只靠大众传播媒介。前面提到过，大众传播媒介有自己的传播理念和信息选择标准，政府方面认为重要的信息从大众传播媒介的角度来看可能并不重要，为了避免由这种情况导致的信息空缺，政府方面应该积极使用政府自控媒体来向公众传播公共信息，特别是有一定保存价值的服务性信息。同时，对内对外树立客观的健康的政府形象也是政府自控媒体的一个公共关系作用，细致周到的信息提供和迅速方便的公共服务往往能体现政府的正面形象，这比空洞的宣传要更为有效。例如，日本的筑波市每年有大批外国学者和留学生迁入，当一个初到筑波市的外国人初次到政府相关部门办理迁入手续时，他会发现在市政大厅里有很多印刷资料可供参考。比如如何办理户籍，如何办理孩子的转校手续，本市的交通图，本市较大的商场、医院、市立图书馆的位置图，还有常用电话号码，相关的表格等，而且这些资料都使用了英语、德语、法语、中文（简繁体）的多种语言。这样初来乍到的新市民一定会对筑波市留下较好的第一印象。

3. 政府自控媒体的传播特点

从传播的角度来看，政府自控媒体有以下几个传播上的特点：

（1）传播内容可以自由选择。

在利用大众传播媒介进行政府信息传播时，政府并不是拥有百分之百的决定权，这是因为大众传播媒介有自己特有的信息选择的角度和传播理念，这些价值观和理念对政府信息有一定的把关作用，也就是说，政府有时无法把自己的传播主张全面地融入大众传播媒介里。尤其是在我国大众传播媒介的体制改革后，大众传播媒介的商业化运作机制被强化，媒介的传播内容也不可避免地出现了商业化倾向，对政府信息没有像以前那样重视了，所以政府在运用大众传播媒介进行传播或公共关系活动时，少了一些优越感，多了一些竞争对手。但是，在使用政府自控媒体进行传播时，由于媒体是政府自控的，因此政府就是传播内容的最高把关人，对信息有完全的选择权。传播什么、怎样传播、传播的重点和方式，都由政府的相关人员决定。这是政府自控媒体与大众传播媒介最大的不同。

（2）信息的权威性。

政府特定的社会管理者的地位，使其理所当然地拥有社会公共信息的最先了解权、发布权、控制权、使用权和解释说明权，所有这些特点使政府信息具有比较高的权威性，而政府自控媒体可以优先登载这些信息。一般来说，公开发行的政府自控媒体的传播内容常常是大众传播媒介关注的焦点和参考的对象。

（3）解释的权威性。

政府同时可以聘请社会专家对各种公共信息加以说明和解释，政府自身对这些信息所作的说明也比较有权威性和全面性。以新闻发布会和记者招待会为例，由于是由政府的新闻发言人或政府官员直接发布信息，对信息或问题的解释是最有权威性的。外国的大众传播媒介对政府的自控媒体的内容非常关注，经常引用和参照。

（4）明确的目标公众。

政府自控媒体的目标公众非常明确，即政府的内部人员或经常与政府发生联系的社会组织或公众，因此传播内容细分化，如有面向各级党支部、团组织、民主团体和社会团体的，也有面向对政府信息较有兴趣的一般市民的。

（5）长期化的传播和效果。

与大众传播媒介相比，政府自控媒体一般不能达到即时、迅速和强烈的社会效果，它采取的是长期和积累式的传播方式，通过日常规律化的传播渠道来达到渗透式的传播效果，这种效果相对来说比较稳定。

7.5.2　利用自控媒体进行政府信息传播的原则

政府自控媒体是一种便于控制和使用的传播媒介，在使用自控媒体进行传播时要注意以下一些传播原则：

1. 积极的传播态度

在信息化时代，政府要树立一种积极的对内对外的传播态度，不能等大众传播媒介来找信息、问问题。政府自控媒体的传播范围虽然不是很大，但也能覆盖一定的空间、发挥一定的作用。最重要的是作为传播者的政府如何积极地利用自控媒体来进行信息传播和公共关系活动。在这方面，一些外国政府表现得非常主动，给予自控媒体充足的经济预算，使其能积极地进行各种传播活动。例如，西方政府一般都有固定的信息发布活动，如新闻发布会和记者招待会，也都积极利用大众传播媒介的力量进行政府信息传播。再如，在纽约市的主要公众场所都可以拿到有关本地政府的介绍资料，附有服务窗口指南、市区地图、紧急情况的联络方式等；我国的香港特区政府给每个准备出国留学的人员都会发放一盘介绍香港的录像带，这些录像带被带出国后大都用于国际文化交流活动中，这无疑也成了政府公共关系活动的一环。和这些政府相比，我国政府还缺少一种传播上的主动性，这种消极的态度在信息化时代会导致传播上的被动局面。比如，有关本地政府的消息却被外地媒体先报道了，舆论也被外地媒体抢先导向了，作为当事者的政府失去了第一发布权，留下的只是辩解权。

2. 针对不同的受众使用不同的媒介

政府自控媒体的种类很多，可以对不同的受众使用不同媒介进行传播。如对政府机关人员可以用印刷媒介，成本低，便于登载有深度的分析性信息，易保存，可供反复阅读。对于远距离的受众，特别是面向海外受众的传播可以借助电子媒介的传播速度和广度。对于本地一般受众或来到当地的旅游者则应该通过印刷精美、图文并茂的传单，介绍手册，纪念册或光盘等媒介来传递服务性信息。政府公共关系人员应该对不同受众的信息接收心理有一个明确的认识。

3. 重视信息的价值，忌“假大空”式的信息垃圾

政府是政府自控媒体的传播者和发行人，对传播内容有完全的决定权，基于这种认识，以前很多政府自控媒体的内容都充满了官方语言，内容空洞，实际价值比较少，很少人会去认真地读，所以也达不到期待的传播效果。现在，信息被当作一种社会生产力，有价值的信息会被广泛流传，信息垃圾则被会清除，政府的自控媒体在传播内容上要注意选择对受众来说有价值的信息，组织内传播与组织外传播在内容上也要有区别。

4. 淡化宣传色彩

政府利用自控媒体进行政策宣传和形象树立是必要的，但是，因为是在自营、自编、自发的基础上传播，很容易将内容的重点放在对政府的成果的过度肯定上，而对政府的失误避而不谈，或报喜不报忧，与其说是传播信息，不如说是主观宣传，忽视了受众在接受心理上的相关因素。要达到有效传播的效果，必须认识到政府传播是以传播公共信息为主的，政府宣传公共关系活动也是建立在客观真实的信息基础上的。

5. 着重长期稳定的传播效果

政府自控媒体的传播范围有限，受众的广度不能与大众传播媒体相比，也难以达到一时强势的传播效果。但是，政府自控媒体可以对某一理念进行长时期的传播，对特定的受众进行较有针对性的传播，这种效果的形成需要较长的时间，但是一旦形成就比较稳定。所以，政府自控媒体的工作人员要树立长期的传播意识并制定长期计划。

案例

政务微博是政府自控媒体的一种，在突发事件发生时往往能发挥及时的引导沟通作用。突发事件发生时，微博比任何一种传播渠道都能更快更迅速更透明地公布真相，解答质疑，安抚社会情绪，发挥更大更迅速的信息沟通和社会关系调节的作用。

2012年9月，广州市内发生涉日游行抗议活动，交通受阻，部分公共设施遭到破坏，网上反日舆情高涨。“广州公安”及时通过微博向公众发布实时信息，充分发挥了政务微博的积极作用。第一是告知，播报市内交通信息和游行进行情况，请市民尽量绕道通行，避免堵塞；第二是呼吁解释，希望市民理性表达，爱护公共物品；第三是引导，倡导爱国应理性，公布虚假照片辟谣，以示正听，呼吁现场市民通过“随手拍”通缉“打砸”不法分子；第四是传播现场公众的理性行为，告知政府的应对措施和交通恢复的情况。这些传播活动及时、迅速、透明、针对性强，不但为突发事件处理提供了良好的平台，也是社会关系危机处理的成功个案。

7.6 公众活动平台

7.6.1 公众活动平台的种类

公众活动平台是政府公共关系的又一种传播方式，其特点是利用人际传播和群体传播的方式，由政府直接向目标受众展开交流和沟通，这种方式因为是近距离传播，易于产生比较直接的传播效果，传播形式也多种多样。

一般来说，公众活动平台的种类按目的来分可以分为四类：

以交流为目的的公众活动平台有联谊会、茶话会、公演会、文艺晚会、春节团拜会和宴会等几种方式。以宣传为目的的公众活动平台有典礼、观礼和各种开幕仪式、奠基仪式和成立仪式。而以传播为目的的公众活动平台有展示会、对外开放日、公益活动、主题活动周等。另外，还有一些为特定目的而设置的公众活动平台，如表彰会、工作报告会、参观和视察等。

公众活动平台使政府能够直接和目标公众进行接触、沟通和交流，传播特定的公关主题，以达到润滑与公众的相互关系、树立政府的健康形象、推广政府的方针政策、收集公众的意见和反馈等目的。由于公众活动平台是面向特定或不特定的公众设置的传播平台，采用的是面对面的个体传播或群体传播，受众通过亲自参加活动可以直接感受或认知传播内容，传播效果也可以直接根据现场情况评估。这是与大众传播媒介的传播不同的地方。

7.6.2 公众活动平台传播的优势

通过公众活动平台展开政府公关，首先要认识这种方式在传播上的优势或特点。一般来说，公众活动平台的传播优势有五点。

（1）传播对象的针对性。

根据不同的传播目的和目标公众，公众活动平台可以采取不同的方式。如对于少年公众比较强调教育和学习，展示会、对外开放日比较合适；青年公众喜欢亲身参与，公益活动、表演会和主题活动比较适合；老年公众喜欢慢节奏的面对面的交流，茶话会、联谊会、春节团拜会和文艺晚会比较适合；对于有特定主题的活动，可以通过如表彰会、动员会和仪式来进行传播。公众活动平台最大的特点是受众来到指定的场所，与自己有相同目的和阶层特征的人进行交流，接受新的信息，因此，传播的主题比较容易被接受。

（2）传播方式的人情味。

由于采取人际传播和群体传播的方式，公众活动平台的传播很有人情味，公众不是被动地接受，而是通过倾听、询问、互相介绍和交流等人际传播的方式接收信息。同时，语言等声音媒介和与其配合的动作是公众活动平台的主要传媒，这种口语化、富于情感的媒介会提升传播的有效程度。

（3）信息传播的娱乐性。

公众活动平台的种类很多，大部分都有一定的娱乐成分，将信息传播寓于娱乐之中是这种传播方式的一大特点。例如，联谊会、茶话会、公演会、文艺晚会、春节团拜会和宴会都是以轻松愉快为基调的传播交流形式，而典礼、观礼和各种开幕仪式则是演示性的传播方式，展示会、对外开放日、公益活动、主题活动周等可以让公众亲自参加、观看实物和表演，也是一种参与型或动手型的接收信息的形式。特别是一些公众活动平台，常邀请一些知名的公众人物到场发布相关信息或做演示和交流，这种利用名人效应的传播效果无疑会更好。由于传播与娱乐的结合，受众可以轻松自然地接受各种信息，对新信息的自我抵抗会降到最小。

（4）形象树立的具体性。

通过公众活动平台，政府官员或工作人员可以直接接触公众，面对面地说明、解释有关的政策和法令，从而在公众面前树立起政府公开、透明的对外形象。在面临危机事件的时候，政府高层官员和公众的直接交流可以起到稳定社会局面、化解不安和焦虑、安抚民心的作用，更会增加政府的权威性。

（5）传播效果的直接性。

公众活动平台是传播者和受众直接交流的平台，传播者可以直接观察传播活动的进行情况，对传播内容进行即时调整，通过对受众的采访可以即时把握整体的传播效果。同时作为受众，在公众活动平台上可以亲自聆听、接触和咨询传播者，中间少了很多时间上和空间上的距离，与大众传播媒介相比，传播效果可以说是很直接的。

综上所述，公众活动平台在传播上有其特有的优势，但是，由于公众活动平台的传播空间有限，它也有其传播弱势，如受众的人数和传播范围的广度也不能和大众传播媒介相比，同时要求受众要有一定的主动性和对传播内容的兴趣，否则传播的效果就会打折扣。

7.6.3 利用公众活动平台进行政府公共关系活动的原则

基于以上对公众活动平台传播优势的分析，我们认为，公众活动平台比较适合于传播目的和目标受众比较明确的小范围内的传播，如地方政府的公共关系宣传活动，或面对特定的阶层的传播活动，如共青团、少先队、工商团体等。下面我们就具体分析一下利用公众活动平台进行政府公共关系的原则。

(1) 要明确传播目的和目标受众。对传播的内容要细化，同时要分析主要目标受众和次要目标受众，针对不同的目的和受众选择不同的方式，尤其要考虑受众阶层的特点，如年龄、职业、文化程度等。

(2) 要积极与社会组织或团体进行合作，发挥下级组织的主动性以动员和吸引更多的目标受众参加。在这时政府要善于发挥领导者和组织者的作用，参加人数的保证就是传播效果的保证。

(3) 要注意实施的时机和场地，有很多公众节假日是很好的时机，可以利用公众节假日的特定主题，如妇女节、青年节、儿童节、教师节、环保日、敬老日等。对于实施公众活动的场地也要进行适当的选择，使用公共场所会吸引很多公众，传播范围比较广，使用特定的会场可以加强传播主题的专业性，使用政府场所可以增进与公众之间的亲密度。

(4) 要及时进行传播效果的评估和总结，面对面地与受众接触是一个估计初步传播效果的最佳时机，所以在公众活动进行的同时要注意观察受众的反应，灵活调整传播内容，结束后要及时总结经验，这对下一次的公众活动的展开很有益处。

公众活动平台是政府公共关系活动一个很好的场所，从传播的角度来讲有其特定的优势。近来，我国各级政府越来越多地通过公众活动平台展开政府公共关系活动，如各地的防治艾滋病，预防“非典”的公开宣传、咨询活动，广州市政府开展的申办亚运的宣传活动等，都取得了一定的效果。

7.7 人际沟通媒介

7.7.1 人际沟通的媒介与形式

人际沟通是政府公共关系活动的重要环节，主要有不借助媒介的面对面沟通和借助媒介的非面对面沟通，如利用电话、手机、传真、信函、电子邮件等。一般来说，政府公共关系活动可以分为对外公共关系和对内公共关系两部分，其中对内公共关系是指通过公共关系手段加强内部信息交流和相互理解，润滑组织内部的人际关系，以提高政府组织的一体感和工作效率。政府内部的公共关系活动主要就是采用人际传播的方式，通过人际沟通媒介来实现的。

面对面沟通是人际传播中最基础、最普遍的一种形式，由于传播者与接收者之间没有太大的距离，不用借助媒介，传播内容一般直接被对方接收，阻碍因素较少，传播效果比较好。

电话是一种历史比较悠久的传播媒介，成本低廉，在现代社会普及率高，是政府或社会组织内部交换信息的主要媒介。电话在传播上的特点是双向交流性和即时反馈，对话的双方可以互相交流信息，立刻反馈自己的看法和意见。尤其是组织内部的成员用内部电话相互传达信息和意见，成本低，效果好。但是，电话使用的是口头传播的方式，一般不能保存和纪录，在沟通过程中还容易产生歧义或误解。

手机是现代社会的新型传播工具，它的传播特点与电话基本一样，但是和普通电话相比手机可以在非办公地点使用，其使用记录可以保留，文字、照相和声音等方式都适宜，这些特性是电话所没有的。但是其最大的特点还是可被使用者随身携带，因而具有私人色彩，通过手机进行沟通往往被看成是具有亲密性的沟通。

传真是通过文字进行传播的。文字具有记录性、可保存性和可以重复确认的特点，在组织内部多用于重要的书面信息的传播。

信函多用于有较远距离的组织之间的文字沟通，或用于大型组织的上情下达。网络的发展使电子邮件在很大程度上代替了组织之间的信函往来，电子邮件速度快、容量大，既有私密性又可以大量复制转发，且传播成本很低，是人际沟通的又一新型媒介。

7.7.2 人际沟通媒介在传播上的优势和弱点

人际沟通媒介在传播上有什么特点呢？一般来说，人际沟通媒介在传播上有三点优势。

（1）人际沟通媒介具有私人性，一般情况下是一对一的传播，传播者通过电话等媒介直接与受传者交流，受传者直接感受传播者的声音和交流的氛围，这种沟通具有亲身感，比较情感化，能达到较好的传播效果。例如，组织内部的领导者与部下通过电话进行沟通，作为唯一的受传者，部下可以从话语中感受到领导者对自己的关心和帮助，潜意识中对传播内容有积极记忆的主动性，因而能达到较好的传播效果。

（2）人际沟通媒介要求双方同时参与和即时反馈，与信息反馈需要较长时间的大众传播媒介相比，人际沟通媒介的传播是双向的，因而信息的传播和接收是互动的，反馈是及时的。沟通的双方可以在接受对方信息的基础上发表自己的见解，传播的主题也没有时间和容量上的限制，可以点到为止，也可以天马行空，沟通双方的随意度比较大。同时，使用人际沟通媒介的双方同时兼有传播者和接收者两个角色，在传播中可以随意更换，这是一般大众传播媒介所无法做到的，传播者和接收者的角色互换可以加深彼此对信息的理解程度，达到较好的交流效果。

（3）人际沟通媒介所使用的传播符号多样化，例如语言、动作、表情、服装、场景、时间等。特别是面对面沟通这种方式，上述的传播符号都直接参与了传播过程，影响或左右了接收者对信息的理解。

但是，使用人际沟通媒介进行的传播也有其弱点，面对面的沟通内容一般无法保留，时过境迁就无处可寻，电话媒介也有保存性和记录性上的弱势。同时，人际沟通媒介一般都是一对一的传播，不适用于大范围的传播。

7.7.3 人际沟通与政府公共关系

1. 人际沟通的公共关系对象和作用

运用人际沟通媒介进行政府公共关系活动，主要有两个目的：一是面向组织内部成员进行沟通，以达到相互理解、提高组织一体化程度和工作效率的目的；二是面向组织外部成员进行相互了解，达到沟通信息和意见、建立良好合作协助关系、加强政府的指导和管理机能的目的。

面向组织内部成员进行公共关系沟通时，人际沟通媒介是比较适合的工具。政府组织范围内的传播比较强调传播对象的针对性和有效的传播效果，在面对面的交谈、电话、手机等人际沟通媒介的传播过程中，传播者与接收者的同时参与、双向传播与即时反馈等优势都保证了传播对象的特定性和有效性，传真、信函和电子邮件等文字媒介促使组织内部实现信息共享，保证了内部事务的透明度。人际沟通媒介所使用的传播符号的多样化更能加深沟通双方对信息的理解和记忆。通过人际沟通媒介，可以增加组织成员对组织的认同感和归属感，创造良好的工作环境。

需要进行公共关系沟通的组织外部成员可以分为五类，即上下级政府成员、社会组织、公众、媒体工作人员和其他有特殊目的的政府来访人员，如外宾、政府项目合作者、参观者、来访者等。面向组织外部成员，政府公共关系的主要作用是传达信息，收集相关的反馈，征求合作者的意见，通过沟通使政府与这些外部成员达成共识，建立合作关系。同时，最重要的是通过公共关系沟通来促成政府对社会组织的指导和管理，发挥社会组织的主动性，提高民主政治和政治参与的程度，加强政府与社会组织之间的相互合作和协助。

无论是组织内部成员还是组织外部成员，由于他们的特殊性，即与政府有较为密切的联系、与社会公众相比又属于特定的少数人群的特点，使用人际沟通媒介进行公共关系活动是比较适合的，针对性强、沟通的私密性、双向传播和即时反馈都利于双方良好关系和一致意见的形成。

2. 人际沟通的公共关系原则

在使用人际沟通媒介进行政府公共关系时要注意这样几个原则，即平等尊重的原则、合作的原则和平衡管理的原则。

大众传播媒介由于使用了强有效的技术媒介，使传播者的地位在传播平台上远远高于个体的受众，因此大众传播媒介的受众往往被看成是被动的。而在利用人际沟通媒介时，由于传播者和接收者都是个人或人数少的群体，使用的媒介也不具有强力传播的性质，因此他们的传播地位是平等的。平等尊重的原则就是要求政府公共关系要体现这种传播上的平等，传播者不要用一种居高临下的姿态开展传播，而是要在传播过程中充分体现对接收者的尊重，尤其是对组织外部成员的尊重。

合作的原则是指在开展政府公共关系活动时，要明确公共关系的目的是通过相互了解、互通有无来达到一定程度的共同认识。对内做到组织整体认识上的一致，以提高内部的团结和工作效率；对外做到相互理解，以寻求更高水准的合作。政府公共关系传播要为这个目标而服务。

平衡管理的原则是指作为社会管理者的政府要通过公共关系活动建立一个良好的对外合作关系网，既要实现对社会公共组织的管理和指导，同时还得润滑社会各组织之间的关系。作为管理者，如何通过公共关系活动体现政府管理上的平衡是很重要的。

7.8 政府公关的媒介运作原理

以上各节论述了政府与媒介的关系和各种可利用媒介的传播特点，政府公共关系人员有必要了解各种媒介自身的特点，在开展政府公共关系活动时根据传播目的和对象公众的不同来选择搭配各种媒介。

现代社会可谓媒介社会，媒介的种类多，既有其特有的传播方式和对象，也有其传播上的优势和弱势。一般来说，要取得较好的传播效果，建议采取多种媒介搭配使用，不同时期以不同的媒介为重点展开公共关系传播活动比较好。表7—3是针对不同的政府公共关系目的和信息内容而列出的媒介组合与选择表。一般来说，建议政府公共关系活动最好同时选择两种以上的媒介进行，而且要有前后组合搭配和设置重点目标媒介。

表7—3 政府公共关系目的与媒介的组合与选择

政府公共关系目的	信息的种类与具体内容	媒介的组合与选择（数字为使用先后次序，黑体部分为建议重点使用的媒介）			
		大众传播媒介	政府自控媒介	公众活动平台	人际沟通媒介
传播公共信息	政策、法令、公共信息	**1报纸、电视、广播、杂志**	3政府网站、政府自营杂志	2政府工作报告会、动员会、特定主题的公众活动	
收集决策信息	专家或相关社会组织对政府决策的意见	3报纸、电视的专栏节目、杂志	4政府网站	**2茶话会、联谊会、交流会**	**1电话、手机、信函、电子邮件**
政府形象宣传	有关政府工作进展和成果的信息	**1报纸、电视、广播、杂志**	3政府网站、政府自营杂志、电视、广播纪念册、光盘	**2文艺晚会、纪念活动、政府公开日、展示会、公众活动周和有关仪式**	
协调社会组织	平衡和团结各社会组织之间的关系	**4杂志**	3政府自营杂志	**1茶话会、文艺晚会、联谊会、座谈会**	**2电话、手机、信函、电子邮件**
服务社会公众	公共服务信息	4报纸、电视、广播、杂志	**2政府网站和宣传海报、信息传单、介绍小册子**	3公众活动周、主题活动日	**1面向公众的服务电话、传真、电子邮件**

在传播公共信息时，传播的广度和效果是最重要的问题。一般来说，公共信息的传播目的是让全体公众知晓或认知，所以应该首先使用有先进通信技术的大众传播媒介来为广泛传播造势，达到初步效果后，使用公众活动平台如政府工作报告会、动员会、特定主题的公众活动来加深对政府信息的说明解释和公众的理解，再利用政府网站做长期和细致的传播交流活动。在进行公共信息的传播时，大众传播媒介应该被看成是重点使用的媒介，因为公众信息需要面向全体受众，同时大众传播媒介又比较重视公共信息的传播，所以可以利用大众传播媒介进行最初的认知性传播，传播成本也相对比较低。

收集有关政府决策的信息主要是面对社会专家或相关的社会组织，传播目标比较特定和具体，所以这时首先应该使用针对特定组织的人际沟通手段，如使用电话、手机、信函和电子邮件与专家和社会组织联系交流，征询有关意见和建议。如果主要是征询公众的反馈意见，那么除了可以利用大众传播媒介，还可以使用一些公众活动平台的方式如茶话会、联谊会和交流会来与特定的公众加强沟通。如果这项活动有长期化的趋势，那么就可利用政府网站来实现。在这几种传播方式中，人际沟通媒介比较有效，因为目标受众往往是个人或特定的组织，如果重点使用大众传播媒介反而难以达到期待的效果。

在进行政府形象宣传时，传播的目标受众是社会公众，而且要求有较广泛的传播范围，这样的传播无疑要靠大众传播媒介。同时，为了加深对政府行为的理解和认同，使用公众活动平台让更多的公众亲身参与、亲身体验也是一种较为有效的方式，如文艺晚会、纪念活动、政府公开日、展示会、公众活动周和有关仪式等。当然，公众活动平台的传播范围还是无法与大众传播媒介相比的，所以应该使用以大众传播媒介为主，公众活动平台为辅的传播策略，前者意在传播的广度，后者重视传播的深度。政府网站等自控媒体则用于长期传播。

平衡和团结各社会组织之间的关系是政府公共关系的又一项任务，这项传播重在交流和沟通，所以公众活动平台中的茶话会、文艺晚会、联谊会和座谈会是首选，这种传播方式是双向式的，而且沟通的方式比较轻松愉快，能在传播交流信息的同时达到润滑相互关系的目的。对社会组织的重要领导成员还可以通过电话、手机、信函和电子邮件等有私人色彩的传播工具进行沟通。

向公众提供良好的公共服务信息是政府公共关系的重要目的之一，由于公共服务信息的种类很多，受众的个人需求又有差别，因此由政府相关部门通过面向公众的服务电话、传真、电子邮件等人际传播媒介来进行信息服务比较有针对性。同时，通过政府网站和宣传海报、信息传单、介绍小册子等政府自控媒介将公众信息服务长期化、日常化也很重要。必要的时候还可以考虑公众活动平台和大众传播媒介的参与。

综上所述，政府公共关系活动的媒介选择和利用往往涉及多方面的要素，比较强调灵活性和实际性，既要考虑目标受众、传媒的特点，各种传播媒介的搭配使用和先后顺序，又要考虑政府的公共关系资金投入和目标效果的达成。所以，政府公共关系活动的媒介使用可以说没有固定的条条框框，要靠公共关系人员对公共关系目的、公共关系受众及传播效果的预测来判断和决定。

本章小结

本章主要阐述了政府权力体系与传播媒介的相互关系，介绍了政府公关活动中的大众传播媒介的种类和特点，梳理了政府与大众传播媒体的相互关系的起源和发展，并分析了经济全球化背景中的政府公关面临的新挑战。本章重点介绍了网络传播在政府公关活动中的运用和特点，并对政府自控媒体、公众活动平台以及人际沟通媒介的种类与传播特点作了分析，探讨了利用不同媒体进行政府公关活动的原则，指出了政府公关活动的媒介选择和利用比较强调灵活性和实际性，要考虑目标受众、传媒的特点以及各种传播媒介的搭配使用和先后使用顺序，也要考虑政府的公关资金投入和目标效果的达成。

关键术语

政府公共关系　大众传播媒介　经济全球化　网络媒体　组织自控媒体　公众活动平台　人际传播

复习思考题

1. 我国政府与大众传播媒介有着怎样的关系？
2. 经济全球化背景中的政府公共关系面临怎样的挑战？
3. 电视媒体的传播特点如何？如何在政府公关活动中发挥电视媒体的作用？
4. 举例说明政府公关的媒介选择原则。
5. 如何发挥网络媒体在政府公共关系中的优势？
6. 如何在政府公关活动中运用组织自控媒体与公众活动平台？
7. 在政府公共关系活动中人际传播发挥着怎样的作用？

阅读材料

政府的政治公关与大众媒介

政治公关是政府公共关系中最为重要的一个内容，也是政府积极运用大众传播媒体的主要目的之一。随着通信科学技术的普及和发展，大众传播媒介在信息告知、解释政策、舆情监督、教育公众等方面的作用越来越明显，大众传播媒介的传播手段已经可以把发生在全球各个角落的事件及时传播到世界各地。各种大众传播媒介也拥有越来越多的各个层次的观众、听众或读者，传播媒介在当今社会生活中的作用日趋重要，在社会政治生活中的作用也越来越突出。美国就是一个大众传播媒体在社会政治活动中起着较大作用的国家，美国著名历史学家和政治评论家西奥多·怀特曾说过，在美国，没有任何国会的重大立法、任何国外冒险、任何外交活动、任何重大的社会改革能够成功，除非新闻界准备好了公众的思想。[①] 可见大众传播媒介对政治活动推动作用的重大。

正是由于新闻媒介在监督政府、影响舆论、塑造政治形象和确定政府决策议程方面的巨大影响，同时也由于新闻媒介在政治选举过程中的作用，几乎没有人怀疑它“第四权力”的地位。

对于大众传播媒体在社会政治活动中的具体作用，周鸿铎归纳为“公共通道功能”，即提供和推动公共信息的流动，形成公共舆论和社会政治民主。他认为这种“公共通道功能”主要表现在三个方面。第一，公共信息的供给。大众传播媒体为政府的政策制定者和

① 参见金灿荣：《“缺乏监督的监督者”——美国新闻媒介及其政治作用》，24 页，北京，世界知识出版社，1997。

公众提供政治信息，收集民意反馈。第二，推动政府的政策。大众传播媒介通过给予新旧政策的不同评价推动或者阻碍某项政策成为最终的政治产品。第三，政治议程设置。大众传播媒介在政策制定过程中把握着哪些政治议题比较重要、哪些政治议题不重要的决定权，这直接决定着公众对当前政治议题重要性的判断。①

而张昆认为大众传播媒介的政治功能可以分为四项，即提供政治信息、表达政治意见、提供榜样示范和引导国民舆论。② 大众传播媒介的提供政治信息功能表现在社会公众一般是通过大众传播媒介来了解千变万化的政治世界的。一般来说人们与政治界有较远的距离，只能通过大众传播媒介来得知政治界的信息，这与李普曼认为的“大众传播媒介是人们认识外部世界的窗口”是同样的意思，因为政治世界也是人们不能直接了解的“外部世界”之一。

大众传播媒介的表达政治意见功能在不同政治制度的社会有不同的表现。在西方国家一般会把媒介看成是一个为社会成员提供交流公共信息、探讨公共议题和形成公共舆论的“公共领域”，媒体通过汇集多种政治意见，为人们提供意见选择和确定的依据。在社会主义国家，大众传播媒介是执政党的政治宣传和教育的工具，媒介表达的是执政党的路线、方针和政策。

提供榜样示范就是媒体在日常有关政治生活信息的报道中通过褒贬特定的人和事来达到树立学习榜样、规范公众政治行为的目的。正如詹姆斯·布赖斯所说，美国总统华盛顿的“勇敢、温厚、光明和正直”成为后世执政者的标准；林肯的“无私的爱国心和果敢的精神”都是国民的榜样。③ 这些媒体树立起来的政治榜样对国民有很好的示范和教育作用。同样，大众传播媒介通过传播特定的政治文化和政治行动范式来引导国民舆论的功能在现代社会里也十分明显。媒体的政治公关是一种长期和不断重复特定意识形态的过程，这种传播行为可以形成独特的社会政治氛围，人们长期接受这种意识氛围的熏陶就会习惯于接受特定的政治理念和观点。

周鸿铎和张昆的观点比较类似，都是从大众传播媒介的基本社会功能出发来论述其政治公关功能的。这一点也说明，媒介的政治公关活动一般是融于普通的社会传播过程中的，其在政治方面的具体作用与大众传播媒体在当今社会的高普及率、多样化和它对政治体系天生的敏感、高关注程度是有关的。

以政治公关比较发达的美国为例，美国的各种新闻媒介是美国人了解外部世界、评论各种政治议题的最主要途径之一。美国人每天大概要买6 000万份报纸，阅读1.1万份杂志，从9 000家广播电台和1 000家电视台收听、收看信息或娱乐节目，家庭平均接收电视节目的时间是7个小时。美国的新闻媒体从19世纪30年代开始大众化，也就是从那时开始，大众传播媒体的政治影响力不断明显、不断增大。

金灿荣指出当代的美国大众传媒的四个特征。④ 第一，私有。目前美国的报纸、杂志和通讯社都属私人所有；美国广播业也是商业电台和电视台的天下。第二，独立。美国新

---

① 参见周鸿铎：《政治传播学概论》，22页，北京，中国纺织出版社，2005。

② 参见张昆：《大众媒介的政治社会化功能》，48～52页，武汉，武汉大学出版社，2003。

③ 参见［美］詹姆斯·布赖斯：《现代民治政体》（上册），139～140页，长春，吉林人民出版社，2001。

④ 参见金灿荣：《“缺乏监督的监督者”——美国新闻媒介及其政治作用》，24页。

闻媒介大多具有一定的政治倾向，但不受政府和政党的直接控制。第三，集中。少数媒介巨头控制多数媒体，报纸数量和发行量的一半以上、著名的三大电视网（CBS、NBC、ABC）的85%的电视节目和99%的新闻都来自美国几个著名的媒体企业。第四，追求利润。由于大多数新闻媒介的私营企业的性质，报道中的商业性倾向非常突出。

那么具有上述特点的美国新闻传播媒介是如何发挥其政治作用的呢？很多人都有这样一个印象，即美国的新闻媒介可能享有世界上最大程度的自由。的确，美国传媒享有高度言论和出版自由是由美国宪法所保障的。而实践中的美国新闻媒介会受到的限制来自三个方面。首先是政府的事后新闻检查，即政府可以在媒体内容涉及“诽谤”和“诲淫”的情况下对新闻报道进行事后控制。其次，办报纸和杂志几乎不需政府许可，但美国的广播业是由政府管制的，政府负责分发营业许可证，执行所有权方面的相关规定，但是不能干预广播的内容。最后则是新闻组织和从业人员的自律。新闻自律是新闻界人士通过自觉遵守新闻媒体的社会责任准则而对自我行为的约束，主要由美国新闻理事会来推行。这样的监督和管理的程序是美国传媒可以发挥较大政治作用的前提条件。

美国的大众传播媒体的政治作用具体表现与上述基本政治功能相似，但在设置公共议事日程、影响公共舆论、监督政府管理行为、树立政治形象这几个方面比较突出。尤其是政治议题的设置功能，媒体对特定的政治议题着重报道，特别是集中的、重复的、长期的报道会引起公众的关注，这种关注达到一定程度，就会对特定的公共政策的形成起推动或者阻碍的作用。还有通过媒体传播完善政治形象和影响选举结果也是美国媒体的特色。美国在20世纪50年代开始进入电视政治时代，政治选举中传媒塑造的候选人形象对选举结果的影响日益显著，例如投票日前晚两位候选人的电视辩论已成为投票者投票的重要判断依据。

美国新闻媒介在外交事务上的影响也比较大，这种影响力可以分为国内政治影响和国际政治影响。前者主要是影响美国公众如何看待和理解与美国有关的海外事件。一般美国公众对外国的相关知识知道得较少，本国媒体的世界新闻报道相对容易形成影响。而它的国际政治影响力就表现在有时可以直接促成政府的国际政策，例如美国媒体对索马里美军遭伏击事件的报道导致美国撤出了该地的联合国“维和”行动；媒体对波黑冲突的报道导致美国政府积极介入巴尔干地区事务等。可以预测，美国的大众传播媒介在国际政治上的作用还会不断增强。

资料来源：张宁：《政府传播——公共管理领域里的传播课题》，长春，吉林人民出版社，2007。

第 8 章

政府公共关系的工作程序

重点问题

- 政府公共关系工作的基本程序
- 政府公共关系调查的具体方法及技巧
- 政府公共关系策划的意义、原则和基本程序
- 构成政府形象的基本要素
- 政府领导人形象与政府形象的关系
- 政府公共关系活动主题的确定
- 政府公共关系活动的基本模式
- 政府公共关系评估的内容和方法

8.1 政府公共关系调查

8.1.1 政府公共关系调查概述

1. 政府公共关系调查的含义

政府公共关系调查是政府公共关系组织机构通过运用定性和定量的研究方法，准确地了解公众对政府组织的意见、态度和反映，发现影响公众动机的因素，并从中分析和确定社会环境状况、政府的公共关系状态及其存在的问题，为领导科学决策、为制定政府公共关系计划与开展政府公共关系活动而进行的收集信息的专项活动，它为政府组织制定切实可行的公共关系筹划方案提供客观的依据，是整个政府公共关系活动之“轴心”。正如著名政府公共关系专家西蒙所说，不论人们如何表达政府公共关系活动的流程，调查研究都是举足轻重的，如果把整个政府公共关系活动的流程视为一个“车轮”，调查研究便是这

个“车轮”的“轴”，因此，政府公共关系调查是政府开展公共关系活动的先导。

2. 政府公共关系调查的特点

政府公共关系调查是社会调查的重要组成部分，是政府的组织机构为领导科学决策、为自己制定公共关系计划与实施公共关系活动的基础。

与一般的社会调查相比较，政府公共关系调查的特点是：

（1）调查目的明确。

政府公共关系调查的目的一开始就十分明确，即寻求政府部门建立信誉、塑造形象、提高知名度与美誉度的途径，了解社情民意、社会舆论、社会公众的意见及需要，并预测社会趋势。

（2）调查对象是社会公众与新闻媒介。

就某一个具体政府的公共关系调查而言，社会公众分为两种情况：一种相对集中，但数量较少；另一种则分布广泛，数量众多。对他们进行调查，主要是解决“形象差距”问题，即找到政府形象的自我认识与社会公众认识之间的差距。

调查新闻传播媒介，是因为其传播的内容具有信息量大、种类繁多庞杂的特点，在瞬息万变、“知识爆炸”、“信息泛滥”的当今世界，政府面对的是不断变化的客观实际，其管理是否有效，关键在于是否有灵敏、准确、有力的反馈。因此政府如果离开新闻媒介，就无法进行大量及时的信息反馈、有效的双向沟通，无法正确地反映公众的意见和态度，进而无法取得他们的同情、支持与理解。

政府公共关系调查是一项长期的系统研究工作，因此要精心制定计划，规定具体目标，确定调查时间，落实经费，长期跟踪分析和积累资料，绝不能马虎大意。由于公众数量大、流动快、分布广泛、兴趣各异，政府公共关系调查往往要先进行典型调查，再通过定量和定性的分析，找出在特定社会环境中影响公众认识和态度的有效方法。

3. 政府公共关系调查的作用

政府公共关系调查在政府公共关系活动中起着以下几方面的作用：

（1）调查民意，反馈信息，制定政策。

政府部门为了达到预定的目标，必须通过公共关系调查，了解民意，调查公众意见和社会环境，才能有的放矢地制定出切实有效的方针、政策。

案例

美国第51届总统选举结束后，为了制定新一届政府的国家安全政策，曾进行了一系列的全国调查。调查结果表明，美国公众的国家安全概念有了很大的变化。以往美国人主张加强军事力量，加强对苏联的斗争。里根政府就是带着这个许诺上台执政的。如今，人们认为确保国家安全的程序应是——制止毒品扩散，减少贸易逆差；寻求对苏合作；减少国家防务承诺；维持现有的国防开支。调查对象中，有50%的人认为，像日本那样的经济竞争者给美国国家安全带来的威胁比像苏联那样的军事对手带来的威胁更大；44%的人认为毒品走私是美国在今后五年中面临的对国家安全的“极其严重”的“威胁”；只有18%的人认为苏联不断扩充军事力量是极其严重的问题。这个调查表明，国际缓和将可能成为今后一段时间的趋势。形势与公众态度的变化，将影响美国布什政府国家安全政策的某些转变。

（2）监视社会环境，调整政府部门自身活动。

政府是在一定的环境中生存与发展的，因此当政府机构已作出决策，某项政策已经制定，具体措施已开始实施的时候，需要通过公共关系调查，随时监视环境，以调整自己的活动，求得与社会环境的动态平衡。

案例

经过试点，中央已决定逐步推行城市的住房制度改革。但是，各地情况千差万别，各地公众究竟在思索什么？他们对住房制度改革有多少“赞成”，多少“反对”？是“喜”还是“忧”？与政府主管部门对住房改革的自我认识有哪些差距？……这对于制定具体的住房改革方案、调整政府的自身活动，关系重大。于是，湖南省岳阳市政府就对工厂、学校、商店、医院、银行、税务系统、新闻单位、公检法机关、市直机关和居委会等单位 300 名人士进行了一次抽样调查。

从调查情况看，人们对这个牵动着千家万户切身利益的问题，其态度非常复杂，具体表现为“四喜”、“四忧”，即广大群众喜，少数领导干部忧；住房条件差的喜，住房条件好的忧；就业人口多的家庭喜，经济负担大的家庭忧；工资高、收入多的喜，工资低、收入少的忧。因此，有 72％的人赞成房改，这部分公众是顺意公众，28％的人对房改持不同态度，这部分公众就是逆意公众或边缘公众。而从房改后居民经济状况来看，情况又不一样。经岳阳市初步推算，全市仅有 10％的居民家庭收入有余额，有 23％的收支持平，有 67％的不同程度的增支。如果增支部分过大，在收入不增加的情况下，公众的态度又将如何？会不会重新发生变化？会给房改带来什么样的影响？这同样需要政府通过调查，进行政策调整，使它不偏离政策和公众需求的正确轨道。

（3）与社会公众沟通观点，协调工作。

政府在进行政府公共关系调查后，要将调查的结果与内外部公众沟通，也可以通过新闻媒介广为传播。这对于改进政府机关工作作风，提高政府部门工作效率，加强行政机构的科学化、法制化、现代化是大有裨益的。

案例

1980 年《经济日报》以机关办公效率调查表的形式，对 15 个在京的中央国家机关进行了调查。通过对回收的 125 份调查表进行统计分析，得出如下结论：

工作人员上班基本准时，但难以及时办公。有的上班 15～30 分钟以后才能办公；有的上班后首要任务是打扫卫生；有的上班后吃早点、喝茶、看报；只有少数办公室可以在上班 5 分钟后开始办公。

私人电话多，影响办公效率。大部分办公室私人电话占每天电话的30%～50%，有的打私人电话时旁若无人、声音大，甚至用电话“侃大山”，时间长，严重影响他人办公。

上班闲聊天，形成疲沓作风。在调查表中有一半人回答，每天只要6小时就可以干完全天的工作；有的认为每天只需2～3小时就可以干完全天的工作。因此，多数办公室都存在上班聊天的现象。有的海阔天空无所不谈，并且这种闲聊往往只要一人开头，办公室的同事都会卷入谈话圈子。这样就会大面积地出现懒散、拖拉的工作作风。

上述调查结果在媒体上公布后，社会舆论哗然，对机关工作人员的触动也较大。社会公众普遍反映，在经济体制改革的同时应进行政治体制改革和行政改革，改革不适应生产力发展的行政领导体制、组织形式和工作方式。通过改革，改变政府机关工作人员的工作态度，提高行政效率，已成为我国行政管理发展的必然趋势。

(4) 整理信息，积累资料。

政府公共关系调查的过程，实际上是一个整理信息、积累资料，不断地完善、充实资料和信息源的过程。整理信息、积累资料的工作量较大，也较系统，因此要有专人负责，才能取得令人满意的效果。

8.1.2 政府公共关系调查的原则和程序

政府公共关系调查，既是政府公共关系活动的起点，又贯穿于政府公共关系活动的全过程，是政府公共关系活动不可缺少的重要环节。这一环节必须是科学的、有效的，才能保证整个政府公共关系活动的科学化和高效化，所以在政府公共关系调查的过程中，需要遵守一定的原则和程序。

1. 政府公共关系调查的原则

原则是观察事物现象、认识本质、分析动因、处理问题的准绳。一切科学原则都是体现规律要求的正确准则，也是深入揭示客观规律的正确的指导思想。政府公共关系调查是政府领导者认识社会的一种实践活动，这一实践活动的正确性就必然要求与之相应的科学原则。

(1) 科学理论指导原则。

社会主义政府公共关系调查必须以马克思主义、毛泽东思想、邓小平理论、“三个代表”重要思想和科学发展观作为最根本的指导原则，也就是说，要运用马克思主义的立场、观点和方法去把握调查，使调查沿着正确的方向发展。政府领导者在公共关系调查实践活动中，要自觉运用马克思主义的辩证唯物主义观点和历史唯物主义观点，观察新情况，研究新问题，统计和分析调查中所获得的各种信息。

(2) 客观全面性原则。

政府公共关系调查要为政府提供可靠的决策依据，必须客观、全面地观察和反映客观事物的本来面貌，这是做好政府公共关系调查的关键。因此，政府领导者和调查人员在调查的自始至终，必须一切从实际出发，实事求是，尊重客观事实。在调查过程中，切忌主观性，不可从自己的好恶出发，随心所欲地给客观事实注入主观想象的成分，也不能为迎合领导意图或屈服权威人士的压力而不顾事实真相，更不能为了达到某种不正确的目的，而故意歪曲事实。只有客观全面的调查，才有真实性、可靠性和有效性。

（3）群众路线原则。

一切为了群众，一切依靠群众，从群众中来，到群众中去，这是实现党的思想路线、政治路线、组织路线的根本工作方法，也是政府公共关系调查的根本原则。政府公共关系调查要了解客观、全面、真实的情况，群众是最有发言权的，一切离开群众的意见、见解和评价的调查，都不是真正的调查，一切不相信群众的调查，都不会获得真知灼见。因此，政府领导都必须树立牢固的群众观点，相信群众，依靠群众，尊重群众的创造精神，以甘当小学生的态度，虚心向群众求教。一切调查材料必须从群众中来，一切调查结果必须由群众检验。只有这样，才能使政府公共关系调查建立在坚实的群众基础之上。

（4）系统原则。

辩证唯物主义的系统观认为，在客观物质世界的普遍联系中，任何事物都是作为系统而存在的，都可以看成是系统与要素辩证统一的整体。系统观要求政府领导和调查人员在认识事物时，要具有系统头脑和系统眼光，把调查对象放在系统之内，从事物相互联系的诸要素（子系统）有序结合的整体上，去获得对调查对象的系统认识，把握事物整体运动规律和系统性，在调查中处理好系统与要素间的关系、微观与宏观的关系、点与面的关系、内部与外部的关系等，才能有效地从整体上优化公共关系调查效果，透过现象看到事物的本质，保证公共关系调查的科学性。

2. 政府公共关系调查中应注意的问题

政府领导和公共关系调查人员，在调查过程中除了要认真贯彻上述原则，以期获得全面、客观、真实、准确的调查资料外，还必须做到以下“十戒”：

一戒长官意志，曲意逢迎。公共关系调查任务往往是奉政府领导之命而开展的。在进行调查之前，领导者向调查人员交代调查的任务、目的和要求，这本无可厚非，但有的领导者却凭主观意志，给调查者划框子、定调子，让调查者照此办理。在这种情况下，调查者切忌患得患失，看着领导的眼色行事，按照领导的“意图”去找例证，证明领导的“意见”如何正确，一旦发现实际情况与领导的意见相悖时，就去歪曲事实，掩盖事实真相，以曲意迎合去换取领导的欢心，这样做，只会给公共关系调查造成损失。

二戒先入为主，自以为是。政府领导和公共关系调查人员在调查过程中，所有被调查的领导和群众的意见都要听，切忌“先入为主”，即以先听到的意见为依据，对后听到的意见不相信、不理睬。更不能把依靠当地领导的支持变成只相信他们的意见，而不相信他们的下属和群众的意见。作风不正的领导者是不能如实反映情况的。因此，各种人的不同意见都要听，以了解真实情况。

三戒不讲原则，感情用事。在整个调查过程中，政府领导者要带头抵制不正之风，排除干扰，坚持原则，秉公办事。决不能感情用事，歪曲事实。

四戒背靴找脚，削足适履。调查要有明确的目的和事先制定的调查提纲，但这个目的和提纲是否符合实际情况，还要经过实践的检验来加以修正和补充。决不能把制定的调查提纲或计划当做根本不能变的死框框去硬套现实，带着框子找例子、填材料，去做背靴找脚、削足适履的蠢事。

五戒蜻蜓点水，浅尝辄止。政府公共关系调查要从复杂的现象中抓住事物的本质，认识事物的规律性。政府领导和公共关系调查人员必须有深入、扎实的工作作风。对调查材料，要勤于动脑、善于思考，反复周密地分析研究，才能从感性材料中揭示出规律性的东西。蜻蜓点水式的调查，满足于一知半解，是做不好调查的。

六戒偏听偏信，不求全知。政府公共关系调查不能偏听偏信，要立足于客观实际，做全面调查，听取各方面的不同意见，进行综合分析，才能辨别真伪。古人云："兼听则明，偏信则暗。"如果领导者和调查人员有私心、有成见、有偏见，偏听偏信，不能全面客观地认识要调查的问题，是做不好调查的。

七戒坐井观天，不看全面。政府领导者和公共关系人员在调查全局中一个局部或若干局部时，切莫忘了全面，把局部孤立起来，犹如坐井观天，只看局部，不看全局，误把局部当做全局，势必造成调查工作的失误。因此，政府公共关系调查必须注意正确处理全局和局部的关系。

八戒只看现象，不抓本质。客观事物表现出来的现象是千姿百态、错综复杂的，真假现象混杂在一起，掩盖着事物的本质。因此，政府公共关系调查既要去努力占有各方面的材料，又要对获得的各种材料开动脑筋进行加工整理，去伪存真，去粗取精，由此及彼，由表及里，由感性认识上升到理性认识，才能抓住事物的本质。

九戒盲人摸象，以偏概全。任何客观事物都是在一定的时间和空间里存在着的，就其整体来说，它有多个侧面，因此在调查中必须从各方面、多角度了解和分析事物的整体。

十戒割断联系，玩弄实例。客观世界的各种事物既是相对独立、相对静止，又是相互联系、绝对运动的。政府领导者和公共关系调查人员在调查某一个事物的时候，切忌抱着孤立、静止的观点，而是需要用联系和发展的眼光去观察和把握事物，决不能儿戏般的玩弄实例。正如列宁所说的："如果不是从整体上、不是从联系中去掌握事实，如果事实是零碎的和随意挑出来的，那么它们就只能是一种儿戏，甚至连儿戏也不如。"①

3. 政府公共关系调查的程序

政府公共关系调查的全过程由以下四个基本步骤组成：

（1）根据调查内容，明确调查任务。

政府公共关系调查的任务是依据调查的内容确定的，调查的任务不同，调查中所使用的方法、技术手段和测量指标也有所不同。

（2）根据调查任务，制定调查方案。

首先要设计一个详细的调查提纲，把调查任务具体化和指标化。比如，要做一个政府整体形象的调查，而政府形象的概念还是抽象的，这就必须通过设计具体的形象要素指标体现出来，调查提纲就是将所要调查的问题全部详尽地列出来。其次，在调查方案中还应确定具体的调查范围、调查对象和调查对象的选取办法。比如，这项调查是在一个省（市）范围内进行，还是在一个局部地区范围内进行；是在一类公众中进行，还是在几类公众中进行；是采用问卷的方法，还是采用抽样的方法等。最后，还应给出具体的调查方法，说明用哪种方法或哪几种方法进行调查。

① 《列宁全集》，中文2版，第28卷，364页，北京，人民出版社，1990。

（3）根据调查方案，收集调查资料。

收集调查资料的过程，也就是调查方案实施的过程。在调查收集资料的过程中，必须注意技术手段的恰当合理运用，这不仅会影响所收集资料的数量，还会影响资料的质量。没有足够的数量和高质量的资料为依据，是难以得出准确的调查结论的。

（4）根据调查资料，处理调查结果。

处理调查结果是政府公共关系调查的最后一步，主要包括整理调查资料和形成调查结果两项内容。

整理调查资料就是对调查所得的资料进行检验、归类、统计等。要抓住资料检验这一重要环节，通过检验，排除虚假的资料，补充缺漏的资料。

形成调查结果是指将经过统计的数据列成图表，如用政府形象地位差距图显现出来，并对此进行文字分析，最后形成一份完整的调查报告。调查报告形成后，还要对调查结果和整个调查过程进行一次总体评价，对调查的科学性、准确性和应用性做出必要的说明。调查结果和调查报告应及时提供给领导层，以便据此做出正确的公共关系决策。

8.1.3　政府公共关系调查的内容

政府公共关系调查的内容比较广泛，一般应包括基本情况调查、公众意见调查以及社会环境调查等方面。

1. 基本情况调查

（1）政府管理的方向和目标。

管理的方向和目标集中体现了一个政府指导思想的正确性和管理决策的科学性，体现了一个政府是否坚持正确的政治方向，能否正确处理国家利益、公众利益和政府利益三者之间的关系。

政府管理方向和目标调查的内容包括：了解党和国家的路线、方针和政策，监测方向和目标的制约性；摸清、摸准公众利益和要求，监测方向和目标的适应性；调查新闻媒介的报道数量、报道质量和报道时机，监测方向和目标的灵活性。

（2）政府管理状况。

进行政府管理状况的调查，可以使政府领导者全面了解本政府管理的变化和发展，及时调整管理行为，有效地适应社会公众的需求。

1）管理思想。

管理思想调查的内容有：政府管理是否把“为人民服务”作为根本宗旨；是否有完善的服务措施、认真的服务态度和较高的服务质量；是否把党和国家的路线、方针、政策、法规作为管理工作的灵魂；是否用现代的思维方式和观念以及科学理论来指导管理工作等。

2）管理体制。

管理体制调查的内容有：政府机构的设置是否合理，是否按照发展社会主义市场经济的需要，根据精简、统一、效能的原则，转变政府职能，建立起办事高效、运转协调、行为规范的行政管理体系；政府职能部门和领导班子是否有合理明确的分工，职位、责任、权力是否一致；政府的各项管理制度是否健全、科学，能否发挥监督机制的作用等。

3）管理方法。

管理方法调查的内容有：是否坚持了“以人为本”的现代管理的主体思想；是否把系统论、控制论和信息论的现代科学管理方法运用到政府管理中去；管理目标是否正确，管理标准是否明确，是否具有可操作性和可行性；管理工作计划安排的实施进度和产生的效果如何；提高干部、职工队伍的素质和培养人才的措施是否有利于干部和职工的管理，是否坚持了任人唯贤、知人善任的原则；树立团队精神、培养职业道德、建设行政文化的坚持性和有效性；政府领导班子优化组合、实行结构科学化、发挥整体效能的状况等。

4）管理手段。

管理手段调查的内容有：运用行政手段，约束、控制领导干部和职工行为，实现政府目标的状况；运用经济手段，协调内部公众的利益关系，调动干部、职工积极性的状况；运用行为手段，增强感情投资，加强政府内部的沟通，建立密切的干群关系的状况；办公手段自动化、机器设备的更新、新技术的采用状况；干部、职工劳动条件和生活条件的状况等。

（3）干部队伍和职工队伍的状况。

对政府的干部队伍和职工队伍状况的调查，主要包括政治思想素质、文化知识水平、业务技术能力和身体状况几方面。这几个方面的调查，有利于加强政府干部队伍、职工队伍的政治思想和业务素质的建设，有助于政府人才的培养和使用，提高政府的管理水平和工作效率。

1）干部队伍状况。

干部队伍状况调查的内容有：是否有较高的理论水平、政治思想觉悟和品德、政策水平及法律知识；是否具有事业心、责任心、进取心和开拓精神；是否具有“领导就是服务”、“全心全意为人民服务”的观念和意识；管理知识和专业知识掌握的程度；思维能力、决策能力、协调能力、社交能力和应变能力；受教育状况和知识结构；自我认识和自我控制的心理素质；年龄和体质状况等。

2）职工队伍状况。

职工队伍状况调查的内容有：职工对各类岗位的适岗情况；敬业精神和团队精神；文化知识和技术水平情况；遵守规章制度和劳动纪律的情况；职工劳动条件、生活条件和健康状况等。

2. 公众意见调查

公众意见调查涉及形象调查、公众动机调查、政府机构方针政策的效果与前景调查等方面。

（1）政府形象调查。

政府公共关系的最终目标就是在公众中树立良好的政府形象。政府形象是客观存在的，任何一个政府都处在一定的舆论环境之中，其管理行为和服务必然给公众留下某种印象，从而对它产生某种看法和评价。由于政府本身是一个复杂的、多因素构成的行为综合体，这就决定了政府形象内容的多样性。也就是说，政府的总体形象可以分解为各种不同的形象要素。但是，从政府公共关系状况的角度，可把政府形象概括为知名度和美誉度两个基本指标。所谓知名度是指一个政府被公众知道、了解的程度。所谓美誉度是指一个政府获得公众信任、好评度的程度。一个政府的知名度和美誉度都是不可缺少的，但二者并不存在必然的统一性，因为美誉度高知名度不一定高，美誉度低也不意味着知名度低。良好的政府形象是把知名度和美誉度的统一作为追求的目标的，这就需要进行政府形象的实际调查，一方面通过政府自我期望形象调查，明确政府公共关系目标；另一方面通过政府的实际社会形象调查，分析政府公共关系的具体现状；然后，通过比较目标和现状之间的差距，确定或修正公共关系工作的方向和重点。

具体来说，政府形象的调查包括以下三方面的基本内容：

1）围绕知名度、美誉度，对组织形象进行评估测量。

可使用“组织形象地位四象限图”，整个图区分为四个象限（见图 8—1）。

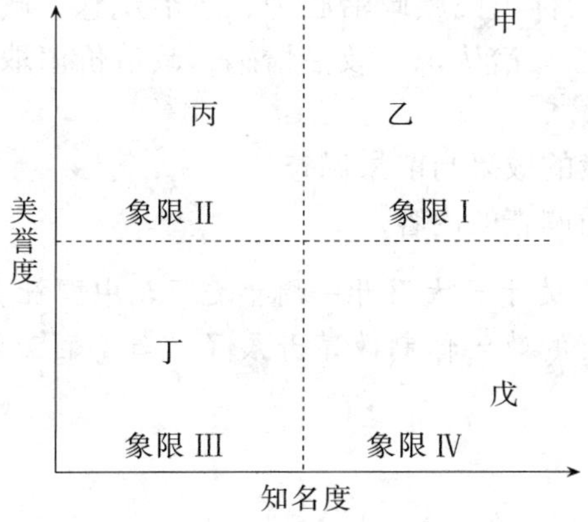

图 8—1 组织形象地位四象限图

象限Ⅰ为高美誉度、高知名度；象限Ⅱ为高美誉度、低知名度；象限Ⅲ为低知名度、低美誉度；象限Ⅳ为低美誉度、高知名度。图 8—1 是对五个政府部门进行假设调查后的测量的结果。甲、乙比较令人满意，知名度、美誉度都较高，丙是知名度低但美誉度高；丁处在双低状态；最差是戊，美誉度低而知名度高。

2）围绕着组织形象要素，用“语意差别分析法”制作调查表格进行调查。

例如我们试将政府部门形象要素列为服务方向、工作效率、服务态度、开拓精神、决策管理、工作人员的素质、廉政建设七个方面假设进行调查。其调查表格的编排设计如表 8—1 所示。

表 8—1 政府部门形象要素调查表

评价 / 调查项目	非常	相当	稍微	中等	稍微	相当	非常	评价 / 调查项目
服务方向正确								服务方向不正确
工作效率高								工作效率低
有开拓精神								没有开拓精神
决策管理好								决策管理差
服务态度好								服务态度恶劣
工作人员素质高								工作人员素质低
廉政建设好								廉政建设差

3）领导者自况评价。如工作评价、管理决策评价、管理作风评价、领导形象评价等。

4）公众对领导行为的评价。如对管理绩效的调查、工作结构评价调查、领导与被领导关系调查以及领导职权有效性调查等。

（2）公众动机调查。

公众动机调查要探明社会公众对政府部门的评价或印象的主观原因。由于公众内部的水平以及各方面的素质、职业、社会地位等不同，看问题的角度不同，因此对同一类事物难免会评价不同。要真切探明公众的动机，调查工作是十分复杂和精细的。例如，对当前的改革人们的看法不完全一致，究其主观原因，均与政治文化有关。政治文化又包括政治立场、民族气质、民族精神、民族政治心理、政治观念、政治思想、政治道德等。所以分析政治文化往往要注意政治认识、政治情感、政治价值取向和政治理想追求等几个变量。

（3）政府机构方针政策的效果与前景调查。

我们举例来了解这方面调查的内容。

1988年8月1日，在党的十三大召开一周年之际，中国社会调查所民意调查部对于我国公民十分关心的中央提出的政治体制改革开展了“首都百万流动公民民意调查”，这次调查的具体项目是：

（一）你的基本情况

1. 年龄（请填实际数字）：

2. 职业（请在你的情况号上画“〇”）：

（1）工人　（2）农民　（3）科技人员

（4）党政机关干部　（5）企事业干部　（6）教育卫生工作者

（7）大学生、研究生　（8）个体劳动者　（9）离退休人员

3. 文化程度：

（1）文盲　（2）小学或初中　（3）高中或中专

（4）大专以上

4. 居住地：

（1）北京　（2）外地

（二）请在符合你情况的答案标号上画“〇”

1. 关于“党政职能分开”的前景

十三大召开以前你的估计：

A. 乐观　B. 难说　C. 悲观

十三大召开以后你的估计：

A. 乐观　B. 难说　C. 悲观

2. 关于“进一步下放权力”的前景

十三大召开以前你的估计：

A. 悲观　B. 难说　C. 乐观

十三大召开以后你的估计：

A. 悲观　B. 难说　C. 乐观

3. 关于“改革政府工作机构”的前景

十三大召开以前你的估计：

A. 乐观　　B. 难说　　C. 悲观

十三大召开以后你的估计：

A. 乐观　　B. 难说　　C. 悲观

4. 关于“改革干部人事制度”的前景

十三大召开以前你的估计：

A. 悲观　　B. 难说　　C. 乐观

十三大召开以后你的估计：

A. 悲观　　B. 难说　　C. 乐观

5. 关于“建立社会协商对话制度”，你认为：

A. 有必要　　B. 难说　　C. 没必要

此外，还可就政府公共关系活动效果、新闻传播媒介的传播效果等在公众中进行意见调查。

案例

据东方网报道，2013 年 2 月 7 日中午，前《经济观察报》调查新闻部资深记者通过“记者瞭望东方周刊刘向南”实名微博发布了这样一则消息：大人物突然来，家里娃儿还在光屁股睡觉。大人一想这样不礼貌，让娃儿躲进柜子里。本以为老李握个手就走，没想到老李还坐了下来，里面的娃儿待久了受不了，你们聊你们的，我还是进被窝吧……娃儿的童年一下子火了，《新闻联播》播出了他的屁股……微博一出，迅速被转发了近8 000条，评论也近千余条。微博中提到的《新闻联播》中的新闻镜头，是李克强总理来到棚户区某居民家中了解他们生活的情况。这户人家的大人与李克强交谈时，家中孩子由于没穿裤子，躲进了房间一侧的衣柜里。但随后憋不住，爬出柜子，钻进了被窝。这个可爱的瞬间恰巧被镜头捕捉，反映出屋主生活的真实情况。对于这段不作秀、不修饰的新闻镜头，网友们给予热情的肯定。网友“清风送香远莲”说：“新闻就是要真实和有看点。”网友“巍小尼”说：“觉得这样的镜头很温暖。”不少网友还从这个镜头中读出中央领导率先垂范的亲民作风。网友罗宾说，在大家常态的想象中，出现光屁股小孩这样的“不雅”镜头，央视编辑完全可以用别的镜头替换、过渡掉。但整个镜头就这样真实地播出了，至少可以看出，这次领导人“造访”是随机、没有任何事先安排的，是真正接触底层的访贫问苦。央视播出这样的真实镜头也从侧面反衬了中央领导的风格，那就是亲民、真实，与百姓无间隙。更多的网友表示，希望这种风格的新闻保持和传递下去。

3. 社会环境调查

政府公共关系组织机构及其工作人员不仅要调查组织形象的自我认识与公众之间的差距即“形象差距”，调查公众的意见，还要调查收集国际国内、本地与外地的政治、经济、文化、社会状况及其他方面情况的有关资料。这是因为政府和其他社会组织一样，不是存在于真空之中，而是存在于一定的物质环境和文化环境之中的，是一定环境的产物，其性质和目标很大程度上受社会环境的制约。同时，它也在特殊的社会环境中改造世界、并求得自身的生存和发展。

社会环境调查涉及的方面很多，由于政府具有组织和管理社会的职能，政府公共关系的职能之一是要维护社会的稳定与秩序，据此可以考虑围绕着这个目标进行必要的社会环境调查，例如可以设置“社会风险早期警报系统”，这个系统包括四个指数体系：

（1）痛苦指数体系。

痛苦指数反映了公众在社会生活中“痛苦”的程度，也是评价政府领导人实绩的重要指数。它包括通货膨胀率、收入增长率与失业率三个指数。通货膨胀率与收入增长率反映公众实际生活受影响的程度，通货膨胀率与失业率以百分点评分，收入增长率以负百分点评分。

（2）腐败指数体系。

它包括受惩干部的人数、职位、渎职方式三个指数。

（3）贫富指数体系。

它包括绝对收入差距、相对收入比例、贫困线以下人口的比重、富裕者致富方式与消费方式五个指数。

（4）不安指数体系。

它包括政策变动、激进言论、牢骚、谣传、怠工与骚动六个指数。政策变动指数包括废弃政策的比重频率。

根据社会风险计量分值，社会风险可分为六级，当风险分值达到B级（一般风险）时，该系统即开始发出警报。此时政府部门必须为公众的不满情绪提供多种发泄渠道，创造宽松的社会心理环境，及时疏导人们的怒气，要注意社会学所提及的“安全阀”功能。

8.1.4 政府公共关系调查的方法

政府公共关系调查有诸多行之有效的方法，这里只介绍几种常用的方法，如访谈调查法、问卷调查法、抽样调查法、文献调查法等。

1. 访谈调查法

这是调查人员通过与调查对象进行交谈收集资料的一种调查方法。由调查人员接触调查对象，就所要调查的问题，向调查对象提问，要求调查对象对提出的问题做出回答，并由调查人员将回答的内容和交谈时观察到的动作、行为及印象详细记录下来。这种调查方法具有直接性、适应性、准确性和灵活性的特点。

（1）访谈调查法的类型。

1）按访谈提纲的方式不同，可分为结构性访谈和非结构性访谈。

结构性访谈是由调查人员携带事先设计好的访问调查表进行的访谈。调查表中的所有问题都是事先精心设计的。

非结构性访谈是调查人员只需根据调查任务的需求拟成访谈要点或访谈提纲，并据此向调查对象提问。在调查过程中，调查人员可较为自由地进行提问。调查对象也有较大自由来回答所提问题。这种访谈适用于调查态度、价值判断等方面的问题。

2）按访谈的场所不同，可分多种不同地点的访谈。

访谈的地点可在机关单位、家庭，也可在街头等公共场所。访谈的地点应根据调查对象的特点来确定。

3）按访谈人数的不同，可分为集体性访谈和个别访谈。

集体性访谈是由调查人员召集一些人对要调查的问题进行座谈。这种调查要求调查人员必须向人们说明座谈的目的和要求，以消除人们的疑虑，使人们能畅所欲言。

个别访谈是由调查人员同被调查对象逐一进行面对面的谈话。这种调查需要被调查人的合作态度和语言表达能力。调查人员要善于交际，该问的问题不能遗漏，所问的问题要问个清楚、明白。

4）按访谈的时间不同，可分为一次性访谈和跟踪访谈。

一次性访谈又称横断式访谈，是就某一生活时刻或某一时间内人们的态度、行为等方面的情况进行调查。这种访谈通常是就某个特殊问题进行调查，也常用于某个事件发生后进行调查，以期了解某一事件对人们态度行为的影响。

跟踪访谈又称纵向性访谈，是调查在不同生活时期人们态度及行为的变化。它往往通过多次访谈，调查了解人们的动态信息，更富有价值性，属于深度性的访谈。

（2）访谈调查的实施。

访谈实施的过程可分为以下几个阶段：

1）访谈的准备阶段。

访谈的准备是否认真充分，对访谈成功与否至关重要，调查人员必须认真对待。首先是访谈目的准备，一定要明确和正确；其次是拟订好调查提纲；再次是调查地区和人员的安排；最后是要准备齐全访谈所需要的工具。

2）访谈的开始阶段。

良好的开端是成功的一半。不要在访谈一开始就切入核心问题，应在开始先谈论一些友谊交往性的话题，向被调查者说明真实来意，求得他们的理解、支持和配合，再由浅入深、由近及远，逐步深入要调查的核心问题。

3）访谈的高潮阶段。

调查进入核心问题，即进入了实质性阶段，调查内容应力求详尽、具体，设法引导被调查者谈出深刻的思想和看法，形成访谈的高潮。

4）访谈结束阶段。

访谈要有一个比较自然的终止点，恰到好处地结束访谈。在调查核心问题的目的已经达到、被调查人员对此问题已无话可说而失去兴趣时，调查人员可适时谈论一些友谊性的话题，以结束访谈。

5）记录整理阶段。

访谈结束后要立即进行记录整理，不清楚的地方，最好能找调查对象核实，还可以靠对当时的记忆来补充。

为了保证记录整理的准确性，记录时要努力做到以下几点：记录要真实客观；字迹清楚，不随意涂改；不要遗漏，如被调查者不能回答，应标明“不能回答”、“不明”、“未详”等；有关数字，应记准确。

（3）访谈调查的技巧。

由于访谈调查是调查者和被调查者面对面地进行交谈，这实际上是一种人际互动的过程，调查的效果有赖于双方配合的程度。因此，要求调查人员要具备多方面的素质和能力：1）调查人员对调查所涉及的业务知识即使不是内行也要做到了解；2）有较好的语言表达能力；3）有较强的人际交往能力；4）有迅速准确地作出分析判断的能力。

为了圆满地完成访谈调查任务，在访谈过程中还应注意以下问题：1）与被调查者接触时，要在衣着、服饰、相貌、举止、风度、语言、态度等方面给被调查者留下良好的第一印象。2）要拿捏好认同技巧，努力寻找双方的共同点，如相同的经历、相同的观点、相同的职业、相同的兴趣和爱好等。共同点找得越多，双方的情感越接近，就越有利于消除戒心，促进双方广泛而深入的交谈。3）调查人员必须以真诚、亲切、礼貌、尊重的态度对待被调查者，在访谈过程中处处表现出诚意、信任和耐心，对发言者洗耳恭听，不轻易打断对方的发言，不武断地下结论。调查人员处处表现的真诚之意，往往能激发起被调查者内在的责任心，从而主动积极地支持和配合调查。

案例

2012年中秋、国庆双节期间，中央电视台推出了《走基层·百姓心声》调查节目，就“你幸福吗”这一问题，深入基层对几千名不同各行业的人进行了采访。一时间，“幸福”一词成为媒体热词，也引发了中国人对幸福的思考。改革开放30多年来，我国人民的物质文化生活水平大幅提高，伴随而来的价值观和生活方式的变迁对当代中国人特别是青年人幸福观的形成产生了重大影响，中国人产生了新的选择困惑和幸福感；当前世界各国在关注经济发展的同时，越来越将注意力转向国民幸福问题。重提中国人的幸福观，既是时代发展的新要求，也是党和政府关注民生的新表现。

2. 问卷调查法

问卷调查法是政府公共关系调查广泛使用的一种方法。问卷是指为统计和调查所用的、以设问的方式表述问题的表格。问卷调查法就是调查者用这种控制式的测量对所研究的问题进行度量，从而搜集到可靠的资料的一种方法。

问卷调查的一般程序和实施过程如下：

（1）确定调查目标。

政府公共关系调查人员要依据政府领导人的意图，确定具体、可行并对改进政府工作有现实意义的调查目标。

（2）确定调查范围。

依据调查目标，确定调查公众的类型和范围。比如，确定以改进政府管理工作为目标，则可以以政府内部公众为调查范围。又如，确定以了解政府形象为目标，则可以以社会公众为调查范围。

（3）确定问卷形式。

1）确定提问方式。

提问方式有两种：一种是“开放性”提问，即“问答题”，是指问题虽然对每一个被访者都是同一的，但不是事先做出任何选择答案，被访者可以根据自己的情况自由作答。另一种是“封闭性”提问，即“选择题”，是指问题是相同的，而且每一个问题都事先列出若干个可能的答案，由被访者根据自己的情况，在其中选择认为恰当的一个或多个答案。这两种问卷方式各有优劣，调查者可以根据具体情况选用其中一种或对其予以综合运用。

2）确定问卷结构。

问卷结构包括组织顺序和选择词汇。组织顺序是指如何确定一份问卷的逻辑顺序。一般来说，问卷开头应有一段简短的说明，解释这次调查的目的；在提问顺序上，应适应调查对象的心理要求，先易后难，由浅入深；在结构安排上，可先了解被调查者的知识、资历等一般情况，后了解被调查者的态度、意见和建议。选择词汇是指一篇问卷的语言、措辞的确定。一篇好的调查问卷，要在词汇上下功夫。要做到语言通俗易懂，简短精练；提问准确，内容具体；措辞得体，避免倾向性；问题有深度，避免简单化、概念化。

3）试查。

试查是在问卷拟出后、正式投入调查前，选择少量有代表性的调查对象进行试答，以便发现问题，补充修订。试查时最好能同访谈法结合，这样有利于直接了解受访者的反应和态度。

（4）确定调查方式。

问卷形式确定后，以什么方式实施，要视环境、条件要求和具体内容而定。一般采用问卷访问的形式。问卷访问有以下两种形式：

1）当面访问。

这是指调查者走访调查对象，将问卷交给他们填写。这种方法时间性比较强，问卷回收率比较高，有些问题还可以当面解释。但这种方法访问成本高，访问面小，不适合于调查对象多的调查项目。

2）通信访问。

这是通过信函、电传、互联网等形式进行的访问。信函访问是将问卷寄给调查对象，让他们填好后寄回。这种方式适合于对居住分散或偏远的调查对象进行调查，使被调查者有充分的考虑时间。这种方法费用较低，但问卷回收率也低，选择的调查对象也不一定有代表性。传真调查和网络调查则是将问卷通过传真或互联网传给调查对象，对方再通过传真或互联网的形式传递答卷。这两种方式只适合于有传真条件或上网条件的政府机关，问卷的回收率和费用都比信函访问要高一些。

（5）整理数据资料。

调查方式付诸实施后，政府掌握了大量的资料、数据，公共关系调查人员要对资料给予归类、整理、登录和统计，以便得出有应用价值的数据资料，作为政府领导公共关系决策的依据。

3. 抽样调查法

抽样调查法是一种从调查总体中选取调查样本的方法。“总体”是指所要调查对象的全部；“样本”是指从总体中抽取出来调查的那一部分。采用抽样法进行调查具有调查周期短、调查资料准确、节省调查经费等优点，是政府公共关系调查常用的一种方法。

抽样调查的程序一般为：确定调查总体，设计和抽取样本，实施调查，评估样本代表性。

抽样必须遵守随机性原则，也就是在抽选调查对象时，必须要保证总体中每一个被抽选的对象抽中机会均等。按随机原则实施抽样的基本方法有以下五种：

（1）简单随机抽样。

这是一种最基本的抽样方法，也称纯随机抽样。它是对总体中所有单位不进行任何分组、排队，完全随机地抽取调查样本。

常用的抽取方法有：

1）抽签法。

就是把总体中所有单位编上序号，将号码写在纸条上，掺和均匀，然后从中抽取出必需的单位数目。

2）随机数表法。

就是先把总体中所有单位编号，再利用随机数表以任意行或任意列的第一个数字为起点，从左至右或由上至下去数，碰上属于总体单位编号范围的数字就作为样本，直到抽够预定的样本数量为止。

（2）等距抽样。

等距抽样也称机械抽样，就是先把总体中所有单位按照一定顺序排列起来，然后按相等间隔或距离抽取必要的单位数目。比如，每 10 个单位为一个间隔，当第一个间隔抽出 6 号位时，以下便是 16 号、26 号、36 号、46 号、56 号……

（3）分类抽样。

分类抽样也称分层抽样，就是把总体按某一标准分成若干类型，然后在各类型中按一定的比例进行随机抽样。实施分类抽样应注意以下几点：一是必须有清楚、科学的分类界限；二是必须知道各类中的单位数目和比例；三是分类的数目不宜太多。由于分类抽样对样本的分配比较合理，推算办法简便，是一种便于操作和行之有效的调查方法，尤其适宜于总体情况复杂、各单位之间差距较大、单位数量较多的情况。

（4）整群抽样。

整群抽样也称成组抽样，就是先把总体按一定的标准分成若干群，然后按随机原则从这些群中抽取部分作为样本。整群抽样的特点是样本集中，操作比较方便，但样本分布不均，代表性差。

（5）多级抽样。

多级抽样也称多阶段抽样，它把抽样过程分成两个或多个阶段来进行，即先从总体中进行分层抽样或整体抽样，然后再从抽得的层级群中随机抽取若干调查对象组成样本。

4. 文献调查法

文献调查法，是指通过文献资料获取调查情报的方法。文献，是指储存在一定物质载体上的有关知识内容的信息记录。文献资料的物质载体有图书、报刊、政府出版物、会议文献、档案资料、录音录像带、计算机软盘等。一般来说，文献调查法有以下四个基本步骤：

（1）搜集资料。

通过各种媒介搜集有关资料。如通过报纸剪裁，搜集与本政府有关的各类报道、文章及相关资料；搜集政府、上级主管单位发布的与本政府有关的各类方针、政策等；通过有关工具书、参考书目，了解宏观发展动向，了解国内外重大事件及各行各业新的发展和新的成就；通过了解政府规划、报表和档案，全面了解政府的历史、现状以及行政管理、社会往来等情况。

（2）分类检索。

分类检索可通过建立分类检索系统来完成，即按照一定的规则把各种资料归类。由于文献检索能帮助调查人员系统地了解和分析本政府的形象和社会环境历史，能为公共关系调查提供背景资料，从而减少调查的盲目性，节约时间和费用，还能使调查者明确应搜集资料的来源，因此在政府公共关系调查中，充分利用检索文献资料显得十分重要。

（3）资料保存。

资料保存是一项细致的工作，它包括剪贴、登记、编目、装订、归档等工序。在一些现代化办公的政府中，已采用计算机来管理与储存资料，或应用其他有关的数据库，这大大扩大了检索范围，提高了检索速度。

（4）资料分析。

资料分析是对检索后的资料进行全面的分析。其分析方法有以下两种：

1）纵向分析法。

它要回答问题产生的原因、发展的过程，受哪些因素影响，这些因素与问题本身有什么关系，今后的发展趋势如何，等等。

2）横向分析法。

它要回答对同一问题有哪些不同观点、不同意见，其根据如何，这些根据的可信度和可靠性怎么样，等等。

对于某些重要的问题特别是关系国计民生的大事，在资料分析时，应广泛听取专家的意见，公共关系调查人员要综合丰富的资料和专家意见，形成有实用价值的报告，或向政府领导提出有参考价值的建议，乃至制定切实可行的公共关系活动方案。

8.2　政府公共关系策划

政府公共关系策划在整个政府公共关系活动中具有极为重要乃至决定性的作用和地位，它是公共关系四步工作法的第二步。公共关系策划是对各类公共关系活动的谋划、运筹和韬略，是一切公共关系活动的先导和核心，是富有创造性的高层次的公共关系工作。科学的策划思想和巧妙的策划艺术是政府公共关系成功的保证。政府公共关系策划在政府公共关系工作程序中处于核心的地位，发挥着承上启下的功能，其作用不容小视。

8.2.1　政府公共关系策划概述

1. 政府公共关系策划的含义

古人云："凡事预则立，不预则废。"预，是指预备、准备、策划。策划，从字面上讲，指筹划、谋划，即为达到某一目的而拿主意、出计谋、想办法、拟方案、定计划。换句话说，策划就是根据已经掌握的相关信息，推测事物发展的趋势，分析需要解决的问题和主客观条件，在行动之前，对指导思想、目标、对象、方针、政策、战略、策略、方式方法、途径、步骤、人员安排、时空利用、经费开支等作出构思和设计，并形成系统、完整的方案。简言之，策划就是为行动谋划方案。

公共关系工作有四个基本步骤，即调查、策划、传播、评估，而其中心环节就是策划。因为通过调查获取的信息是为策划行动方案提供依据，传播和评估则是为了实现策划方案。任何公共关系活动在开展之前，都必须进行一番策划。不经过认真策划的、盲目的公共关系活动，会因无目标、无方向、无计划、无措施而导致失败。

那么，什么是政府公共关系策划呢？

政府公共关系策划，是指政府机构和政府公共关系人员根据政府开展工作的需要，为了实现塑造政府形象、改善政府执政环境这一基本目标，在认真调查研究、全面准确地掌握信息的基础上，找出政府需要解决的问题，分析和比较各种相关因素和条件，遵循科学的原则和方法，运用智慧和经验，充分发挥创造力，确定公共关系活动的目标，并制定出最优行动方案的过程。

2. 政府公共关系策划的意义

（1）政府公共关系策划是政府工作取得成功的保证。

《论语·述而》曰："好谋而成者也。"《孙子兵法》曰："夫未战而庙算胜者，得算多也；未战而庙算不胜者，得算少也。多算胜少算，而况于无算乎！"《汉书·高帝纪》曰："运筹帷幄之中，决胜千里之外。"古人的这些遗训是指导人们正确地进行实践活动的真理。古今中外、各行各业，凡是事业获得成功者，无不凝结着策划的智慧。良好的策划是成功的保证，政府在开展每一项工作之前，如果能根据主观和客观条件认真进行策划，制定出切实可行的方案，必然会对政府工作的成功起到保证作用。

（2）政府公共关系策划可以为政府的行动提供指南与纲领。

马克思主义哲学原理告诉我们，人们的实践要获得成功，就必须使自己的行动符合客观实际。人的行为是受意识支配的，如果人们的意识正确地反映客观现实，尊重客观规律，其行动就会有良好的效果；反之，没有正确的意识作指导，盲目行动，其结果只能是失败。而策划正是主观与客观、思维与行动之间必不可少的联系环节。

策划的过程就是认识的过程，是发挥人的主观能动性的过程。科学的策划，要求政府领导者和公共关系人员在正确、全面地认识客观世界，准确反映客观世界的基础上周密思考，进行判断、推理、联想、创意，想办法、拟方案，创造性地提出认识世界、改造世界的计划。建立在科学基础上的策划，使政府领导者的主观意志更加符合客观实际，同时也为政府领导者的行动提供了指南和纲领，使他们的行动不再是盲目的，而是有目标、有计划、有步骤的。政府领导者的实践行为在策划提供的指南和纲领的指引下，从胜利走向新的胜利。

（3）政府公共关系策划可以为政府的实践活动提供新观念、新思路、新方法。

政府领导者和公共关系人员，在谋划时，要对已掌握的有关信息进行加工、整理、思考、识别、分析、判断。为了寻找解决问题的方案，就必须充分发挥创造性思维。许多新观念、新思路、新方法就是在这个过程中产生的。可以说，只要策划就能产生新观念、新思路、新方法。只有这样，才能达到既符合客观实际，又有创新的最佳策划，才能充分调动人们的积极性，开创政府工作的新局面，推动政府事业的发展。

（4）政府公共关系策划可以增强政府工作的实力。

在策划过程中，政府领导者和公共关系人员要对事物发展的趋势、事物发展的主观条件和客观条件等进行分析，明确努力的方向和目标。为实现目标，要拟订一整套行动方案，尤其要对各种有利因素、有利资源进行优化组合，充分发挥这些因素和资源的更大效用。这些都会增强政府工作的实力。

（5）政府公共关系策划可以促进政府改善管理。

一个科学、有效的政府公共关系策划，对改善政府的内部管理能发挥积极的促进作用。因为策划的过程就是发现问题、寻找对策的过程。行动目标、战略、策略、途径、方法、计划等在这一过程中被提了出来，政府内部管理的各个环节上存在的问题也会在这一过程中暴露出来，而这正是加强和改善政府内部管理的有利时机。

（6）政府公共关系策划可以为政府工作的评估提供依据。

在政府公共关系策划中，必然要制定工作的总目标和各项分目标，必须对各方面的工作提出具体的要求，这样，政府工作成果的各项评估标准就同时被制定出来，这就为检查、考核各项工作的进展和效果提供了依据。

3. 政府公共关系策划的原则

政府公共关系策划的原则，是指在公共关系策划的过程中，公共关系人员观察、分析和处理问题的指导思想和法则。它是公共关系策划的灵魂，违背了它，公共关系策划方案及其实施就会出现重大失误，从而导致公共关系工作的失败。一般来说，政府公共关系策划应遵守以下原则：

（1）客观真实原则。

坚持实事求是，尊重客观事实，彻底贯彻求实精神，是政府公共关系策划的首要原则。政府公共关系策划生命力的源泉是政府管理过程中的客观事物。离开政府本身存在事实的策划，不是科学、正确和有价值的策划。凭主观臆想，脱离政府客观实际的策划，只能遭到失败并失信于公众。政府公共关系策划就是政府的管理决策，是来不得半点虚伪和欺骗的。因此，在政府公共关系策划的运作中必须做到：1）客观。还事物的本来面目，不以猜测和想象代替事实。2）真实。面对事实，一就是一，二就是二，不夸大，不缩小。3）全面。充分地掌握事实，占有全部材料，不以偏概全。4）公正。采取公众可接受的立场，不袒护和推诿。5）公开。对发生的事实，特别是对政府不利的事实，该公开的必须公开，不掩盖事实真相。

（2）公众利益至上原则。

公众利益至上原则，就是要做到在处理公众利益和政府利益关系的时候，首先考虑公众的利益，以维护公众利益为前提开展公共关系活动，这是政府公共关系策划最根本的指导思想和原则。

公众是政府生存和发展的根基，政府需要公众，公众需要政府，二者利益紧密相连，唇齿相依。政府是公众利益的代表者，只能为公众谋利益。如果以损害公众的利益为代价去谋求自己的利益，就等于为自己设置陷阱。因此，政府的公共关系策划只有时时处处为公众的利益着想，坚持公众利益至上的原则，才能得到公众的信任和支持。

坚持公众利益原则要做到以下几点：1）在公共关系活动的目的上，任何类型的公共关系活动，其目的都要为公众的利益着想。2）在公共关系活动的计划上，从活动的目的、步骤、方式，到人、财、物的预算等，都应为公众利益着想，不能围绕自身利益作打算。安排活动要首先考虑到公众的方便。3）在实施公共关系项目的行为上及公共关系项目实施的全过程中，也要为公众利益着想，对自己的行为负责，无条件地为公众服务。不能把为公众做好事当做一种施舍或恩赐。4）在公共关系活动的效果上，要将是否能使公众得到益处为标准，来判断政府公共关系活动的成功与否。

（3）与政府目标相一致原则。

政府内部公共关系部门或社会上的公共关系组织机构在为政府领导决策层进行公共关系策划时，必须充分了解政府的目标，使政府公共关系策划与政府目标、政府需求相一致。

首先，政府公共关系策划要符合政府总目标。一个政府的公共关系工作只是这个政府全部工作的一个组成部分，公共关系工作要围绕实现政府总目标来进行，任何具体项目的公共关系策划，都是从整体上为实现政府的总目标服务的。

其次，政府公共关系策划要符合政府领导层的意愿。策划离不开领导层的指导和参与，要使策划顺利进行并有好的结果，符合领导层的意图是非常重要的。公共关系策划是设计政府形象、提出公共关系方案的过程。策划者的策划案能否被决策者看中，看中后能否有效实施，这与是否符合决策者的需要、决策者是否满意有直接的关系。所以，策划者在策划之前和策划过程中，要彻底摸清决策者的思想和意图，要经常与决策者沟通，征询他们对策划的要求和对已出笼方案的意见，以便及时修改，直到决策者满意为止。

（4）可操作性原则。

政府公共关系策划的理性成果是一个行动方案。方案出台后是要照此付诸实施、采取行动的。要把策划方案变为行动，就要求策划方案具有可操作性。其具体要求如下：

1）公共关系策划要符合实际情况，不能凭空想象，理论与实践要相结合，创新性与可行性要统一。要在充分了解相关因素和条件的基础上，谋划出一个切实可行的方案来。

2）公共关系策划方案要为操作者留出一定的余地，使方案具有弹性。计划性与灵活性要兼顾，使操作者在操作过程中可以随机应变。

3）公共关系活动的目标、方法、步骤等都要明确，对人、财、物的安排要切合实际，使操作者十分清楚在何时、何地、做何事。

4）策划方案要在循环反馈调节中不断进行修改，在掌握丰富、准确的信息基础上进行策划，策划方案还要经过有关专家论证，必要时，还可经过有关方面的实验。方案实施后，要随时注意其中某些不准确、不合理的问题，对发现的新问题进行修正，使策划方案更趋于完善。

（5）总体形象与特殊形象相统一原则。

政府公共关系策划的最终目标是塑造政府的总体形象，赢得社会公众的好评和支持。但政府面对的公众是非常复杂、类型各异的，对政府的要求也不同，而这正是政府公共关系策划确立具体目标、塑造特殊形象的依据。在各类公众的特殊要求中，必然存在着共同的利益和要求，这正是政府公共关系策划确定总目标、塑造总体形象的依据。成功的公共关系策划，总是既能满足公众的共同需要，又能满足公众的特殊需要。总体形象寓于特殊形象之中，总体形象通过特殊形象表现出来，二者不应该是对立的，而是具有内在联系、相互统一的。

总体形象与特殊形象相统一的另一层含义，是一个政府的形象要充分显示自己的特点，即特殊形象。由于各个地方政府的形象之间存在着许多相似之处，即所谓"类化倾向"，公众在对政府形象进行认知时，往往容易忽视某个地方政府自身形象的特点。因此，政府在策划和塑造自我形象时，就要有意识地突出有别于其他政府的个性特点，同其他政府明显地区别开来，这样，便于公众认知时识别，并产生深刻的印象和强烈的影响。

（6）知名度和美誉度相统一原则。

政府公共关系形象策划的目标，是政府的知名度和美誉度，而首要的又是美誉度。知名度是社会公众对政府的知晓程度；美誉度是社会公众对政府的赞许程度。知名度和美誉度二者并不存在必然的统一性。政府的性质决定了提高它的知名度是容易办到的，而要提高美誉度却不那么容易了。因为对一个政府来说，要提高自己在公众中的美誉度，一方面要靠自身的内功、卓有成效的工作和优秀的成果，另一方面还要通过客观真实的宣传，才能被公众认识和接受。知名度和美誉度作为政府形象的共同内容，是缺一不可的，它们之间既有联系又有区别，是相辅相成的。美誉度是政府形象的核心内容，是政府形象的根本条件，而知名度是政府形象的必要条件。只有高美誉度和高知名度的完美统一，才能对公众产生积极影响，两者不可偏废。

（7）创新性与连续性相统一原则。

所谓公共关系策划的创新原则，就是公共关系活动的策划者要在尊重客观事实的前提下，发挥创造性才能，打破常规，标新立异，不仅与自己从事过的公共关系活动相比有所创新，而且还要比自己的竞争对手有创新，用新思想、新思路、新策略去打动公众、吸引公众，给公众留下深刻、难忘、美好的印象，获得出人意料的效果。大量事实证明，一个成功的政府公共关系策划必须富于创新性，思想守旧、墨守成规、亦步亦趋、没有新意的公共关系策划，是不会收到好的效果的。

政府公共关系策划的创新性还必须同连续性结合起来，坚持公共关系策划承上启下的连续性。一个政府一旦树立起某种良好形象，就应该是相对稳定的，这是因为一个政府的某种形象，必须经过长期的坚持努力和反复宣传，才能被公众认识和接受。如果今天推出这种形象，明天又推出那种形象，一阵风，虎头蛇尾，只会导致形象树立的失败和公众的失望。因此，政府公共关系在策划自己的形象时，必须考虑承上启下的连续性，才能逐步形成有自己特色的、稳定的、公众认同的良好形象。

8.2.2　政府公共关系策划的内容

古今中外任何一个政府都十分重视树立自己的形象，以使政府在行使职能时有威望、有号召力，可以顺利地推行各种政策法规，达到发展社会的目的。但在专制社会，政府组织与社会公众的地位是不平等的，它树立形象的目的仅仅是为了统治、管理社会公众，所以从本质上来说，专制政府不可能真正地在公众心目中树立良好的形象。它们努力塑造的政府形象即使是历史上最好的形象，其背面总会不可避免地被打上专制的烙印。现代政府的形象是建立在发达的商品经济生产和市场经济体制之上的。在市场经济条件下，公众与政府之间有了真正意义上的人格平等，任何政府都必须尊重公众，实现民主管理，否则政府的良好形象就无法树立，政府的目标也不可能实现。我国是社会主义国家，人民的利益是政府利益的出发点和归属点，塑造政府的良好形象有一种天然的优势，然而要在市场经济的条件下将这种优势在实践中发挥出来，还需要政府公共关系部门和公共关系人员配合政府其他部门，付出辛勤的劳动。

政府公共关系的最终目标是要塑造政府的良好形象，塑造政府形象的前提是清楚政府形象的含义，分析和研究构成政府形象的基本要素，然后，政府公共关系部门、公共关系人员才能按照政府形象基本要素的要求开展工作。

1. 政府形象的含义

政府形象是政府组织以其方针、政策、目标管理以及领导人、公务员的行为等要素作用于社会公众而形成的一种综合认知的结果，即社会公众对政府印象的总和。

2. 政府形象的特征

政府形象的形成过程，是政府组织的主体行为作用于客体而形成的综合认识过程，它具有以下几方面的特征：

（1）政府组织客观行为的主动性。

在政府形象的形成过程中，政府的客观行为具有主动性。也就是说，政府的行为是公众对政府印象的发生源，政府行为在前，公众印象在后，公众心目中的政府形象的形成是由政府行为的各种要素作用而产生的，因此，政府想要在公众心目中树立起良好形象，就必须通过政府科学的决策、勤奋的工作，为社会公众谋利益，避免只说不做或说大话、空话、假话，只有得到了公众的认可，政府良好的形象才能得以树立。政府不能指责公众不理解、不配合，因为在政府形象的形成过程中，政府主动性的客观行为是起决定作用的。

（2）社会公众主观印象的被动性。

政府的客观行为作用于公众，公众对政府行为综合认知的结果形成了对政府的印象。从认识论的角度看，认知、印象，都是对政府行为的反映和自身的体验感受，是被动性的，但又常常有主观的特征。被动性是指公众只有在政府行为后才能产生印象，综合性的印象还必须等政府的行为全部结束后才能得出。如果公众仅仅凭政府的某一项行为而得出综合的认知、形成印象的话，那么，政府的形象就会与公众的印象不一致。另外，由于每个公众所处的环境、文化知识结构、主体的生理条件、客观的需求都不尽相同，他们对政府行为的反应也可能会存在着差异，这就导致政府在公众心目中的形象与客观实际会有不一致的地方。因此，政府公共关系人员还需根据实际情况，及时与公众沟通，使被动性的公众的主观印象与政府客观真实的良好形象趋于一致。

（3）不可分割的系统性。

政府形象是多种要素作用于公众的结果，政府形象的每一个要素之间都有着紧密的联系，譬如，政府领导人的素质与政府的决策行为之间有必然的联系，政府方针、政策的推广和实施也与公务员的素质不能分离。因此，政府形象的塑造是一个系统工程的建设，决不能把影响政府形象的要素孤立起来操作，而必须把它们放在系统之中加以考察。政府公共关系人员要懂得影响政府形象诸要素之间存在着一种不可分割的系统性，不仅要关注影响政府形象的每一个要素的动态，更需将它们整合起来加以考察。

3. 构成政府形象的基本要素

政府组织机构庞大、人员众多，分析起来，影响政府形象构成的基本要素有以下几个方面：

（1）政府目标要素。

目标是组织的核心要素，政府也是一个社会组织，任何国家的任何一届政府（前提是民主政治的国家政府都有任期制）在上任时都会宣布本届政府的目标以及为实现目标将要采取的行动。目标制约着政府和公务员的行为，会触及社会公众的利益，当然也会影响政府的形象。当今世界，每个政府都会宣称，本届政府代表人民利益，提出的政府目标也是为人民谋利益的，因此，政府目标的制定和发布对政府形象的建设具有重要的影响作用。

前国务院总理朱镕基在代表跨世纪的政府班子向全世界宣布政府目标时，由于目标内容与人民利益吻合、真实可信、力所能及，受到了内外公众的一致好评。

政府目标的制定和发布固然重要，但政府良好形象的塑造是一个动态的过程，判断一个政府是否真正代表人民利益，还要依据政府在实施目标过程中的行为来决定，因为社会公众对政府形象的判定不仅要听其言，更要观其行。

政府为实现目标的行为主要是指政府的各项政策，这些具体政策的实施和贯彻可以检验一个政府究竟代表谁的利益，究竟是为少数人服务，还是为大多数人服务。因此，政府政策的推行和实施与政府目标是否具有一致性，会影响到政府目标的实现，进而影响到政府的形象。

政府形象的目标要素还包括了政府目标最终能否实现的结果方面。政府目标的制定和提出仅仅是代表着政府的良好愿望，其政策的推进和实施必然会受到各种因素的制约，如果政府各方面的工作做好了，政府的目标实现了，并给人民带来了利益上的收获，政府的良好形象在公众心目中自然就会树立起来。反之，就算政府制定了一个令人向往的目标，但最终的结果却不能给人民以实惠，而且有些方面距离还相当大的话，那么，政府的形象就一定会受到损害。

（2）政府组织成员要素。

成员要素是政府形象诸要素中比较重要的一个要素，它包括领导人的形象和一般公务员的形象两个方面。

政府领导人是政府各项政策的决策者，有时还代表国家与其他政府公众进行交往。政府领导人不仅直接管理着政府的行为，而且对政府形象的塑造有很大的影响。苏联领导人赫鲁晓夫在联合国大会上，脱下脚上的皮鞋敲击讲台，他在庄严的最讲究礼节的外交场合上目空一切、不尊重他国公众的形象，使人们隐隐约约看到了苏联大国沙文主义的形象。因此，一个国家政府的领导人或者一个地区政府的领导人如果是当时当地社会中的佼佼者，是一个干练的政治家，本身在公众心目中就享有一定的声誉，如果再具有一些外形和人格上的魅力的话，这样政府领导人就相对比较容易建立威信，具备感染力和号召力，也比较容易得到公众的信任和支持，有利于政府良好形象的建立。

同时，政府中的每一个成员的形象，即公务员形象对政府形象的构建也起着非常重要的作用。为了实现政府的目标，政府制定了一系列的方针政策，这些方针政策的推广和落实都需要公务员去贯彻执行，他们在具体工作的实施中将直接面对和接触社会公众。他们的言行举止、形象状态的好坏，从某种意义上讲，在公众心目中代表着政府形象的优劣。如果政府的公务人员尊重公众、平等待人、聪明能干、遵纪守法、廉洁奉公，善于爱护和保护人民的利益，甚至不惜牺牲个人利益，那么公众对政府将会有良好的印象。反之，如果政府用人不当，公务员哪怕是其中的一小部分人盛气凌人、昏庸无能，甚至徇私舞弊、贪赃枉法、损害人民利益、中饱私囊，公众则会因为这些公务员的恶劣行为而对整个政府产生恶劣的印象。

因此，现代民主管理的国家都非常注重领导人和公务员勤政廉政形象的建设。特别需要指出的是，我们是社会主义国家，人民的利益是政府的出发点和归属点，在当前市场经济的条件下要特别重视廉政建设，因为公众对这一问题十分敏感，政府领导人和公务员如果腐败，则必然会失去人民的信任，甚至会危害整个国家，极大地损害政府的形象。

领导人形象和一般公务员形象是政府形象建设这一问题的两个方面，缺一不可，二者整合起来成为政府形象的要素之一。

案例

2013 年 2 月 4 日，中共中央总书记习近平与 6 位政治局常委和书记处同志，从中南海出发到国家博物馆参观“复兴之路”展览，沿途不封路，而是跟着社会车辆过来的。这一细节是由中共中央党史研究室主任欧阳淞披露的。巧的是，就在 4 日当天，中央政治局审议通过了改进工作作风、密切联系群众的“八项规定”，出行不封路不清场是其中重要一项。经媒体发布，这“八项规定”受到广泛关注和好评。

欧阳淞讲述，11 月 29 日，习近平和中央政治局常委李克强、张德江、俞正声、刘云山、王岐山、张高丽等一起到国家博物馆参观“复兴之路”展览。作为这一展览主办单位的负责人之一，他当天上午在展览现场静候参观团队到来。等待中，欧阳淞等接到中央办公厅电话，称习总书记已从中南海出发。从中南海到国家博物馆，欧阳淞说，按感觉，车队大约只要 5 分钟就到了，可当天 10 分钟过去了，也没看到车队到达。后来问了原因，原来一路上，习近平等一行的车队是随着社会车辆一起走的，沿途没有清道。欧阳淞说，通常情况下，在北京行车如果清道封路，一般要留两条道，其中一条道让车队走，另一条道站着维持秩序的警察，“一旦清道封路，交通会变得较拥挤”。“这虽是一次具体安排，一个小细节，但反映了新一届党中央集体良好的亲民作风。”欧阳淞评价说。事实上，十八大闭幕以来中国政坛呈现的不少新气象，已持续成为社会关注的热点。

（3）政府公信力要素。

政府的公信力，是指政府的言行是否一致，在公众心目中是否具有可信度。换句话说，也就是公众对政府的信任程度。平时我们判断一个人是否可信，依据的标准是某个人是否能做到言行一致。俗话说："言必信，行必果。"同样，一个政府要想得到公众的信任，就必须努力做到言行一致。

由于政府拥有很大的权力，地位十分特殊，在某种意义上还代表着整个国家的形象。因此，政府的一言一行都关系到政府的形象。如果在关系国计民生和人民根本利益的事情上，政府能做到言行一致，那么，政府就能取信于民，政府的公信力就高。相反，如果朝令夕改、有令不行、有禁不止、久拖不决、言行不一的话，就必然会失去公众的信任，也毫无公信力可言，这样的政府就不可能有良好的形象，也无法实现自己的目标，提前下台或者垮台则是早晚的事。

我国政府的公信力程度较高，例如，在金融方面，国家的债券被称为金边债券，公众十分信赖它，因为它的背后有一个可以信赖的政府作担保。在国际上，以我国政府所担保的外债，绝对可以放心，因为中国政府在归还外债这一方面从未失过信用。同样，在世界政治舞台上，其他国家的政府和公众都知道，"中国政府说话是算数的"，中国政府的公信力在世界上也具有较大的影响力。公信力要素是政府形象的基本要素之一，任何一个政府都不能忽视这一要素，政府的公信力不能被轻易地破坏，政府的公信力一旦下降或者失去了，要想再恢复到原来的水平，是非常困难的，需要极大的努力和漫长的修复过程，因为，公众受过挫伤的心灵会留下深深的伤痕。并且，这种创伤有时还可能是永久的和致命的。

当然，政府形象的构成除了以上的基本要素之外，也还存在着一些其他要素，如政府的机构设置是否精干，效率和办公成本是否合理，甚至政府机关的地理位置是否恰当，建筑物设施的形状是否庄重、威严，这些都与政府的形象相联系。众所周知，中国的新华门、苏联的克里姆林宫、英国的唐宁街首相府、美国的白宫都是政府组织的驻地，也是国家形象的象征。

政府形象的构成要素有许多，限于篇幅，本章仅重点阐述几个基本的要素，但在塑造政府良好形象的过程中，必须全面地对待各种要素，不可遗漏和忽视一些次要的或者细小的要素。政府公共关系部门和公共关系人员应该辩证地处理构成政府形象的诸要素。

8.2.3 政府形象的设计

政府的良好形象，对于政府治理国家或治理一个地区来说，都有着十分重要的意义。政府的形象良好，就能使政府具有其他社会组织所无法比拟的威望、号召力和凝聚力，就能在得到公众的信任、理解和支持的基础上去实现政府的既定目标。

政府的良好形象，对政府的行政管理工作的开展和政府目标的实现有重要的作用。因此，充分开发政府良好形象的资源，对一个现代政府来说是一件十分有意义的事情。政府良好形象的建立，需要有创建性的理念来指导，需要精心的操作和系统性的塑造。

1. 确立政府形象塑造的理念

任何组织形象的塑造都是一个系统工程，这个系统工程的建设需要一个指导思想，用公共关系专业的术语来说，就是一个理念。政府的形象塑造工程也是如此，必须有一个理念来指导政府形象的构建。也许任何一个现代的民主政府都可以把"通过政府卓有成效的工作，以获取最广大公众的理解、信任和支持"作为政府形象塑造的指导思想，但仅仅有这么一个共同的、一般的指导理念是不够的。因为每一个国家的情况不同，每个政府所面临的亟待解决的问题不同，即使在同一个国家，每一届政府由于国际国内政治和经济的形势发生了变化，有可能需要重点解决的问题也会有所不同。因此，每个政府需要以什么样的形象在公众面前亮相，每个政府需要追求什么样的良好形象，这不仅需要一般化的指导思想，更需要具备个性特征的理念来指导政府良好形象的塑造。

因此，有的国家政府针对社会公众关注环境保护的强烈要求，宣布本届政府将以“绿色政府”的形象出现。在这一理念的指导下，政府机构和工作人员选用再生纸、再生材料作为办公用品，连窗帘都是再生布，在政府大楼禁止吸烟，以太阳能作为主要能源等；有的国家政府针对上一届政府贪污腐败严重的现象，在上台时宣誓“本届政府反对以权谋私，倡导廉洁奉公”，力图给公众一个追求廉政高效的政府形象；有的国家政府向公众保证“政府将消灭预算中的赤字，我们的政府是无赤字的政府”，试图向公众展示一个努力发展经济、勤俭治国的良好形象等。尽管所有现代政府形象塑造的指导思想都有一个共同点，但根据每个国家不同的国情民意，以及每个政府所面临的不同的环境，确立一个具有个性特征的理念来指导政府形象的塑造是十分重要的，因为一个好的理念，对于政府良好形象的构建可以起到事半功倍的作用。政府公共关系部门和公共关系人员应该清楚理念犹如一个人的灵魂，它在政府形象塑造这一系统工程中具有重要的地位。

2. 政府形象的定位

社会公众对政府行为综合认知后所形成的印象的总和，就是政府的形象。政府形象是政府行为作用于公众的结果，同时又是政府制定目标和实行有效行政管理的不可缺少的要素之一。因此，所有的政府都力图塑造一个良好的政府形象，以增强政府行为的权威性、号召力。但是，每一个政府在塑造形象时必然会遇到一个问题，那就是政府在公众心目中的形象究竟处在什么样的状态，也就是给政府形象定位的问题。这一问题可以从以下几点去分析：

（1）前届政府形象的定位。

一般来说，有一定历史的任何一个国家的任何一届政府都会碰到这样一个问题——为了让公众喜爱自己，它必须塑造一个与上届政府形象有所不同的新的良好的形象。那么，上届政府形象究竟怎样，需要实事求是地加以分析，作出一个基本的定位。假如上届政府形象不好或者太差，本届政府应该抛弃它，重新塑造崭新的形象。如果上届政府形象比较良好，则需要在继承以往优秀成果的基础上进一步丰满，完善新政府的这一良好形象。没有对前政府形象的充分分析，现政府形象就难以准确定位。

（2）本届政府形象的定位。

对前政府形象的定位分析，是现政府形象塑造的前提和必要条件，但这并不等于说现政府的良好形象就能自然而然地建立起来了。首先，现政府需要把自己的形象目标与前政府的形象进行系统的分析比较，分析前政府形象建设失败或成功的原因。其次，根据本届政府所面临的国际和国内的政治、经济和文化的环境，确立本届政府形象的目标，也就是给现政府良好形象的塑造予以定位。最后，需要指出的是，这种政府形象的定位必须是建立在客观的、力所能及的基础上的，否则，会形成错误的定位，反而会有损于政府良好形象的塑造。

（3）政府形象定位的动态过程。

任何一个政府都很想在公众心目中树立一个通过努力可以达到的完善美好的理想形象，这也应该是政府及其全体公务员奋斗的目标。但由于种种主客观因素的制约，达到理想形象目标的过程会发生一些变化，使理想目标与政府形象的实际状况存在着差异，有时这种不一致的程度还会有所加剧。

之所以会出现这种状况，是因为政府形象的定位本身是一种动态性的。政府形象目标的提出，为政府形象定位，是依据当时可能估计到的主客观因素进行的，但有时时局的变化、社会的发展和环境的改变是难以准确预料的。比如，一些国家政府因为信息产业发展迅速超过了原先的估计，于是提出了塑造新世纪数字化政府的科技形象，把数字化政府的科技形象工作提到 21 世纪初完成。我国有一些贫困县，由于国家和上级政府的支援以及政策的倾斜，再加上县政府和人民共同的努力奋斗，提前脱贫并走上了小康甚至富裕的道路。他们饮水思源，积极加入帮助其他贫困县的工作中。从争取脱贫的政府形象到扶贫政府的形象，其定位必然要加以调整，以适应新的政府形象建设的需要。

当然，有时会由于某些因素的干扰而造成政府形象严重受损，产生政府形象危机。譬如，某国政府由于一些高官贪污腐败，引起社会公众的极大不满，政府的公信力急剧下降，产生了信任危机，同时政府形象也遭遇极大的损伤。这时，政府公共关系部门就应该对政府形象的咨询提供建设性的意见，采取强有力的针对政府形象危机的公共关系措施，帮助政府渡过形象危机后，再对政府形象重新定位。

从对政府形象定位是一个动态过程的分析可见，在政府公共关系形象塑造的系统工程中，政府形象的动态定位是一个重要的环节，这也要求政府公共关系部门及公共关系人员在塑造政府良好形象时，不仅要从静态中去把握政府形象的定位，还要从动态中去科学地为政府形象进行定位。

3. 塑造政府领导人形象的意义

随着时代的发展、社会的进步、人际交往活动的日益增多，政府领导人的形象问题，同政府形象一样越发突出，显得越来越重要。由于领导人所处的位置以及担负的责任与众不同，所以领导人形象问题应当引起政府各级领导人的重视。

1）领导人形象是领导人个人素质的综合性表现。

领导人形象是公众对一个领导人的整体印象和评价。这就不能把领导人形象单纯地看成某一种素质的表现，而是在一定程度、一定意义上反映出领导人的政治理论、思想品德、文化知识、领导能力、工作作风、心理状态、仪表举止等的综合素质。在现实生活中也确实是这样，公众总是通过对一个领导人各方面素质的观察，从整体上作出评价，从而推断出他在公众心目中是否称职、公众将拥护他到何种程度、公众将对他持什么态度、公众对他抱有怎样的期望值等。因此，领导人形象是其个人综合素质的表现，没有良好的综合素质，就难以在公众中树立良好的形象。

2）领导人形象直接关系到政府的形象。

在政府组织系统中的领导人总是代表着一级政府或部门，他们处于一定的领导位置，担负一定的职务，握有一定权力，处于领导、教育、影响他人的特殊地位，社会公众必然会把他们的形象与他们所在的政府、部门、领导班子集体联系在一起。例如，一个政府职能部门的领导人，以廉洁奉公、务实创新、一心为民等优良品格塑造了个人的良好形象，同时也给政府形象增添了光彩。相反，那种为谋取私利搞不正之风的领导人，甚至堕落成腐败分子的领导人，其恶劣形象不仅败坏了他个人的声誉，也损害了政府的形象。

3）领导人形象会产生强大的影响力。

领导人的影响力，是指一个领导人在与被领导人的交往中，影响和改变被领导人心理和行为的能力。领导人形象实质上就是在被领导人中树立起的威信而产生的使被领导人折服的力量，因此可以说领导人的良好形象就是威信。形象好的领导人，他的威信就高，就越能得到群众的信任、拥护和支持，就会产生“其身正，不令则行”的强大的吸引力、感召力，即影响力，就能把群众的积极性和创造性调动起来，推动工作卓有成效地开展下去，不断取得新业绩。

4. 政府领导人形象策划

政府领导人形象与政府形象密切相连，是政府形象的重要组成部分。塑造政府良好形象的时候，也要十分重视对政府领导人良好形象的设计。不过，领导人形象塑造最根本的是政绩与清明廉政，在这个基础上，领导人形象的设计可以从以下几个角度去着手：

（1）选择“亮相”的时机。

作为政府领导人，一般来说被媒体曝光、亮相的机会是很多的，但领导人形象设计所说的“亮相”时机是指最具媒体传播价值的时机，如利用重大事件、突发事件、重大的节庆日、纪念日等，因为在这样的时间段，社会公众对媒体报道关注的程度最高、人数最多、注意力最集中，如果领导人形象设计得当，就可以取得最佳的效果。

案例

1998 年 3 月 19 日，刚刚当选为中华人民共和国总理的朱镕基第一次以总理的身份召开记者招待会，率领中国政府跨世纪的领导班子向全世界亮相，并发表施政纲领，这一时刻为国内外所瞩目。朱总理面对中外记者的提问，从容不迫，应对自如。当有记者问他当选后的心情时，他动情地说，对于人民的重托，“不管前面是地雷阵还是万丈深渊，我都将一往无前，义无反顾，鞠躬尽瘁，死而后已”。听众无不为之动容，一个充满着豪迈的气概和愿为中国人民的改革开放、社会主义建设事业献身的总理形象，深深地留在亿万人民的心中。

（2）领导人形象的平民化。

各国政府的领导人由于种种原因，其日常生活往往会与普通的老百姓产生一段距离，有时还有意无意地被人为地神秘化。随着社会的现代化、政治民主化进程的发展，各国政府的领导人都开始注意与普通平民百姓拉近距离，尽可能地让传媒报道政府领导人的日常生活，以获取与社会公众之间的亲切感。从公共关系的角度讲，这就是政府领导人形象塑造过程中的平民化趋向。

案例

一些国家的政府领导人在条件许可的情况下，自己开车与家人去商店购物，让公众参观其生活的居所，参与公众热门话题的讨论。美国前总统克林顿常穿牛仔裤，喜爱上网，在本国素有“平民总统”之称。他第一次来中国访问，知道上海人民广播电台有个《市民与社会》的热线节目，指名要参与这条热线的活动。到达上海后，他与上海人民广播电台的播音员左安龙一起主持了当天的这档节目，当场回答了上海市民提出的问题，让上海公众初步领略了一个“平民总统”的风采。

（3）塑造政府首脑的“屏幕形象”。

电视这一媒体改变了人们的生活，也改变了世界的面貌，特别是由于互联网的诞生，“屏幕”这一概念已得到很大的延伸。一些西方发达国家的领导人不仅重视“屏幕形象”的展示，而且大多善于在屏幕前表现自己，他们常常在屏幕上就国内外重大问题演讲，与公众进行交流。这些政府首脑，一方面在竞选过程中久经沙场，另一方面他们在上屏幕之前大多精心准备，反复演练，还有公共关系顾问予以指导，甚至连服饰、语言、举止等细微之处也无一遗漏，所以这些“屏幕形象”往往给领导人的形象增色不少。

我国政府领导人在改革开放前由于种种原因，对于“屏幕形象”的运用甚少。不过，近些年来，在这一方面已有了很大的进步，从中央到地方政府的领导人都开始重视“屏幕形象”的塑造。例如，每年的新年贺词、就一些重大问题和老百姓关心的话题发表讲话等。不过客观地讲，我国政府领导人在利用屏幕塑造形象的质和量上还有待于进一步完善，至今极少有政府领导人在屏幕上直接回答社会公众的提问和实行双向的沟通。在电子媒介日益发展的今天，我国加入世贸组织后的新情况下，政府首脑“屏幕形象”的塑造也应该注重与国际接轨。

总之，由于历史的传统和现实的人文因素，我国政府领导人形象的塑造还有许多工作要做，政府公共关系部门和公共关系人员要善于学习、勇于创新，特别是在领导人形象的平民化、“屏幕化”方面加强研究，大胆实践，使这一领域的理论和实践有长足的发展，为领导人形象的塑造以及塑造政府的良好形象作出独特的贡献。

案例

据中新网报道，2012 年 11 月 15 日，中国共产党新一届中央领导机构诞生，选举产生的中央政治局常委于当天上午在人民大会堂亮相，与中外记者见面。外媒纷纷在第一时间报道中共新一届中央领导集体的人选和中央政治局常委的首次亮相，习近平在讲话中关于坚持改革开放和惩治腐败的表态更是引起了外媒关注。

法新社报道，习近平在上午的讲话中说，中国共产党面临“严峻挑战”。报道援引习近平的话称：党内存在着许多亟待解决的问题。尤其是一些党员干部中发生的贪污腐败、脱离群众、形式主义、官僚主义等问题，必须下大气力解决。

在中外记者见面会上习近平还指出，人民期盼“更优美的环境”，并表示“人民对美好生活的向往，就是我们的奋斗目标”。这一表态也被外媒关注。此前媒体曾报道，中共十八大首次把“生态文明建设”写入党章并作出阐述。分析认为，这反映出在严峻的环境与社会压力下，中共对生态问题的重视已提升到“前所未有的高度”。

美联社、法新社、路透社等多家国外重要媒体均在第一时间报道了中共中央政治局新一届常委亮相的消息，多个媒体转载了中共中央总书记习近平在会见记者时的讲话。对于此次选举产生的中共新一届中央领导集体，不少外媒都给予了积极评价，对中国的未来也十分看好。

8.2.4 政府公共关系策划的一般程序

政府公共关系策划从目标的确立到策划方案的拟订、实施和实现是一个动态的过程，有其内在的规律性，政府公共关系策划的程序就是这个过程的规律性的表现。政府公共关系策划的程序一般有以下四个步骤：调查研究，发现问题；确立目标，拟订方案；组织实施，策动宣传；信息反馈，效果评价。

1. 调查研究，发现问题

政府公共关系策划是从发现问题、提出问题开始的。发现问题是决定公共关系策划目标的前提。所谓问题，就是一个政府所期望的公共关系现状同实际状况之间存在的差距。发现问题主要有两种方式：一是被动地发现问题，即当问题已充分暴露，甚至已造成损失时，才被发现；二是主动地发现问题，即在问题尚未暴露、处于潜在的危机状态时，就被及时发现。政府公共关系策划的重心应是主动地发现问题。

发现问题的基本途径是调查研究，就是运用各种有效的调查研究方法，全面、完整、准确地收集与政府相关的大量信息。信息收集的内容，具体到一个政府来说，就是要收集政府的历史、现状和未来发展前景的信息，政府的管理观念、方针、政策的信息，政府管理规章制度的信息，政府内部机构设置和运行状况的信息，政府领导、职工素质状况的信息，政府内部公共关系状况的信息，政府外部公共关系状况的信息，政府社会环境状况的信息，社会公众对政府形象评价的信息，等等。

收集到了信息不等于发现了问题，还必须对收集到的信息进行整理、加工、思考和分析，从中发现和确认存在的问题，并找出问题出现的原因。因为在发现的诸多问题中，有主要问题和次要问题、重要问题和非重要问题、紧迫性问题和非紧迫性问题之分，所以，还要通过分析、比较，对问题按主次、轻重、缓急的顺序进行排列。问题排列清了，就容易确认先解决哪些问题，后解决哪些问题，或者综合性地解决哪些问题，尤其要首先解决对政府发展影响最大的问题。

确认问题，还包括分析问题产生的原因，找出问题存在的相关因素，不仅查清主观原因，而且要查清直接原因和间接原因、主要原因和次要原因，才能把握问题的全貌和问题的症结，准确地确立策划目标，科学地制定策划方案。

2. 确立目标，拟订方案

政府公共关系策划的目标，就是政府通过公共关系策划和实施所希望达到的形象状态和标准，它不仅是整个公共关系策划进行全过程的最根本的依据，还是评价策划方案实施效果的基本标准。因此，确立正确的目标是政府公共关系策划最关键性的环节，目标错了，公共关系策划就会发生方向性的错误。所以，政府公共关系策划务必要把好确立目标这一关。

政府公共关系策划目标的确定同调查分析中所确认的问题密切相关，一般来说，确认的需要解决的问题也就成了公共关系策划的目标。

围绕塑造政府形象问题确立的目标，即形象策划目标，不会是单一的，而是一个完整的目标体系。这个目标体系是由总目标和实现这个总目标的诸多具体的分目标组成的。因此，确立策划目标时，不仅要特别重视总目标的确立，还要特别注意各项分目标的确立。具体目标的确立是为了实现总目标，只有实现了具体的分目标，才能使总目标落到实处。

确定政府公共关系策划所依据的目标时，要注意以下两个问题：首先，目标要明确、具体。明确是指目标的含义必须十分清楚、单一，不能使人产生多种理解。具体是指所提出的目标是可直接操作的，有明确的内容和任务要求，而不是泛泛的、抽象的口号。其次，目标的提出要具有可行性和可控性。目标的可行性是指确定的目标要现实，既不能太高，也不能太低，应该是经过努力可以达到的。目标的可控性是指所确定的目标要有一定的弹性，留有充分的余地，以备条件变化时能够灵活应变。

确定目标还包括设计公共关系活动的主题。公共关系目标要通过一系列公共关系活动来实现，这一系列活动都围绕一个主导线索，这就是公共关系活动的主题。主题是对公共关系活动内容的高度概括，它对整个公共关系活动起着指导作用，对公共关系活动的成效影响很大。主题的表现方式多种多样，可以是一个口号、一个表白或一个陈述。

目标和主题既有联系又有区别。二者的联系表现在：主题是由目标决定的，主题的确定必须准确地反映目标。目标是主题的核心内容，而主题则是这个核心内容的表现形式。二者的区别表现在：目标是立足于政府的，是政府内部所期望的效果；主题则是面对社会公众的，是从公众利益的角度表现公共关系活动的中心。

要设计一个理想的政府公共关系活动主题，必须注意以下几点：(1) 主题必须与目标相一致，并能充分反映目标，用一句话点出活动的目的；(2) 主题要充分表达社会公众的利益，适应公众心理需要，使人感到奋发激情、贴切朴实、可亲可信；(3) 主题的信息要独特新颖，具有鲜明的个性，表述有新意，词句简单明了、便于记忆，且能打动人心，具有强烈的感召力。

在全面实施完整具体的公共关系行动方案之前，还应确定本次公共关系策划属于哪些公共关系活动类型，从而为公共关系活动确定一个基调，为公共关系目标和主题的确定提供依据。在进行公共关系策划时究竟采取何种类型的公共关系活动，这要以政府所要解决的问题为依据，并做到与公共关系目标和公共关系主题相一致。

公共关系类型、公共关系目标、公共关系主题一旦确定，就要据此策划拟订完整的具体行动方案。它主要包括确认公众对象、选择传播渠道和方式、确定具体活动项目预算费用、分配人员、明确责任、安排时间、起草书面工作报告，等等。

策划实现公共关系目标的行动方案，要充分发挥政府领导者、专家、学者和公众的作用，发扬民主，集思广益，开阔思路，以创新精神努力探索新途径、寻找新办法，尽量设计多个备选方案。简单的问题，可较快地设计多个备选方案；复杂的问题，由于其方案的拟订复杂而有难度，可分为轮廓设想和精心设计两步去做。

为了保证方案的质量，在拟订备选方案时应注意以下两点：一是方案的周全性，即所拟订的方案应包括所有能达到目标的可供行动的方案，尽量做到没有遗漏；二是方案的排斥性，即各种备选方案应当是各异的、相互排斥的，执行此方案就不能同时执行彼方案，只能二者择其一。这样才能给方案评估和选优提供坚实的基础。

方案的评估、选优，实际上是在对各种备选方案的比较、鉴别、总体评价、全面权衡利弊之后，从中选择出或综合出一个最佳方案的过程。这也是政府公共关系策划的关键性一步，它不仅直接关系到策划的成功与否，而且也是公共关系策划科学化的重要标志。因此，策划者对此必须予以高度重视和关注，并抓好以下几个环节：

（1）要明确价值标准。要从各种备选方案中选出最佳方案，就必须建立统一、明确的价值标准体系。一是总体价值目标，即对整个社会和社会公众产生多大效益；二是优化价值标准，它包括全局价值、科学价值、时效价值、最佳期望值等。

（2）依靠专家评选方案。对备选方案的评估、选择，必须有各有关方面的专家参与，充分发挥专家们的集体智慧。

（3）必要时进行典型试验。对选定的方案有领导、有计划地在一定的地区范围和公众范围内进行实践，以验证方案的正确程度，以便进一步修正方案的疏漏之处，这对决策者的最后决断和方案的普遍实施，具有决定性意义。

3. 组织实施，策动宣传

公共关系策划方案形成后，就进入了方案的实施阶段。策划方案的实施，既是对决策在大范围内进行全面验证，又是根据主客观条件的变化，不断控制调整，乃至做出必要的追踪决策的过程，这是成功地实施策划方案的实践步骤。在策划方案实施的过程中，政府公共关系部门应注意做好以下几项工作：

（1）策划方案实施的组织准备。

在策划方案付诸实施之前，政府公共关系部门必须依据具体情况，拟订出切实可行的实施计划，确定实现各具体目标的措施；安排好具体时间和进度；合理组织和使用力量，明确各自的职责，授予足够的权力；协调好各方面的关系，保证决策方案层层落实。这些准备工作，都是决策方案实施的组织保障。

（2）策划方案实施的传达。

在策划方案付诸实施时，必须先把策划方案实施的目标、计划、内容、措施、意义和要求等，向执行人员和企业职工传达、宣传和解释。传达策划方案的关键，是要使执行者正确地理解和掌握方案的内容，积极支持方案的执行，保证在执行中正确无误。

（3）策划方案实施的监督和控制。

建立方案实施的监督制度和报告制度，必要时应设置专门的监督人员和监督机构，切实加强监督和检查，及时掌握策划方案执行情况，适时控制策划方案执行的进程。

（4）策动传播。

策划方案的实施始终围绕着政府与社会公众的关系而展开，把政府与社会公众紧密联系起来，而联系这两者的纽带和中介就是传播。因此，策动传播是公共关系方案实施的必由之路，方案实施的过程就是一个策动传播、不断把信息传递给公众的过程。政府公共关系部门要及时、准确、充分地把信息传递给社会公众，包括向所有可能受到影响和能够提供重要支持的人物宣传、解释政府选定的目标和行动方案。主要通过大众传播向公众宣传自己在做什么、为什么要这样做，通过主动、有计划、有目的的传播，进行双向信息交流，沟通政府与公众之间的看法、意见、态度和情感，以期达到相互了解、理解、信任和支持，争取社会舆论的配合，与社会公众共同合作，实现政府公共关系策划的目标。

公共关系策动传播的方式主要有：撰写新闻稿、公共关系广告，印发宣传资料，举办记者招待会、图片和实物展览、座谈会、讨论会、报告会、演讲会，策划媒介事件（即制造新闻），制作新闻电影和电视录像、广播讲话，编制年度报告，向公众开放，等等。一般来说，在政府公共关系的策动传播活动中，有选择性地综合运用几种传播方式，效果会更好。

4. 信息反馈，效果评价

由于限定策划的主客观条件是在不断发展变化的，因而决策正确的程度只是相对而言的，绝对正确、完美无缺的公共关系策划是难以办到的。政府领导者和公共关系部门绝不能认为方案一经付诸实施，就万事大吉坐收成果了，而必须在策划方案实施的过程中，注意信息反馈，加强跟踪检查，及时纠正执行中的偏差，甚至进行追踪决策。

策划方案经过实践的检验，有可能出现以下两种情况：一是方案基本正确，但尚欠完善，方案的局部或个别问题上有偏离策划目标的失误，因而需要进行局部的修改、调整，但这并不涉及策划目标的变动，这种情况的决策属调整型决策；二是原策划方案有重大失误或情况发生了重大变化，需要对原策划目标进行修订，制定新的重大对策，这种情况的决策为改正型决策。以上两种情况均属追踪决策。

公共关系策划方案实施的最后一步就是效果的评价和总结。这是一项非常复杂的工作，起着承上启下的作用，因为效果评价本身既是对现阶段公共关系策划的总结，又是今后公共关系策划方案制定的依据。政府的公共关系策划就是这样步步跟随、环环相扣、连续深入持久地开展下去，辅助政府管理的成功和发展。

公共关系决策效果评价常用的两种方法：一是定量分析。其效果评价是可以用数字来衡量的。如传播的次数、速度和范围，光顾展览的人次，视听率，知名度等。二是定性分析。其效果评价是不能用数字来衡量的，如新闻报道的内容和篇幅，新闻的层次，传播的时机，公众对政府的情感、态度、行为取向等。

公共关系策划效果的评价内容，主要有以下几个方面：（1）检查原定目标是否达到。（2）检查实际所用人员、时间及费用是否基本上与计划的预算相符，并分析所花费的人力、时间和费用是否合理、合算。这是从效益的角度来评估其投入与成效的关系。（3）分析成果与目标的差距具体表现在哪些方面，其差距量是多少，原因何在，需要采取何种措施进行补救，等等。（4）写出总结分析评价报告。

整个政府公共关系评估工作可以分为重温公共关系目标、收集和分析资料、评估成果、给工作主管和全体公共关系人员作总结报告四个阶段进行。

以上政府公共关系策划的四大步骤，始终贯穿着政府公共关系目标的基本思想，即政府公共关系调查分析是为了发现和确定政府公共关系目标；政府公共关系策划方案的拟订围绕目标体系来进行；政府公共关系策划方案的实施过程要依据政府公共关系目标及时进行控制和调整；效果的评价和总结也要以政府公共关系目标为标准。总之，政府公共关系策划的全过程是以目标体系为核心的。

8.3 政府公共关系实施

8.3.1 政府公共关系计划实施的意义

实施传播是实现政府公共关系策划的重要步骤，如果只是绘制政府公共关系活动的计划蓝图，却不按照所制定的方案具体实施，那么，再好的计划也不过是一纸空文。实施传播，是把政府公共关系策划方案具体落实的过程。

实施计划是整个政府公共关系过程中的一个非常重要的环节，这是因为：

首先，政府公共关系计划的实施是解决问题的中心环节。政府公共关系工作的最终目的不是研究问题，而是解决问题，计划实施的过程则是解决问题的过程。实施的作用在于把设想变为现实，没有实施，政府公共关系活动的效果就无从谈起。

其次，政府公共关系计划的实施决定了计划能否实现及实现的程度和范围。设计方案是否科学，是否反映了客观事物发展的规律，还有待于在实施过程中检验。在实施活动中，随着环境和公众的不断发展变化，会出现一些新情况、新问题，政府公共关系人员要对原定计划方案作必要的调整，使之适应新的环境。成功的实施可以圆满地完成计划中确定的任务，实现计划目标，甚至可以由实施人员创造性的努力来弥补计划的不足，而失败的实施不仅不能实现计划目标，有时还可能使计划中想要解决的问题更加恶化。

最后，政府公共关系计划实施的结果是后续方案制定的重要依据。一项政府公共关系计划的实施过程不论成功与否，都会在社会上造成一定的影响和后果，而以前一项政府公共关系计划的实施结果为基础，吸取成功的经验和失败的教训，是政府公共关系计划制定过程中必须遵守的一个原则。

8.3.2 政府公共关系计划实施的途径

1. 传播活动是政府公共关系计划实施的唯一途径

公共关系计划的实施过程就是一个信息传播的过程，组织的计划目标与计划方案的贯彻执行，就是通过信息传播得以实现的。传播活动就是向目标公众解释和宣传组织的方针、政策、计划，了解公众的意见、看法、态度和情感，以期得到公众的理解、支持及舆论的配合的过程。

2. 政府公共关系传播的含义和特征

政府公共关系旨在研究政府与公众之间的相互关系，但这种相互关系是动态的，是受政府自身条件和公众条件以及二者所处的多种客观环境因素的制约和影响的，一个政府要生存和发展，就必须自觉地与公众保持经常性、持续性的接触和联系，树立和强化在公众中的形象价值，因此，有关政府形象的各类信息就需通过传播，不断地告知公众。同时，还需要不断地收集公众对信息的反应和行为变化，以便政府据此调整和强化自己的行为。这种政府和公众之间通过信息传播的相互往来，就是政府公共关系信息传播。概括起来说，政府公共关系传播是政府和公众之间，借助于传播媒介所进行的有目的的双向信息交流的过程。

政府公共关系传播在吸取传播学基本理论的基础上，形成了自己的特点。

第一，政府公共关系传播注重双方的利益关系。它在传播策划中的内容安排上和传播的全过程中，都十分注重和强调遵循利益一致的原则。公共关系在实质上是一种利益关系，政府和公众之间的信息交流是以满足和维护双方的利益为目的的。

第二，政府公共关系传播的过程自始至终强调感情的交流。科学研究表明，感情在管理和人际交往中发挥着两种职能：一是调节职能。不同的情感可以驱使人们采取积极或消极的态度，真诚、友好、热情的感情形态，自然会使人获得愉悦感，从而采取积极的态度给予合作。二是信息职能。情感的真假、热冷、浓淡本身就是在显示组织（如政府）对公众的态度，就是在勾勒组织形象。因此，政府公共关系在传播信息时是否有“人情味”，常常会对信息的“保真”或“失真”产生影响。

第三，政府公共关系传播是侧重于信息沟通的非宣传性传播，它与以思想和观点的灌输为主要特点的宣传性传播，即在通常意义上说的宣传，既有联系又有区别。

二者的联系表现在：二者都是让自己的对象了解信息的传播活动；二者为了达到传播的目的，都以同宣传对象的沟通为前提；二者在传播的内容上常常有某种重合性，具体表现在政府为了实现群体目标，必须统一思想、协调一致、振奋精神、共同奋斗，这既需要信息沟通，又需要宣传活动，两者密切配合，相辅相成。

二者的区别表现在：宣传工作在我国是为社会主义的政治、经济和思想服务的，以保证社会主义的政治方向，党和国家的路线、方针、政策的贯彻执行和提高人民的素质为目的。其基本工作原则和工作制度是由党和政府统一制定的，着眼点是维护整个国家、党和人民的根本利益。而公共关系传播属于管理的一种活动，它虽然以党和国家的路线、方针、政策为指导，但并不直接表现为政治意义，一般来说，它不能由党和政府通过组织手段统一制定其原则和制度，更说不上必须统一执行。其传播目的是为了政府的生存和发展，随时向公众传递信息，进行沟通，着眼点是维护政府的形象和声誉，使其自身利益与社会公众利益和谐统一。

此外，从影响社会公众的方式上看，宣传与政府公共关系传播的疏导形式也有不同之处。宣传为了达到特定的政治目的，在发布信息影响宣传对象时，往往要借助党和政府的政治权威性去强化自身的说服力，而且执着地向宣传对象“单向灌输”和“单向教育”。而政府公共关系在传播信息影响公众时，则要避免带有明显的倾向和政治性目的。它影响公众的基本原则是“劝服”，不允许借助政治权威强加于公众。它强调组织和公众之间平等相待、双向沟通和交流。就一个政府来说，既要向公众有效地传递自己的信息，又要从公众那里获取信息，以便及时调整自己的行为，适应公众的变化，满足公众的需求。

3. 政府公共关系传播的原则

政府公共关系部门和公共关系人员，面对复杂多变的公众对象，要保证取得理想的传播效果，应遵循以下原则：

（1）目的性原则。

政府公共关系传播的总目标是树立、改善政府形象，为政府创造良好的关系环境，获得各界公众的信任和支持。因此，通过向公众传播政府的信息，巩固对政府的积极态度，改变对政府的消极态度，使公众形成对政府好的总体评价，这个总目标必须通过若干具体目标来实现。每一次政府公共关系传播活动想解决什么问题、争取哪些公众、达到什么效果，都必须明确。假如目标不明确，盲目行动，就会无效果甚至产生反效果。因此，明确的政府传播目标是公共关系传播工作的首要原则。

根据传播效果四层次理论，政府公共关系传播的一般性目的可分如下四种：

1）引起公众的注意。政府公共关系传播的内容和形式要新、奇、特，能引起公众注意，才能在此基础上对政府产生认同、肯定的积极态度。

2）诱发公众的兴趣。政府公共关系传播要充分利用传播的内容和形式，诱发公众的兴趣。政府公共关系人员要先了解公众的兴趣、爱好、观点、立场，才能据此开展自己的公共关系活动。

3）得到公众的肯定态度。政府公共关系传播的深层次目的是使公众对政府产生肯定、认可的态度，或者由负态度转向正态度。由于态度是人们在长期生活中的经验积累形成的，一经形成便具有相对的稳定性。因此，政府公共关系传播要使公众树立或改变对政府的态度，必须做长期的、持之以恒的传播活动。

4）促进公众的支持行动。就是使公众由关心到参与政府的活动，支持政府的工作，积极实施政府的政策和法规。这是政府公共关系传播的最终目的。

（2）双向沟通原则。

政府公共关系双向沟通原则，是传者和受者双方相互传递、相互理解的信息互动过程，它具有以下含义：沟通必须由双方进行；沟通双方互为角色，任何一方既可以传递也可以反馈信息；沟通意味着双方的相互交流和相互理解。

政府在争取公众的问题上需注意以下两个问题：

1）创造沟通的共识区。这是指政府与公众在知识、经验、兴趣、爱好、文化传统等方面的相似之处，这些相似之处，就是政府和公众之间可交流的范围。也就是说，共同的经验范围是进行双方传播沟通的基础。政府公共关系传播要实现有效沟通，就要先寻找与政府存在共同经验范围的公众。一般来说，政府与公众的共同经验范围越大，沟通的语言就越多，信息分享的程度就越高。

2）传授双方具备反馈意识。这一方面是指沟通的双方在信息传播过程中相互理解后要有所反应；另一方面是指沟通双方应根据反馈信息各自对自己的行为进行调节，它使沟通双方轮换充当施控者与受控者，彼此制约对方的行为，增强传播的效果。

（3）平衡理论原则。

所谓平衡是指人的感觉系统与所经验的情绪毫无压力地存在的一种状态。人处于平衡状态时，感到舒服、轻松，人处于不平衡状态时，会感到心情紧张，并产生一种力求恢复平衡的力量。在信息传播过程中，要注意从个人心态平衡的角度去寻求人与人之间关系的平衡，提高传播效果。

1）A—A 式平衡沟通。这种方法是以个人心态的平衡去引导、建立双方关系的平衡，达到顺利沟通的目的。例如，美国航空公司在培训职员时，常让职员看如下录像：一位女售票员在接待两位男顾客，后面的一位女顾客等得不耐烦了，张口指责女售票员是“谈情说爱”、“没完没了”。女售票员对这位女顾客的指责，以理智、稳重为标志，将之拉入 A—A 式平衡沟通模式中。她说：“非常抱歉，让您久等了，您需要什么?”从而使事情得到了圆满解决。既使工作得以正常进行，又维系了个人和组织的形象。

2）情感沟通。平衡理论要求在沟通中诉诸情感，通过沟通双方的情感互动而产生认同感，达到态度的一致和关系的平衡。这就要求传播者从关心、体谅、爱护、帮助、支持的角度出发，与受传者沟通，使公众与政府产生感情的融洽，从对传播内容、方式的喜爱上升到对传播者和政府的信任、支持与合作。

（4）有效沟通原则。

政府公共关系传播的有效沟通原则，是指传播者通过沟通活动要取得预期的效果。政府通过沟通使公众了解、理解、喜爱、支持政府。在传播的实践中，政府要做到与公众有效沟通，应注意以下几点：

1）传播的信息内容要真实、准确、全面、客观。

2）传播的信息量要适度。

3）传播的信息对象，做到有的放矢，并持之以恒。

4）要有有效的传播方式和方法。

5）注意传播内容的制作技巧与传播渠道的畅通。

8.3.3　政府公共关系活动的适时调控

政府公共关系状态是动态的，情况的发展变化势必会与政府设计的公共关系目标出现不一致的状况，所以应随时根据实际情况进行调控，以便更加有效地促进目标的实现。政府公共关系活动的适时调控是政府公共关系工作进程第三步——实施传播环节的组成部分。我们知道，政府公共关系计划的实施是一个完整的过程，在政府公共关系方案实施的过程中要根据反馈，不断修正方案的内容。

由于客观环境和政府组织内部的状况是不断发展变化的，无论政府公共关系方案制定时考虑得多么周密慎重，也不可能预料到未来发生的所有事情，因此难免会出现方案与实际公共关系实施过程不符的现象。所以，组织要随时解决目标和计划实施过程中出现的新问题，及时纠正所出现的偏差，有时还要根据信息反馈的结果，对原定的计划进行适当的调整或修正，也就是实行适时调控。

政府公共关系计划实施过程中往往会遇到许多障碍：（1）政府公共关系中的目标障碍，即由于所拟订的政府公共关系目标不正确或不明确、不具体而给实施带来的障碍。（2）政府公共关系方案实施中的沟通障碍，指由于传播沟通工具运用不当、方式方法不妥、沟通渠道不畅等给实施带来的障碍。（3）政府公共关系方案实施中的突发事件，表现为人为的纠纷危机，如公众投诉、新闻媒介的批评等；或自然的突变危机，如地震、水灾、火灾、空难等。这是政府公共关系计划实施中最大的障碍之一。如果不善于处理突发事件，不但会使整个政府公共关系计划难以实施，甚至会影响到政府的生死存亡。

因此，政府公共关系活动在实施过程中可能会出现以下几种情况：（1）基本上同既定目标和实施计划的方向、途径相一致，只是在局部、个别问题上有偏差，从而对目标的实现产生一定的影响。（2）由于在制定目标和实施计划时没有掌握或没有充分掌握某些重要信息，因而暴露出事物发展的实际情况和实施计划的途径不能完全一致。这时如果仍然坚持实施原计划，就有可能造成不良后果。（3）在实施过程中，出现了一些新的因素，特别是出现了主观力量不能控制的重大事件，改变了事物发展的方向，使实施计划不能继续执行。这些不断变化的信息如果不能及时反馈、适时调控，就会给政府的工作带来难以挽回的重大损失。

针对以上三种情况，可采取三种不同的调整控制方式：对于第一种情况，采取局部调整的方式；对于第二种情况，采取重大修正的方式；对于第三种情况，则采取重新制定目标和计划的方式。通过适时调控，选用最合适的政府公共关系活动形式，使整个政府公共关系方案的实施受到良好的控制，从而更好地实现政府公共关系目标，创造最佳的政府公共关系状态。

8.3.4 选择与确定政府公共关系活动的模式

所谓政府公共关系活动的模式，是指一定的政府公共关系工作方法系统。一种政府公共关系模式，是由一定的政府公共关系目标和任务，以及实现这些目标和任务所必需的数种具体方法和技巧构成的一个有机的系统，从而具备某种特定的政府公共关系功能。

按照工作方式的特点，可以将政府公共关系划分为以下六种基本模式：

1. 宣传性政府公共关系

这种模式是以利用各种传播媒介向外传播为主，目的是直接向社会公众表白自己，以求最迅速地将政府组织的内部信息传递出去，形成有利的社会舆论。为了达到这个目的，可以综合运用各种传播方式，如发新闻稿、广告，召开新闻发布会、记者招待会、展览会、交流会，印发宣传品等。也可以根据实际需要选用若干新闻媒介，如报纸、杂志、电视、广播等。这种模式的主要特点是主导性强，时效快，能比较有效地利用新闻媒介沟通与公众的关系，而且能获得比较广泛的沟通面。

案例

前几年，上海市实行住房制度改革。为了使这项改革顺利进行，市政府先在报纸上刊登文章，宣传住房改革的必要性和意义。然后选择了十几个不同类型的单位进行试点，摸索经验，经过大量的调查研究后，拟订了房改方案的初稿，全文刊登于报纸上，发动全市人民讨论。各单位的干部、职工经过热烈、认真的反复讨论后，提出了不少中肯的意见。市政府对市民的意见进行了多次归纳、分析后，拟出了房改方案的修改稿，再次全文刊登于报纸上，并通过电视、电台广泛宣传，还印成宣传资料，分发给各单位，让全市市民家喻户晓。经过一段时间的宣传后，市政府分步骤、分阶段地依据修改稿推行这项改革，市民们都能主动地配合，使这个方案得以一一落实，很快付诸实施。

印发对外宣传品是政府进行宣传型公共关系最常见的方式，它能广泛地向公众解释政府的政策、行为，沟通双方的感情，使公众接受政府的观点，从而支持、配合政府政策的实施。这一事例说明，党政机关、职能部门在实施某一项政策前，应当充分运用宣传型公共关系，为政策的实施铺平道路。

2. 交际性政府公共关系

这种模式以人际交往为主，目的是通过人与人的直接接触，为政府组织广结良缘，建立广泛的社会关系网络。其方式包括社团交际和个人交际，如各式各样的接待会、座谈会、宴会、联欢等。电话、电报、个人署名的信件来往，也属于人际交往的范畴。这种模式的主要特点是具有直接性、灵活性和人情味，能使人际间的沟通进入“情感”的层次。

案例

2004 年夏收之际，国务院总理温家宝深入湖北农村考察。2004 年 6 月 8 日上午，在从老河口机场前往十堰的途中，温家宝同志临时停车走进湖北省老河口市洪山咀太山庙村，与农民王转运交谈起来：“现在市场上粮价多少？”“七八毛左右，比去年涨了四五毛。我一亩地光这个就能增收 1 000 多元。”温家宝同志听了很高兴，连声说：“不错，不错。你看这价格能稳住吗？”“稳得住，我觉得还会涨。”“我给你说句心里话，粮价再适当涨一点，你高兴，我更高兴，农民多挣一点，明年就可以种更多的粮食。”

温家宝同志每到一个村子，都要询问村民看病及其费用情况。2004 年 6 月 9 日，他路经桑树河村卫生所，询问大夫：“老百姓看得起病吗？”“头疼脑热还能承受，看大病就比较困难。”“我们正在搞农村合作医疗试点，国家拿 10 块，地方拿 10 块，老百姓拿 10 块，搞大病统筹，帮助农民缓解看病难问题。”

当天下午，温家宝来到荆州市八岭山镇朱家岭村。村民王松柏说：“总理，我们担心扶持粮食生产的政策不能实行下去。”温家宝同志说：“今年中央扶持粮食生产主要有三项政策：一是制定粮食最低收购价。二是减免税，粮食主产区降 3 个百分点，5 年内把税全部免掉。三是对种粮农民实行直接补贴，鼓励农民种粮。另外，国家还拿出钱来修路、修水渠、修沼气，采取措施降低农资价格，都是为农民找好处，谋实惠。”温家宝同志加重了语气：“在放开粮食收购市场和价格后粮食最低收购价就是一把尺子，摆在市场上就可以对价格进行引导。中央说话算数，农民的利益一定要得到保护。”村民们一听，高兴得鼓起掌来。

资料来源：《广州日报》，2004-06-14。

3. 服务性政府公共关系

这种模式是以提供各种优质服务为主要手段，目的是以实际行动来获取社会公众的理解和好评，从而建立政府的良好形象。为社会公众服务是政府的根本宗旨，因此，服务性政府公共关系活动模式是政府公共关系最基本的模式。对一个政府组织来说，宣传固然可以扩大和强化自身的影响，交际也可以密切与公众的关系，然而政府良好社会声誉的获得和良好形象的建立，最终还是取决于政府自身的工作，取决于政府向社会公众所提供的服务水平和质量。因此，实施服务性政府公共关系活动模式的前提是向社会公众提供优质的本职服务，同时采取各种便民利民的措施来加强服务。

案例

20世纪80年代，天津市市政建设跟不上，人民群众生活存在许多实际困难，“坐车没有走路快，自来水腌咸菜（海水倒灌，自来水是咸水），临建棚（地震后的临时住所）拆得没有搭得快”，群众意见很大。为此，市政府决心为群众办实事，一件一件地解决落实，说到做到，样样兑现。1983年，首先为市民办了10件实事，从1984年开始每年坚持为城乡人民办20件实事，到1991年办了130件。如新建、改建了3 000万平方米的住宅，使天津市一半以上的家庭改善了居住条件和居住环境；花两年时间完成了民用气化工程，使民用煤气化的普及率高居全国之冠；花16个月时间，完成了震惊中外的引滦入津工程，改写了天津人喝咸水的历史；新铺城市道路2 137公里，建起由十来座立交桥和中环线外环线构成的“三环十四射”的城交道路网络等。广大人民群众对市政府、市领导的满意程度达92%～99.4%，形成了心齐气顺、政通人和的社会政治局面。

4. 社会性政府公共关系

这种模式以各种有组织的社会性、公益性、赞助性活动为主。社会性政府公共关系主要有两种：一是以政府组织本身的重要节日为中心，邀请各界嘉宾，渲染喜庆气氛，借庆典活动与各界人士建立关系，打下友谊的基础。二是牵头组织各种有影响的赞助活动、慈善事业、文体活动，建立政府的良好形象。这种模式的主要特点在于它的公益性、文化性。但社会性政府公共关系并不是越多越好，而应量力而行。要开展成功的社会性政府公共关系工作，主要应注意以下两点：首先，成功的先决条件在于所举办的活动必须有实际意义，能够引起社会的重视和社会公众的强烈反响；其次，成功的关键在于必须选择适当的有利时机，强化政府公共关系活动的效果。

案例

1984年洛杉矶要求举办奥运会的申请被批准后，洛杉矶市议会作出了一个决定，即第23届奥运会不得动用公用基金。同时，美国总统卡特宣布，奥运会不许动用美国政府的国库款。这就是说，只能以商业方式来筹办。由谁来办呢？这时，年仅41岁的尤伯罗斯接受了挑战。首先，他主动放弃国际奥委会给他104万美元的年薪，提出为“伟大试验”效力，继而大发广告鼓励企业赞助，条件是可以在奥运会上做生意。于是，洛杉矶奥运会筹委会共得到30家厂商赞助，集资1.17亿美元，还通过招标的方式，出售奥运会电视播映权，美国广播公司以2.25亿美元中标。此外，火炬接力传递权（每公里3 000美元）、会徽商标使用权等，都采用企业经营手法来处理。如凡是使用奥运会会徽作商标印在本企业商品上的，都要付一笔费用给奥运会筹委会。同时，还招来了大批志愿人员义务工作，这样，又省下了一笔资金。这一切努力，终于使奥运会如期举行，并使洛杉矶政府盈利 2.5 亿美元。

5. 征询性政府公共关系

这种模式以采集信息、舆论调查、民意测验为主，目的是通过掌握信息和舆论情况，为政府的管理决策提供参考。其具体形式包括：开办各种咨询业务，建立来信来访制度和相应的接待机构，开展有奖测验活动，制作调查问卷收集用户意见，设立热线电话，接受和处理投诉等。比如有的政府部门设置的“市长接待日”、“市长电话”、“热线服务电话”、“热线监督电话”等。反映民意，是政府公共关系的主要职责之一，如果说在宣传性政府公共关系中，政府公共关系人员是以政府对外发言人的身份出现的，那么在征询性政府公共关系中，政府公共关系人员则是以民意代表的姿态出现的。政府公共关系人员作为政府与公众之间的中介者，必须成为政府组织的耳目，及时、广泛地收集一切有关政府形象的意见和建议，为政府决策提供参谋。这种模式的特点在于细水长流、日积月累、持之以恒，它需要耐力和诚意。一旦取得公众的配合，那么政府就有了“千里眼”和“顺风耳”，能够对民意和舆情的变动及时作出反应，保持政府组织和社会环境之间的动态平衡。

案例

前几年，广州市委、市政府先后举办过直接为市长做参谋的“假如我是广州市长”的征文活动（后定名为“市长参谋活动”），它具体落实在为政府职能部门出谋献策，如“房改方案千家谈”、“菜篮子工程千家谈”等的“千家谈系列活动”，讨论广州市市风和广州人精神的“羊城新风传万家”、“羊城居委新形象”等大型公众活动等，运用报纸、杂志、广播、电视等媒介，动员了成千上万的市民参政议政，各抒己见，都收到了良好的社会效果，极大地增强了政府对市民的凝聚力和向心力。

6. 矫正性政府公共关系

这种模式是在政府形象受损害时，及时采取有效措施，塑造或维护政府形象，挽回声誉。这种模式的特点是“及时”——及时发现问题，及时纠正错误，及时改善不良形象。政府形象受损一般有两种情况：一是“自损”，即由于政府自身工作失误造成的形象受损；二是“他损”，即由于外部原因而造成的政府形象受损，如某些误解、谣言，甚至人为的破坏，致使政府的形象受到损害。无论哪种情况，政府公共关系部门都应及时、准确地查明原因，迅速制定对策，采取行动，纠正或消除损害政府形象的因素和行为。

案例

2002 年 11 月，突如其来的“非典”疫病降临中国大地，广州、香港、北京、台湾……几乎所有中国省份都出现了“非典”病例或疑似患者，而疫情爆发初期，中国政府的有关职能部门没能及时通报疫情，延误了时机。疫情发生后反应也不够迅速，信息沟通不够通畅，媒体作用的发挥也有所欠缺。甚至在 2003 年 4 月 3 日召开的“千呼万唤始出来”的第一次官方举办的有关“非典”疫情的记者招待会上，卫生部负责人竟然不负责任地向中外记者传递假信息，坚称“非典”疫情已在我国得到了有效的控制，到中国来工作、旅游、开会等都是安全的。实际上当时北京、广东等地的疫情已十分严重：不但没有得到控制，反而有蔓延的趋势。这当然起引发了公众的猜疑和不满，一时间，中国政府在国内外都陷入了信任危机和形象危机之中。

“亡羊补牢，犹未为晚”，中国政府很快采取了一系列果断措施，控制疫情，挽回影响。中央政治局专门召开几次常委会进行研究讨论，制定对策。北京市成立了以市委书记为组长的北京市“非典”防治联合工作小组，专门处理解决关于“非典”危机的问题。上至国家主席、国务院总理，下至各级政府的官员都亲临抗击“非典”第一线，如医院、高等学府、科研机关、相关社区，看望“非典”患者，表彰医疗救护人员，激励防治“非典”的科研工作者等。党和国家领导人不时在国内外公开场合表明态度，提出建议措施。职能部门和政府有关部门召开新闻发布会坦诚面对记者，回答来自社会各方面的询问，通过正式公开的新闻报道表明态度，以免媒体作出不规范的报道，产生不应有的负面影响。北京市还对疫情信息实行属地管理，构建了市、区两级信息网络，每天统一收集汇总最新信息，上报卫生部和党中央、国务院……这些措施使有关“非典”的信息能够及时传播，政府与公众之间有了行之有效的沟通协调机制。与此同时，中央政府还拿出 20 多亿元用于“非典”的防治工作，许多部门纷纷出台各种政策措施，如旅游局提出在本地区旅游，防止疫情向城郊扩散；北京地税局出台政策：“非典”补助免征个人所得税；北京有关部门设置“非典”咨询热线；财政部门对“非典”患者发放医疗费用救助和保健补贴等。这些都充分显示出了政府在应对“非典”危机中宁将人民生命安全和健康保证放在第一位的“以人为本”的原则。

经过一段时间的艰苦努力，“非典”疫情终于在我国得到了有效的控制，政府也以自己的实际行动挽回了影响，重塑了形象。

政府公共关系的工作方法是多种多样的。在不同的发展阶段，或在同一阶段针对不同公众，使用的方法、形式是不同的。成功的政府公共关系要求对症下药，有的放矢。因此，政府公共关系策划就需要根据政府的特点和发展的特定阶段、社会环境所提供的具体条件以及公众的不同类型，选用合适的政府公共关系工作模式。

8.3.5 政府公共关系计划实施的注意事项

公共关系工作是一门艺术，同样的计划方案，由不同的人执行会有不同的效果，因此，政府在推行既定计划的过程中，必须注意下述五个问题：

一是发挥具体实施人员的主动性和创造性，让所有参加这次活动的有关人员详细了解活动方案的内容，同时应根据这些人员的各自特点合理地分配各人的任务，并明确规定任务的具体要求和完成期限。

二是始终坚持所规定的公共关系目标及实现目标的基本程序，在执行具体计划时，在无意外问题的情况下，对时间的安排、地点的选择、对象的确定、程序的控制、采用的形式、准备的情况、内容的构思以及费用开支要特别斟酌。在执行过程中，要严格控制工作进度，保证计划按部就班地进行。

三是在开展政府公共关系工作的过程中还要注意从实现整体目标出发，统筹全局，不能因过分拘泥于某一个阶段或局部的工作，而忽略了与整体目标的一致性。要随时体察和防止过分重视局部而轻视整体的倾向，及时调整，以保证每个局部工作都紧扣整体目标。

四是建立必要的检查制度。这样不仅可以督促方案中各项措施的实施，掌握整个活动的进度和趋势，而且有助于及时发现问题和解决问题，及时修正计划的具体内容。

五是要选择最佳的活动时机。在政府公共关系活动中，各种项目的执行都要考虑到影响时机的各种因素，从而选择适当的时机，以求取得行动的最佳效果，避免不必要的损失。

8.4　政府公共关系评估

8.4.1　政府公共关系评估的意义和作用

政府公共关系评估，就是根据特定的标准，对政府公共关系计划、实施及效果进行衡量、检验、评价和估计，以判断其优劣。它是政府公共关系“四步工作法”中的最后一步，是改进政府公共关系工作的重要环节和开展后续政府公共关系工作的必要前提。同时，它还可以使政府的领导人看到开展政府公共关系工作的明显效果，从而更加自觉地重视政府公共关系工作，因此，政府公共关系评估在政府公共关系实践活动中有着十分重要的意义，起着不可低估的作用。

1. 公共关系效果评估可以找出新问题，发现新情况

一个计划、一项工作在进行中总会出现各种各样的问题，政府公共关系工作的情况也是如此。社会上各种因素变化纷繁复杂，令人难以捉摸。因此，在最后评估阶段，对计划本身、执行情况、政府公共关系工作人员的表现予以检查，从中发现新问题、新情况，并找出对策，寻找新的政府公共关系目标，提高政府公共关系人员和政府公共关系活动水平，是十分必要的。因此，政府公共关系评估对政府公共关系工作具有“效果导向”的作用。

同时，从政府公共关系工作的连续性来看，任何一项新的政府公共关系工作计划的制定与实施都不是孤立存在和凭空产生的，它总是以原来的政府公共关系工作及其效果为背景的。制定新的政府公共关系工作计划，要对前一项政府公共关系工作从计划的制定到实施、从效果到环境变化进行系统评估分析，即使是前后两项政府公共关系工作所要解决的问题各不相同，也应该和必须这样做。美国政府公共关系先驱者埃瓦茨·罗特扎恩早在 1920 年就曾经说过，当最后一次会议已经召开，最后一批宣传品已经散发，最后一项活动已经成为历史的记录时，就是你在头脑中将自己和自己所采用的方法重新过滤一遍的时刻。这样你就会清理出经验和教训，供下一次借鉴。这位先驱者所说的“清理出经验和教训，供下一次借鉴”，恰恰说明了政府公共关系评估对改进政府公共关系工作的重要作用。

2. 公共关系效果评估可以控制和监督公共关系的实践活动

由于政府公共关系工作是面向全社会的，其工作范围相对较大，工作效果也不能一下子就反映出来，因此，在政府公共关系工作的最后阶段，必须从全局上予以控制。因为一项具体的工作和一项具体计划的成果反映可能不明显，但如果站在一定的高度，从全局来把握的话，就比较容易分析出、反映出政府公共关系工作的成绩了。同时，政府公共关系工作实施的效果本身往往体现为一种复杂的构成，既涉及公众利益的满足，又涉及公众利益的调整；既涉及政府形象的改善，又涉及政府方针、政策的改进和修正。

同时，政府公共关系评估能使每个政府公共关系工作人员都明确在最后阶段还有一次大检查，这无形中就起到了一种鞭策作用，促使他们在工作中努力，在执行任务时认真。而当一项政府公共关系计划实施之后，由有关人员将该项计划的目标、措施、实施的过程和效果向内部公众解释和说明，可以使他们认清本组织的利益和实现的途径，自觉将实现政府的战略目标与自己的本职工作紧密地联系在一起，并变为一种爱岗敬业的行动。

此外，对于政府机构的领导人来说，政府公共关系评估的另一重要意义还在于使领导人看到开展政府公共关系工作的明显效果，从而使他们能更加自觉地重视政府公共关系工作。

总之，政府公共关系评估是对整个政府公共关系活动全过程的评估，也是对政府公共关系活动的每一阶段、每一项目的考核评价。它可以伴随着政府公共关系工作的进展，根据要求随时评估。它与我们平常所说的总结或反思有些类似，只不过政府公共关系评估不是一般性的总结，而是一种具有特定标准、方法和程序的专门研究活动。

3. 公共关系效果评估可以使公共关系目标管理更实用、更科学

政府公共关系调查分析活动究竟怎样？政府公共关系目标计划是否准确适用？实施之后的目标计划是否实现或完成？这些涉及人、财、物的使用效果问题需要进行科学评估。但是如果缺乏政府公共关系评估这一必要的步骤，就根本不可能就上述问题得出科学的、有说服力的答案，也就不能对资金的使用效果、政府公共关系部门和政府公共关系人员的工作以及物资的消耗作出全面而公正的评价。从一定意义上说，政府公共关系的目标就是政府公共关系效益的集中体现。因此“目标—效益”的观念应贯穿于政府公共关系目标管理的全过程。

8.4.2 政府公共关系效果评估的程序

政府公共关系效果评估应当遵循一定的工作程序，以保证效果评估不至于偏离方向，这样，才有助于获得可靠的、真实的、有价值的评估结论。

美国著名的公共关系专家、《有效的公共关系》的三位作者布鲁姆、森特和卡特利普认为，公共关系效果评估应该遵循以下基本程序①：

1. 设立统一的评估目标

要有效地进行评估，应当有一个统一的评估目标作为基点，以后的评估活动将在这个基点上展开。这样，可以保证在公共关系调查中掌握有用的资料，避免无效劳动，提高评估效率，还可以保证评估结果具有实用价值，用以指导和制定公共关系计划方案，有效地开展各项公共关系活动。

---

① 参见［美］格伦·布鲁姆等：《有效的公共关系》，357～359页，北京，华夏出版社，2002。

评估目标所要回答的问题是：这次评估什么？计划实施之后，知名度或美誉度改变的状况和程度怎样？公众认识的改变或是行为的改变情况怎样？只有确定了这个基础，才可以进一步确定应当从哪些方面评估，重点评估什么，以什么作为衡量标准等。为了统一评估目标，保证评估工作顺利进行，评估人员应将有关问题、有关内容、评估重点、提问要点以及提问方式形成书面材料。

2. 将评估过程纳入公共关系计划之中

公共关系效果评估不是公共关系计划的附属品或计划实施后的事后思考和补救措施，而是整个公共关系计划的重要组成部分。对此，组织的最高管理者和参与效果评估的公共关系人员必须予以高度重视，对评估的方法、评估的程度、评估的内容等方面予以充分的考虑和周密的筹划。

3. 在公共关系部门内部统一评估意见

在实际公共关系活动中，公共关系工作人员很难一下子就把非物质性、非经济性的公共关系活动与活动本身可测量的效果联系起来。这必然导致公共关系人员对公共关系活动本身可测量的效果要从不同的角度去分析，从而得出不一致的看法。对此，要给公共关系人员足够的时间去认识效果评估的作用和现实性，允许他们通过自己的亲身体验加深这一认识，最终统一评估意见，以保证公共关系效果评估得以顺利进行。

4. 评估目标具体化

将评估目标具体化，就是从可观察和可测量的角度入手，将评估目标分解为具体次目标，以便从各个方面来论证和说明评估目标。假如将公共关系计划实施后美誉度的变化情况作为评估目标的话，就应当从公众对组织方针政策的赞誉情况，对组织服务态度、创新精神、工作效率等方面的赞誉情况进行评估。这样的评估结论才能坚实可靠、有说服力。否则，评估目标将是一句空话，评估的结果也不会有什么价值。可见评估目标的分解是保证公共关系评估顺利进行的必要条件。

5. 选择客观、适用的评估标准

公共关系目标只是说明了组织期望公共关系活动所要达到的结果，而对这一结果进行评估，还必须选择客观、适用的评估标准。如对某个领导者在政治、思想、品德、知识、专业、能力、作风等方面进行整体形象评估，以表明这个领导者是不称职、称职还是优秀，就必须对以上评估内容分别提出细化的评估标准，形成评估体系，作为评估时进行检验分析的依据，否则就不能判定这个领导者整体形象如何。

6. 选择搜集证据的最佳途径

评估标准建立之后，调查分析、搜集资料数据是一项基础性工作，而在搜集有关评估资料方面，没有绝对唯一的最佳途径。方法的选择取决于评估的目的、提问的方式以及已经确定的评估标准。通过公共关系调查研究可以全面地了解公共关系活动的影响情况，但有时组织活动的记录、小范围的试验也是十分有效的。因此，我们必须依据具体情况来确定搜集评估证据的途径。

7. 保持完整的计划实施记录

在公共关系计划实施过程中，每一项活动、每一个环节或步骤都要有完整的记录。这些记录的积累就形成了完整的计划实施的真实资料。这些资料能够充分反映出公共关系人员的工作方式和工作效果，反映出计划的可行程度，反映出哪些策略是正确的或有效的，哪些策略是错误的或无效的，哪些环节衔接得比较紧密，哪些环节还有疏漏或欠缺。

8. 评估结果的应用

公共关系活动的每一个周期都要比前一个周期表现出更大的影响力。因为，运用前一个周期评估的结果可以对后一个周期进行调整。由于评估结果的运用，问题的确定及对形势的分析将会更准确，新的公共关系目标将会更加符合组织发展方向的要求。在对战略有效性和计划可靠性充分了解的基础上，新战略的制定和新计划的调整将会更加完善与成熟。

9. 将评估结果向组织管理者汇报

公共关系人员应该负责将公共关系评估结果向组织的管理者及决策者进行完整的汇报，除书面的评估工作报告外，必要时应辅以口头汇报说明，并使其形成一种制度。通过这项工作，可以使组织管理者及决策者及时掌握情况，有利于进行全面协调，也可以说明公共关系活动在持续地保持与组织目标的一致性及其在实现组织目标过程中的重要作用。

10. 丰富专业知识

公共关系活动的科学组织与效果评估促使人们对这一活动及其效果有更深的理解和更高的认识，而效果评估的成果又进一步丰富了公共关系专业知识的内容，使公共关系事业更加系统化和科学化，使公共关系活动更富有新意和实用价值。公共关系效果评估所得到的资料，经过抽象化分析，可以得到对指导这一活动具有普遍意义的思想、方法与原则，而这些具有普遍意义的思想、方法与原则，正是丰富公共关系专业理论与实际内容所必需的重要材料。

《有效的公共关系》一书的作者认为，在全部公共关系活动过程中，有效的评估应该贯穿整个过程的始终，并成为重要内容之一。仅仅利用总结性评估来说明公共关系活动是否发挥了预期的影响是远远不够的，而应在活动开展之前与进行期间将所作的基本评估与提供的资料和上一个周期的总结评估进行比较，使制定的计划更加完善并减少执行过程中的偏差。

8.4.3 政府公共关系评估的内容

美国著名的公共关系专家布鲁姆、森特和卡特利普在《有效的公共关系》一书中，将公共关系效果评估的内容按公共关系活动顺序，分成了 3 个阶段 14 个层次。

第一阶段：准备过程评估。（1）背景材料是否充分；（2）信息内容是否正确充实；（3）信息表现形式是否恰当。

第二阶段：活动实施过程评估。（1）发送信息的数量；（2）信息为传播媒介所采用的数量；（3）信息理论接收者的数量；（4）注意到信息的公众数量。

第三阶段：活动影响效果评估。（1）了解信息内容的公众数量；（2）改变观点的公众数量；（3）改变态度的公众数量；（4）实施期望行为的公众数量；（5）重复期望行为的公众数量；（6）达到的目标与解决的问题；（7）社会与文化的改变。

这一理论有一定的科学性，对于我们认识政府公共关系评估有重要的借鉴作用。根据我国的实际情况，对政府公共关系评估的内容可以从以下几个方面来认识：

1. 政府公共关系工作程序评估

政府公共关系工作程序评估，就是要对政府公共关系工作的各个步骤的合理性作出客观的估价。政府公共关系评估是一个连续不断的活动，一旦进入政府公共关系工作过程，评估活动也就开始了。评估研究内容及要点如下：

（1）调查研究过程评估。

调查研究过程是公共关系的准备活动过程，主要是指为确定公共关系目标制定公共关系计划、收集信息、发现问题的活动过程。这一活动过程的特点是：由于对公众产生影响的实质性公共关系活动尚未开始，活动的主要目的在于为实质性公共关系活动做好准备工作。因此，该活动过程评估的主要内容并不是它对公众的影响效果如何，因为直接的影响尚未开始，而是可以联系公共关系目标计划及其实施效果来开展评估。其主要的评估要点有：政府公共关系调研的设计是否合理？政府公共关系工作信息资料的搜集是否充分、合理？获得信息资料的手段是否科学？政府公共关系调研对象选择是否具有典型性、代表性？政府公共关系调研工作组织实施的合理程度如何？政府公共关系调研的结论分析是否科学？信息的表现形式是否恰当？

例如，在政治活动中，政府公共关系活动的策划者们要研究竞选者在电视辩论中的发言以及各种新闻媒介对竞争者的讲话及其本人的评论，并通过选举过程中选民们对这个竞选者的反应来察看政府公共关系活动是否成功。评估这一活动时要分析：政府公共关系活动中准备的信息资料是否符合问题本身；目标及媒介的沟通活动是否在时间、地点、方式上符合目标公众的要求；有没有对沟通信息和活动产生对抗性行为；有没有制造事件或采取其他行动配合这次政府公共关系活动；相对任务而言，人员与预算资金是否准备充分等。这种评估分析的结果，可以作为进一步审定或调整计划与战略、改进方案实施过程的重要参考资料。

（2）制定计划和实施活动过程的评估。

这一层次的评估主要是指政府公共关系目标及计划的制定和执行活动情况的评价分析。它主要有以下几个方面：

一是政府公共关系目标及计划的制定是否合乎实际、切实可行。目标计划在制定当中和制定之后实施以前，很难评判其优劣，只有通过实施才能比较客观准确地得出结论。例如，经历一次政府公共关系活动的失败，人们才会发现，目标本身根本是不可实现的，制定计划太笼统，经费预算不足等。这一方面评估的具体内容常有：目标是否明确具体、符合实际，是否具备了实现条件，目标的广度和深度如何，计划方案是否脱离了目标，计划方案是否缺乏足够的可操作性，经费预算是否太紧或过多。

二是目标计划执行过程的评估。包括执行过程是否围绕目标按计划方案进行，有无偏差，有多少偏差，原因何在；执行中发生了哪些问题，是属于计划不周还是属于突发事件造成的；是否采取了应变措施，若没有采取，为什么，若采取了，效果怎样；执行中，政府公共关系部门及政府公共关系人员工作情况怎样；其他部门及人员是否配合，如果不够配合，是什么原因造成的，以后应当如何避免；传播沟通的模式选择是否恰当；传播媒介的选择和运用情况怎样；信息内容准确度、信息表现形式及信息发送数量如何；信息被传媒采用的数量和质量如何；接收到信息的目标公众有多少，成分如何，和组织关系有多大；注意到该信息的目标公众数量是多少。

（3）实施效果的评估。

前两个层次的评估主要是对活动过程的情况进行经验教训的总结，而本层次的评估则是对活动过程所产生的实际效果进行评估。总的思想是：本次政府公共关系目标计划实施完以后，组织形象的变化情况。可以将调查的数字同政府公共关系活动开展前的有关数据进行分析比较，得出结论。其主要评估要点有：公众受影响的范围有多大，即有多少人次受到本次政府公共关系活动的影响，可采用问卷法进行调查统计；受影响的公众对组织总体情况的了解程度有何变化；受影响的公众对组织良好形象的评价有多大程度的改变；受影响的公众对本组织的态度行为方面的变化情况如何；达到目标的程度以及所解决的问题；对社会经济与文化发展产生的影响等。

2. 政府公共关系活动评估类型

按政府公共关系活动形式，可把政府公共关系划分为日常政府公共关系活动和专项政府公共关系活动；按政府公共关系计划制定时间的长短，可把政府公共关系划分为年度政府公共关系活动、长期（3～5 年）政府公共关系活动。

（1）日常政府公共关系活动效果评估。

评估内容要点包括：组织的全员政府公共关系运作；领导者内外部政府公共关系活动的开展情况；全体员工的政府公共关系意识和行为表现；组织的各部门在经营管理各环节上的政府公共关系投入；政府公共关系网络；内部政府公共关系协调状况；日常的组织沟通；人际协调；组织的外部政府公共关系；知名度、美誉度；政府公共关系人员的工作状况；政府公共关系人员与领导工作配合和沟通等方面。对日常公共关系活动效果进行评估，要根据组织所确定的评估内容和评估标准进行，通过日常工作总结、公共关系人员座谈、职工评议评审并结合社会公众平时的反映等形式进行。对日常公共关系活动效果进行评估，属于临时性的工作，不要占用太多的时间和人员。一般情况下，在日常公共关系工作中就可随时总结，没有必要进行专门评估。

（2）专项政府公共关系活动效果评估。

评估内容要点包括：项目的计划是否合适；其目标与组织总目标、政府公共关系战略目标是否一致；项目的目标是否已经实现；传播沟通策略、信息策略是否有效；政府公共关系协调状况如何；对公众产生哪些影响；组织的形象有何改变；项目预算是否合理；组织管理工作成效如何。对专项公共关系活动效果进行评估，要严格根据具体公共关系活动的内容及特点确定评估内容及评估标准，并由负责专项公共关系活动的公共关系人员组织实施。可采取调查研究的形式，如直接调查专项活动的参加者，或间接调查一些典型的社会公众，以了解通过专项活动，社会舆论的变化对组织产生的影响。对于专项公共关系活动效果，公共关系人员都要在专项活动记录中给予记载，并详细说明，以备查用。

（3）年度政府公共关系活动效果评估。

评估内容要点包括：年度政府公共关系计划目标是否实现；年度政府公共关系计划方案是否合理；实现情况如何；年度内日常政府公共关系工作成效如何；年度内单项政府公

共关系活动的类型、数量及成效分析；年度政府公共关系经费预算使用情况及合理化研究；内外部政府公共关系的开展和成效；政府公共关系组织机构与政府公共关系人员的绩效；组织的政府公共关系应变能力等。对年度公共关系工作效果进行评估，要以年度公共关系计划和预算为依据，将一年来公共关系工作成效与预期目标和计划相比较，对公共关系各层次计划的实现程度和存在的差距，提出有说服力的总结报告。在报告中应注意引用具体可见或可测量的结果、实例，以及引用有影响力的外界评论及专家意见，以增强报告的客观性，供领导层作出判断与评论。

（4）长期政府公共关系活动效果评估。

该评估包括某一长期政府公共关系项目及政府公共关系长期工作的成效分析，它是一个总结过程，需要将日常工作评估结果、专项活动评估结果、阶段性工作评估结果一并吸收进来，进行系统分析，从而得出一个总的结论。另外，还包括对政府公共关系活动的经历进行客观评估。同时，应将前几种政府公共关系活动效果评估的内容要点加以归纳整理和分析研究。但是，要特别注重政府公共关系战略的得失问题、政府公共关系变动规律问题、政府公共关系与政府管理的关系问题等的评估。

3. 目标效果评估

公共关系目标管理是指公共关系的全部活动过程，主要包括：在一定时期内组织领导提出总目标、制定方针，公共关系部门根据总目标制定公共关系目标，公共关系人员经过上下结合，反复协商来分解目标，制定措施，安排进度，具体实施，严格考核，实现目标的组织内部自我控制公共关系全部活动的过程。目标管理是计划管理的一种形式，也是实现计划的重要手段。而目标效果评估又是公共关系目标管理的重要组成部分。在公共关系目标中应有严格规定的定量和定性分析的各项指标，客观地进行评价。要以公共关系调查所掌握的资料和公共关系计划方案的具体实施结果为评估的依据，以社会公众的满意程度作为指标实现的标准。

公共关系目标效果评估的内容与目标管理程序中的目标内容要一致，有什么样的目标内容，就应该有什么样的目标效果评估内容。根据公共关系目标内容的要求，确定公共关系目标效果评估的内容。

（1）组织形象目标效果评估。

即将公共关系计划方案中所设计的本组织在一定时期内所要实现的目标，与组织通过公共关系工作所达到的实际组织形象目标进行比较，看其实现的程度如何。如果组织形象目标没有全部实现，则应找出差距，提出问题；如果组织形象目标全部得以实现，则应总结经验，实事求是地用目标值加以表示；如果现实的组织形象超越了公共关系计划目标，则应寻求美好的组织形象得以建立和发展的真正原因，分析是否是由组织自身的努力所带来的结果，并表扬公共关系做得好的部门和人员。

（2）领导形象目标效果评估。

组织形象目标是组织的公共关系总体目标，它的实现及实现的程度有赖于具体目标。领导形象目标是组织形象目标中的一个具体的分目标。对领导形象目标效果进行评估，主要是根据社会公众对本组织领导评价的结果，分析其领导形象如何。对此，可以采取公众座谈会、民意测验等形式，还可以采取公众投诉方式进行。

（3）职工形象目标效果评估。

职工形象目标作为组织形象的又一分目标，它表现在职工的精神风貌、工作作风及劳动态度等方面。对职工形象效果进行评估，主要依据职工的自身表现，如服务态度、完成工作率、质量、积极参与组织的各项活动以及社会公众对组织职工的多方反映等给予评价。职工形象目标能否实现，是组织自身是否有凝聚力与向心力、职工是否热爱自己的组织以及组织自身的文化环境优劣的一个重要标志，应该对其目标的实现予以高度重视。

（4）环境形象目标效果评估。

环境形象的好坏直接影响到职工的劳动情绪和其他工作人员的工作情绪，它是保障人们身心健康的一个重要的客观条件。同时，它对于组织外部公众对组织印象的形成起着一定的辅助作用。环境形象目标效果的评估主要依据目标值的实现及实现的程度，即通过环境建设的目标完成率给予评估。

8.4.4 政府公共关系评估的方法

1. 专家意见法

专家意见法又称德尔菲（Delphi）法，是一种综合专家意见、就专门问题进行定性预测的方法。将此方法稍作修改即可用于不易量化的政府公共关系效果的评估。其步骤是：

（1）由主持人拟好调查评估项目，并给出评价标准。如公众舆论的变化可分为好转、略好转、原状、略恶化、恶化五个标准。

（2）邀请专家若干名。一定要聘请那些知识丰富、熟悉情况的专家。

（3）请专家们匿名、独立地就拟订的项目发表意见。若意见分散，则将上一轮意见汇集整理，反馈给每一位专家，请他们重新发表意见，直至意见趋于一致。

（4）汇总出能代表大多数专家意见的结论，作为专家集体对政府公共关系活动的评估。

2. 民意测验法

其英文名称为 public opinion poll。这种方法在政府公共关系评估中运用较为普遍。其基本做法是：按抽查法的要求，在选定的公众群体中，选择一定数量的测验对象，用问卷、表格等方式，征求他们对指定问题的意见、态度、倾向，再作出统计、说明，分析政府公共关系活动的效果。

3. 公众意见征询法

政府公共关系人员通过与公众代表的对话，征询广大公众的意见和观点。这种方法又可分为公众代表座谈会和公众询问法两种。前者可以制度化，并有效地控制与会者的代表性；后者则是以口头、电话等方式，就固定问题随机地向被询问者提问，然后将公众意见汇集、整理，形成综合意见。

4. 实验法

这种方法的实质是，利用事物、现象间客观存在的相互关系，通过调节某个变量（如政府公共关系活动前后），测定另一些量的增减。实验法可以在经历和未经历政府公共关系活动的两组公众之间展开，将两次测验结果作比较，就很容易得出评估结论。实验法的关键在于，在确保实验对象代表性的同时，尽可能缩小实验范围。

5. 组织活动记录法

在组织实施政府公共关系活动前后，坚持在组织的日常活动中记录有关标志和指标的变化。全面、准确的活动记录是重要的效果评估资料。例如，学校的报考人数、企业的产品销售额、宾馆的投宿人数、机关的出勤率都属组织活动记录范围。进行效果评估要依据记录的资料、选择一定的标准进行比较，然后得出评估结论。

6. 传播审计法

这种方法是通过大众传播媒介发布的本组织的统计分析，评估组织政府公共关系信息传播情况。通过以下指标和方法，可以概略地了解政府公共关系信息传播的效果。

（1）定量分析。

一是测定政府公共关系沟通的有效率。它是指沟通有效数与沟通信息总数之比。其公式如下：

$$\text{沟通有效率}=\frac{\text{沟通信息总数}\quad\text{无效数}}{\text{沟通信息总数}}\times 100\%$$

二是测定政府公共关系信息传播速度。传播速度指标是单位时间内传播的信息量，或一定的信息量传递所需要的时间。单位时间内传播的信息量越多，或一定信息量传递所需要的时间越短，说明传播速度越快。其公式如下：

$$R=\frac{\text{传播信息量}}{\text{传播时间}}$$

在这个公式中，R 值越大，传播速度就越快，传播效率就越高。传播速度是评估传播效果的一个重要指标。

三是测定政府公共关系信息的视听率。这是通过测定大众传播媒介传播的政府公共关系信息来得到政府公共关系工作效果的方法。视听率就是实际视听人数与某一调查总人数的比例。其公式如下：

$$\text{视听率}=\frac{\text{实际视听人数}}{\text{调查总人数}}$$

（2）定性分析。

新闻媒介报道迅速、感觉灵敏，并且具有很大的影响力。经常进行新闻分析，就可以从中了解关于本组织的报道，从而评估政府公共关系活动的效果。新闻分析的主要内容有：

1）报道的篇幅和时数。篇幅越大，出现频率越高，时数越多，引起注意和兴趣的程度就越高。这是从“量”上判断。

2）报道的内容。报道中，对组织的成就、发展情况报道越多，效果就越好，在公众中树立起组织的良好形象的可能性也越大。这是从“质”上分析。

3）新闻媒介的层次和重要性。高层次、重要的媒介是指那些级别高、发行量大、覆盖面广、具有权威性和影响力强的新闻媒介，这些媒介发表对组织有利的报道，往往比其他媒介更有利于提高组织的知名度和美誉度。

4）新闻资料的新闻价值。对新闻事件是正面报道还是反面报道、是全面报道还是摘要报道、是重点报道还是一般报道、是醒目的版面还是次要的版面等差别会使报道效果不同。

5）报道的时机。报道的时机是否及时、适时，是否能恰好配合组织的实际发展。迟发的新闻报道有时不仅无益，反而有害。

6）记者、编辑的反应。记者、编辑对于所提供的资料是否满意，如资料是否及时，是否容易编发，是否需要较大的改动，是否适合报刊的要求。

8.4.5 政府公共关系评估成果的运用

政府公共关系评估的成果是由多种形式综合体现的。如调查报告、工作报告、各类实务总结报告、公众研究报告、各种信息发布原本、传播审订报告、各种评估记录资料等，都是评估成果的体现，但评估成果的主要表现形式是政府公共关系总结报告。

政府公共关系评估成果对于整个政府公共关系工作有极大的应用价值。它能够承前启后，使政府公共关系工作得以高效合理地开展，使组织步入良好的政府公共关系环境。

政府公共关系活动总结报告是提供给组织的一种正式文本，它往往被送到最高管理层，作为领导层统筹管理和制定新决策的依据；送达各职能部门，作为各部门改善工作的参考；提供给全体员工，以利于员工了解外界的评价，提高士气，改善行为。

政府公共关系评估成果的运用，可以包括以下几方面：（1）用于调整政府公共关系工作计划，使计划更趋于科学合理。（2）对策划新的政府公共关系目标方案有直接的帮助，可以促进新的政府公共关系计划借鉴成功经验，吸取失败的教训，避开误区，有效地开展工作。（3）用于组织决策的改进。对于组织为公众所认同与合作方面，有较大的决策参考价值。（4）用于改进组织全面的政府公共关系工作。通过运用评估成果，组织的管理层可以调整行为，改善工作，提高绩效；同时还可以寻找有效的策略和技巧，为下一步政府公共关系工作奠定基础。

本章小结

开展公共关系工作一般要经过调查、策划、实施、评估四个程序，按这个理论，开展政府公共关系工作需要经过政府形象分析、政府形象设计、政府形象传播、政府形象检测四个步骤。本章分别阐述了政府公共关系调查、策划、实施、评估的意义、原则、程序、内容和方法。其中着重介绍了开展政府公共关系调查的常用方法，阐述了政府形象设计的理念、定位和一般程序，说明了实施政府公共关系计划时可选择的模式，分解了政府公共关系评估的一般步骤。

关键术语

政府公共关系调查　社会风险早期警报系统　政府形象定位　政府公共关系传播　宣传性政府公共关系　交际性政府公共关系　服务性政府公共关系　社会性政府公共关系　征询性政府公共关系　矫正性政府公共关系

复习思考题

1. 简述开展政府公共关系工作的基本程序。

2. 结合实际，举例分析说明政府公共关系调查的具体方法及技巧。

3. 简述政府公共关系策划的意义、原则和基本程序。

4. 什么是政府形象？构成政府形象的基本要素有哪些？

5. 应如何确定政府公共关系的活动主题？试就某一主题制定一个政府公共关系的活动方案。

6. 政府公共关系活动有哪些基本模式？

7. 为什么说传播是政府公共关系计划实现的途径？

8. 为什么要进行政府公共关系评估？试从政府公共关系的角度，对 2008 年北京奥运会进行评估。

第9章

政府公共关系传播的模式与方法

重点问题

- 政府公关传播的基本模式
- 把关人理论与两级传播模式
- 3S论与议题设置论
- 霍夫兰的说服模式
- 流言

政府公共关系是政府与公众之间的传播沟通行为，它所使用的手段和方法就是现代信息社会所提供的各种信息传播与沟通媒介，以及运用这些媒介所形成的各种信息传播与沟通方式。要想驾驭各种现代信息传播媒介与技术，就必须了解政府公共关系的传播模式与理论。

这一章主要介绍政府公共关系的传播模式、理论与方法，主要有拉斯韦尔5W模式、香农模式、新闻代理模式、公共信息模式、双向不对称模式、双向对称模式、两级传播模式、受众选择3S论、议题设置论与霍夫兰的说服模式等。另外，我们还将专门研究流言这个十分重要的传播心理现象。

9.1 政府公共关系传播的基本模式

9.1.1 拉斯韦尔的5W模式

传播学中，总体研究范畴的规划者是美国人哈罗德·拉斯韦尔。1948年，拉斯韦尔发表了《社会传播的结构与功能》一文，这篇论文使拉斯韦尔成为传播学的始创者之一。

在这篇论文里，拉斯韦尔提出了界定传播研究范畴的经典模式——5W 模式。5W 模式认为，说明传播行为的一个简便方法是回答下列五个问题：

（1）谁传播（who）；

（2）传播什么（says what）；

（3）通过什么渠道（in which channel）；

（4）向谁传播（to whom）；

（5）传播的效果怎样（with what effects）。

若用一句话来说就是：

Who says what in which channel to whom with what effects.

案例

在胡锦涛主席访美之际，纽约时报广场的电子大屏幕上，一群中国人正在中国红的底色中，向着熙来攘往的路人微笑……在大洋彼岸推出这样一部 30 秒的中国国家形象片，引得美国人好奇地驻足观看——将来的历史学家必定会对 2011 年 1 月 17 日这寻常的日子里出现的这个非同寻常的细节，产生异乎寻常的兴趣，因为它极具象征意义。

这个短片的主角，是一些杰出的中国人。除了美国人家喻户晓的 NBA 明星姚明外，其他人的面孔，对美国人来说，还比较陌生。不过，仔细打量他们，这个细节会更具历史张力。

资料来源：《中国国家形象宣传片在美播出——当中国人在纽约街头微笑》，见人民网，2011-01-19。有删减。

在 5W 模式中，拉斯韦尔用简单直观的一句话，概括了信息传播的整个过程。who，就是传播者、传播主体、信息发出的一方，其任务就是采集信息和加工制作信息。says what，就是 information，也就是传播内容——信息，充分了解发送的信息种类以及特征、功效在传播过程中也是非常关键的环节。to whom，即传播对象、受众、接收信息的一方。受众是传播的客体，受众的文化背景包括性别、年龄、家庭情况、消费水平与结构、宗教信仰、文化程度、心理与个性特征等。传播者对受众的文化背景认知得越深刻，其传播就越有针对性，传播的目的就越容易达到，因此调查受众接收信息的情况很重要：其程度如何、有何约定俗成的规范、文化心理怎样等方面，对传播过程是至关重要的。in which channel 就是通过何种渠道进行传递。一般来说，用什么媒介发送信息，就会有什么传播渠道。选择的通道是否科学合理，也是决定传播是否有效的重要因素。with what effects，即传播效果如何。效果取决于以上四种传播要素的有机整合，如果整合得好，效果就佳，反之就差。这就是一个控制分析的过程，传播是否有效，关键要看效果。

就此，拉斯韦尔把传播学的研究内容分成五个部分，即控制分析、内容分析、媒介分析、对象分析和效果分析（见图 9—1）。

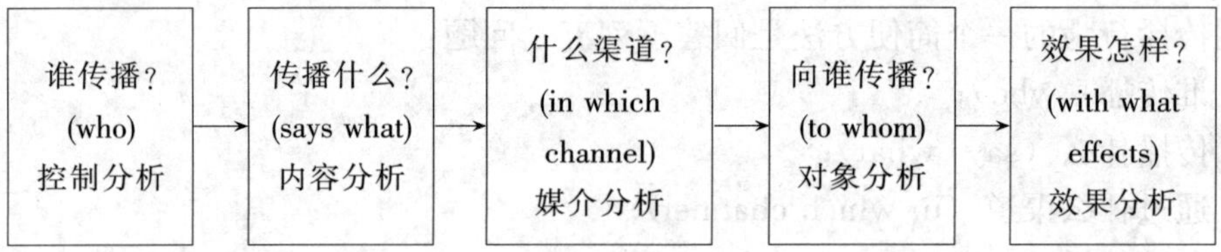

图 9—1　传播学的研究内容

拉斯韦尔所提出的研究对象的五大部分也完全可以视为传播研究的基本范畴，这也是政府公共关系传播的五个核心内容。

（1）传播的控制分析。主要包括传播的法规与政策、传播者的社会控制和自我控制、传播者对传播的影响、传播者的社会责任。

（2）传播的内容分析。主要包括传播的分类、传播的符号、传播的宣传方法等。

（3）传播的媒介分析。主要包括传播的媒介环境、传播的媒介特点等。

（4）传播的对象分析。主要包括传播对象的心理、传播对象的劝服等。

（5）传播的效果分析。主要包括传播的效果类型、影响传播效果的因素、测定传播效果的定量方法等。

9.1.2　香农模式

政府公共关系的重要目标之一是达成与社会公众之间良好的沟通。沟通的英文是communication，它的核心含义是意义的传递与理解。首先，沟通包含着意义的传递，如果信息或想法没有被传送到，则意味着沟通没有发生。例如说话者没有听众、写作者没有读者都不能构成沟通。其次，要使沟通成功，意义不仅需要被传递，还需要被理解，有效的沟通应该是经过传递之后被接收者感知到的信息与发送者发出的信息是完全一致的。

沟通就是借助于一定的方法，把相关信息按照可以理解的方式从一方传递给另一方的交流过程。欲想达成有效的沟通，就必须了解信息传播与沟通的基本模式——香农模式。

在沟通发生之前，必须存在一个意图（例如政府想让公众了解它的某一项公共政策），我们称之为要被传递的信息（message）。它在信息源（发送者，sender）与接收者（receiver）之间传送。信息首先被转化为信号形式（编码，encoding），然后通过媒介物（通道，channel）传送至接收者，由接收者将收到的信号转译回来（译码，decoding）。这样信息的意义就从一个人传给了另一个人。

图 9—2 描述了沟通过程（communication process）。这一模式包括七个部分：（1）发送者（信息源）；（2）信息；（3）编码；（4）通道；（5）解码（译码）；（6）接收者（信宿）；（7）反馈。此外，整个过程会受到噪声的影响。我们可从以下五个方面加以描述：

1. 信息发送者

信息发送者即需要沟通的主体，他要把自己的某种思想或想法（希望他人了解的）转换为自己与接收者双方都能理解的共同“语言”或“信号”，这一过程就叫做编码。信息

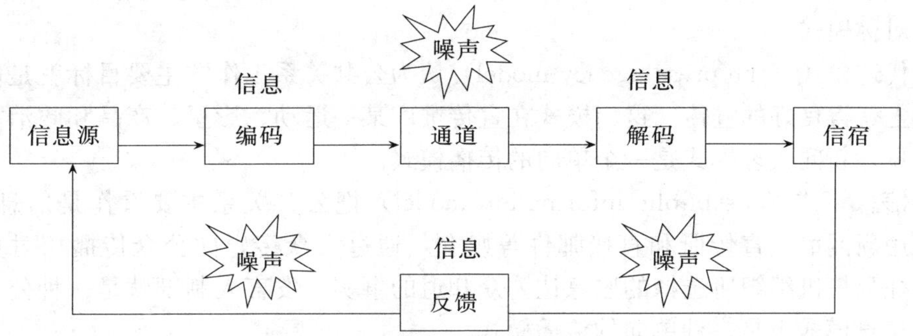

图 9—2　香农模式示意图

发送者把头脑中的想法进行编码而生成了信息，没有这样的编码，沟通就无法进行。

2. 信息通道

信息传递通道是指传送信息的媒介物。信息传递通道有许多，如书刊信件、电报电话、广播电视、计算机内部网络、国际互联网等。选择什么样的信息传递通道，既要看沟通的场合、沟通双方所处环境条件、是否具有方便性等，也要考虑媒介通道的使用成本。信息通道各有利弊，信息的传递效率也不尽相同。

3. 信息接收者

接收者是信息传递的对象。但在信息被接收的过程中，接收者必须先将其中包含的符号翻译成自己可以理解的形式，这就是对信息的解码或译码。信息接收者先接收到的是“符号”或“信号”，然后将此还原为自己的“语言”，这样就可以理解了。

4. 噪声干扰

这里的噪声指的是信息传递过程中的干扰因素。典型的噪声包括难以辨认的字迹、电话中的静电干扰、接收者的疏忽大意以及生产现场中设备的背景噪声。事实上，所有对理解造成干扰的因素——无论是内部的还是外部的——都意味着噪声。噪声可能在沟通过程的任何环节上造成信息传递的偏差、失真甚至是丢失。

5. 信息反馈

反馈就是把信息返回给发送者，并对信息是否被理解进行核实。反馈对于信息沟通的重要性在于它可以检查沟通效果，并迅速将检查结果传递给信息发送者，从而有利于信息发送者迅速修正自己的信息发送，以便达到最好的沟通效果。事实上，在现实生活的沟通中，因为反馈的存在，信息发送者与信息接收者的位置是可以互换的，信息的流通通道是双向的，只有这样信息的交流与沟通才能有效地进行。

9.1.3　单向还是双向，对称还是不对称

从宏观的角度上看，公共关系是一种战略性行为，旨在建立组织与环境之间的双向沟通和良性互动，以保持组织与环境之间的动态平衡。但是从微观上看，公共关系又经常被作为一种战术行动，帮助组织宣传政策、动员群众、推广产品等，这种战术性的公共关系活动，并非总是具有双向的、平衡的、对称的特征。国外的学者根据不同的行为特征，将

各种公共关系传播活动划分为四种模式，即新闻代理模式、公共信息模式、双向不对称模式、双向对称模式。

新闻代理模式（the press agency model）认为公共关系工作的主要目标就是使组织在大众传媒上获得良好的宣传。这一模式在宣传推广某一运动、影星、产品和政治家的工作中十分常见。新闻代理模式是一个单向的传播模式。

公共信息模式（the public information model）把公共关系主要看作是信息的公布，即组织利用新闻稿、宣传册和直接邮件等媒介，通过大众传媒向公众传播相对真实的信息，但往往只提供组织所选择的愿意让公众知道的事实。发言人制度就是一种公共信息模式。公共信息模式也是一种单向的传播模式。

在新闻代理模式和公共信息模式下所进行的传播工作不是建立在调查研究和战略策划的基础上的。新闻代理模式和公共信息模式是不对称的，因为它们试图改变公众的行为，却不准备改变组织的行为。

双向不对称模式（the two-way asymmetrical model）运用调查研究来帮助组织设计传播的信息，这些信息能够更加有效地促使公众按组织所需的方式行事。这一模式把公共关系看成是组织与公众之间的对话，但这种对话是由组织控制的。以双向不对称模式调查公众的态度，往往比新闻代理模式和公共信息模式更能达到目标。

然而，双向不对称模式是个“自私”的模式，因为使用它的组织相信自己是正确的（公众是错的），而且解决冲突所需要的变化必须来自公众而非组织。当组织与公众的冲突不大而且公众能从自己行为的改变中获益时，这种模式还是有效的。比如，即使一个医疗保健活动的目标公众不愿改变自己的行为，以防止心脏病和艾滋病，但他们确实能从活动组织者所倡导的行为改变中获益。

双向对称模式（the two-way symmetrical model）建立在调查研究的基础上，它运用沟通来处理冲突，并且与公众采取相互理解与合作的态度。因为双向对称模式使公共关系建立在协商和妥协的基础之上，它不强求组织在某些具体问题上做出对与错的选择。相反，双向对称模式通过对话和协商来解决“什么是正确的”这一问题。因为，在像核电站、堕胎这样一些问题的冲突中，几乎冲突的各方都相信自己的立场是正确的。双向对称模式能使组织更有效地建立与公众的关系，同时它也是最合乎道德的公共关系方式，合乎道德的公共关系方式也是最能有效地达到组织目标的模式。

双向对称模式澄清了如何使公共关系工作合乎道德的问题，因为它把公共关系的职业道德定义在公共关系工作的过程之中，而不仅仅是在某一决策上获得组织与公众的一致。作为一个过程，双向对称的公共关系为组织和公众共同感兴趣的问题提供了对话和探讨的论坛，价值观不同的人们对这些问题的观点往往不同，但只要对话在符合道德准则的框架下进行，其结果也将是道德的，尽管这一结果并不一定符合各方的价值体系。关键是在双向对称的模式中，组织和公众双方都需要根据对方的观点和要求来进行自身的定位，双方都要做出自我调整以适应对方。

在实践中，上述这些行为特征不同的公共关系模式经常是混合起来的，比如新闻代理模式同公共信息模式混合起来，双向对称模式同双向不对称模式混合起来。

9.2　把关人理论与两级传播模式

9.2.1　把关人理论

1. 把关人的概念

“把关人”又称“守门人”(gate keeper)，它是指在信息传播过程中对信息的提供、制作、编辑和报道能够采取“疏导”与“抑制”行为的关键人物。这个概念源自德国著名社会心理学家库尔特·勒温在 1947 年所写的《群体生活的渠道》一文。他在研究群体传播过程时提出，信息总是沿包含有“门区”的渠道流动着。信息或商品是否被允许进入流通渠道，总是根据某种“守门人”的意见。

传播学学者十分重视这种信息传播过程的枢纽作用，并且认为这是一种信息传播的普遍现象，即在一个传播系统中，信息总是通过某些决策点和关口来完成传递过程的。在信源与受众之间，存在一个决定中止或中转信息的把关人。把关人有时指个别人，有时指一个集体。在社会信息的提供、制作、编辑和报道的过程中就有许多把关人。而编辑取舍新闻和传播媒介对制品的审核则是典型的把关行为。

2. 把关人的传播行为："疏导"与"抑制"

一般来说，把关人的传播行为包括“疏导”与“抑制”两个方面。把关人对某些信息准予流通便是疏导行为，对另一些信息不让其流通或暂时搁置便是抑制行为。

把关人之所以对信息交流采取不同的态度和行为，主要是出于自己的预存立场。所谓预存立场，就是自己原有的意见、经验、兴趣和精神状态的总和。同时，也受到周围信息的影响。

传播过程中，把关人的存在方式我们可以从下面的韦斯特图中观察到（见图 9—3）。其中 X 代表周围的信息，A 代表的是倡导人角色，C 是把关人，B 是受众。

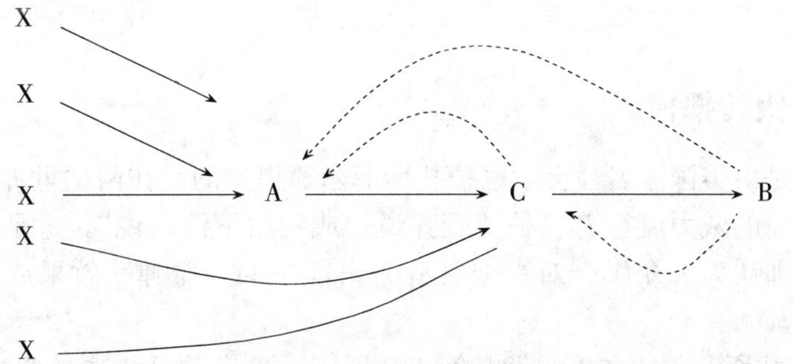

图 9—3　把关人的作用

在这一模式中，社会中的信息一部分经过倡导人 A 进入了信息传播渠道。渠道之中的把关人 C，如新闻媒介中的工作人员将对此进行必要的审核，由他们决定是否该通过传播媒介和何时通过传播媒介。把关人也有权以版面、时间等要求，对其作更加细致的把关。

经过把关人C之后，倡导人A所提出的信息才流向受众B。充分认识把关人的“过滤”作用，是政府公共关系传播能否达到预期目标的一个关键点。

案例　　加强情绪疏导才能化解“拦飞机”冲动

近期，上海浦东国际机场、广州白云国际机场都上演了这样惊心动魄的一幕：一些因为航班延误、情绪失控的乘客冲入飞机跑道，硬生生逼停了刚刚落地的飞机。对如此疯狂的“拦机维权”，人们热议纷纷。

人民网上一个关于此事的网络调查耐人寻味。超过50%的网友认为消费者权益被漠视以至于发飙失控，此举情有可原，但也有超过30%的参与者表示反对，认为过激维权危害公共安全。这样的观点分野，其实反映了“拦飞机”事件背后的现实纠结。

一直以来，乘客对航班延误有意见、发牢骚，甚至与航空公司人员发生口角和冲撞，这样的新闻屡见媒体。而这一次，竟然有一些人擅闯飞行控制区，在跑道上发泄不满，这不仅闹大了，而且闹得越界了。拦截飞机的行为，违反了《中华人民共和国民用航空安全保卫条例》的有关规定，不仅会带来自身安全的风险，而且破坏正常航空保障秩序，危害其他乘客的人身安全，其负面后果不可小视。

…………

事实证明，乘客并不是天生的刁钻，只要服务到位了、诉求满足了甚至只要把话好好说了，人们还是能够理性看待、耐心等待，给予理解和合作的。日前，民航局已就“拦机”事件做出部署并下发紧急通知，要求全行业各有关单位切实做好服务工作。以良好服务疏导乘客情绪，化解采取过激行为维权的冲动，这不仅对民航业是个警醒，对我们的政府部门或其他服务行业也很有警示意义。

资料来源：严力：《加强情绪疏导才能化解“拦飞机”冲动》，见人民网，2012-04-18。有删减。

9.2.2　两级传播模式

两级传播论是由美国著名社会学家拉扎斯菲尔德提出的。在两次世界大战之间的几十年中，对大众传播的威力流行着一种“魔弹说”或“皮下注射说”。这是一种大众传播的强效果论观点，即认为大众媒介对受众具有一击即中的“魔弹”效果或类似药到病除的“皮下注射”效应。

1940年，拉扎斯菲尔德在美国俄亥俄州开展了一项有关总统选举的社会调查。但是，调查结果却使他们开始对“魔弹说”产生了怀疑。调查结果证明，只有大约5%的人确认他们是受大众传媒的影响而决定投票倾向的，而真正影响人们投票行为的仍然是个人之间的接触和方方面面的劝说。于是，拉扎斯菲尔德提出了两级传播的假设：“观念总是先从广播和报刊传向‘意见领袖’，然后再由这些人传到人口中不那么活跃的部分。”也就是说，信息的传递，是按照“媒介—意见领袖—受众”这种两级传播的模式进行的。这里所提出的中间环节“意见领袖”，其作用与意义举足轻重。意见领袖又称“舆论指导者”，指社会活动中能有较多机会接触来自各种渠道的信息的人，即“消息灵通人士”，或对于某一领域有丰富的知识与经验的人，即“权威专家”，而其态度和意见对广大公众影响较大的那一部分人。

在传播活动中，大多是通过大众传播媒介来接触社会公众的。在我们看到报纸大大的版面和每隔十几分钟就要更新的电视荧屏时，我们应当意识到：大众传播媒介的力量是巨大的，但并非“法力无边”的，人们在进行传播时，千万不可忽略那些卓有成效的以人际传播和组织传播的方式所达到的传播效果，即千万不可忽略“意见领袖”的指导作用。例如大众报刊今天告诉人们面向左睡健康，明天又宣称面向右睡长寿。这些信息在大众传播媒介中往往以“信息冲突”的形式出现，让人们无所适从。于是，人们去向保健医生请教面向哪个方向睡更好，从而采取相应的做法。这位最终可以导致信息被接受的保健医生，就是“意见领袖”。

在企业公共关系传播中，已十分注重“意见领袖”的作用。例如女影星娇嫩的肌肤使其成为护肤和化妆方面的“意见领袖”；足球运动员雄健的体魄使其成为运动服装及器材方面的“意见领袖”；营养专家当然是食品方面的“意见领袖”；医生肯定是药品方面的“意见领袖”……所有这些做法，对政府公共关系传播都有一定的启发作用。在政府公共关系的实际工作中，如果能够正确发挥“消息灵通人士”、“意见领袖”、“社会名流”及“权威专家”的舆论指导作用，就可以更好地发挥政府公共关系的影响力。

9.3 3S 论与议题设置论

9.3.1 受众选择 3S 论

信息传播者往往把一些符合自己意图的信息编成特定的符号，然后通过一定的渠道送达目的地。这个目的地就是传播者企图与之共享信息的接收对象，即受众。但是，时常发生的结果是信息在受众那里遭到冷遇，视而不见、充耳不闻。人们可以在阅读报纸杂志时跳过某些版面的内容，可以随意转动旋钮调换广播波段，也可以随意按动遥控器调换电视的频道。经过长期的观察和研究，传播学者发现受传者在接触媒介和接收信息时有很大的选择性，这就是受众心理上的自我选择过程。

这个选择过程表现为三种现象，简称为“3S”，即选择性注意（selective attention，SA）、选择性理解（selective perception，SP）和选择性记忆（selective retention，SR）。

1. 选择性注意

注意是指心理活动对一定事物或活动的指向和集中，而选择性注意就是指在信息接收过程中，人们的感觉器官虽然受到诸多信息的刺激，但是不可能对所有信息都做出相应的反应，只能是有选择地加以注意的心理状态。

从选择性注意的角度来看，在提高信息的竞争能力上，有以下几个因素值得关注：

（1）对比。

在版面和播出程序上，将内容大不相同的稿件或节目编在一起，表现出强烈的对比，以引起公众的注意，而不致被忽略和舍弃。

（2）强度。

当许多信息同时呈现时，在其他条件相同的情况下，刺激强的容易引起人们的注意。如在报纸的编排中，字号、字体、色彩等都可以加强信息的刺激强度而变得引人注目。

（3）位置。

在传播时，报纸的版面位置、广播和电视的播出时间、杂志的插页或封底，都显出了信息传播中空间位置和时间位置的重要性。如果说某个时段或位置能够减少或避免不相干信息的碰撞与干扰，那么此时此处就会显现出良好的传播效果。

（4）重复。

对公众的重复刺激是引人注意的一个重要手段。一般来说，重复的次数越多，越容易被注意。在报纸、电视和广播中，往往一条内容连续出现，短则两三次、长则数月数年地反复播出。

（5）变化。

一则信息的刺激虽然很强，位置也很显要，但如果持续时间太久，人们就会充耳不闻，熟视无睹，因失去新鲜感而失去注意。因此，变化是吸引注意的另一必要条件。

2. 选择性理解

选择性理解是受众心理选择过程的第二个环节，也是公众接收信息传播的第二关。

选择性理解，是指不同的人对于同一信息做出不同的意义解释和理解。如果说选择性注意是人们对信息的一些零散捕捉，那么选择性理解则是对所注意信息作有意义的思考。信息以符号为载体表达意义，对信息的理解则是对符号的翻译以还原其本来的意义。也就是说，假如传播者与公众遵循的是同一思维逻辑，编码和译码能力相差无几，那么，理解的结论与信息的意义大体上应该是一致的。但事实上，所传信息往往并不等于公众所接受的信息，即受传者所理解、还原的意义与传播者意欲传递的本来意义之间往往会有一定差距。

影响受传者的选择性理解的心理因素包括需要、态度和情绪三个方面。

（1）需要。

信息受传者对于一条信息的理解往往是为了满足自己的某种需要。美国学者麦克莱兰和阿特金森曾做过这样一个实验。被试分为A、B、C三个小组，A组有16个小时未进食，B组有4个小时未进食，C组则只有一个小时未进食。实验者拿出一张极为模糊的图片，分别让3组被试看后说出该图片上的图形。结果，停食时间较长的被试者中，理解与食物有关的物体明显地比其他物体多得多，而刚吃过东西不久的被试者的判断却显然不同。

（2）态度。

态度表现为对事物的肯定或否定、赞美或批评、爱好或厌恶等心理倾向。对一种信息的理解，必然受到公众固有观念的影响。

（3）情绪。

情绪是指那种与人的需要是否获得满足相联系的内心体验。对同一则信息，公众可能因为情绪与心境的不同而产生不同的理解。

3. 选择性记忆

记忆是指一定时期内神经联系的形成和巩固。如果人们感知过的事物，在事过之后并不消失，在大脑皮质上形成暂时神经联系，以痕迹的形式保留在头脑中，就形成了记忆。记忆是一种极其主观的大脑活动。人们往往只记忆对己有利的信息，或只记自己愿意记的信息，而其余信息往往被忘却了。这种记忆上的取舍，就叫选择性记忆。选择性记忆可以分为三个阶段：

（1）输入。

人们对一则信息的记忆往往只记大意。如某句精彩的口号、某个最赏心悦目的镜头或某段令人难忘的音乐旋律。人们记忆的不完整，还表现在往往把原有的信息按自己的惯用符号重新编排。因此，信息的传播者要设法在信息的构思和符号的制作上多下功夫。

（2）储存。

从心理学上看，人的记忆能力是有限的。一般说来，一个人一次只能记得八个不相关的数字，或七个不相关的字母，或六个不相关的单词，这个成果又往往只是一种短期记忆。因此，在广播和电视广告中，频繁出现一些复杂的数据、厂家的电话号码、店址、厂址、门牌号码等做法，是不可取的。

（3）输出。

记忆的输出有两种方式：辨认和回想。辨认是指人们接收到某个信息后，可以辨别出自己以前是否看过或听过。回想则是指人们能够把看过或听过的信息用不同的符号予以复述。一则信息的反复出现，使得人们能够多次在记忆库里对此信息加以辨认。而记住了这条信息内容，再向其他人转述此内容时，便是凭借回想的记忆输出。

以上我们谈到的是信息受传者心理选择过程的三个环节。三者之关系如图9—4所示。

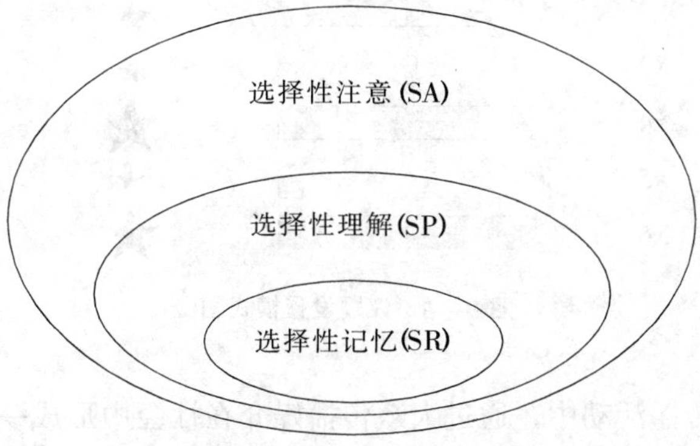

图9—4 受众心理的三层“防卫圈”

以上三个环节可以看成是受众（公众）心理的三层“防卫圈”。信息如果不合乎受众的个人需求，则被挡在“防卫圈”之外。

由此可见，在过去我们曾经信奉的“刺激—反应”的传播模式，即把公众看作是对外部刺激做出被动反应、作为信息传播灌输对象的“魔弹说”，已经让位于强调认知主体的内部心理过程，并把公众看作是信息加工主体的受众选择3S理论。这对政府公共关系工作有很大的启发。

9.3.2 议题设置论

议题设置是大众传播媒介的一个重要功能。此课题是当代传播理论研究中最热门的课题之一，其中传播学学者麦库姆斯是本课题中最杰出的研究者。

1972年，麦库姆斯等经过研究认为，大众传播媒介具有一种选择并突出某种问题，从而使这些问题引起大众和社会重视的功能，这种功能也是大众传播最重要的社会效果之一。科学调查的结果表明：大众传播对某些议题的着重强调和这些议题在受传者中受重视的程度成正比。或者说，在大众传播中越突出某一事件，越多次、大量地报道某一事件，就越会使社会中的公众突出地议论这一话题，这便是“议题设置”。

议题设置的理论基于以下两个观点：

首先，各种传播媒介对传播信息的“过滤作用”。传播媒介对极为浩繁的信息是经过选择后才传达给公众的。当大众传播媒介热情地介绍某个新闻事件时，也就意味着这个新闻事件可能成为公众关注的“议题”。

其次，面对传播过多的信息环境，公众常常感到无所适从。他们需要有人出面对复杂的信息加以整理，确定重点和优先顺序，为他们选出那些值得关心和注意的事件，这正是“把关人”的作用所在。

图9—5就是议题设置模式图。

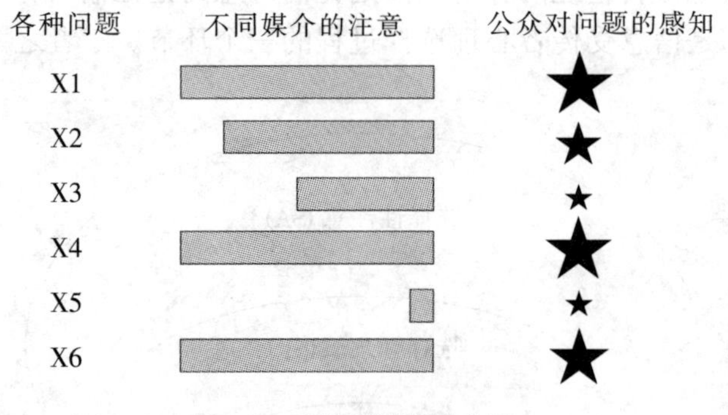

图9—5 议题设置模式图

在政府公共关系传播活动中，通过大众传播媒介在社会中形成一个热门话题，让这个话题直接或间接地与政府的传播目标挂钩，从而可以达到良好的传播效果。

案例 《感动中国》的议题设置与3S方略的恰当运用

在海量信息面前，传播媒介可以发挥一个重要功能——设置议题，引导受众的注意力转向媒介所设置的问题上。从2003年首届《感动中国》人物评选到2010年“2009年度十大感动人物”揭晓，连续8届的《感动中国》共评选出77位感动人物和11个感动团队，获得了全国观众极大的关注。央视主流媒体的强势地位使得《感动中国》议题设置有了鲜明的特征——视角公众化，即将某些领域如普通小人物、弱势群体等置入公众视野，平凡岗位的默默奉献、新时代的新人物、农民务工问题、教育科技创新问题等，这些公众化的信源扩张了个人、团体的力量，使得个人在信息环境构建过程中也可以发挥重要作用。

现实社会生活中，公众的价值观、人生观等意识、信念呈现出多样化发展的态势，这其中，必有若干成为绝大多数人“共识”从而构成社会文化核心观念的“主流”思潮。在这一“主流形成”过程中，媒介，尤其是电视有可能发挥强大的促进作用。

议题设置的“选择性注意”。秉承当代社会信息接收自由的特质，《感动中国》通过人物征集、投票选举、颁奖等系列活动，展示了文字、图片、影像等内容差异，使受众接收信息的选择性注意、选择性理解等得以强化。感动中国各年度的人物和团队来自不同行业、职业和阶层，代表了各自的群体利益，因此，公众对这些与自身名誉、利益、地位、兴趣、习惯等需求的信息，表现得比较敏感。来自社会不同阶层的受众可以自由选择自己关心的人物或内容进行浏览，通过3S方略的恰当运用，有效地进入了选择性注意、选择性理解和选择性记忆。

资料来源：陈万怀：《〈感动中国〉的议题设置效果分析》，见人民网，2010-11-25。有删减。

9.4 霍夫兰的说服模式

第二次世界大战期间，卡尔·霍夫兰在美国陆军主持研究战争中对敌宣传和美军士气的问题。战后，他回到耶鲁大学继续进行态度改变方面的研究。霍夫兰关于态度改变的研究对于研究公众态度的改变很有启发。霍夫兰认为，人的态度的改变主要取决于说服者的条件、信息本身的说服力以及问题的排列技巧。霍夫兰的说服模式对于政府的公共关系传播，尤其是对于发挥政府新闻发言人的传播角色、与社会公众达成有效的沟通具有十分重要的意义。

9.4.1 说服者的条件

为了验证说服者的作用，霍夫兰做了这样一个实验：将一群被试者分为三个组，然后让三个人分别在各个小组就一个少年犯的题目进行演说。这三位演说人分别被主持人介绍为“法官”、“普通听众”和“品行低劣之人”。演讲结束后，三组听众开始分别给演说者打分。结果，“法官”得了“正”分，“普通听众”得了“中”分，而“品行低劣之人”却得了“负”分。三种不同的身份和同一题目的演说，却形成了三种大不相同的影响力。这个实验结果表明：一个对某问题享有盛誉的人总比无盛誉的人能引起更多人的态度改变。

霍夫兰之后的研究者专门研究了说服者的“声誉”问题。认为声誉的最主要成分是专门知识（或专家身份）和超然的态度。如介绍中的“意见领袖”必须是一个身份明确的权威。另外，超然的态度也是劝服者的声誉之一。如同战争中的和平使者往往必须是一位与双方均无利害关系的人一样，政府公共关系传播者也不能以一个为了组织的利益而贸然出现在公众面前。

9.4.2 信息本身的说服力

在表达一个有争议的问题时，如政府的公共政策既对公众有利又有弊，是用正面理由还是正反两方面理由都用？哪种方式更能够说服人？

霍夫兰认为，如果对方本来就赞同说服者的意见，只讲正面理由可以坚定其原有的态度；如果对方原来或当时反对说服者的主张，把正反两方面的理由都说出来，比只讲一面理由更好；如果对方受教育程度高，说出两方面的理由更为有效；如果对方受教育程度低，说一面理由较好；如果对方的受教育程度低，并且原来就赞同说服者的立场，则一定要用正面理由，若说出正反两方面的理由，反而可能导致他犹豫不定。

在政府的公共政策宣传中，如果是面对具有不同文化程度的公众，应采用不同的宣传方式。例如政府在宣传推广某种农业技术时，对具有一定农业科学技术知识的农民，由于他肯定会对各种农业技术的优劣进行比较，因此应该对其既强调本农业技术的优点，又涉及这种农业技术的不足之处。如果是面对一直坚信该农业技术的优良品质和效能而又没有文化的农民，再坚持向他介绍该农业技术的不足之处反而会画蛇添足，使之对这种农业技术产生不必要的怀疑，从而影响到他的使用信心。

9.4.3 问题的排列技巧

问题的排列秩序在改变公众的态度时也显得比较重要，哪些问题先说，哪些事情后讲，其顺序的安排要讲究技巧。在霍夫兰看来，首先提出的宣传论点，可以引起公众注意，易形成有利的气氛；最后提出的论点有利于公众记忆；如果传播内容是受众赞同的或可能接受的，那么，把它们首先提出比较有利；如果首先唤起公众的需求，然后再提出问题就更易于被公众接受。例如广告文案的开头往往要先声夺人，结尾之处则较多出现需要公众记忆的内容。首先唤起公众的需求，然后再推出其产品，这种阐发内容的排列秩序是易于被公众接受的。

9.5 流　言

流言也是一种极为普遍的传播心理现象，流言一经发生，其流传就极为迅速。尤其是那些攻击流言与恐怖流言，对个人和社会都会产生消极影响。在公共传播领域，它会极大地抵消政府公共关系的传播效果，影响政府公共关系职能的正常发挥。在政府公共关系工作中，重视对流言的分析、研究与制止，是稳定社会、防止危机的重要措施之一。

9.5.1 流言的定义及其类型分析

流言是指提不出任何信得过的确切根据，而在人们中相互传播的一种特定的虚假信息。

流言与政治、经济、文化和社会生活、个人生活都密切相关。流言与时局、流言与股市、流言与物价、流言与现行政策、流言与大众传媒、流言与企业形象等，都是公共关系工作中值得研究的课题。而国家和社会在面临政治混乱、自然灾害、战争或大规模种族对立时期，企业在面临公共关系危机之时，流言最易产生，而且往往是此起彼伏，不可等闲视之。

流言的类型大致分为愿望流言、恐怖流言和攻击流言三类。

1. 愿望流言

愿望流言反映人们的某种要求、期望、未实现的梦想以及未满足的需求。通常凭常识就能推测到这些流言将被有目的地、故意地传播给宣传对象。例如，第二次世界大战期间，有人散布流言说“圣诞节前要结束战争”、“两个月内德国要发生武装政变”、“日本的储备油只够用六个月”、“希特勒死了”等，结果大众受到这种愿望流言的影响，等待着真实消息的公布。事实上，公众最后是大失所望。

2. 恐怖流言

恐怖流言反映出人们内心的恐怖情绪。这种流言常见于社会紧张时期（自然灾害、战争、政变等）以及人们对某些事物产生明显的恐怖和悲观绝望的时候。例如，在第二次世界大战中曾一度相传“太平洋舰队在珍珠港全军覆没”，使美国公众人心惶惶。又如，在苏联，社会上流言很多，说什么食品要涨价了，许多人闻此大惊，连不急需的食品也盲目购进，结果市场真的发生了变化，有些商品脱销，导致商品价格上涨。在“非典”期间，传言板蓝根、米醋可以防治“非典”，结果在广州等城市出现抢购风潮……研究发现，有时人们对官方宣传的信任度下降，反而对流言深信不疑。

3. 攻击流言

攻击流言与恐怖流言相似，一般产生于社会紧张时期，通常起因于群体之间的矛盾，其作用在于制造分裂。例如当进步势力掌握政权时，它的反对派常常会利用这类流言对当局发动攻击，造谣惑众以引起社会的不满。在激烈竞争的市场环境下，也可能产生攻击流言。例如当某企业的产品销路很好时，其竞争对手也可能会散布流言以诋毁之。

9.5.2 流言传播的消极影响

流言一经发生，传播就会极迅猛，一传十，十传百，辗转相传，面目全非，越来越离奇、荒诞，最终成为一种精神上的传染，故流言对个人、对社会都会产生消极影响。

流言对个人心理、行为的影响，是作为一种社会情境对个人发生直接的刺激作用的。流言形成并广为传播之后，就会成为一种社会心理环境。人们处于这种社会心理环境之中，自然而然会受到影响。流言对社会、对群体的消极影响不容忽视。因为群体中人与人之间的相互接触，使流言不断变化，增强了它的负面力量。若不利于社会安宁幸福的流言被散发时，往往会引起人们的恐慌，产生强烈的情绪反应。有人听说有多少种物品涨价了，就纷纷抢购，造成一时人为的紧张，于是市场上小至火柴，大至金银首饰，统统被抢购一空，对社会产生了很大的危害。在激烈竞争的市场环境之下，诋毁企业产品的攻击流言一旦发挥作用，就会对该企业尤其是企业形象产生不利的影响。

9.5.3 流言内容变化的特点

流言内容的变化会经历一般化、强调和同化三个阶段。

1. 一般化

一般化是指将流言内容压缩到只剩下有价值的若干具体细节，使流言越传越变得简略而扼要，遗漏掉许多其他细节。也就是说，流传过程中流失了许多信息，越到后来越使人感到内容一般化。

2. 强调

强调是指突出某些具体细节。听到流言的人，由于对其中有些内容比较感兴趣，留下了较为深刻的印象。经他再次传播时，就会强调其印象深刻的部分。

3. 同化

同化是指流言的接受者以自己的知识经验、需要及态度等主观因素来理解流言的内容，凡是他认为合乎逻辑的部分就接受下来，同时凭自己的想象对它进一步加工，即“添油加醋”之后再广为传播。最后往往把流言套到某个对象身上对号入座，使流言内容与原来的事实相去甚远。

流言内容发生变化主要是人们在记忆上的偏差所致。人们平时观察事物、记忆事物，往往不够细致，总会有所遗漏、颠倒，甚至张冠李戴；在与他人交往过程中，也可能对于对方的某些含糊、曲解之言辞，凭自己的经验来理解，自圆其说，致使外界信息失真、失实、遗漏。

9.5.4 流言的制止

流言的破坏性很大，可以摧残一个人的精神，威胁一个企业的生存，甚至可以引起社会的震荡，进而影响到一个地区与国家的安定，因此必须及时制止流言的产生与传播。在制止流言的产生与传播方面有以下意见可供公共关系组织机构参考：

1. 建立流言研究机构

第二次世界大战期间，美国建立了“流言诊所”。当时，在波士顿爱尔兰人居住区，各种反犹太人、英国人及败北主义的流言传播极盛，引起时局紧张。流言诊所设立了由大学教授、新闻记者、工会、种族及宗教团体的代表和负责法律实施的公务人员等人组成的咨询机构，另外招募了200多名志愿的“流言监视者”；在波士顿《先驱报》上，每周登载“流言诊所”的专栏报导，并分发宣传画，使人们认清了流言中暗藏的分裂动机，防止了混乱局势的产生。

受“流言诊所”启发，美国又成立了流言控制中心。当时流言四起，影响士气和民心，使政府意识到了分析和控制流言的重要性。锡拉丘兹大学的许多研究人员因此开始了认真的流言分析与研究工作，他们每周都要对流言进行分析和否定，并在报纸上登载有关报导。从当时的情况看，常读这些报导的人比不常读这些报导的人更对战时流言持怀疑态度。20世纪60年代，流言控制中心作为一个同流言进行斗争的机构获得了发展，1967年芝加哥成立了流言论所；60年代后期，美国各地相继成立了流言控制中心；到1974年，美国人口在10万以上的城市共有36个流言控制中心在活动；更近的资料显示，设置流言控制中心的城市已近 100 个。

美国流言研究者纳普根据他的经验总结出对付流言的六种方法，对我们从事公共关系工作很有启发。

（1）提高新闻媒介的可信度，让人们通过新闻媒介获取完全正确的情报；

（2）使人们对领袖人物具有信任感；

（3）为了消灭模糊的真空状态，要尽可能多而快地传达可信的情报；

（4）马上掌握可信的情报并做出权威性解释，以迅速而简便地否定虚报；

（5）要防止人们的生活情境过于寂寞和单调，这些是最易导致流言、传闻出现和传播的心理条件；

（6）要慎重展开宣传活动，以便揭露流言的有害影响及制造、传播流言的人的不良动机。

2. 及时制止各类流言的方法

流言是完全可以制止的，因为它缺乏事实的根据。政府和企业的公共关系部门通过调查访问，向人们提供确切的消息，就可以彻底制止流言的流传。此外，在紧急情况下必须有针对性地及时制止流言。

流言的规模大部分不是国家规模。人们希望得到关于某地区危机状态的情报和可信赖人士的说明。因此，对情报来源的信任程度同样是非常重要的。例如，人们一般都会打听威胁他们安全的火山、洪水、水坝决口或地震等发生的可能性。在上述情况下，极可能会出现大混乱，危及人们的生命和财产。此时，问题的关键在于如何有效地传播有用的情报。如果政府当局能够利用广播、电视播出事实真相并做适当指导，往往就会避免产生恐慌。在紧急事态下还可使用其他宣传媒介，例如飞机撒宣传品、直升机装上喇叭、在地区内举办包括有影响力的人士参加的群众集会，使人们与掌握情报的可靠机构进行接触，并及时了解情报。

在出现紧急危机的情况下，为控制流言而简单地反驳说“那不是事实”的做法并不能奏效，更重要的是进行适当的忠告。这并不是说政府或企业了解事实而故意隐瞒，而是在某些情况下需要或多或少地改变或省略事实，这对防止恐慌、保持稳定是必不可少的。比如，在座无虚席的剧场里发生事故而产生流言时，如果观众们得知生命受到威胁，就会一窝蜂似的涌向出口，由于过于拥挤，有可能出现人员伤亡。相反，如果观众认为那是个无关紧要的小事故，全体观众就会平安无事地退出剧场。因此，剧场工作人员切不可先表现出手足无措、心慌意乱的神情，必须用镇静从容的姿态与语言疏导观众离开剧场。

在国家发生危机时，政府应该稳定人心，恢复、保持国民对政府的信任感并尽快地将正确的情报传达给每一个人。充分利用国民对政府已有的信任感，问题会更容易得到解决。

案例　　谣言止于智者　更止于“治者”

谣言往往具有杀伤力，这是一个毋庸置疑的事实。在古代，谣言往往成为政治家们互相博弈的工具。屈原《离骚》中的一句“众女嫉余之蛾眉兮，谣诼谓余以善淫”让人看到了三闾大夫对谣言的愤懑不满和无可奈何。

在现今思想多元化的社会里，各种谣言漫天飞，在“冷料”、“热料”接踵而至让人应接不暇的同时，更让当政者绷紧了神经随时准备“接招”。以前段时间网上爆出“湖北省第六巡视组在秭归县巡视期间花费 80 余万元”一事为例，此消息一经传出，立刻引来众多网友围观，腾讯、搜狐等大型门户网站相继转载，负面消息立时呈几何级数不断扩大影响半径。爆料者网上振振有词：省委巡视组赴湖北省宜昌市秭归县巡视，巡视组一行 13 人 20 余天各项开支费用共计 80.19 万元。连费用归处都写得一清二楚，让人很容易成为谣言的“支持派”和撑腰者。网友纷纷留言：“羊毛出在羊身上，埋单的最终还是当地百姓。”“巡视能给当地带来 80 多万元的收益吗?”不管这类谣言是真是假，人们往往倾向与认同与自己观点相近的言论。庆幸的是，湖北省纪委高度重视此事，立刻组成专班调查真相。不久便在权威媒体上公布调查结果：秭归县为巡视组开支总额实际为 114 451 元。至此，舆论才渐趋于理性和平和。

资料来源：梅芬：《谣言止于智者　更止于“治者”》，见人民网，2011-11-02。有删减。

本章小结

传播学中，总体研究范畴的规划者是美国人哈罗德·拉斯韦尔。拉斯韦尔提出了界定传播研究范畴的经典模式——5W 模式。

香农模式描述了沟通过程。这一模式包括七个部分：(1) 发送者（信息源）；(2) 信息；(3) 编码；(4) 通道；(5) 解码（译码）；(6) 接收者（信宿）；(7) 反馈。此外，整个过程会受到噪声的影响。

“把关人”又称“守门人”，它是指在信息传播过程中，对信息的提供、制作、编辑和报道能够采取“疏导”与“抑制”行为的关键人物。

两级传播论假设，观念总是先从广播和报刊传向“意见领袖”，然后再由这些人传到人口中不那么活跃的部分。

受众选择 3S 论中的 3S 是指选择性注意（SA）、选择性理解（SP）、选择性记忆（SR）。

在大众传播中越突出某一事件，多次、大量地报道某一事件，就越会使社会中的公众突出地议论这一话题，这便是“议题设置”。

霍夫兰说服模式的核心内容有：(1) 说服者的条件；(2) 信息本身的说服力；(3) 问题的排列技巧。

流言是指提不出任何信得过的确切根据，而在人们中相互传播的一种特定的虚假信息。流言的类型大致分为愿望流言、恐怖流言和攻击流言三类。流言内容的变化会经历一般化、强调和同化三个阶段。

关键术语

5W 模式　香农模式　信息通道　噪声　反馈　把关人　两级传播

受众选择 3S 论　　议题设置　　流言　　愿望流言　　恐怖流言

复习思考题

1. 简述拉斯韦尔的 5W 模式，你认为它还缺少哪些要素？谈谈你的看法。

2. 简述香农模式的核心内容，如何理解反馈的重要性？如何减少噪声的干扰？

3. 简述受众选择 3S 论，在传播策略上应该如何引起公众的注意？如何帮助公众理解？如何促进其记忆？

4. 简述霍夫兰说服模式的核心。为什么说信息本身的说服力非常重要？

5. 简述流言的三种类型，我们应该如何及时制止各类流言？

第 10 章

政府政策过程中的传播

重点问题

- 政策环境与政府公关的关系
- 大众传媒在利益表达中的特色和优势
- 提高媒体利益表达效力的途径
- 我国现有政策传播的弊端
- 我国政策传播机制的两个主要阶段
- 政策传播机制的演进趋势
- 政府议题管理

政治学学者戴维·伊斯顿认为:“公共政策就是对全社会的价值作权威的分配。”在社会利益日益多元化的今天,公共政策以其权威性及公共性成为公众瞩目的焦点。科学地制定政策、有效地执行政策构成了一个政府良好形象的基础,成为衡量一个政府是否具备良好“导航”能力的基准。政府公共关系所秉承的责任与沟通理念,可以显著提升政府政策的有效性,塑造政府的良好形象。本章主要探讨在政策制定与执行过程中,传播尤其是大众传播所扮演的重要作用及其发展趋势。

公共政策是指政府选择作为或不作为的行为①,即政府为解决公共问题而作出的决定或安排,换言之,亦即政府对全社会的价值作出的权威性分配。制定和执行公共政策是政府最基本、最重要的职能。从某种程度上讲,公共政策可以视作政府的“作品”,“作品”的好坏直接影响到公众对政府的评价与认可。政策过程则是指从最初的政策构想即公共问题进入政策领域,到政策方案的制定、实施和执行评估的过程。在政策效果即政策目标实现的诸因素中②,政策制定是否科学、合理,政策执行环境是否优良都会影响到政策的有

① 参见林水波、张世贤:《公共政策》,29 页,台北,五南图书出版公司,1989。

② 张国庆在《现代公共政策导论》一书中认为,影响政策目标实现的因素有政策决定、政策资源及政策执行环境三大类。

效性。政府公共关系在这两方面具有不可替代的作用，特别是在新的政策环境中，理想的政策效果更离不开政府公共关系的强力支撑。

10.1　新的政策环境呼唤政府公共关系

在经济全球化和政治民主化浪潮的冲击之下，影响政策效果的重要变量之一——政策环境发生了很大的变化，这不可避免地涉及并引起了政策过程的显著变化。政府公共关系正是因应新的政策形势而被高度重视的。具体说来，政策环境的变化有以下几点：

1. 经济全球化和政治民主化背景下政策的治理特征

经济全球化和政治民主化，客观上要求减少国家对社会的干预，减少政府对公民的限制，要求公民社会承担起越来越重要的公共管理职能。政治学家把这种由民间组织独立从事的公共管理，以及由民间组织与政府部门合作进行的公共管理活动，叫作治理。在政治领域出现的由统治政治向治理政治转化的趋势，必然要求原来的统治政策向治理政策方向发展。既然治理的主体不再仅限于政府，那么传统上将政府看成是政策唯一“决策者”的观点就必须作出修正。因此，当代政策科学出现了逐渐以“行为者”概念取代传统“决策者”概念的变化。这表明，政策制定过程中已不再有明确的行政决策官员与普通大众的划分，凡与政策问题相关的利益者，无论是政府官员还是社会上的普通民众，均是该问题的“利益持有人”或“权益人”，是政策过程中平等的“行为者”，也即“决策者”。这种转化表明，公众在公共政策领域的地位提高了，他们不再是被动的政策对象，而是政策制定的主动参与者。

2. 政策对象主体意识的不断回归与逐步增强

政策对象对政策的认可程度是政策实施成败的关键。毕竟，“如果，公民们理解复杂政策问题的能力与以批判的眼光考虑政策研究的能力没有很大程度的提高，那么，公民在政策方面的作用也许要么会丧失，要么导致更糟的政策”[①]。随着民主化进程的推进、公民文化素质的提高、公民参与政治的效能感不断加强，中国的公民文化正经历着一个从“臣属型文化”到“参与型文化”的演变。这种演变对政府政策能力提出了严峻的挑战。它要求政府由全能的统治型政府向服务的、责任的、回应的、透明的、法治的政府转变。具体到政策领域，公众已不再满足于被告知“做了什么”，还要求被告知“为什么要这么做”以及“这么做可能导致的结果是什么”；已不再满足于做政策的“冷眼旁观者”，还要求扮演特定政策积极的“利益持有人”。

3. 政策问题的复杂化与难缠性质

根据英国社会理论家吉登斯的观察，在全球化背景下，社会运行中的风险性和不确定性大大增加。在急剧变革的时代中，公民社会面对着越来越多复杂、难缠的问题。首先，这类问题超越了经验知识，已有的知识储备和研究能力尚不能解答问题的成

① 张金马主编：《政策科学导论》，49 页，北京，中国人民大学出版社，1992。

因，也不能形成解决问题的方案；其次，这类问题超越了固有的价值观念和信念，难以达成共识，极易引起观念冲突和利益冲突；再次，这类问题超越了体制框架和政策工具，可能引发部门之间的功能紊乱，导致政策工具失灵和政策失败。“一些作者将现代社会的问题描述为‘一团糟的’、‘模糊的’、‘主观的’和‘邪恶的’”，分析面临的政策问题经常没有得到很好的界定，问题牵涉政治、经济等多方面因素，解决问题的办法是否适当难以用公共物品的概念来测度。[①] 面对这样的问题，科学的、最优化的政策制定无疑是很难做到的，而相对满意的政策应是充分考虑各个“利益持有人”意愿的政策。

4. 政策传播环境的变化

我们所处的时代是一个瞬息万变、被马歇尔·麦克卢汉形象地称为“地球村”的信息时代。在这个时代里，信息技术一日千里，传播工具不断革新，封锁与屏蔽信息的可能性几乎为零，“民可使由之，不可使知之”的时代一去不复返，整个世界日益变得可感与透明。不仅新兴传媒如网络、手机短信之类难以控制，而且传统传媒市场的竞争也日趋激烈。“你不报我报”、“我比你先报”的残酷竞争状况往往会使一个封闭的组织不知所措、陷于被动。公共政策的暗箱操作在现代传媒环境里开始变得不合时宜。顺势而变、及时转变、适度调整监管传媒的方式，更好地满足公众的知情权便成为明智的选择。毕竟，“得民心者得天下”，大众传媒所营造的舆论环境对于一个需要赢得公众信赖，从而有效实施其政策的政府来讲是非常重要甚至是必不可少的。

目前，网络问政的风生水起，可以说是政府因应政策环境的一大举措。随着网络的日益普及，互联网在中国民众的政治、经济和社会生活中扮演着日益重要的角色，成为中国公民行使知情权、参与权、表达权和监督权的重要渠道。网络问政，就是政府通过互联网做宣传、做决策，了解民情、汇聚民智，以达到取之于民，用之于民，从而实现科学决策、民主决策，真正做到全心全意为人民服务。近年，网络问政已成为一些地方政府的执政新风。从 2008 年 6 月 20 日，胡锦涛总书记在人民网与网友在线聊天，到各省官员通过各种形式在网上与百姓沟通，中国官员越来越多地通过网络问政于民，使得政府的信息更加透明畅通。“纸上得来终觉浅，绝知此事要躬行”。同样，虚拟网络世界再美好的东西，也只有最终在现实世界中得到对接，才能更多地展现其内在优势与魅力。在如今这样一个日益网络化生存的时代，各级政府官员不仅要积极顺应这个时代潮流，更多地利用互联网去了解民情、汇聚民智，更要逐渐将这种科学、优秀的运作模式明确化、制度化、纵深化，使网络民意最终在现实的公共决策和政策执行过程中有效展现出来。

10.2 政策效果与政府公共关系

政府公共关系之于政策效果的作用，具体来说，表现为以下几点：

---

① 参见［美］卡尔·帕顿、大卫·沙维奇：《政策分析和规划的初步方法》，1 页，北京，华夏出版社，2001。

1. 公共关系的信息搜集与咨询建议功能，有利于提高政策制定的科学化与民主化水平

对政府组织来说，总是面临着公共问题的大量性与可用资源的有限性之间的矛盾，因此只能有非常有限的问题最终作为政策问题而被认定，那些无法进入政策议程的问题最终只能沦为不决定。因此，在尖锐的矛盾冲突面前，政府对问题的取舍就是至关重要的了。哪些问题最终能成为政策问题取决于政策制定者对公众利益的把握与综合，这都需要大量的信息作基础。因此，在公共政策的议程设置过程中，必须要吸纳公共关系“公众第一”的责任理念，以公众利益为诉求点，深入了解民情、充分反映民意、广泛集中民意，使人民的要求能真正在最终的政策输出中反映出来。政策是否能聚集民意、代表民意是其成功实施的基础，也是政府权力的合法性来源。在民主的条件下，民主不仅体现在公民能参加投票选出代表自己利益的政府，而且体现在公民可以参与和影响民选政府的决策过程。如何在政策问题的确认和政策议程的建立中引入“行为者”的概念，也就是让某一问题的利益相关者都有机会表达自己的诉求可能是我们要思考的另一个话题。

科学化、民主化是公共政策现代化的基本要求，为此，决策者必须及时、全面、准确地搜集与政策有关的各项信息，正确认识政策具体对象和环境的特点及其客观规律，遵循科学的决策程序，采用科学的方法和技术，最终建立科学合理的政策决策体制。可以说，政策过程，就是一个信息加工、处理和输入的过程，而公共关系的本质就是一种信息交流活动，它强大的信息功能为科学决策提供信源支持。在政府与公众信息流通量日益增大的现代社会，如果缺乏完善的信息管理机制，就难以适应开放多元、民主和竞争的社会环境。公共关系以其严密的信息网络和实用的信息技术，以其巧妙的信息搜集方法，可以为科学决策提供第一手的资料。

另外，鉴于当代政策问题的层出不穷及难缠性质，决策者的知识和智识都呈现出了不足的一面。尤其是在突发性问题和巨大的时间压力面前，这种知识不足的矛盾尤为突出。因此，要想保证政策的科学性，单靠政策制定者的智力显然是不够的。现代政府在制定政策时都会主动地借用“外脑”，借用社会智力，使公共政策转化为社会化的科学结晶。公民的智力支持功能就是对于已经纳入公共行政过程的政策问题，在进行政策规划时出谋划策。现今许多政府举办的征集意见会、座谈会、专家学者参加的咨询会等形式就是其具体表现。也就是说，科学的决策已不像原来那样经过一系列科学的程序，进行充分合理的论证后即可达成了。它还需借助外力，并最好能倾听政策对象也即利益相关者的呼声。

2. 公共关系的宣传推广、协调沟通功能，可为公共政策目标的实现营造良好的内外部环境

在所有的政策执行环境因素中，公众的态度、政策执行机构对待公众的态度以及政府相关机构的整合程度，是影响政策效力的主要因素。[①] 公共政策制定后，必须借助强大的传播力量，多渠道、多层面地传播到公众之中，为百姓所感知、认识、接受，进而产生行为的趋同，才能最终达到政策的目的。不为公众所认知与认可的政策效果是不可想象的。

---

① 参见张国庆：《现代公共政策导论》，180 页，北京，北京大学出版社，1997。

因为，标的团体对待既定的政策在态度和行为上是否驯服，是政策执行是否顺利的关键。[①]政府组织可利用公共关系的传播管理功能，集中地、全方位地、多渠道地、多手段地向公众传达政策信息，同时收集公众的反馈信息，及时了解大多数公众的态度和行为。较之以往的层级传达、垂直贯彻的强制性政策传播模式，公共关系的这种政策传播更注重政策的有效传达和正确灌输。它能借助于不同的媒体，从不同的角度、用不同的方式打动受众，于“润物细无声”中去引导受众、打动受众，从而说服公众按一定的规则去行事。如今我们处于一个大众传播时代，公众舆论对组织的压力日益增强，通过公共关系去影响人们的看法、意见、态度和行为，从而采用适当的沟通方法去为组织营造一个良好的舆论环境，是公共关系对政策推行作出的最大贡献。

在现实生活中，现代政府面临的是一个纷繁复杂、日新月异的多元化社会，这使得任何一项公共政策都不可能穷尽各个方面的利益。围绕政策标准、政策内容、政策后果等问题，可能产生多种歧义和理解，执行过程中难免出现或消极或抵制或明行暗违的政策失效局面。在对待不驯服态度的标的团体时，政策执行者是选择采用说服、协商、仲裁、平衡妥协还是选择采用增加沟通、教育、转移目标的方法，对于消除敌对的事态意义重大。而且，公共关系的协调沟通职能可以有效化解政策执行机构间因缺乏有效沟通而导致的相互推诿、扯皮现象的发生。无怪乎有人讲，如果说政策的制定是一门科学的话，政策的执行更是一门艺术。

3. 政策传播与政府公共关系

在政策科学的视野中，公共决策系统的运行过程由政策制定、政策执行、政策监控和政策终结四个环节所构成，而公共决策系统的运行就是由这些功能活动环节所构成的一个周而复始、循环往复的活动过程。广义的政策传播，包含了政策过程中所有的传播现象和传播活动。它既包括政策决策机构与政策执行机构之间以及政策执行机构内部的传播，也包括政策执行机构（政策主体）与政策对象之间的传播。前者是在政府内部的传播，涉及的是行政组织内部沟通与协调的问题，主要属于行政管理学研究的范畴；后者是政府与外部环境之间的传播，属于公共政策传播研究的内容。能否取得传播效果是公共政策能否取得预期目标的关键因素之一，而要取得好的效果通常有两种办法：一是依靠政府公共权力的权威，通过强制推行来实现；二是依靠政策决定的权威性加上政府与公众之间的良性互动、在相互理解和信任的过程中实现政策目标。而通常通过沟通建立共识的代价最小，政策效果最佳。本章主要研究的是该部分的传播，这属于政府外部公共关系的范畴。

传播学理论告诉我们，根据传播方式和内容的不同，传播可分为自我传播、人际传播、组织传播与大众传播四大类，公共政策的传播主要采用组织传播和大众传播两种类型。组织传播是指围绕着相应的组织目标，组织成员之间和组织与外部环境之间所进行的信息传播，以达到组织关系协调的活动。[②] 组织传播的具体媒介形式有以下几种：（1）印

---

① 参见张国庆：《现代公共政策导论》，180 页。张国庆认为，标的团体泛指由于特定的政策决定而必须调整其行为的团体。

② 参见教军章、刘双：《组织传播》，15 页，哈尔滨，黑龙江人民出版社，2000。

刷语言。包括组织出版物、信件、立场文章和“背景材料”（这是针对有争议的问题和公共政策与经过挑选的公众进行传播的常见方法）、公告牌等，这类媒体的优点在于信息的保真度高，可防止因传递环节过多而发生变形和转义，也可防止政策解释过于随意，但它的缺点也是显而易见的，如传速过慢等。（2）口头语言。包括会议、讲演等形式，这类媒体的最大优点是可见的传播对象、面对面的氛围能使特定对象高度关注某一问题。（3）形象和语言。包括电信会议、闭路电视、录像、电影、幻灯片演示以及陈列和展览等形式。这类媒介大大地扩展了政策传播的范围和速度，但也有它的缺陷。总之，组织传播媒介的最大特点便是它的可控性，面对特定范围的政策对象，也许这是一个较好的选择。事实上，在我国的计划经济时代，组织传播曾是政策传播的主要通道，这是与当时的社会结构紧密联系的，“单位制”、“差别户籍制”、“行政身份制”是构成社会组织化系统的基础，该系统基本形成了涵盖一切领域的巨大科层制组织网络，从而保证了政府与社会成员之间的信息通畅。但随着改革进程的深入，社会结构发生了很大的变化，诸如“单位制”的消解、户籍制度的改革、人们身份的多样化，使得公众成为分散的政策对象，传统的组织传播显然已不能满足所有人群对于政策信息的需求，而大规模的和广泛分布的公众进行传播的最经济、最有效的大众传播无疑成了最佳选择。报纸、杂志、广播、电视、网络与书籍等是大众传播的主要媒介形式。鉴于大众传播在现代社会中所发挥的越来越重要的政治和行政功能，本章研究的政策传播主要是通过大众传播媒介来进行的有关政策信息的交流、沟通与共享。

因此，所谓政府的公共政策传播就是政府主体与社会公众之间通过大众传播媒介所进行的有关政策信息的传播、交流、沟通、分享与互动的过程。这里，我们把考察的重点放在了政策制定过程中的传播行为与政策执行过程中的传播行为方面。

从以上我们对政策传播的界定，可看出与一般的传播行为相比较，政策传播至少具备以下几个特点：首先是传播主体的权威性。作为代表国家行使公共权力、管理社会事物的政府，必然具有高度的权威性，这种权威性在政策传播中也得到了充分的体现。其次是信息的独占性。作为制定政策的主体，政府无疑掌握着大量的第一手信息，且是独占性的信息，其他包括大众传媒在内的任何传播主体都不具备这个条件。政府的政策信息发布前，其他传播主体也可通过各种渠道获得相关信息，但这种信息多半是局部性的或片面的，只能作为“未经证实”的信息发布或作为传闻传播，最终需得到权威信息源——政府的证实。政府对信息的独占不但表现为其对核心信息源的控制，还表现为对信息发布环节和要素的控制，如何时、何地发布，以何种方式发布，选择哪种媒体发布等。正是这种掌控信息的主动性给政府公共关系留下了空间，在这个没有秘密可言的大众传播时代，政府公共关系为良好的政府形象塑造提供了较有价值的思考。许多政府包括美国在内就是利用对政策信息的独占性与权威性在政府形象的塑造方面做足了文章。再次是所传信息的巨大影响力。公共政策在本质上是关于社会资源的权威分配形式，因此与全社会成员的利益密切相关。作为政府实施公共管理的重要途径，公共政策信息因其强制性和有用性而产生了巨大的社会影响力。任何个人和团体都逃脱不了有关政策的规范和制约。政策传播的这些特点凸显了在现今时代研究它的重要性，政策是我们观察一个政府的“窗口”，通过这扇窗，我们可以了解其利益取向，知晓这个社会的发展程度。

10.3 政策制定中的媒体传播

政府决策过程实际上就是把社会各种利益和要求输入政府系统之中并转化为政策输出的过程。在现代民主国家的政府过程中，公众的利益输入与表达是政治系统正常运作和作出合理输出行为的基本前提条件。[①] 由于社会的各种利益要求形形色色，决策中枢面临的问题纷繁复杂，所以只有少量的利益要求能得到决策中枢的关注并进入政府的议事日程，最终作为公共政策问题被认定。而政策问题的认定是公共政策制定的第一个环节，“有效地阐明问题就等于解决了一半问题”[②]，其重要性由此可见一斑。随着信息社会的到来，大众传媒在公众利益表达中发挥着至关重要甚至是不可替代的作用，它不仅促使了一系列政策问题的认定，而且也促进了政策制定的科学化和民主化。从某种意义上说，政策制定过程中利益表达程度基本决定了政策制定科学化和民主化的程度。因此，本节考察政策制定过程中的媒体作用，理所当然地以政策制定过程中的利益表达程度为视角，通过对利益表达中媒体限度的分析，着力探求最大限度地发挥大众传媒在利益表达中特殊功用的途径。而媒体在政策制定过程中的巨大功用，既是现有制度性输入渠道相对不够顺畅所致，又是大众传媒自身的传播优势和特色使然。

10.4 现有制度化利益输入渠道的局限性

在当代中国，各级党政部门、人大代表、政协委员、民主党派和社会团体构成了主要的制度化利益输入渠道。途径不可谓不多，但却呈现出了单一性与不畅通性的特点。

作为当代中国政治沟通的主渠道，党政系统不仅承担着信息自下而上的传递功能，而且承担着对信息进行接受和处理的职责，即同时具有利益表达与综合的功能。由于我国党政组织所呈现的科层制特点，使得信息在经由一级级组织上达决策层的过程中，出现了不同程度的扭曲、失真与损耗。尤其是在“一言堂”、“长官意志”的氛围中，一些领导或为了保持政绩，或为了保护地方、部门利益，经常报喜不报忧，或是隐瞒不报，或是大事化小、小事化了，而真正反映公众心声且有利于调整决策的信息在层级性的传播过程中被损耗殆尽。为此，国务院领导人在 1993 年曾就政务信息工作提出三点要求：第一，要真实，得说真话；第二，要及时，不要放“马后炮”；第三，要准确，不准确的信息往往造成一种舆论，常常会误导我们做出错误的决定。[③] 即使这样，由于政治惯性，党政系统在利益表达与综合中的角色与功用也很难完全到位，当代中国的重大决策很多都与媒体所提供的内参有关。

---

① 参见［美］戴维·伊斯顿：《政治生活的系统分析》，29～38 页，北京，华夏出版社，1999。

② ［美］威廉·N·邓恩：《公共政策分析导论》，2 页，北京，中国人民大学出版社，2002。

③ 参见胡伟：《政府过程》，212 页，杭州，浙江人民出版社，1998。

“两会”系统不必经过多层次的逐级传送，而是由各级人大代表和政协委员通过提案、建议、批评、质询、监督等形式，凝聚民众的要求和意见，建言献策，进行可直接沟通决策中枢与社会的利益表达。但由于我国人大和政协委员采用的是兼职制而非常任制，这使得人大代表和政协委员的参政议政受到了时间、空间、精力等诸多因素的制约，在“两会”闭会期间很难担负起专门的利益表达与信息传输功能。加之我国公民相对缺乏利益自主表达的意识，有事找代表、找委员的观念尚未完全形成，而部分人大代表和政协委员政治参与意识的薄弱及参政议政能力有限，在一定程度上阻碍了公民与人大代表、政协委员之间持久稳固的信任与委托关系的建构。

社团系统主要是通过各民主党派、工会、共青团、妇联等群众性组织和社会团体进行信息的沟通与传递。作为党政系统的辅助机构和外围组织，各社团是党政系统在不同职业、性别、年龄和利益阶层与群体中发挥桥梁纽带作用的组织。这种外围沟通机制在利益表达方面虽有一定功效，但“这些群体很少主动地提出自己的利益要求，在决策过程中发挥作用不大，一般更多是由政府决策者主动对这些群体进行关心”①。

公众的直接利益表达方式还包括投诉、写信、上访等。信访制度可谓是当代中国利益表达的一个比较直接而且独特的渠道，较之通过党政系统若干层级的中间环节进行利益表达和综合的方式，它有时更能有效地反映某些公众的原始愿望和要求。但由于我国人口众多、事务繁杂，信访机构往往不堪负荷，信件不可能及时全部转交到有关领导人处，信访机构和领导人身边的工作人员势必对各种利益要求进行筛选，公众信访的命中概率并不高。从这个意义上说，信访作为一种利益表达的渠道也要经过诸如信访机构之类的中介，信访者也并非可以直达决策者本人。而且毋庸讳言，如今个别信访机构也的确存在着比较官僚的一面。《南方周末》曾有某地把上访者关进精神病院以及有关部门强制将上访者带走的相关报道。显然，信访是一条虽然直接但并非畅通的利益表达渠道。

10.5　大众传媒在利益表达中的特色和优势

如果说上述现有制度化利益输入渠道的局限性给大众传媒留下了发挥作用的空间，那么它自身所具有的信息传播优势更使得它在利益表达中独具特色、威力尽显。

一般来说，大众传媒在建构信息环境方面的优势主要体现在以下两个方面：首先，它通过信息的大量生产、复制和大面积传播，能够在短时间内将同类信息传遍整个社会，形成普遍而强大的信息声势；其次，这种优势还与它所传达的信息特性密切相关。相比较而言，大众传媒所传递的信息具有公开性、权威性、显著性和直达性的特点②，它不同于人们私下的口耳相传，它可以登堂入室，在社会上公开而广泛地流通；其信源是从事信息生产和传播的专业媒体，具有较高的可信度；它能够通过各种表现手法如“议题设置”等强调或“放大”某类信息，使其成为社会瞩目的焦点；而且作为一种直达性信息，它不必通

① 胡伟：《政府过程》，189 页。

② 参见郭庆光：《传播学教程》，126 页，北京，中国人民大学出版社，1999。

过社会组织或群体的中介而直接抵达决策层。这是它与党政机关相比在公众利益表达方面最大的特色，也是其优势所在。

案例

2009年的广州番禺垃圾焚烧事件是普通民众借助大众传媒表达利益诉求，进而影响政府决策的典型案例。2009年2月4日，广州市政府发出通告，决定在番禺区大石街会江村与钟村镇谢村交界处建立生活垃圾焚烧发电厂，计划于2010年建成并投入运营。该消息公布之初，虽引起附近数个小区居民的强烈恐慌，担心垃圾焚烧带来的环境污染问题。但是该事件直到当年9月，当地业主在BBS论坛转帖并随即得到当地传统媒体的关注才进入公共视野。其中，《南方都市报》从2009年9月至2010年4月持续报道，共发表相关报道100余篇，发表社论15篇。11月21日至22日，CCTV《新闻调查》栏目也将该事件在全国范围内予以公开报道。地方及全国性新闻媒体在该事件中积极跟进，报道角度也从当地环保议题提升到国家社会议题，对广州政府产生巨大的舆论压力。最终，广州市番禺区政府召开“番禺垃圾综合处理（焚烧发电厂）”新闻发布会，公布5个建设垃圾焚烧发电厂的备选地址，并表示最终厂址将通过广泛讨论，根据群众意见、环评分析和专家论证来确定。可以说，在没有大众传媒参与的情况下，当地小区业主的呼声很难被广大社会群众所关注，也更难以通过常规化制度渠道进入决策者的视野，更不用奢望能促使当地政府更改决定。而正是由于当地以及全国众多新闻媒体的合力报道，小区业主的利益诉求才得到关注并上升为当地政府政策决策的重要的考量依据。

具体说来，在利益表达和综合的过程中，大众传媒的作用体现在以下几点：

1. 大众传媒为公众的利益表达提供了一条有效的通道

一方面，它减少了利益输入的中间环节，有助于使重要的公众要求接近决策核心，实现自主利益的有效表达。政府作为政策行为的主体，其各个部门是公众利益输入的流通中心。然而综观现有的各种制度化利益输入渠道，毫无例外地具有间接表达和中介输入的特点，公众普遍性的利益诉求并不能直接被反映到相关决策层。由于大众传媒具有信息量大、包容性强、影响面广、利益输入比较直接的特点，自然成为重要的公众利益输入渠道。另一方面，作为公众与政府沟通的桥梁，传媒往往以弱势群体代言人的身份为很多无法与决策系统接触的人群提供了表述问题与意见的窗口，从而扩大了政策问题的来源，有效地克服了政府决策的一些“盲区”，客观上为公众深入和普遍的行政参与开辟了广阔的道路。

2. 大众传媒增强了公众利益输入的效能

公众处于社会的基层，是许多问题的当事人和见证者，其内在的利益表达要求十分强烈。但如上所述，现有的利益输入渠道中介太多、环节过于烦琐和一定程度上存在的官僚作风严重、形式主义泛滥等，容易导致形成公众意见“人微言轻”、不受重视的局面。如假冒伪劣产品问题和建筑工程质量问题，早为广大公众所深恶痛绝，许多人也曾多次强烈呼吁过，然而由于输入效能较低，一直没有引起决策层足够的重视，直至出现一系列严重的事故且造成恶劣的影响后，才被提上政策议程来加以解决。[①] 试想，如果这种利益表达能得到大众传媒及时有力的支持，从而形成一定的社会舆论，那么它转变为政策输出的过程肯定可以大大缩短、效能反而可以大大增强。这在我国表现得尤为突出。众所周知，我国大众传媒所具有的“官方”或“半官方”性质决定了其强烈的政治性，往往能对问题的解决起到特殊的作用。正因如此，在科学决策与民主决策成为必然趋势的现代民主社会里，大众传媒由于它强有力的技术支撑与无可比拟的传播优越性而备受人们的关注。在中外现实政治和社会生活中，大众传媒的宣传报道及舆论压力，往往构成某一政策的先声。例如，美国的“水门事件”、“伊朗门事件”，日本的“利库路德行贿案”等，不仅导致了政府显要的下台，而且引发了国家“游戏规则”的政策修订。在我国，大众传媒促成政策议程的创立也不乏其例，比如广州火车站的综合整治、广州“出租屋”的加强管理等事项，正是经传媒的“曝光”直接促成的。近年来，由于我国大众传媒的舆论监督力度不断加大，威力逐渐显现，百姓已开始树立有事找传媒的意识，大众传媒甚至已成为公众心目中公正的法官。应该说，这是一个了不起的进步，已经并将继续对我国的民主化进程产生积极而深远的影响。

3. 大众传媒可以提高公众利益表达的理性

知情是参与的前提，大众传媒通过自上而下的传播，使公众知晓了社会运行的基本状况和自身所处的社会环境，意识到问题的轻重缓急和是否具有代表性，从而可以帮助其提高有效表达和自主表达的能力与水平。

10.6　媒体限度在利益表达中的体现及影响

作为公众利益表达的有效途径，大众传媒无疑在当今社会生活中承担着越来越重要的政治与行政功能。然而，从我国大众传媒特别是地方性大众传媒在现实政治和社会生活中的实际运行及其影响来看，应该承认，它所发挥的作用依然比较有限。导致有限的原因颇多，但从大众传媒对社会及公众影响力的机制来看，媒体代表性不足应被视为主要原因。

所谓媒体代表性不足，指的是媒体作为社会舆论的引导者，不能自然而然代表所有公众的意见，从而导致一部分公众尤其是一些弱势群体的声音被有意无意地忽视甚至被湮没，其利益无法经由媒体这个渠道去表达，输入信道受阻。具体表现为：

首先，在宏观层面上，媒体充当“党和政府的喉舌”之角色有余，而充当“公众的喉舌”之角色不足。毋庸讳言，我国的传媒长期以来被国家垄断而缺乏应有的独立性，在很大程度上可以说只是党和政府的“喉舌”而不是公众的“喉舌”。[②] 这种客观现象的存在固然与我国历史传统等方面的因素不无关系，但公众利益表达机制上的缺陷，即表达渠道的缺乏及其不畅更不应被忽视。不可否认，大众传媒应将更多的注意力放在创造舆论环境、

① 参见尹廷：《民意与政意的转换》，载《云南行政学院学报》，2000 (1)。

② 参见何艳玲：《当前政府信息传播机制存在的问题及对策》，载《湘潭大学学报（哲学社会科学版）》，1999 (1)。

增加公众对政党和政府活动的认知上来，因为这的确是其理应承担的责任和功能，但如果仅仅局限于此、满足于此，显然距离党和人民的期望和要求还相差甚远。毕竟，从功用而言，大众传媒作为与行政、立法、司法相并列的“第四权力”来自人民，理所当然应为人民服务，社会主义国家的传媒更不应例外。从本质上说，作为一种双向媒介，大众传媒的传播模式绝非是一点对多点的单向信息流动，而是多点对多点交互式和网络状的信息流动。这两个方面决定了大众传媒应该义不容辞地承担起“公众的代言人”的角色，及时而全面地反映公众的愿望和利益诉求，努力发掘民隐，勤求民瘼，以达上下相通、思维一致，为科学民主决策提供最大限度的公众支持，为政治系统输送强大的社会动力。这势必要求大众传媒在秉承原有之政策宣导的功用之外，对来自普罗大众的声音给予足够的关注，切实改变目前媒介监督“‘以人民’的名义进行，却不是普通人自发的表达，而是媒介机构发现、选择并概括表述的代表性意见”的现状。如上所述，由于历史和体制等方面的原因，我国公众相对缺乏独立的政治表达意识，现实中的利益输入更多的是依靠社会精英代为整合。改变这一不正常的局面，根本措施是要疏通及拓宽政策议程确立过程中公众利益表达的渠道及途径，形成多元的、顺畅的利益表达渠道。为此，必须强化公众利益输入机制，依据政策形成的条件，充分发挥公众的自主能动性，提高其自主、自觉表达利益要求的能力和意识，构建多样化的公众利益输入机制，增加制度化输入渠道（如“公众服务电话专线制度”、“领导接待日制度”等），减少利益输入的中介环节，尽可能地使重要的公众要求接近决策核心，实现自主利益诉求的有效表达。唯有如此，才能充分激发政策形成的外在动力，提高公众议程的实际作用和影响力度。此外，在实践中还要致力于强化大众传媒的监督功能，使其成为公民监督与制约政府及其官员的有力工具，真正实现决策的科学化和民主化。这里尤需指出的是，公民个体相对于公共权力而言是极其弱小的，但他们如果通过群体和组织的力量并且同新闻媒体真诚合作，就能形成一种强大的舆论力量，把践踏民主的行为公之于众，把凌驾于社会之上的公共权力限制在一定的范围内。只有这样，媒介才能真正成为人民的媒介，才会真正成为党和人民利益的忠实代表，才能成为政府施政和人民参政的主要工具，在现代民主社会有所作为。

其次，在微观层面上，代表性不足的体现是作为“社会之公器”的大众媒体传递和表达的信息在客观上具有差异性。理论上讲，传媒在利益表达的过程中应囊括各社会阶层而不仅仅是某一部分群体的观点和意见。但事实上，近年来，公众在媒体的使用上也逐渐出现了身份差异。毕竟，在市场经济条件下，媒体面临着是更多关注社会效益还是更多关注经济效益的两难抉择，换言之也就是在读者和广告商两个“上帝”之间天平倾向于谁的问题。社会效益和经济效益的有机融合仅仅是一种理想状态，在实际操作中，更多的媒体人提出了有效发行的概念，把受众分成了若干层次，每个层次都面对着特定的广告主。在表面上，这种“大众传播小众化”，通过媒体的细分化和专业化能给更多的人带来福音，似乎每一层面的人都有可能拥有为自己代言的媒体，但事实上，媒体在运作时会不约而同地把目光瞄向那些年轻、富有且受过高等教育的群体，因为他们有很强的购买力，是广告商最为青睐的对象。广告界有一句名言“1 000 个民工不如 100 个白领”。这种潜在的商业价值使得许多媒体纷纷对自己的读者群“换血”，将清贫者变为富有，将业余者换成专业人员。某报纸的广告人曾坦言：其报纸在投放广告时，就力图换血，让一部分不够专业的、文化水平不太高的、购买力弱的群体退出来，换上对广告商更加有吸引力的群体。[①] 这样，一部分群体就会被大众媒体有意"剔除"出来，媒体上很少甚至不会出现他们所关注的话题，其声音在一定程度上就会被漠视。此外，媒体在利益表达中的性别歧视也是差异性的主要表现之一。在传媒的报道中，作为"半边天"的女性通常处于配角的尴尬地位，难得有"一点红"，被严重边缘化；而有限的关于女性的报道，也常常以负面内容居多，被严重"妖魔化"。一份有关"大众传媒对妇女的影响"的问卷调查曾就此问题直言不讳地指出：媒体中存在着歧视女性的现象，许多媒体不同程度地存在着性别盲点。[②]

再次，同质新闻、虚假新闻及炒作新闻现象的出现，客观上也造成了媒体的代表性不足。表面看来，我国的新闻业呈现出了快速增长的势头，媒体种类和数量蔚为大观。然而随着行业竞争的加剧，报业出现了大量选题接近、版面雷同、内容类似的同质新闻，电台和电视台冒出了大量"克隆"出来的节目，加之一些虚假新闻、有偿新闻及炒作新闻充斥其间，以至于版面（栏目）越来越多，时间越来越长，但其中的"亮点"却越来越少、乏善可陈。近段时日，大众媒体又不约而同地显露出一种娱乐化的倾向，殊不知轻松的娱乐多半是以对社会责任的漠视为代价的，因为有限的精力和时间花在了媒体所提供的娱乐上面，思索现实的严肃问题的工夫必然减少。更为严重的是，公众赖以了解信息、表达诉求的媒介工具一旦发生了"缺位"、"错位"和"越位"，不能正确承担相应的政治与行政功能，公众的关注就会在不知不觉中被带入歧途。因此，在日趋同质化、娱乐化及充斥着虚假新闻、炒作新闻的媒介信息产品面前，公民对国家政治、社会事务等公共领域的知情权会受到严重侵害，继而影响到其利益表达。

最后，"信息沟"的存在同样造成了媒体的代表性不足。随着信息社会的来临，报纸、广播、电视、互联网等大众传播媒介的普及率大大提高，人们获取信息的机会和途径大大增加。一般而言，传播媒介的普及会带来整个社会文化水平的提高，并有助于缩小社会各阶层、群体之间的差距，扩大社会平等，但事实并非完全如此。1970 年，美国学者蒂奇诺等人在一系列实证研究的基础上提出了传播学中的"信息沟"理论，即"由于社会经济地位高者通常能比社会地位低者更快地获取信息，因此，大众传媒传送的信息越多，这两者之间的知识鸿沟就越有扩大的趋势"[③]。这种现象从根本上说，是由人们的社会经济状况和教育程度的高低决定的。总体而言，新传播技术的采用会带来整个社会信息流通量和信息接触量的增大，从而为每一社会成员提供更多的利益表达机会。但也应该承认，新技术的采用所带来的机会对所有社会成员的分配并非均等，社会经济状况较好的公众由于拥有更多的媒介资源（指种类与数量），因而在信息接收与利益表达的数量与速度上更占优势和先机，从而可以更多更好地把握机会、分享利益。除此之外，公众的受教育程度在很大程度上决定其对媒介内容的兴趣点及对信息的接受力、理解力，这也是造成"信息沟"扩大的主要因素。无数事实证明，经济地位的影响力正日益为一些个体特别是那些高收入阶层的公民所自觉地加以运用，他们相对而言更为关心社会政治的变动，总是趋向于主动寻

---

① 参见刘宏：《京报四题》，载《新闻记者》，2002（4）。

② 参见朱晓征：《妇女需要什么样的传媒——"大众传媒对妇女的影响"问卷调查报告》，载《新闻记者》，2002（10）。

③ 郭庆光：《传播学教程》，230 页。

求信息以影响决策；相反，在中国居多数的农民由于媒介的拥有率低，受教育程度有限，接收信息和使用媒介的能力偏低，而且一些人使用媒介的目的只是单纯为了消磨时间。正如维巴和尼所言，在社会中“富人”比“穷人”更为积极地参与政治。之所以如此，主要是因为：社会经济地位比较高的人有较强的政治责任感和政治功效感，有较为健全的知识和技巧，由此政策输出中可能更多地体现参与者的意愿。[①]“信息沟”对公众利益表达的影响就是社会经济地位高、文化水平高的公众会主动去接近和使用媒体，而社会经济地位低、文化水平低的公众一般只会坐等“无冕之王”的到来或在无可奈何的情况下才会做出最后的选择，这就使得媒体的代表性进一步出现偏离，公众利益表达机制“走样”或受损。这种状况的出现和发展趋势，应当引起高度重视。

10.7 提高媒体利益表达效力的途径

如上所述，作为一条利益表达的有效途径，大众传媒在政策议程的创建方面发挥着重要的作用。突破媒体利益表达中的限度，实现政策过程的良性循环，是提高媒体利益表达效力的必由之路。实现这一目标，应在法制框架内，从传媒、政府、公众三个主体同时入手，整体推进。具体而言，需在四个方面做出努力。

10.7.1 大众传媒需独善其身，增强公信力

从前面的分析中我们已经知道了造成媒体公信力下降的主要因素，那么，增强大众传媒在利益表达中的代表性，应主要考虑以下因素：

第一，在报道中牢固树立“公众利益第一”的理念。不可否认，现今的舆论监督的确存在着许多“雷区”，“公众利益代言人”的角色的确不好当。然而随着民主化进程的推进，政府部门意识与行为也在悄然发生着变化，“雷区”的范围肯定会不断缩小。在传播技术发达的现代社会，任何国家和政府欲封锁重大的新闻事件都是徒劳的。从某种意义上讲，新闻报道不只是一门技术，在更大程度上还是一门艺术。对媒介来说，其主动地位并不在于“报”或“不报”上，而在于“如何报”和“怎样报”上。因为，报道的深度和广度是可控的，角度和方式是可以选择的。

第二，加强媒体自身管理，树立正确的经营理念。面对日趋激烈的市场竞争，媒体是迎合受众“宁求其怪，不求其真”的社会心态，还是坚持注重社会价值、强化社会责任和职业道德的意识？显然，理智的选择是后者。事实证明，传媒潜移默化的宣传效力远胜过政府的强制性力量。它向社会成员灌输的主导价值观念可使公众形成相应的行为习惯，成为维护社会秩序、贯彻方针政策的巨大动力。美国传播学家阿特休尔曾直言不讳地指出：“广播电视是迄今为止所能设想出的社会控制的最有效工具。”[②] 有鉴于此，媒体应切实重视自身建设和改革，用“正确的舆论引导人”，以公允言论、客观新闻、强烈责任感维护

① 参见［美］阿尔蒙德：《公民文化》，杭州，浙江人民出版社，1989。

② 转引自郝家林：《大众传媒与当代中国政治》，载《理论前沿》，1998（2）。

法律秩序和道德准则，伸张正义，鞭挞丑恶，营建昂扬向上的舆论环境。途径有二：一是抓住组建媒体集团的契机，创新运行机制，引进诸如激励制度、招聘制度、制播分离制度等现代经营管理制度，杜绝“假新闻”、“有偿新闻”及“炒作新闻”，为公众提供一个真实世界的缩影，真正成为社会进步的“激增器”。二是着力提高媒体从业人员的素质，确保传播的准确客观。作为公众了解世界图景的主要信息源和影响源，媒介信息在传递过程中要经过层层把关和过滤（如对信息内容的加工、筛选和取舍）。受众能否从传媒中获得信息以及获得什么信息，在很大程度上取决于“把关人”的价值取向、知识背景、个人经历甚至兴趣偏好等。换言之，媒介的社会影响并不仅仅取决于技术或形式特性，还取决于掌握与运作它的人和社会组织，取决于媒介生产和传播的信息内容。传播者处于传播过程的首端，创造和使用媒介的人是传播系统中最积极、最活跃的因素，对信息的内容、流量和流向以及受众的反映起着举足轻重的控制作用。因此，大众传媒能否增强议题设置功能，提高公信力，在一定程度上取决于媒体从业人员的素质和水准。

10.7.2　政府需创新监管调控方式，营造宽松的传媒环境

在民主化潮流的推动之下，传媒凭借其舆论监督功能在政策议程创立中扮演着重要的角色。然而，这一功能的发挥往往遇到政府“把关人”的重重制约与阻挠。这种行为阻碍了许多重要问题的提出，使一些本该进入政策议程的问题迟迟进入不了，从而得不到解决。由此造成的后果往往是不出问题则已，一出问题就是大问题。面对汹涌而来的信息化浪潮，传统新闻监管调控方式受到了强力冲击和严峻挑战。更何况入世后，外资传媒会以各种形式抢滩登陆中国，传媒业市场竞争会日趋激烈。在同一市场上瓜分同“一杯羹”，报道的时效性极为关键。如果我国传媒仍按部就班、不以为然，境外传媒就会及时抓住稍纵即逝的市场机会，“你不报我报”、“先入为主”，左右受众的心理及行为。这势必陷我于被动境地，后果不堪设想。因此，创新政府监管调控方式，增强传媒运作的相对独立性，营造宽松的传媒环境已成为当务之急。

依据中国国情，创新监管调控方式，营造政府与传媒新型良性关系，对政府而言，急需在以下几个方面加大力度：

首先，观念创新。强化政府公共关系意识，加强对传媒的宏观调控。要通过政府新闻主管部门“把关”与“过滤”，划定报道范围，规定舆论导向，恰当影响传媒；要尊重公众的知情权，赋予传媒相对独立性，营造宽松的话语环境。必须承认，一方面，国家和政府对具有意识形态属性的传媒之管理和控制是完全必要的。然而在新形势下，政府应该也有必要确立并强化公共关系意识，通过主动的新闻发布而非被动的简单封锁来影响传媒，引导和控制社会意识及社会行为。另一方面，作为市场机制下运作的行业，传媒为维持自身存在并发挥对现实社会的影响力，不可避免地具有功利性。因此，政府对传媒的控制和管理必须遵循市场规则，在确保正确舆论导向的前提下，赋予传媒更多的自主权，放开搞活，使其始终保持蓬勃生机和旺盛活力，切实成为党和政府的“喉舌”、公众利益的代言人，推进政策议程的建立并促成政策问题的解决。

其次，体制创新。在传媒领域确立新的“游戏规则”。长远来看，传媒由政府包办，不仅会造成条块分割，而且会使得资产重组、资源配置、集团化经营和可持续发展受到很

大的制约。政府必须适应传媒竞争国际化的新要求，加快体制创新步伐，逐步淡出该领域。从世界趋势和我国现状出发，组建大型的真正意义上的现代媒体集团，实现传媒行业的产业化整合不失为明智选择。

最后，监管法制化。目前我国政府对传媒的管理主要还是以行政手段为主，随着传媒领域市场竞争的日益激烈和媒介产业化进程的逐步加快，这种旧的管理方法已不能适应时代发展的要求，必须代之以法律手段为主、必要的行政手段为辅的新型管理模式，既实现媒介在市场经济条件下的健康发展，又保证国家对意识形态的宏观控制。

10.7.3 公众需提高综合素质，加大对社会生活的有效作用力度

不受约束的权力必然会走向腐败。作为同行政、立法、司法并列的“第四权力”，大众传媒也不例外。为了有效地制约媒介权力，避免其成为少数特权阶层谋取个人利益的工具，同时也为了能够更好地利用大众媒体进行利益表达，公众必须提高综合素质，加大对社会生活的有效作用力度。这里须强调指出的是，公众能动性的发挥无疑会受到诸如参与渠道多寡等各种客观条件的制约。因此，强调公众主观能动性的发挥绝非贬低政府的作用。相反，政府可以通过拓展参与渠道、普及弱势群体的传媒工具与通信设施等方式，为更广泛的政治参与提供物质保障，减少因“信息沟”的存在而导致问题不提出的可能性及“沉默的螺旋”情况发生的概率。

结合当前现实情况，提高公众综合素质，加大对社会生活的有效作用力度，需在以下几个方面做出努力：

首先，提高应用信息的能力。在传播过程中，公众既是信息接收者又是信息反馈者，其素质高低在相当程度上关系着传播过程的质量并对政策议程的创建产生影响。由于多方面原因，我国公众总体素质不高，加之在传统政治文化影响下形成的依附性人格，往往难以胜任一身二任的双重角色。在纷繁复杂的信息面前，多数无法在虚假和真实、有价值和无价值之间作出理性选择和科学处理，而是处于盲从和无知觉的状态。因此，就公众而言，要使自己的利益诉求最终在决策核心的政策议程中有所体现，当务之急是提高应用信息的能力。

其次，树立接近与使用媒体的主体意识。接近和使用媒体以有效输入自己的利益诉求是公众参与政治决策的一条行之有效的渠道。利益输入是一种联动过程，只有先有意愿并主动表达，输入渠道才能实现传输作用。然而，在当前利益输入过程中，由于民主政治观念和独立表达意识的缺乏，加之受传统文化“官为父母”观念的影响，公众往往并不通过输入渠道直接主动地表达利益愿望，而是将维护自身利益诉求的希望寄托在“包青天”式的干部身上。表现在利用传媒实现政治参与方面，就是坐等“无冕之王”的到来或处于绝望的境地才做出最后无奈的选择。实际上，在市场经济条件下，社会利益日益分化，公众利益诉求差异很大，利益表达的最佳主体恰恰就是公众自己。只有公众民主政治意识增强了，自我利益表达能力提高了，各种利益输入渠道才能毫不扭曲并高效率地传输各种利益诉求，政府也才能最广泛、最真实地综合公众的意见和要求，实现与公众利益的真正融合。

再次，拿起“媒介接近权”的武器①，保护自身参与政策议程创建的权利，避免媒介

---

① 参见郭庆光：《传播学教程》，139页。

权力的滥用和腐败。随着媒体企业化经营的进展，处于弱势地位的公众，不可避免地会遇到媒介利益与公众利益发生冲突的情况。有鉴于此，美国学者 J. A. 巴隆于 1967 年首次提出“媒介接近权”的概念。基于该项权利，公众在面对媒体的无端攻击和歪曲报道时有捍卫自身利益的权利，他们可以要求媒体免费提供版面和时间来澄清事实，可有限地在媒体上播出自己制作的节目。当媒体突出一部分人的利益而忽视另一部分人的利益时，作为当事人的公众应该发挥自己的主观能动性，敢于拿起“媒介接近权”的武器保护自己的利益，以适当方式影响传媒。

此外，针对个体较之政府与媒介权力相对弱小的情况，可考虑发展社会中介组织。[①] 作为政治参与的一条有效途径，具有利益表达功能的社会中介组织的存在是多元利益格局形成的必然结果。它可以更好地聚合不同利益主体的利益，反映各个阶层、各种行业的公众心声；可使弱小的个体声音无限放大，引起有关部门的重视，促使问题进入政策议程。如果中介组织再和媒体联手，所引发的舆论震荡会更大，会影响到问题进入政策议程的速度和深度。因此，公众应该有意识、主动地去寻求能够反映和代表自身利益的群体与组织。

10.7.4 加快新闻立法进程，规范媒介、政府和公众的关系

民主社会的本质是法制社会，依法治国、依法行政是现代国家和政府的必然选择。作为左右公众对社会问题认知和行为的主要“影响源”，传媒权力之大不容低估。传播活动所构造的“拟态环境”与现实社会的关联使得媒介与社会生活之间恰当的权力关系日益凸显，实践中有必要确立为社会广泛承认的行业规范和职业道德，并在此基础上形成吸引和联系公众的有效机制。由于“80％的社会信息资源掌握在政府部门手中，政府是最主要的信息生产者、消费者和发布者”[②]，而在缺乏相关的必要制度约束的情况下，这种政府对信息资源的垄断势必会对公众及媒体的知情权造成很大影响，不利于媒介权力的发挥并对政策制定过程产生一定的负面影响。因此，加快新闻立法进程，规范媒介、政府与公众的关系，既是实施依法治国、建设社会主义法治国家的必然要求，也是保证“第四权力”健康发展的正确选择。

出台新闻法，一方面可使传媒在反映民意民声、行使监督权力的时候有法可依，既保障公众及媒体的广泛知情权，又确保记者新闻采编的应有自主权；既切实反映公众呼声，又保障监督的顺利进行。另一方面，也可以将传媒业纳入法制化的轨道，规范其操守，监督其所为，不致使充当“社会公器”的大众媒介成为个人谋取私利的工具。只有这样，大众传媒才能在平衡现实生活和信息环境等方面发挥建设性作用，扩大对现实政治经济社会生活的影响力。

总之，大众传媒是沟通政府与公众的桥梁，三者良性互动关系的建构是确保这一桥梁畅通无阻的有效保障。在当今风起云涌的新技术革命浪潮中，大众传媒对社会政治生活的影响非常值得关注。其中，大众传媒和政策议程的关系是解读当代世界众多现实问题的一个全新切入点。

---

① 参见代春强：《社会中介组织与我国政治发展探析》，载《云南行政学院学报》，2002 (2)。

② 周健：《开放政府信息》，载《人民日报》，2000-03-22。

10.8 政策执行中的媒体传播

自A.威尔达夫斯基和J.普瑞斯曼于1973年合作发表《执行：联邦政府的期望在奥克兰市落空》一文，力证政策执行之于政策效果的重要性后，政策执行问题遂成为公共政策研究的一个热点问题。美国政策学者艾利森指出："在实现政策目标的过程中，方案确定功能只占10%，而其余的90%取决于有效的执行。"[①] 因为政策的社会价值只在于解决政策问题即获得可以明确表述的政策效果，而政策的实际效果更表现为政策执行的效果。

10.8.1 媒体传播在政策执行中的重要作用

政策的执行过程简单地说就是把政策内容付诸实施的过程，是在政策制定完成后，将政策所规定的内容变为现实，是为实现政策目标而重新调整行为模式的动态过程，或者说是使政策方案中的条款变为现实的过程。这个过程涉及政策方案、政策执行者、政策对象三个要素，这三个要素相互作用，构成了政策执行体系，并影响着政策的执行效果。本节主要从大众传媒对这三个要素的影响出发，分析传播尤其是大众传播活动对整个政策执行过程所产生的重要作用。具体表现为：

1. 营造良好的舆论氛围，为政策执行赢得广泛的民众支持

公共政策本身是一种利益调控器，总要表现为对一部分人的利益进行分配或调整，表现为对一部分人的行为进行指导、制约或改变。政策对象是政策直接作用、影响的对象。政策能否达到预期效果，不是政策制定者一厢情愿的事情，也非政策执行者能完全控制的事情，它还与广大的政策对象有着直接紧密的联系，而且在很大程度上取决于政策对象对政策的满意度。因此，现代化的政府都无比看重民意，这关系到执政的基础与效力。政策对象顺从、接受政策，政策执行就会成功；政策对象不顺从，拒不接受政策，政策执行就会趋于失败；政策对象只是部分接受，也会加大政策执行的难度。可见政策对象之于政策执行效果的重要性。在公共政策没有明显的失误、没有大的利益失衡的情况下，公共政策的执行主要取决于政策的人文环境即政策对象对政策的理解、信任与支持的程度。而大众传播在告知信息、说服公众方面有着得天独厚的条件。

首先，政策信息的告知功能为公众的有效参与提供了基础。在公众的参与意识逐渐增强的现今社会，秘密行政、暗箱操作已无空间。知情是参与的前提，也是杜绝流言，保障有序参与、积极参与的基础。但在政策信息的流通中，却存在着一种信息失衡的状态。公众往往只掌握着一部分与他们的生活密切相关的微观的、实际层面的信息。这种思考问题的"鼠目寸光"必然会影响到他们对于超出感知之外事物的意见的形成。但这种局面的形成与长期以来他们获取政策信息的渠道——主要是党政系统的组织传播方式——有关，处于决策层的声音经过重重阻隔常会产生信息流失与失真的现象。而大众传播传递信息的迅

---

① 转引自陈振明：《政策科学》，279页，北京，中国人民大学出版社，1998。

速、快捷与直达的特点，为公众接收政策信息的全面性提供了保障。知晓是理解与接受信息的基础，也是态度形成与改变的必由之路。

其次，媒介提供的“意见气候”，可形成有利于政策推行的舆论。尽管媒介致力于作为“新闻纸”而存在，但几乎所有的媒体在传递信息的同时，都有意无意地将自己的倾向体现在了新闻报道里，成为一张影响社会舆论的“意见纸”。这种对舆论的影响功能是经由媒体“构建现实”、设置议题来完成，通过“沉默的螺旋”机制而发生作用的。在纷繁复杂的现实社会中，有很多信息是人们不可知、不可见、不可触摸的。作为“人体器官的延伸”①，大众传媒提供了人们不能直接得到的或本身比较复杂的信息，于是在无形之中建构了人们所生存的现实社会。但大众传媒根据他们所见所闻制作出来的关于世界的图景并不等同于世界本身，而是经过选择的对现实世界的描述。也就是说，大众传媒所进行的新闻或信息生产与传播活动绝非所标榜的纯粹的“客观中立”活动，而是依据一定的立场、方针和价值标准所进行的一种有目的的取舍选择和加工活动。从某种程度上说，现代人就生活在传媒所构建的“媒介环境”中，人们对于社会事件的感知以及据此采取的行动都是媒介“意见气候”发生作用的结果。在这个信息无所不在的社会里，人与人之间的距离却被拉大了，大众传媒所提供的观点成为人们所认为的主流观点，由于担心被孤立，人们就会产生“随大溜”行为。媒介产生作用的这一系列过程我们可描述为媒介反映舆论、形成舆论、引导舆论的过程。对于政策执行来讲，民意的支持是减轻实施阻力、减少政策成本的根本途径。具体而言，在政策执行中，通过媒体来进行政策传播，一方面可减弱抵触情绪，避免对抗行为。媒体要想发挥它的设置议题功能，前提是必须要反映民意，充当人们利益代言人的角色。这种角色的扮演，必然会使其成为表达人们自身利益的一个有效途径。政策过程是各种力量相互博弈的过程，必以牺牲某些人的利益为代价。媒体此时会充当社会“安全阀”的作用，让政策对象把他们的意愿甚至是不满发泄出来，有利于社会的稳定。另一方面通过媒体进行政策传播还可形成有利于政策推行的文化。政策文化是每一个社会内由学习和社会传递得来的关于政府和政策的行为模式的聚合体。政策文化是一种经验的积淀，这种经验的积淀可提高政府政策传播的长期引导力和影响力，通过政策教育和政策学习发展、维持下来。一旦形成特定的政策文化，就会深深影响政策对象对政府、对政策主体的信念、情感及评价意向，并影响着政策对象的行为模式。通过“沉默的螺旋”机制，通过媒介传播的对政策支持者的褒扬和对违反者的惩处，说服公众、培养公众对政策的认同与遵从文化。

总之，通过媒体来进行社会动员和政策宣传，覆盖面大，透明度高，且形式多样，快捷可信，对于教育、激发、培养政策执行所需要的积极、主动的参与精神与牺牲精神，构建有利于政策实施的氛围，有着不可替代的作用。如果传媒在进行政策信息传播时，能够相互配合、达成一致，经过长时间的传播积累，功效会更大。

2. 媒介强有力的监督，为政策执行提供保障

政策的实施和执行是由行政机构来进行的。美国决策学者詹姆斯·安德森指出：“行

① ［加］马歇尔·麦克卢汉：《媒介通论：人体的延伸》，99 页，成都，四川人民出版社，1992。

政机构常常是在宽泛的和模棱两可的法令下运行的，这就给它们留下了较多的空间去决定做什么或者不做什么。”[①] 而政府机关和公职人员带有“经济人”的性质，不能时时真正代表社会利益。法国行政学家夏尔·德巴什认为，对于行政机构来说，“如果决策与它所期望的东西不相符合或在它看来无法实施时，它将反对这种毫无活力的东西或者试图改变既定措施的内容”[②]。由于在政策制定者和执行者之间存在一个利益“过滤”机制，下级执行部门对上级制定的政策往往以局部或个人利益损益作为对策参量。一旦按其原则行事，就会使公共政策偏离预期目标，由此出现政策附加、政策缺损、政策歪曲甚至政策抵制的现象。“尽管外围的官员（即执行层官员）很少明目张胆地违反（中心）法律（即初始政策制定者），但很多研究已表明，他们还是要大胆地行使权力实现自己的目标，以满足自己组织的需要，并对付自己环境中的紧迫问题。”[③] 对于政策执行人员的有法不依、执法不严，监督尤其是新闻媒体强大的舆论攻势可能是最有力的一种制约。

案例　收费的文件传到基层需要几天？

2012年5月就开始实施的《陕西省老年人优待服务办法》中规定，65岁以上老人可免费进入旅游景点，而直到10月，部分景区才执行这一决定。为何政策执行如此缓慢，记者发现，一份党中央和国务院的普发性文件，从下发到层层传递到基层，最少也需要70天。

信息时代，任何一条消息想要传达，几秒钟就足够了，可一份党中央和国务院的普发性文件，下发到基层，最少也需要70天才能传到。这是让我们无法想象的。

诚然，文件需要一级一级传达，但普发性文件中央只要一发，挂在网上，基层完全能够马上看到，可为何一定要等到文件传达到了，才可以执行。5月1日就开始实施的65岁以上老人可免费进入旅游景点的这一规定，直到10月9日，西安大慈恩寺景区才开始执行，难道同在西安，传达这个文件要5个月？哪怕是传到最基层，也用不着5个月。

我们不难发现，传得极慢的文件往往是对老百姓有益，而对职能部门“无益”的文件，老人免费了，对风景区绝对是没有好处，当然是能拖则拖。在缺乏监督的状态下，问题不反映出来，就顶着不办。等有人反映了，领导追查了，媒体曝光了再执行。这几乎成为一个潜规则。其实，利益作祟是一个方面，另一个方面则是主因，执行慢了，又怎么样？反正不会受到追责，又怎么会主动执行？

文件像蜗牛爬行，让老百姓很受伤，也极大损害了政府的形象。因此，必须改变文件传达的路径。对于普发性文件，只要中央部门挂在网站上，下面基层部门就要无条件执行，如果以种种理由阻挠，要追究相关人员的责任。

其实，中央文件传递到基层至少需要70天是选择性的“慢行”，如果是收费的文件，恐怕比猴子还急，不用70天，7分钟可能就够了。一些时候，还只有收费的风声，人家就

---

① James E. Anderson, *Public Policy-Making*, Orlando, Florida: Holt, Rinhart and Winston, Inc., 1984.

② ［法］夏尔·德巴什：《行政科学》，113页，上海，上海译文出版社，2000。

③ 桑玉成、刘百鸣：《公共政策学导论》，160页，上海，复旦大学出版社，1991。

开始收费了。

文件执行的选择性快慢也是一种“病”，需要彻底“治疗”。

资料来源：《东楚晚报》，2012-10-21。

在政策执行过程中的监督，是指对执行者执行政策的情况所进行的监察和督促活动。它是为保证政策的执行过程与政策要求相一致而采取的各种制约活动，即根据政策目标的要求，衡量执行情况，防止偏差，保证实现政策预定目标的过程。监督有很多种类，这里我们强调的舆论监督是指新闻媒介利用其在社会中的地位和优势，代表公众对政府机关、公共机构、党派团体等的活动和社会中的某些不良现象进行的监督。新闻媒介通过揭示真实的情况，反映公众意见，激起舆论的力量，从而对国家、政党、社会团体、公职人员的公务行为以及社会上一切有悖于法律和道德的行为进行评价和约束，以促进社会机制正常、健康地运行。新闻舆论监督的作用表现为：

（1）加大了监督面和监督力度。社会舆论监督的主体是公众，社会公众遍布社会的各行各业、各个角落，对于政府的各项工作最清楚，最有切身感受，对于腐败、黑暗的东西了解得最清楚。因此，这种监督方式，一旦能够吸引公众广泛参与，其监督的领域和力度是非常大的。

（2）可形成强大的舆论压力。新闻舆论监督影响面广，反应快，震动也大。它能够及时地将一切官僚主义和违法乱纪行为置于众目睽睽之下，使之原形毕露，劣迹昭昭，产生无法抵御的批判力量。因此，在西方国家，新闻舆论被称之为继立法、行政、司法之后的“第四权力”。在我国，虽然目前尚无此威力，但许多久拖不决或处理不公的严重违法犯罪案件，正是在传媒锲而不舍的探询之下得以解决的。凡事一经在新闻媒体中曝光，就能引起有关部门的重视，甚至是全社会的关注，从而使问题得到较快较好的解决。而许多政府官员“不怕上告，就怕上报”的心态也可很好地说明了这一点。对于防治政策执行中的违规失范行为，保证政策的有效执行，时事评论栏目《焦点访谈》在全国都产生了极为积极的影响。山西省运城地区交警违反中央政策上路乱收费、乱罚款的违规行为，武汉江汉大桥乱收费的事件等都是经中央电视台报道后大白于天下的。无怪乎前国务院总理朱镕基为其题词“舆论监督，群众喉舌，政府镜鉴，改革尖兵”。河南某些地区艾滋病泛滥的严重现象暴露出的违规采血行为，也是在媒体的报道下引起社会的关注，使得问题尽快解决的。

（3）媒介的监督可使公众情绪得到一定程度的宣泄。处在改革之中的社会，会出现种种难解的问题，作为处理这些难解问题的政策，肯定会处在人们议论的风口浪尖，如下岗、医疗费改革等问题。这些关系人们切身利益的改革方案所能引起的社会议论、不满都是可想而知的。精神分析学家弗洛伊德认为，人都有一个本能的侵犯性能量储存器，在储存器中的能量会以某种方式表达出来，这种表达过程就是宣泄。正常的宣泄机制对于社会的稳定而言是非常重要的。让群众把不满和意见讲出来，将怨气发泄出来，可使利益受损的群众在心理上获得某种平衡，从而避免了事态向不可控的方向发展。作为公众尤其是弱势群体表达自己利益的一条途径，大众传媒无疑扮演了一种重要的社会“减压阀”角色。允许媒介将公众对现行政策的意见、看法和要求加以报道，或者在媒体上开展有关对政策的对话、讨论和质疑等，不仅起到了政策宣传和解释的作用，也给公众提供了一条宣泄的渠道和机会。虽然有些问题并不是短时间内可以解决的，但新闻媒体的报道本身，使得许多公众对于现状的种种弊端有所了解，加上政府在媒体上表现出对问题的焦虑以及对民众福祉的关注之情，无疑会促进公众对政府的认可和支持，减少政策实施的压力。

3. 新闻媒体的信息反馈，为政策调整提供依据

所谓政策调整，就是在政策监督和控制所获得的有关政策系统运行（尤其是政策执行的效果）的反馈信息的基础上，对政策、方案与目标之间的关系进行不断的修正、补充和发展，以便达成预期政策效果的一种政策行为。[①] 而反馈信息的获得主要来自两方面，一方面是政策执行者自上而下地将其在执行过程中的具体情况一步步上达，一方面是政策对象将自己的感受（尤其是不满）反映给有关部门，信息反馈途径分为体制内途径和体制外途径两种。前者具有层级传播可能遭遇的一切弊端，即信息扭曲、添加或减损的情形随时可以出现。而后者的保真度就比较高，在新闻媒体上出现的政策信息的反馈更是如此。

10.8.2 媒体传播出现的弊端

媒体在政策信息的传播中虽然起着越来越重要的作用，但从目前来看，还存在诸多问题。

1. 从政策信息的传递渠道而言，过分依赖组织传播，对大众传播的重视程度不够

组织传播一直是我国政策信息传递的主要通道，这种信息传递模式是以科层制为依托的层级推进模式，信息一般以文件、电话、会议等形式自上而下逐级传达。由于未形成一个完整的信息传播网络，信息只能在纵向、垂直的传播体系内流动。这种单一、狭长的信息传递方式，必然会导致产生渠道容纳、处理信息能力有限的问题。当进入渠道的信息量和复杂程度超过一定限度时，由于得不到及时有效的处理和传送，常常会出现信息堵塞通道、渠道负荷过重的情形，信息因此而受阻，而这种单一、狭长的信息传递方式也会使信息的失真度比较高。渠道越长，原始信息完全通过的就越少。政策信息在自上而下的传递过程中，传播层次越多，信息磨损的程度就越大，失真的可能性也就越大。这样，信息在多级传递、层层过滤之后，常被有意无意地曲解、截留甚至是封杀，最终到达政策对象那儿的信息可能已"面目全非"了。该控制的信息得不到控制而"外溢"出去，该传送的信息不能迅速传送而滞留下来，从而影响了政策目标的实现。[②]

2. 政策信息的渠道选择，忽略了公众的个体差异

在公共政策的对外传播中，政策传播的效果直接取决于目标群体吸纳信息的意愿与能力。而目标群体并不是整齐划一的，他们对政策信息的接受并不是完全被动的，"而是根据各自的需要、兴趣、知识、经验、观念、价值观、习惯等"对信息"进行选择性注意、选择性理解、选择性接受"[③] 的过程。这种对信息选择的自主性表现为：（1）对不同媒介的使用偏好。现代大众传播已进入了一个小众化阶段，不同的媒体都是针对特定的人群"量身定做"的，"量身定做"的媒体信息较之其他媒体，在特定的人群方面无疑具有非凡

---

① 参见陈振明：《政策科学》，391页。

② 参见陈振明、陈炳辉：《政治学》，400页，北京，中国社会科学出版社，1999。

③ 廖为建：《公共关系学简明教程》，109页，广州，中山大学出版社，1993。

的吸引力和影响力。因此，要想影响某个特定的人群，首先就要了解他们所偏好的媒体。

(2) 对不同信息形式的需求。政策对象是一个庞大的群体，这个群体的素质参差不齐，因此对信息的理解和接受就呈现出了很大的差异，有些群体可能能很好地接受严谨的信息表现形式，有些目标公众可能从来就视那些信息为“说教”进而不屑一顾。当然，信息渠道的选择，可能还要考虑一个物质因素的制约问题。目前一些先进的传播工具的拥有，对那些温饱问题尚没有解决的目标群体来讲是可望而不可即的，因此，与他们相关的政策信息的传递，就不能选择那些他们根本就不会接触到的媒体。而目前的政策传播，可能更关注信息传递的强势性，而不曾考虑信息能否顺利到达目标群体的问题。

案例

为调查广东省公众科技信息的传播渠道选择，广东省相关方面于 2012 年 5 月到 2012 年 10 月采用随机抽样的方式，进行了调查问卷的发放。共发放问卷 450 份，回收 425 份，其中有效问卷 415 份。其中男性 197 人，占 47.47%；女性 218 人，占 52.53%。从学历来看，初中及以下的 37 人，占 8.92%；高中及中专的 44 人，占 10.6%；大专的 47 人，占 11.33%；本科 275 人，占 66.27%；研究生学历的 12 人，占 2.89%。

将广东省公众获取科技信息的渠道分为报纸、杂志等十种渠道类型，调查发现：受调查的公众中，选择报纸、杂志的共有 206 人，占 49.64%；选择电视的共有 195 人，占 46.99%；选择广播的共有 49 人，占 11.81%；选择图书的共有 125 人，占 30.12%；选择行业媒体的共有 84 人，占 20.24%；选择科技期刊的共有 67 人，占 16.14%；选择因特网的共有 171 人，占 41.2%；选择手机的共有 130 人，占 31.33%；选择与人交流的共有 71 人，占 17.11%；选择学校教育的共有 55 人，占 13.25%。

调查发现，广东省公众科技信息传播渠道选择存在一定的性别差异，而且，不同性别的公众所关注的科技信息类别也有所不同。其中，女性受众选择报纸、杂志及电视这种大众媒体作为科技信息传播渠道的比例分别为 56.4%和 55.0%，高于男性受众的 42.1%和 38.1%十几个百分点。而男性受众选择专业媒体，包括行业媒体和科技期刊作为科技信息传播渠道的比例分别为 23.9%和 20.3%，高于女性受众的 17.0%和 12.4%。同时，还存在学历差异，如研究生学历的公众利用科技期刊获取科技信息的比例最高，达到 66.7%，高中及中专，初中及以下学历的公众则为 0，大专学历也才 8.3%；高中及中专、大专以及本科学历的公众采用互联网获取科技信息的比例较高，其中，比例最高的是大专学历的公众，达到 83.0%，研究生学历和初中及以下学历则分别为 25.0%和 8.1%。

而广东省发布科技信息的媒体，主要包括《科技日报》、《南方日报》、《羊城晚报》、《南方都市报》、《广东科技报》、《广东科技》、门户网站（搜狐、新浪、网易等）、南方网、广东省科技厅公众网、三农直通车网站、金科网、广东卫视、南方电视台等。调查结果显示，广东省科技厅行政机构主管的媒体，包括广东科技、广东省科技厅公众网、三农直通车网站、金科网等在广东省公众中的认知度非常低，很多公众根本就不知道这些媒体的存在，更遑论通过这些媒体获取科技信息。通过广东卫视和南方电视台获取科技信息的公众也较少，分别只有 49 人和 53 人，占受调查公众的 11.81%和 12.77%，通过《南方日报》

获取科技信息的比例则相对较高，达到33.98%，通过门户网站获取科技信息的比例最高，达到40.24%。

资料来源：唐敏珊等：《广东省公众科技信息需求及科技公共传播渠道研究》，载《科技管理研究》，2012（12）。

3. 忽视了政策信息传播的技巧问题

既然公众是有差异的，那么有效的政策传播应是目标群体能够接触到的，能够理解、接受并最终产生认同感的传播。对于不同的政策信息，应选用不同的传播渠道，甚至是若干传播渠道的整合。比如计划生育的政策宣传及打击“法轮功”的政策，恐怕只靠组织传播或大众传播，执行的效力都会大打折扣。具体到大众媒体，包括报纸、广播、电视、杂志及互联网等，不同的媒体有不同的信息传递优势，有特别适宜传递的信息内容。不加辨别地选用媒体进行政策信息的传播，可能会事倍功半。故对于不同的群体，采用不同的传播方法，方能够有效地说服他们。而且，在政策信息的传播上，应注意政策传播并不等同于政策教育，在政策宣传上不能一味追求“高、大、全”，脱离实际，使人难以产生认同感，甚或产生逆反心理。而目前的政策传播，基本上是政策公布、政策发布及领导人发表电视讲话等，无法激发政策对象的兴趣。

10.8.3 改进政策传播的措施

1. 改革一元化的信息传播机制，建立完整的信息传播网络

以组织传播为主的传统的政策传播机制在很长的一段时间里发挥了很重要的作用。但随着计划经济向市场经济的过渡，民主化程度的不断提高，那种单一、狭长的传播渠道已不能有效满足人们知情权与参与权的要求，也不能适应渐趋复杂的行政管理事务的要求，而传播技术的迅猛发展在客观上为传播机制的改进提供了技术方面的支撑。大众传媒的高度发达、电子邮件、电视电话会议、政府上网工程为建立完整的政策信息传播网络奠定了基础。这种纵横交错、四通八达的传播网络，将会从根本上改变秘密行政、暗箱操作的行政旧态，充分满足人们的知情权；而且这种将触角伸向社会每个角落的信息传播网络，改变了以往政策信息传播的不对称状态，也改变了信息传递的单向模式，使政府与公众之间的互动成为可能。新的双向信息传递模式为公众信息反馈的畅通无阻提供了一条有效的通道，既避免了信息在层层上达中梗阻、变形现象的产生，也满足了人们对政策执行的参与权，从而为政策的顺利实施提供了保障。比如政府上网工程（典型的政府行政与大众传播技术的嫁接），为政府与公众的直接沟通架起了桥梁，公众可通过网络便捷地查询相关信息、反馈信息，从而使双向的沟通成为可能。而另一方面，政府也要充分考虑到公众对政策信息获取的便捷性，网民虽在呈几何级的速率递增，但由于条件所限，还有更多的公众游离在网络之外。在网络技术能为全社会的民众施惠之前，我们可能还需要更多地关注一下传统的四大新闻媒体。毕竟人们（尤其是处于社会底层的弱势群体）“有事找传媒”的意识已日渐觉醒。然而，要真正构建一个完整的、覆盖全社会的信息传播网络，还需要完成几个转变。

首先是观念上的转变。大众传播一直以来没得到应有的重视，可能与行政人员对传媒的成见有关，也与他们一直以来“秘密行政”的习惯有关。旧中国“民可使由之，不可使知之”的传统观念在他们身上体现得淋漓尽致。这种观念认为公民的理解能力有限，且目光狭隘，只告诉他们“做什么”、“怎么做”即可，而告诉他们“为什么”却是多此一举。他们知道得越多，就越会构成政策推行的阻力。此外，“秘密”本身也是权威的来源之一，“神秘感”和“距离感”会使他们有一种高高在上的优越感，也是他们“以权谋私”行为的一道屏障。他们认为传媒是“添乱”的，而非“帮忙”的。因为传媒的报道总使他们有一种紧张感，一种无处可遁的尴尬感。尤其是当一个负面事件在媒体上曝光时更是如此。而如今，随着社会利益分化的加剧，人们民主观念意识的觉醒，纳税人意识的膨胀，“阳光行政”、“透明政府”、“公众必须被告知”逐渐成为人们的一种明确要求。传播技术的不断演进更使得“秘密”不再成为可能。“大道不传小道传”几乎成了现代社会信息流动的铁律。因此，树立“为公众服务”的观念应是行政人员完成的第一个转变。如果真的做到了“权为民所用”，又怎会有被传媒报道的那份尴尬与困惑?

其次是行为方面的转变。众所周知，舆论监督在社会改革的进程中发挥了重大作用，但舆论监督在重重压力之下显得步履维艰，有日渐衰微的趋势。如《焦点访谈》、《南方周末》有关舆论监督方面的报道量近几年来有减少的趋势，而减少的原因在很大程度上是由地方行政部门的阻挠行为所致。如今，传播环境发生了新的变化，这个变化了的传播环境向某些地方政府的行为提出了挑战：随着媒介领域的逐渐开放，将有越来越多的境外媒体机构参与到国内新闻的竞争之中，如果说对中国的传媒可采用行政手段的“打”、“压”来封锁消息的话，那么对于国外的媒介同行，只靠行政命令恐难以奏效，而且网络的无国界信息流动，使信息的封锁更难成为现实。既然为封锁消息而采取的一系列行政行为不再管用，那么在行为方面展现出一种更开放、更民主的姿态，以一种主动的新闻发布的方式来对传媒行为进行引导，配合传媒的新闻报道工作，定期向他们通报近期工作重点，以争取他们的支持恐怕是最好的选择了。而今在我国的很多地方，各个政府部门都建立了新闻发言人制度，这是行政行为方面发生转变的最好说明。

最后是要完成政府对传媒调控方式的转变。也就是要改变原来对传媒简单的硬性调控方式，以软性的方式赢得媒介、公众对政策的支持。这里，我们可借鉴美国的经验。美国对私有媒介的主要管理方式是控制消息来源，让媒介按照政府的意图报道那些政府想让人们知道的消息。为此，美国建立了完善的透漏信息制度，媒体为了获得重要信息，不得不在这一制度下倾听和报道政府的声音。当新闻发布的重大事件及观点成为媒体获悉、报道消息的唯一权威来源时，媒体舆论便紧紧固定在政府意志的天平上。在新闻发布会现场，如记者的提问有刁难的嫌疑，往往被视为不友好的态度，可能下次不会再得到邀请。在美国，政府高官在私下场合向记者透漏消息，成为美国政府控制新闻的第二种方式，采用这种方式，一方面可通过神秘感提高媒体和公众的兴趣，另一方面可通过媒体非正式的信息透漏来了解动向，被称为“试探性气球”，即把不一定付诸实施的政策或想法披露给新闻界，以探测公众的反应。如遭到强烈反对，便出来辟谣。这种手法虽有争议，却不失为一种测试、了解民意的方法。另外，“友情桥梁”是西方政界控制新闻媒体的特殊方式，著名记者不断结交新的官员，密切交往使他们相互了解对方的观点，一旦友情的桥梁建起，官员们便把需要媒体为之宣传的意见告诉新闻界。鉴于友情的深厚，媒体只能为政府卖力。

总之，政府要加强与新闻媒体的合作，为此，在进行信息的传递时，必须遵循一些基本规则，如开诚布公、提供服务、不要寻求封杀以及不要大水漫灌媒介。[①]

2. 通过传媒进行政策传播，要注意运用策略

有"第四权力"之称的大众传媒，对社会公共事务的干预越来越强，以至于世界各国的政党和政府，无一敢忽视传媒的作用。实际上，正如莫斯科维齐所说："对报纸、无线电最重要的是对电视的控制，成为政府斗争和社会辩论的关键。不管正确与否，每一个统治集团、政府或反对党都认为：不管是谁掌握了这些大众媒体，都将会对大众舆论产生决定性的影响……为了建立和控制他们的大众群体，现代领导人需要媒体和使用媒体的才能。"[②] 使用媒体的才能，决不意味着对传媒的简单使用，而是艺术地、有技巧地使用。因此，政策传播并不意味着将有关的政策、条例在媒体上公布，而是基于一个对目标群体的细致考察，有针对性地选择媒体与公布信息。如一项针对大多数农民的政策信息，绝不能仅选择在网络上公布，而是要选择一个农民最易接触到的媒体，以他们最喜闻乐见的一种方式进行传播。否则，一是有可能造成大量的"信息盲区"，二是有可能导致"传而不通"现象的出现。鉴于受教育程度的限制，大多数农民会接受不了专业化很强的信息表述，因此，信息的传播要在"三贴近"上下功夫，使信息能以一种能被他们感知、理解的和接受的方式来传播，使他们能真正感到党和政府是他们的贴心人，制定出的政策是真为他们着想，是有利于他们的愿望实现的。具体说来，比较常用的方法有：（1）根据政策对象对政策的态度和接受程度，来确定是选择只是讲"一面理"（即只讲传播者希望被接受的观点）还是"两面理"（正反观点都讲）；（2）根据政策对象的受教育程度以及与政策问题的关联度来确定是理性多一点还是情感多一点；（3）根据政策问题的复杂性来确定是采取"明示法"还是"暗示法"；（4）根据心理学方面的"首因效应"与"近因效应"来组织信息的顺序，以保证重要的信息传至政策对象时记忆的效果最好。对于可能引起争议的社会政策，是否应采用"预热"的方法等都是应该考虑的内容。

另外，在进行政策信息的传播时，要注重政策传播的时效，确保信息的价值及传递信息的权威度，防止流言的肆虐。要把握好示范（即宣传好人好事）的尺度，提高传播的可信度。要保持专家、政府官员与公众的互动，这种互动的方式，可有效地解疑释惑，对于全方位地理解一个政策的前因后果可以有清晰的认识；更重要的是，这种互动的方式表现了对公众信息反馈的重视，体现了一种对民意的尊重，可使他们有一种对国家的归依感和被信任感。当有被尊重与信任的感觉时，他们会甘愿为政策的实施牺牲掉自身的利益，这也是一种补偿机制，只不过是以情感替代有形的物质罢了。而据马斯洛的需求层次理论，对情感的需求是一种更深层次的、更具社会价值的需求，这种需求是作为社会人的一种必需。

10.9 公共政策传播机制的演变

现代社会是一个信息社会，解决社会生活中产生的政策问题，必须充分掌握各方面的

① 参见［美］格伦·布鲁姆等：《有效的公共关系》，273页。

② ［法］塞奇·莫斯科维齐：《群氓的时代》，276页，南京，江苏人民出版社，2003。

信息。准确的信息可以减少决策的不确定性和盲目性，提高政策的针对性和适应性，从而提升政策效果，达到政策目标。公共政策的传播渠道与传播方式对于信息传递的质量起着决定性的作用。随着传播技术的不断更新与完善，创新政策传播机制就成为必然。

回溯新中国成立以来我国的公共政策传播机制，可分为两个主要阶段，即计划经济体制时期的公共政策传播机制和改革开放以来的公共政策传播机制。

10.9.1　计划经济体制时期的公共政策传播机制

在计划经济体制时期，我国是个典型的总体性社会，政府垄断了几乎一切资源的配置，并以行政手段实现了高度的政治整合。在这种背景下，政策的传播主要以组织传播为主，辅之以其他类型的传播方式。

1. 计划经济体制下政策传播机制的主要特点

首先，政策信息的流向是自上而下的，呈现出明显的单向特征。在中国，传统的政府所扮演的角色是对社会实施控制，政府形象是权威、全能、至高无上、无所不能的。它是整个社会唯一的权力中心，社会必须受制于这个中心，公民必须服从于政府的管制，政府与公众是命令与被命令、服从与被服从的关系。在这种关系之下，公共政策通过各级行政部门层层下达，最后抵达政策对象。因此，信息的流动是单维度的，不可能也不必要存在公众对政府的信息反馈机制，公众对公共政策的意见很难进入政府的决策和执行部门，错误的决策经常难以得到及时有效的纠正。显然，在高度整合的社会，这种单向的信息传递方式效率虽高，但公众的参与度低，充其量只是政策的被动接受者和承受者。

其次，党和政府是政策传播的主体。党和政府既是政策的制定者又是政策的执行者，同时又承担着对政策的宣传和解释义务。“中国公共政策的决策体制，主要由行使公共权力的各级国家机关和执政党的各级组织构成。在多数情况下，党的有关组织拥有政策的实质性决定权”，“政策问题的提出，主要不是来源于公民的政策诉求，而是来源于决策机关内部建立的制度性信息收集系统”[①]。在中国，大量的政务特别是关乎全局的重大政府行动，往往是各级党委与有关的政府机关共同推动并组织实施的，中国党政系统在实施重大决策的方式和步骤方面，已经形成了一整套相对稳定的程序和自成系统的做法。与此同时，“中国的公开传播网络几乎独一无二是官方的（国家或党的）事业，其内容和管理都受中央政治权威的控制……不管管理的来源和级别如何，所有这些媒体都受制于中共中央宣传部的总体控制和政策”[②]。组织传播的途径主要是会议和文件，即所谓的“一靠会议，二靠决议”，作为辅助手段的大众传媒也是作为党和政府的“喉舌”而存在的。这种对政策的强势宣传与不可置疑性，曾对我国动员有限资源赢得社会运动的巨大成功起到过至关重要的作用。

最后，政策信息的传递渠道以体制内传播为主。计划经济体制下，我国政府实行高度集权、行政命令的治理模式。金字塔般的组织结构、迷宫似的行政运作程序，使得政府与

① 中国社会科学院公共政策研究中心等编：《中国公共政策分析·2003 年卷》，273 页，北京，中国社会科学出版社，2003。

② ［美］詹姆斯·R·汤森、布兰特利·沃马克：《中国政治》，199 页，南京，江苏人民出版社，1995。

外界的沟通非常困难。在这种情况下，如果执行部门看重自己的“私利”或本身对政策存在误解，就极易造成对信息的扭曲；再者，我国长期以来的党政双轨行政结构所造成的党政不分、机构重叠、部门林立、职能交叉，也会导致政出多门、政策冲突的现象，使政策的接受者无所适从。所谓“上面千条线，下面一根针”，就是对这种情况的典型反映。

2. 高度一元化政策传播体制出现的背景①

作为政府的一项有组织的行为，长期以来特别是改革开放之前，组织传播的效率非常之高，曾在政治动员中发挥过重要作用。那时，国家的政策通过组织系统可以在不利用或较少利用大众传播媒介的情况下，迅速达至政府基层，甚至每一个企事业单位、社会团体和个人，即相关的政策对象，真正做到了“统一行动、令行禁止”。在我国，中国共产党是执政党，居于主导地位。其在政治上的领导地位，决定了中国政府在实现它的管理职能时是与党委执行系统的运作紧密联系在一起的。事实上，在党和政府内部的确存在着一个以党的系统为主线，政治上可靠，线路上通畅，可以直达每一个“单位的党政组织”的信息传输通道。分析这个通道的形成，离不开当时的社会结构，即单位制、差别户籍制、行政身份制②构成了社会组织化系统的基础，形成了基本涵盖一切领域的巨大的科层制组织网络，保证了政府与社会成员之间信息的畅通。当然，这也潜伏着很大的破坏效率机制和信息失真、决策失误的危险。

这种高效而单一的传播，是与当时我国政治上高度集权、经济上实行高度统一的计划经济体制分不开的。在政府机构涵盖不到的地方，无处不在的党的组织机构可以进行补充，因此党和政府基本上全面控制了社会，包括社会的经济自由。社会的横向结构分化很低，突出表现为政治、经济、文化三个中心高度重叠，政治控制了经济、文化。整个国家政治挂帅，“以阶级斗争为纲”，政府通过各种方式控制人们的思想和文化；整个社会呈现出“泛政治化”的倾向，没有政治不能波及的空间和领域；经济完全成为政治的俘虏，企业成了政府的附庸。

与此同时，政治权力还对个人生活进行了全面的控制：一是差别户籍制度。通过户籍制度对全社会成员进行空间定位，并与粮油供应结合起来，控制了人们的生活资源，限制人口的自由流动。二是单位制。单位制“是一个人工作的地方，但它也是政治、社会和居民的实体”③。把个人纳入单位的制度，“从本质上说是一种将利益统治与强制性统治结合于一体的统治形式和工具”④。借助于单位这一新型的特殊组织，几乎全体公民都不同程度地纳入了行政权力的控制范围。也正是凭借单位制度建立起来的高效的动员机制，党和政府能够运用自上而下的行政手段，有效地组织动员群众，成功应对新中国成立之初政治和经济的内外压力。三是行政身份制。个人的行政身份在一定程度上代表其社会地位，政府的干预行为深入一切社会群体之中。这三种制度互为补充，基本上使社会形成了一个巨大的网络，所有的人都被这个网络覆盖并控制起来，从而保证了政府的政策实施。

总之，计划经济体制时期，在我国形成并一度强化的高度一元化的政策传播体制，是

---

① 在此借鉴了熊佩锦先生的硕士论文《公共政策执行过程中的传播研究》的部分内容。

② 参见刘溶沧主编：《中国：走向21世纪的公共政策选择》，54页，北京，社会科学文献出版社，1999。

③ ［美］詹姆斯·R·汤森、布兰特利·沃马克：《中国政治》，84页。

④ 李汉林、李路路：《资源与交换——中国单位组织中的依赖性结构》，载《社会科学研究》，1999（4）。

在中央政府高度集权的政治体制和与之相配套的户籍制、单位制、行政身份制的共同作用下建立起来的。在相当长的一段时间内，它对有效动员民众以保证国家政策的实施发挥了重要作用，但随着时间的推移，这种传播体制的弊端也越来越多地暴露出来。适应市场经济社会的需要，构建多元化的信息传播机制成为必然。

10.9.2　改革开放以来的公共政策传播机制

改革开放以来，以市场为趋向的经济体制改革向纵深推进，政治和其他领域的改革也迈出较大步伐。在此背景下，高度一元化的公共政策传播机制已难以适应飞速发展的政治和经济社会生活的需要，退出历史舞台成为必然。一种新的公共政策传播机制应运而生。

1. 政策传播机制转变的原因

首先，是无法再依凭单位制来确保公共政策的全社会覆盖。改革开放后，社会结构发生了重大变化。表现有三：一是单位制发生了很大变化。出现了大量的无组织无单位人员，如个体和家庭的劳动者；出现了大量有组织无单位的人员，如私营企业、三资企业和乡镇企业的员工等，他们与其组织不存在单位化的依赖关系。同时，曾经是单位制“堡垒”的国有部门内部也同样发生了变化，普遍采用“新人新办法，老人老办法”，即新招人员采取聘任制，老员工仍沿袭了单位制的管理办法。二是户籍管理也发生了很大变化。国家放松对城乡壁垒的控制，鼓励农民进城务工经商，加之农产品生产的增长和供给的充足，使得户籍对社会流动的限制有所松懈，人户分离现象较为严重，使得部分人游离在原有的控制之外。三是行政身份也失去了原有的作用。随着社会流动频率的增加、价值观的变化以及社会地位获得方式的多样化，行政身份愈来愈失去了原有的魅力。上述社会结构发生的重大变化导致社会上为数不少的人失去了获得政策信息的主要通道，原来高度一元化的组织传播已不再拥有涵盖全社会的力量了。

其次，是无法再依凭中央的高度集权来确保公共政策的有效传播。计划经济体制时期，公共政策的有效传播是以中央高度集权为前提，以限制甚至可以说是牺牲地方的生计与活力为代价的。改革开放后，中央实行分权改革，开始强调地方利益。“中国步入改革时代以来，一个重大的变化就是党和政府从‘行政人’向‘经济人’的转变。”① 为了地方利益或部门利益，一些执行人员不惜扭曲政策信息，导致了信息的梗阻和失真。各级政府部门实际上是信息垄断者，信息透露与否、透露多少完全取决于其自觉。政府官员递减信息的动机无非有两个：一是为了使自己的不当行为得到保护，二是为了便于对下属及社会的管理。于是，我们看到，中国官场上不乏欺上瞒下的行为。在信息不对称的情况下，公众根本无法主动与政府沟通，更谈不上有效参与，这样就无法对政府形成有效的制衡和监督。“在发展中和转型中的国家，政府的作用和影响很大，政府及其官员行为的随意性也很大……在社会和政治生活中，在一系列重大问题上，往往只有政府的一个声音，而没有民间的不同声音……”② 一元化的传播体制已不能有效地沟通政策信息了。

此外，新形势下政策传播环境的变化也使得旧有的传播机制不再能够满足社会发展的

---

① 咸台灵：《中国政党政府与市场》，165 页，北京，经济日报出版社，2002。

② 吴锦良：《政府改革与第三部门的发展》，140 页，北京，中国社会科学出版社，2001。

需要，政策传播机制的创新就是在此背景下提出的。

2. 政策传播机制的演进趋势

在新的政策环境里，我国公共政策的传播机制既面对着严峻的挑战，也具备难得的发展机遇。其发展趋势如下：

第一，公共政策的传播主体日益多元化。“随着国家对资源和社会活动空间垄断的弱化，以及体制改革所释放出来的‘自由流动资源’的增多和所提供的‘自由活动空间’的增大，社会正在成为一个与国家相并列的、相对独立的提供资源和机会的源泉。”① 社会力量更多地参与国家治理，一方面为建构多元的公共政策传播网络提供了资源保证，另一方面也为它们作为“行为者”参与政策制定提供了充足的理由，传播技术日新月异的发展也为社会参与提供了技术可行性。政府仍然是政策的主要制定者和政策的执行者，是政策传播的主体，但已不再是信息的垄断者和唯一的传播者，第三部门和公民个人都可成为公共政策的传播主体。

第二，公共政策的传播渠道日益多元化。随着人类进入后工业社会和信息时代，信息技术特别是互联网的发展，革命性地改变了人类社会获取信息的方式和效率，打破了原来大一统的传播方式，为公众接触政策信息提供了更多的选择和可能。关于这方面的典型例子就是“政府上网”工程。它创造了一种政府政策信息传播的新媒介，充分实现了政府与公众对政策信息的共享，打破了权力部门对信息的控制和专享，为实现政策信息的平等交流和互动沟通提供了一个切实可行的平台。也就是说，“政府上网”工程改变了传统“科层制”政府信息流动的曲折性，极大地缩短了政府与公众之间的沟通距离，使得政府变得更亲和、更具说服力和影响力，实现了政府与公众的“双赢”。从政府的角度看，它是政府公共关系传播沟通的有力工具，有利于政府机构准确把握自身与社会环境及公众的真实信息和相互关系状况，为政策制定的科学化和民主化奠定基础；从公民的角度看，政府与公民借助现代信息和通信技术建立的新型沟通网络，打破了时空及部门与层级之间的限制，公民能及时了解政府的施政意图、方针与政策，适时反映公民的要求和呼声，从而提高政府治理的反应能力和社会回应能力。当然，要想保持与公众的全方位沟通，仅凭新媒介新技术是不够的，应该是对所有媒介形式和沟通管道的有效整合。

第三，政策信息传播制度日益完善。获得真实可靠的信息是公众“知情权”的要求，也是公众参与政治过程的前提和保障。信息的顺畅流动不应仅凭主观的意愿来推动，制度的完善才是一劳永逸的保证。要完善制度建设，需要做到以下几个方面：其一，尽快出台政府信息公开法。实行政府信息公开，增强政府行政的透明度，是保障公民知情权的一条根本措施。信息公开法的制定，会将政策信息的公开内容、范围作为一项义务来要求政府的各级部门，规范和制约了政府人员在信息传播方面的随意行为。广州市正式发布《广州市政府信息公开规定》，并于 2003 年 1 月 1 日起实施。该项规定的出台，将为我国制定全国性的立法及其他地区的地方立法提供参考和借鉴。同时，要修改和完善保密法、档案法等相关的法律，科学、合理地界定公开与保密的关系，使政府的信息公开既有实质性内容，又不会损坏政府和国家的安全利益。其二，要完善政府新闻发言人制度。新闻发言人

① 陈洪波：《论中国公共政策传播机制的转变》，载《山东行政学院山东省经济管理干部学院学报》，2003（6）。

制度既是通过发布信息来引导舆论的有效方式，也是政府公共关系尤其是危机公共关系的一条有效途径。它通过权威的信息发布来规范媒介报道，遏制流言蜚语，使事态始终向有利于自己的一方发展，也是展现政府能力和形象的实验场。目前，许多国家都设立了新闻发言人制度，在我国，不少政府或企事业单位也都设立了专门的新闻发言人。另外，要建立政府政策制定的咨询制度。鉴于政策问题的难缠性质及政府精力、时间和智识方面的限制，要进行科学的决策，必须凭借“外力”，让“利益持有人”来参与有关游戏规则的制定。比如国外存在的大量的“智囊库”以及我国近年出现的“听证”制度就是其中的例证。

第四，公众反馈渠道更加多样化。随着政治民主化、经济市场化的发展以及公民意识的日益觉醒，政府仅靠强制权力和政治动员来推行政策的做法已明显失效。因为“政策接受者并不是所谓‘顺从的目标群体’，也不是被动的‘政策客体’或‘政策对象’，而是能够自觉认识到政策目标和措施与自身利益之间的关系，并作出积极反应的主体，即政策接受主体”①。在这种情况下，政策反馈的机制已明显触及政策实施的效果。因此，拓宽公共政策制度化的反馈渠道与加大对通过大众传播等非制度化的渠道来搜集反馈信息的重视程度就是因应公众呼声的有效途径了。网络这种互动式的大众传播工具更为公众提供了一条了解信息、倾诉心声的便捷途径。而当今社会流行的市长热线、政府接待日、社会协商对话都是政府了解民意、公众反馈信息上达的路径，其中上海在 20 世纪 90 年代中期推出的“市民与社会”栏目将政府官员通过大众媒体来倾听民意、了解民情这一路径推到了一个新的高度。

需要特别提出的是，公共政策的传播日趋人性化了。具体表现为，在进行政策传播时，更注重公众的感受，更关注他们的利益，从公众的视角来解说政策、评点政策的案例日渐增多，而且政策的传播方式更加生动、灵活，不拘一格，以全方位的展现来促进公众对政策的认知和接受。

10.10　政府公共关系新课题：议题管理

前已述及，现代政府的宏观公共行政能力可以理解为政府正确地制定公共政策和有效地执行公共政策的能力，或者说就是政府正确地选择作为或不作为的能力。② 现代社会的飞速发展对政府行政能力提出了新的更高的要求。回应社会的诉求，提升自身的公共行政能力，塑造廉洁、高效、服务、责任的政府形象，是全球化、民主化时代摆在全球各国各级政府面前的一个崭新课题。在此背景下，议题管理应运而生，它以更加活跃的姿态，履行政府公共关系的职能，在提升政府政策能力方面发挥着积极而有效的作用。党的十八大报告提出的建立健全重大决策社会稳定风险评估机制可以说是政府增强议题管理的有效尝试和表现。

---

① 胡平仁：《政策接受主体及其集团化趋势》，载《行政与法》，2000（5）。

② 参见张国庆：《现代公共政策导论》，107 页。

案例

近年来，因各种人民内部矛盾和社会矛盾引发的群众上访事件和群体性事件多样多发，已成为影响社会稳定的重要因素。这些事件的矛盾点主要集中在农村土地征用、城镇房屋拆迁、国有企业改制、涉法涉诉等领域，仅 2010 年，因农村土地征用、城镇房屋拆迁引发的群体性事件就占群体性事件总量的 1/5。这些群体性事件具有社会关联性强、行为方式日趋激烈、暴力对抗程度加剧且有组织有策划的特点，对维护社会稳定影响很大。从总体上看，这些社会矛盾及引起的群体性事件是我国经济社会发展水平和阶段性特征的集中反映，但在一定程度上也与我们思想观念上重视不够、工作不到位有关。如在加快经济发展中，重经济建设轻社会建设；在审批重大建设项目时对维护群众合法权益考虑不够，侵害群众利益的现象时有发生；在社会管理中存在重事后处置轻源头预防的倾向。因此，党的十八大报告提出，要建立健全重大决策社会稳定风险评估机制。这是加强和创新社会管理的重大举措，是一项对维护社会稳定、促进社会和谐有重大作用的制度建设，对于促进科学决策、民主决策、依法决策，从源头上预防和化解社会矛盾意义重大。

目前，所有省区市和地市州盟都建立了重大决策社会稳定风险评估机制，中央有关部门也先后出台了本部门实施意见或实施办法。通过实施重大决策社会稳定风险评估，及时发现各种苗头性、倾向性、潜在性问题，消除了一大批不稳定隐患，有力维护了群众的切身利益，有效保障了一批重大决策项目顺利实施，最大限度地把矛盾解决在基层、化解在萌芽状态。重大决策社会稳定风险评估已经成为从源头上防范和化解不稳定因素的重要制度。

所谓议题管理，是对于影响到组织与其公众关系的公共政策问题进行预测、确认、评估和反应的前摄过程。① 它最早应用于企业，是因应企业环境而生的管理哲学，也是创新的传播管理理念。其旨在探讨企业组织如何面对外在环境的急剧变化，界定出对企业可能造成影响的政治和社会议题，进而迅速动员资源，形成策略，以因应议题，甚或影响议题的发展，形成有利于组织生存发展的内外部环境。随着政府职能的转变、地方政府间竞争的加剧尤其是行政生态环境的变化，政府组织也引入了议题管理的概念。

10.10.1 政府引入议题管理的背景

大凡政策问题，都具备了企业议题所具有的公共性与争议性的特征，都涉及大多数公众的切身利益。换言之，政策问题都是比较重要的议题，往往会“牵一发而动全身”，影响到政府运作的方方面面。将发端于企业的议题管理引入政府，主要是基于以下考虑：

首先是政策资源与政策问题的供需矛盾使然。现代社会是一个急剧发展变革的社会，存在着大量需要回答和解决的问题。然而，任何一个国家或政府解决社会问题、满足人们需求的能力总是有限度的。政府掌握公共资源和政策能力的有限性，决定了社会的公共需求与政府的供给能力之间的矛盾是长期甚至是尖锐的。这种情况在处于转型期的发展中国

① 参见［美］格伦·布鲁姆等：《有效的公共关系》，16 页。

家，表现尤其突出。因此，政策议程的创建过程就是各种力量无所不用其极的过程。政府作为公共资源的分配者，如何在纷繁复杂的社会问题里发现政策议题，如何在众多的议题里进行顺序的排优，直接关系到政策制定的科学化与民主化程度。同样，作为政策议程结果的政策，将会直接影响甚或决定社会的公平和公正。这就凸显了加强议题管理的重要性和必要性。

其次是政府行政环境的变化使然。政府行政环境的变化，体现在以下方面：

（1）地方政府间的竞争加剧。改革开放以来，中央政府实施“分灶吃饭”和“简政放权”的政策，地方各级政府在拥有了较大资源配置权的同时，逐步形成了相对独立的地方利益。一般而言，作为利益主体的地方政府，已经不再也不满足于扮演计划经济时代那种亦步亦趋的中央政府决策的维护者和实施者的角色，转而追求自身利益的最大化，相互之间的竞争也加剧了。一方面，地方政府积极寻求中央政府的政策支持，以有效地吸纳资金发展当地经济社会事业；另一方面，地方政府也开始有限度地承担原有中央政府承担的责任和风险，“高官问责”、“引咎辞职”这些在中国的政治领域原本陌生的制度开始出现并逐步推进，从政由此变成一项风险行业。据报道，仅仅在 2004 年 4 月，国务院、北京市和吉林省人民政府就分别批准在川东钻探公司特大井喷事故、密云县迎春灯会特大伤亡事故、吉林市中百商厦特大火灾事故中负有主要领导责任的中石油公司总经理、密云县县长、吉林市市长引咎辞职。此前，对于这三起特大安全事故有关的 68 名当事人、有关责任人进行了处理。① 有学者指出，建立在官员问责制基础上的引咎辞职制，应不仅限于重大安全事故责任的追究上，还应涵盖其他领域，如用人失察、决策失误等。这在客观上形成了一种促使地方官员加强议题管理的动力机制，客观上使政府及其负责人不得不思考，如何在迅猛发展的社会面前始终保持清醒的头脑，将可能引发危机的问题消弭于无形。

（2）建设效能、责任、回应、服务型政府的需要。效能政府的一个显著标志就是快速反应和应变的能力。现代社会的瞬息万变与快节奏衍生出大量现实的、潜在的公共政策问题和公共行政管理问题，它们往往具有突发性、爆发性、大型、复杂的特征。这就要求作为国家公共权力主体的政府驾驭形势，大大提高输入信息的广泛性、判断信息的准确性、处理信息的有效性、输出信息的可靠性，对变化及其衍生的各类问题做出及时、准确、合理、有效的反应。责任、回应的政府是民主社会的必然要求。如果一个政府在公众的利益和需求面前反应迟钝或没有反应，最终肯定会招致公众不满，引发丧失统治合法性的危机。服务型政府以公众利益为中心，以公众的满意度来衡量自身的行为，追求公共利益的实现。能否敏感地发觉民隐、探求民瘼，抓住公众反映最强烈、最急需解决的问题，是对服务型政府的严峻考验。所有这些要求，构成了政府议题管理出现的内在条件。

（3）现代传播环境的开放性与公众意识的回归，使得加强议题管理成为当务之急。从组织的角度来看，公共议题最简单的定义，就是组织表现和社会大众期望之间所存在的落差。公众政治参与的广泛性、对自身利益的积极寻求，与转型社会所出现的种种弊端及问题，使公众很容易产生对社会的不满情绪，而发达的现代大众传播技术与信息传递的无屏障性更容易使这种不满情绪在无形中放大。政府议题管理，作为有效引导现代传播环境下

① 参见周建群：《引咎辞职：强化从严治政》，载《时代潮》，2004（5）。

的新型公关的手段，被提上议事日程。当然，全球化的政治、经济环境的冲击也是我们需要考虑的一个因素。在汹涌澎湃的全球化浪潮的洗礼下，现代政府所面对的不仅是一国范围内的公共事务，跨国界的议题也进入了它的视野。应对全球化，要么选择积极主动的参与，要么被边缘化甚至淘汰出局。因此，发挥议题管理功用，细察国际规则，规范自身行为，是抓住全球化带来的机遇、抵御全球化冲击的必然选择。

10.10.2 议题管理的功能

议题管理是一种动态的管理过程，其目标是为了保护一个组织及其主要风险承担者共同的利益，帮助维护市场、减少风险、创造机会并且管理作为组织宝贵资产的形象。这个目标的实现有赖于：预测、调查并且区分问题的优先秩序，评估有关问题对这个组织的影响，提供政策和战略建议、把风险减少到最低限度、抓住机遇参与并实施战略，评估项目的影响。[①] 具体说来，议题管理之所以重要，是因为它具备以下四项功能[②]：

（1）传播——议题传播在议题管理策略中占有极重要的分量。组织散布与议题有关的信息，能使大众对组织的行为及政策的实质内容有正确的认知，进而支持组织的做法。

（2）议题侦测——议题管理可以将经营的触角伸到外界，预测环境的趋势变化，并且预知公共政策的制定方向。经由议题的侦测，组织也可以估算采取何种回应措施和行动。

（3）实践组织的社会责任——议题管理可以达成实践社会责任的目的。

（4）策略规划——议题管理通常是公共事务、企业规划、企业传播、政府事务或政策分析的重要项目。例如，在策略规划之时，纳入公共议题的变数，可以扩大策略的思考方向，帮助组织做出更为妥善的决策。

在具体实践中，议题管理功能的发挥，至少可以起到如下作用：

（1）事前的防范功能，可减少组织面临的不确定性或风险。现代社会，由于各种因素的相互作用，使得各种灾难和危机出现的可能性和概率增加，也使得灾难和危机的危害程度扩大。因此危机管理成为现代政府所共同面临的问题。但目前的危机管理侧重的是对危机的处理，这是它与议题管理的最大差别。议题管理具有先期性行为的特征，它力图对变化的可能性进行识别，并在该变化对组织机构造成负面效应之前影响与改变相关的决策，是一种未雨绸缪、防患于未然的举措。它有效地侦测环境的功能，使问题在潜发期就能有效地被察觉。从这个角度讲，它是对环境更积极的应对。政府管理的目的就是“使用少量的钱预防，而不是花大量的钱治疗”，这与议题管理有异曲同工之妙。

（2）增强政府的政策能力，提高其合法性。政策资源的最大浪费是花大力气解决了一个错误的问题。议题管理可以敏锐地察觉社会的风吹草动，使仍处于萌芽状态的问题尽可能地展现在决策者视野之内。我们知道，大量的政策问题基本上是异常复杂、相互牵连的，如果“头痛医头、脚痛医脚”，不仅政府会长期处于被动地解决问题之中，而且很容易导致政策资源的浪费，即花大力气解决了一个不是问题的问题。尽可能全面地侦测社会，努力回应民众的需求，善于倾听社会各界尤其是政策对象的呼声，及时地发现问题、有效地

---

① 参见［美］格伦·布鲁姆等：《有效的公共关系》，17页。

② 参见吴宜蓁：《议题管理：企业公关的新兴课题》，30页，台北，正中书局，1998。

解决问题，是公众对政府的基本要求，也是政府塑造良好形象、提高合法性的关键。

(3) 塑造良好形象，提升政府竞争力。议题管理的传播功能客观上能为政府行政提供一个良好的舆论环境，而议题侦测功能可更好地规避风险、发现机会，为地方政府带来更多的社会支持，策略规划功能又使政府的公共关系活动行之有效，从而在整体上提升其竞争力。

10.10.3 议题管理的步骤①

进行议题管理一般要经过以下步骤：

(1) 确定议题。议题是指一种悬而未决的、没有固定方案的、存在广泛的社会争议又具有广泛社会影响的问题。它具有两个特性：一个是公共性。这类问题是公众普遍关心、关注的问题，如环境污染问题。第二个是争议性。这类问题是具有社会争议的、尚未有定论的问题。有时经过媒体的强调和放大，可能会导致舆论危机。

(2) 确认相关的公众。跟议题相关的公众是哪些人，这些人有何共同特征，高度参与的公众是谁，他们会对议题构成什么影响，这些议题对他们而言意味着更多的机会还是威胁，他们的反应如何，会对社会产生怎样的影响。只有了解公众的范围，预测公众可能出现的反应，才能更深入有效地解决问题，并在突发事件中占据主动地位。

(3) 游说。议题是一种悬而未决的社会问题，具备不同的发展方向，既可能是组织的一次威胁，也可能是一次机会。如何使议题朝有利于组织的一方发展呢？游说是行之有效的一种方法，它旨在使己方的观点、意见在最终的政策规划方案里得到体现。国外议题处理广泛采用游说的方式。因为议题的出现往往表现为公共政策制定部门的分歧，比如政府部门的分歧、行业舆论的分歧、意见领袖的分歧、相关利益群体之间的分歧等，这就决定了对官方制定政策的部门、立法机构、意见领袖和相关利益群体积极地施加影响是必要的。

(4) 建立有效的信息环境监控机制。有效的信息监控是防范危机的前提。随时对组织生存发展的环境进行侦测，发现那些可能影响到组织的各种议题是议题管理的基础。

(5) 建立一个危机管理小组。议题管理实质上是一种更积极的危机管理，或者说是危机管理的前奏。正因如此，有学者主张把危机管理作为一种议题来处理，也有学者主张在议题管理中引入危机管理的方法。总之，二者有很大的关联性。危机管理小组的建立是议题管理的最后一道防线，虽然有许多议题我们可预见而且可处理，但当不可避免的危机到来时，危机管理小组可将危机的危害程度降到最低。危机发生时，来自权威消息的口径一致非常重要，因此政府新闻发言人的地位不可替代。

10.10.4 加强政府的议题管理

既然议题管理功能的发挥能够有效地提升政府制定政策、实施政策的能力，那么如何让政府的议题管理行之有效，充分发挥其作用就是各级政府需进一步考虑的问题了。

大体而言，加强政府的议题管理，可从战略和战术两方面同时入手。

① 此部分参考了廖为建教授在 2000 年中国国际公共关系大会上发表的题为《议题管理与舆论危机》的演讲。

在战略方面，有两点需要引起注意。

第一，建立政策问题即政府议题的监测与预警机制。各级地方政府所设的政策研究机构可在主要提供政策方案的前提下，强化对社会问题进行动态监测的功能。重点对那些影响社会稳定、败坏政府声誉甚至引发政治动乱的社会问题及时发出预警信号，迅速纳入政策议程，并提供相应的政策方案。对一般性的社会问题，只要是事关民生、民需的，也应定期收集、筛选、分析，以便让决策者随时掌握社会动态。在加大对内部行政信息（包括各职能部门报送的信息，尤其是国安、公安、信访等部门报送的敏感信息）综合分析力度的基础上，着重加大对外部媒体信息（包括各种内参信息、大众媒体的一般性信息）的监测，每日向有关领导提供舆情动态，定期对带普遍性、敏感性的社会问题进行分析，提出对策建议。一般来说，外部媒体信息一方面可以对行政内部所提供的信息作有效补充，另一方面它还具有敏感度、真实性和及时性的特点。值得注意的是，目前绝大多数地方政府缺乏对港澳台以及国际媒体信息的监测，这与开放时代是不相适应的。应加大在这方面的监测力度，及时捕捉国际舆情，调整行为方式，更好地参与国际竞争。

第二，建立全方位、网络式的智囊库。鉴于当代政策议题的“难缠”性质，政府需要动员社会各方面的力量提供政策建议，这些力量可来自专业化的政策研究机构、公共关系部门、咨询公司、社会各界精英、各类研究机构甚或是国外的专家。现代传播技术的迅猛发展为人类提供了很多共同面对难题的机会。充分利用这些网络，可为我们打开政策决策的国际视野，最大限度地开拓我们的战略思维空间。

在战术方面，要特别注重发挥大众传媒的巨大功用。一方面，要大力发挥媒体的社会预警功能。在新的传播环境下，以报道事实、引导舆论为己任的大众传媒，不仅要当好党和政府的“喉舌”，更要提升其“耳目”功能，将社会预警视为应尽的职责和战略任务，在整个社会预警机制中发挥重要而特殊的作用。传播学的集大成者施拉姆曾说，如果国家是一艘行驶在海洋中的船，那么记者就是船上的瞭望者，他会将激流险滩都报告过来，这就是媒体预警职能。它通过自身的信息触角，将社会中处于“未然态”的各种危机因素发掘出来，有效甄别，科学判断，及时向有关部门或公众预警危机。另一方面，要大力发挥媒体的议题设置功能。媒体的议题设置功能意指大众传播媒介对于公共议题的报道，会直接影响社会大众了解公共议题的相对重要性，进而形成公共议程。换句话说，一个议题如果在媒体上得到较多的报道，则该议题将较容易被大众认定为现今社会上较重要的议题。这事实上是媒体、公众与政府间关系的一种新模式，即媒体议题影响公众议题，进而影响到政策议程。尽管有学者认为，在中国，政府议程和媒介议题是高度统一的，几乎不存在二者的严格区分，但随着传媒的市场化改革，我国已开始出现一批自称为“弱势群体代言者”的媒介，这样就会不可避免地出现媒体议程、公众议程与政府议程相互交叉而又相互背离的现象。对此，大可不必谈虎色变，大可不必奢望三者之间的交叉面完全重合。因为，既然媒体是有效测量民情民意的一种工具，假使以稳定为由限制它的功能，可能会于无意之中压制了它的自由。正因为如此，实现政府与媒体的良性互动，始终是所有政府努力追寻的目标（因前面有所论及，在此不再赘述）。恰如里杰斯特所说：“对传播的有效管理如同处理危机本身一样重要。毕竟，外界对危机的看法依赖于他们所收到的信息。”

本章小结

本文主要探讨在政策制定与执行过程中，传播尤其是大众传播的重要作用。作为一条利益表达的有效途径，大众传媒在政策议程的创建方面发挥着重要的作用。突破媒体利益表达中的限度，实现政策过程的良性循环，是提高媒体利益表达效力的必由之路。实现这一目标，应在法制框架内，从传媒、政府、公众三个主体同时入手，整体推进。在公共政策没有明显的失误、没有大的利益失衡的情况下，公共政策的实施主要取决于政策的人文环境即政策对象对政策的理解、信任与支持的程度。大众传播在告知信息、说服公众方面具有的得天独厚条件，可以为政策执行创造一个良好的舆论环境。

回溯新中国成立以来我国的政策传播机制，可分为两个主要的阶段：第一阶段，在计划经济体制时期，在我国形成并一度强化的高度一元化的政策传播体制，是在中央政府高度集权的政治体制和与之相配套的户籍制、单位制、行政身份制的共同作用下建立起来的。在相当长的一段时间，它对有效动员民众以保证国家政策的实施发挥了重要作用，但随着时间的推移，这种传播体制的弊端也越来越多地暴露出来。适应市场经济社会的需要，构建多元化的信息传播机制成为必然。第二阶段，改革开放后，以市场为趋向的经济体制改革开始向纵深推进，政治和其他领域的改革也迈出了较大的步伐。在此背景下，高度一元化的公共政策传播机制已难以适应飞速发展的政治和经济社会生活的需要，一种新的公共政策传播机制应运而生。在当今纷繁复杂的社会形势下，作为有效提升政府制定政策、实施政策能力的重要途径，议题管理成为现代政府公关的新课题。

关键术语

政策传播　　利益表达　　政策效果　　议题管理　　大众媒体

复习思考题

1. 简述政策环境与政府公关的关系。
2. 简述大众传媒在利益表达中的特色和优势。
3. 简述媒体限度在利益表达中的体现及影响。
4. 简述提高媒体利益表达效力的途径。
5. 简述媒体传播在政策执行中的重要作用。
6. 简述我国现有政策传播的弊端。
7. 简述我国政策传播机制的两个主要阶段。
8. 简述政策传播机制的演进趋势。
9. 简述政府引入议题管理的背景。
10. 如何加强政府的议题管理?

第 11 章

政府信用与公共信息传播

重点问题

- 信任的基本特征、分类
- 政府信用的特性
- 政府信用的概念
- 政府治理理念与政府信用
- 政府信用的构成
- 政府公共信息传播与政府信用的关系
- 政府公共信息传播的过程与要素
- 政府信息传播失灵原因分析
- 政府信息传播系统的建立

政府公共关系的主要精神，在于政治沟通渠道的多元性、传递信息的真实性、公众反馈的有效性。对信任和信用问题的研究表明，信息是信用评价的重要因素。对个人或组织信用的评价，很大程度上依赖于评价者所掌握的关于被评价者的信息。因此，政府公共关系对于政府信用研究的重要意义就在于，政府公共关系致力于为公众提供及时的、必要的、全面的政府信息，使公众能够基于完整的、公正的态度对政府信用作出客观的评价。

11.1 政府信用概念

政府信用一直以其独特的存在方式对政府行政管理活动起着重要的作用。信用产生于信任行为，从简单的人际交往到整个社会系统的发展，信用都占有举足轻重的地位。而在一个社会系统中，不同的个人和组织多有其独特的信用以及相关的理解。政府信用是社会信用系统中的关键部分，它的存在与发展是社会信用系统能够有效运行的重要保证。

11.1.1 信用的定义

1. 信任研究

在讨论信用概念的时候，信任是无法避免的一个重要概念。在社会学和经济学领域讨论得如火如荼的信任概念，与信用概念密切相关，对信任问题的梳理将有助于对信用概念的进一步明晰。

在社会心理学领域中，关于“信任”的定义最早是从个人视角出发，指对他人的善良所抱有的信念或指一种健康的人格品质，强调了对意向因素的内部期待。[①] 此后的研究把个人角度进一步深化。所谓一个人对某件事的发生具有信任是指：他预期这件事会发生，并且根据这一预期作出相应的行动，虽然他明白倘若此事并未如预期般地出现，此行动所可能带给他的坏处比如果此事如期出现所能带来的好处要大。[②] 这一以个人为出发点的定义一直左右着这之后社会心理学对信任问题的研究，以对个体动机、情感和行为作为信任研究的重要内容，认为信任是交往双方各自个人因素作用的结果。

随着对信任研究的进一步深化，社会学家开始从社会制度和社会系统等角度出发去探索信任问题。有人认为，一个系统（经济的、法律的或政治的）需要信任作输入的条件。没有信任，系统就无法在不确定和有风险的环境中起支持性的作用。[③] 把信任纳入整个社会制度和社会系统进行研究，为信任融入更具体的学科提供了机会。

经济学以其帝国主义式的研究方法入侵到各个社会学科，信任的研究也受到经济学非常大的影响。其中，以经济学关于信任与经济发展的互动关系研究最易为人们所接受。无限追求理性和利益的“经济人”观点不断对信任的研究产生重大的影响。现代信息经济学的核心就是研究在不对称信息条件下市场运行的问题。其中“柠檬市场”[④] 概念的提出很好地反映了经济学家对这一方面的探究。在旧车交易市场上，卖方了解车况，而买方并不了解，所以买方只能按市场平均价格来判断交易的价格，因而质量较差的二手车相对质量较好的二手车就有了价格优势。结果本想出售较高质量旧车的人发现市场价格偏低而退出市场，而次品车却留了下来。退出的好车越多，市场上次品车的比例就越大，买方的出价就越低，进而就有更多质量较好的旧车因卖不了好价钱而退出市场。这种恶性循环导致市场上只剩下次品车。这种个体经济人过分追求理性而不讲信用的结果演变成了集体信用缺失的非理性结果。而信誉则是解决这一问题的重点。有信誉的商家通过长期优良的产品和服务与顾客形成多次的交易关系，从而比通过欺骗来博取一次性利益的商家获利更多，把低劣的产品和服务驱逐出市场，从而建立起市场上相互之间的信任。显然，信息在其中占据了重要的地位，对称的、充足的和真实的信息可以增加交易双方的了解，从而影响卖家的信用度和买家的信任程度。

也许文化才是不同的国家民族形成不同的信任状况的决定性因素。也有学者认为，

---

① 参见王飞雪、井岸俊男：《信任的中、日、美比较研究》，载《社会学研究》，1999 (2)。

② 参见杨中芳、彭泗清：《中国人人际信任的概念化：一个人际关系的观点》，载《社会学研究》，1999 (2)。

③ 参见［德］尼克拉斯·卢曼：《熟悉、信赖、信任：问题与替代选择》，见《信任：合作关系的建立与破坏》，北京，中国城市出版社，2003。

④ 在美国俚语中“柠檬”一词意为“次品”，所以“柠檬市场”即指“次品市场”。

中国人以血缘为基础，建立在私人关系和家族或准家族关系之上的狭窄的信任造成经济实体永远无法扩大，也制约了市民社会的发展。[①] 显然，从家族获得信息的成本要比从家族以外获得信息的成本低得多，而信息的数量和质量也更能够支持采取行动的可能性。

信任的研究在制度研究的方向中也延伸到了政治领域。制度学派从政治制度发展的层面，来研究健全的制度如何提高社会中人们的相互信任。他们认为奖励守信者、惩罚失信者，将会使人们更容易对他人产生信任。如果政府增加自身运作的透明度，允许公民通过各种渠道表达他们的政策偏好和不满，并使自己的所作所为向公民负责，人们就会增强对政治制度本身公正性、稳定性和可预测性的信心。[②] 同时信任与民主的关系也受到了学者们的关注。有学者认为，只有在民主制度下信任才是一种理性的博弈。在极权体制下，信任他人是十分危险的。因此，当政府一手遮天时，人们至多只能信任自己的家人和密友。[③] 也有学者提出，只有当人们沐浴在民主的阳光下时，他们才可能信任陌生人。[④] 学者们在不断的研究中发现了政府既可以令社会信任有所建立和发展，也可以破坏和摧毁社会信任系统。和权利一样，信任一方面是人们相互之间的预期和行为，独立于权力之外，也不受权力的支配；另一方面，它又非常脆弱，很容易受到来自外界的伤害，它既需要权力通过奖励守信、惩罚失信行为来保护，也需要权力给予其生存的空间。信任，既需要国家权力的保护，同时却害怕国家权力的侵害。一项对 29 个国家的实证分析表明，对政府行政权力的限制和司法的独立程度与国民之间的信任度高度正相关：对政府权力的限制每上升一个点（最高为 7 点），信任度会上升 1.5 个百分点；司法的独立程度上升一个点（最高为 4 点），信任度会上升 8 个百分点。[⑤]

对信任问题的政治学分析，不可避免地把视线从人际关系和市场交易关系的信任主体扩展到政府身上。信任不仅存在于公民和市场主体之间，同样也存在于公民与政府之间。纵观 20 世纪 70 年代以来西方的政府改革浪潮，政府与公民间的信任关系问题受到了广泛关注，公民对政府的信任也得到了进一步的重视。美国前总统克林顿在国家绩效评估委员会（NPR）的报告中就曾经指出：“未来国家绩效评估委员会能够削减（财政）赤字，但不仅仅是削减开支，还包括一个信任赤字的问题。”[⑥]“政府中的信任正在衰落”。1964 年，3/4 的美国公众认为，联邦政府大部分时间可以做正确的事情，但是到了 2009 年，只有 1/4 的公众相信这一点。在州政府层次上状况稍好（35%），但是有些调查表明公众对政府的信任情况比这还要糟糕。[⑦] 不仅在美国，加拿大、英国、意大利、西班牙、比利时、挪威、瑞典、爱尔兰等很多国家都存在政府信任衰落现象。[⑧] 许多学者从政府行政的范围、

---

① 参见［美］弗朗西斯·福山：《信任——社会美德与创造经济繁荣》，海口，海南出版社，2001。

②③④ 参见王绍光、刘欣：《信任的基础：一种理性的解释》，载《社会学研究》，2002（3）。

⑤ 参见张维迎：《产权、政府与信誉》，北京，生活·读书·新知三联书店，2001。

⑥ 参见张成福、孟庆存：《重建政府与公民的信任关系——西方国家的经验》，载《国家行政管理学院学报》，2003（3）。

⑦ Harvard University Survey Project, “Hart-Teeter Poll for the Council for Excellence in Government,” *Washington Post*, March 24, 1997.

⑧ Hans-Dieter Klingemann and Dieter Fuchs, eds., *Citizens and the State*, New York: Oxford University Press, 1995; Michael Adams, etc., “Fault Their Political Institutions and Leaders,” *The Public Perspective* 3, 1992, p. 19.

政府绩效、公民参与、腐败问题以及经济、社会和文化因素等方面来分析政府信任衰落的问题，显然公众对政府信任的程度必然会影响到传统官僚体制和政府的运作方式，也是我们审视政府治理形式、研究政府与公民关系的新角度。

从上述对信任问题研究的回顾，我们可以归纳出信任的基本特征。第一，信任是一种基于信息的判断，这种关系体现于信任主体对被信任对象的心理预期、态度和随之而采取的行为。信任是指当个体面临一个预期损失大于预期收益的不可预料事件时，所做的一个非理性的选择行为。[①] 第二，信任是指一种信任主体占主动的行为，即信任主体能够基于其他因素选择是否对客体采取信任的态度或行为。第三，信任的复杂性可通过对其基本构成和维度的分析得到更清楚的反映。这些分析大多数的成分是对于被信任对象特点的分析，这些分析将对信用维度的研究有非常重要的参考意义。典型的分析结果主要有可预测性、可依靠性和信心，行为一致性、能力、义务和责任感，专业技能和可信任性，能力、动机和才干，概括性信任、情感性信任、可靠性和可依赖性等。[②]

依照不同的分类标准，可以有不同类型的信任。人际信任和制度信任的区分主要在于：前者建立在熟悉度及人与人之间的感情联系的基础上，后者则是用外在的，像法律一类的惩戒式或预防式的机制来降低社会交往的复杂性。也有学者认为，信任是人们在寻求理性保障，照此可把人际信任分为两种，一种是存在于人际关系中的保障性的信任，另一种是由对外在社会体制的信任而产生的一种对人的基本信任。也有学者提出，信任必须被视为一个集体单位所特有的（指正在交换中的两个人、小群体或大集体），而非单独的个体所特有的社会心理概念，并且他们认为信任有认知的、情感的及行为的三个维度。[③] 另外，根据信任客体的不同，可以有人际信任、组织信任和制度信任等。在组织信任中，根据不同的被信任组织，可以有对市场组织的信任、对政府组织的信任和对第三部门的信任等。

2. 信任与信用

从字义上来看，"任"与"用"是同义词或近义词，也可以合起来作"任用"，表示使用、委派人员担任职务的意思。[④] 但它们与"信"所构成的"信用"与"信任"含义又不尽相同。"信任"是指"相信而敢于托付"，"信用"则是指"能够履行跟人约定的事情而取得的信任"；另外，"信用"也可以作动词，表示相信并任用，与"信任"同义。[⑤] 而这里我们所谈的信用是名词，即由"守信"做到了"说了就去做"这一点而获得别人的信任。信用比信任更多了一层保障的含义，"信用卡"就是指这个人有钱并且可靠到可以保证会还钱的意思。因此，在英文中，与信用相对的是 credit，表示对事物真实性的信任、好的名声、荣誉或认可等意。显然，信用就是对一系列事物真实性、荣誉、认可或正面肯定的信息所构成的评价。而与信任相对的则是 trust，解释为对人或对物的特性、能力、力量和真实性的确实信赖。[⑥] 因此，我们这里对信用所下的定义是针对被信任对象的履约

①②③ 参见杨中芳、彭泗清：《中国人人际信任的概念化：一个人际关系的观点》，载《社会学研究》，1999 (2)。

④ 参见《现代汉语大词典（修订本）》，1067 页，北京，商务印书馆，1996。

⑤ 参见上书，1045 页。

⑥ 参见王飞雪、井岸俊男：《信任的中、日、美比较研究》，载《社会学研究》，1999 (2)。

能力而言的，即信用是一种被信任对象能够通过履行契约关系而获得他人信任的信息。被信任对象通过诚实地守约而保证长期获得别人的信任而建立起来的信用和名誉，我们可以称为“信誉”。

对比信任的特征，信用也有其自身的特点。第一，信用也是一种契约关系的表现，即信用主体的履约程度和信任主体的信任程度。第二，信用是一种信息价值的体现。这种信息主要是基于信任主体或第三方对被信任对象行为的评价。当然，被信任对象也可以努力令这种评价变得正面和肯定，对信用作出肯定评价和行为的是信任。第三，信用需要有相应的维度和指标进行评估。目前，针对不同领域的信用问题，已经有不同的相应的信用评估指标产生，我们将这些指标统称为信用度，信用度有高低之分。对应个人信用、企业信用的信用评级、信用评估体系已经出现，国际著名评级机构穆迪、标准—普尔的信用评级已经成为各国经济组织重要的信用评价标准。根据信用主体的规模来看，可以分为个人信用与组织信用。从社会信用体系来说，可以分为个人信用、企业信用和政府信用。

信任与信用是一种正相关的关系，信任是信任客体基于对信任主体信用信息的评价而表现出的倾向性态度或行为。在一定的客观环境下，主体的信用度越高，就意味着客体对主体履约能力的信息有着越积极的判定，客体对主体的信任程度也就越高。

11.1.2 政府信用的特性

在距今两千多年的春秋时期，孔子已经为政府信用问题写下了重重的一笔。《论语》中有一段话：“子贡问政。子曰：‘足食，足兵，民信之矣。’子贡曰：‘必不得已而去，于斯三者何先？’曰：‘去兵。’子贡曰：‘必不得已而去，于斯二者何先？’曰：‘去食。自古皆有死，民无信不立。’”在孔子看来，一个国家要长治久安，雄厚的物质基础、强大的军备、百姓对政府的信任是三个重要条件。如果三者不能兼得的话，可以减其军备，减其财富，唯政府之信用不可缺少。

这段话可以说是中国历代政府的真实写照，有的政府有强大的军备，有的拥有丰厚的经济实力，但往往因为失去了百姓的信任而走向灭亡。司马光认为，“夫信者，人君之大宝也。国保于民，民保于信；非信无以使民，非民无以守国。是故古之王者不欺四海，霸者不欺四邻，善为国者不欺其民，善为家者不欺其亲。不善者反之，欺其邻国，欺其百姓，甚者欺其兄弟，欺其父子。上不信下，下不信上，上下离心，以至于败”。在政治领域中，政府信用一直都以其独特的方式起着重要的作用。政府的信用，意味着政府被公众信任、认可、认同的程度。这些因素都与政府良好的形象与声誉无法分离。而政府公共关系研究的重点就是要建立政府良好的社会信用记录，维护政府与公民之间良性的互动关系。因此，在现代民主政治与行政的发展过程中，政府公共关系（public relations in government）一直占有举足轻重的地位。在以人民主权、责任行政、多数治理为民主政治主题特质的今天，政府与公民之间的关系，必然为一种互动的沟通（interactive communication）关系。而“讲真话”这一被“公共关系之父”艾维·李奉为真谛的格言，已经被认为是这一沟通关系的重要构成因素。从公共关系被真正地运用到政府管理开始，政府信用就成为政府公共关系的重要组成部分。

目前对社会信用体系的研究多集中在个人信用、企业信用的层面上，对个人信用、企业信用的测评也相应地产生了一定的测评体系，而政府信用作为社会信用体系的关键，却没有相应的评估指标，使得政府在处理社会事务的时候缺乏清晰的标杆而做出了损害自身信用的行为。而作为社会最大的、具有垄断性的公共服务提供者提供信息不诚实或前后不一，对公众造成的巨大伤害比个人、企业的失信行为所造成的损失要大得多。事实上，研究政府信用问题，建立政府信用评估体系，不是政治学与行政学所能够独立完成的任务，更何况行政学对其的研究仍在起步阶段。本章在探讨政府信用的各个方面的基础上，透过政府公共关系这一特定方向与政府信用问题的紧密关系进行探讨。因为政府信用的一个重要方面，就是公众对政府信息信度和效度的评价，如何保证政府信息的真实性和有效性，是政府公共关系对于政府信用研究的重要目的。

政府信用是公众对其政治决策能力和行政行为效果的综合评价。事实上，整个政府的运作过程都会涉及政府的信用问题，宏观的政府信用囊括行政管理的方方面面，以下的特性是对整个政府信用特性的初步概括和提炼。

1. 合法性与有限性

合法性意味着政府是在宪法的框架内运行的。宪法相当于公民与政府所制定的契约，规定公民的权利与义务，政府有责任应约保护公民的权利，公民需要让渡部分自身的权利而履行义务，如税收，从而维护政府的正常运作。事实上，政府对于公民履行契约已经有了一系列的手段保证，政府甚至还可能跨越公民让渡权利的底线，侵犯一些公民不需要让渡的权利。但是侵入公民生活每个角落的无限政府是不需要讲任何信用的，然而只靠强力垄断而没有获得公民同意的政府是不可能长治久安的。政府违宪的行为将会对政府信用产生致命的打击。因此，确保政府的立法、决策和执行严格遵照宪法和有关法律进行，有限的政府权力不能够侵害公民的权利，是政府信用建立的前提。

2. 责任性

政府的有限性是为了确保政府不会随意侵害公民的权利，但是政府还必须要承担起保护公民权利的责任。政府有责任保护公民的各种合法权利，从政府公共关系的角度来看，政府信用所强调的维权是对公民知情权的确认和维护。这里的知情权主要是指知政权，权利主体是公民，义务主体是政府。知情权的获得是公民政治参与的前提，只有在知情权得到保障的前提下，公民才可以更好地行使管理国家公共事务的权利。政府要有效地保障公民的知情权就必须保证政府信息传播的有效性，公民的知情权必须在政府有效履行义务的时候才能完全地获得。同样，由于政府是知情权的义务主体，政府没有履行保护公民的知情权，就相当于侵犯了公民的权利。因此，政府官员对政府信息传播的信度与效度必须承担相应的行政责任。

3. 有效性与回应性

政府与公民之间的信任关系，与政府的绩效及能力密切相关。现代社会对于政府的要求已经不再局限于有限的、不侵犯公民权利的边界等方面，而是需要政府还能够制定和执行有效的公共政策，应付现代社会中的种种公共问题，对公民的诉求和反映作出有效的回应，为社会发展提供健康的、持续的、良好的导向。政府实现其执政目标的可行性和施政诺言的可信度，执政行为的制度化、规范化以及政策的连续性，对于公民对政府的信任都起着决定性的作用。成功的民主政府应能在互相理解和双向交流的基础上维持与选民的回应关系。[①] 信用政府不但要有有效的政策诺言，更要积极地面向公民。随着公民日益注重个人权利以及政治参与，对公民政治诉求的回应程度成为衡量政府信用的重要指标。除了传统的政治选举工具以外，政府应当提供更多的方式让公民反映意见，同时也主动地通过各种方式收集公民的意见，提高自身的应变能力和回应能力。

4. 廉洁性与透明性

政府的廉洁程度显然是影响政府信用的重要因素。广泛蔓延的腐败会使民众对政府失去希望，对权威的不信任是对欺诈和贪赃枉法内心反应的必然结果。[②] 构成腐败的因素和腐败现象的种类一样多，而腐败也在各个方面对整个社会产生了极大的危害，滋长了普遍的离心力与愤世嫉俗的情绪，导致政府信用的破坏，并且这仅仅是多种可以预计的结果之一。尽管现在并未能精确测量政府透明程度与腐败程度的关系，但可以肯定的是，腐败与公开透明无缘。而要使公众对一个政府的信任在较长的时期内保持较高的水平，那么这个政府必须是廉洁、透明的政府。

5. 公开性与真实性

公开性是从公民与政府的权利义务关系出发而形成的特性。政务公开政策的法理基础源于公民的知情权和无产阶级执政党组建的人民政府的说明责任。知情权的满足与公民对政府的信任有着重要的联系，而政务的公开则是满足知情权的重要手段。在科学文化技术日新月异、信息知识爆炸的时代，作为个体的一般公民已经很难仅凭借自己的能力和努力满足日益增长的信息情报需要。世界各国都公认，政府是巨大的信息情报源之一。据测算，我国政府部门掌握着全社会80%以上的信息资源。[③] 如果政府不承担起信息公开的责任，一般公民显然是无法真正享有或充分利用这本由全体公民创造并提供，并属于全民与全社会所有的信息情报资源的。只有政府实行政务公开，切实承担起信息公开的义务，才能使公民的知情权得以实现。另外，公开的信息必须是真实可靠的。由于政府信息牵涉到国家安全等机密信息，因此，政府有权判定某些政府信息是否能公开，但政府却无权发布虚假的信息。真实的信息未必都能够公开，但是能够公开的信息一定要确保真实。在处理信息的公开性与真实性时，尤其需要注意这一点。

值得注意的是，知情权的实现并不等于是政府信用的完全建立。我国传统文化中绵延不绝的正是“民可使由之，不可使知之”、“刑不可知，则威不可测”的密室专制统治积习，即认为民众是愚笨的，政府应该保持神秘，让民众保持敬畏的心理从而服从于统治。满足知情权的实现是政府信用实现的必要条件而非充分条件。在公众长期受到蒙蔽的情况下，在短时间内把政府的所有失误都公开，公众对政府失误的承受能力就会面临严峻的考验。但要明确的是，致使公众对政府产生信任危机的并非信息公开，而是行政失误和长时间的封锁信息，在这样的条件下，并非公开信息就能够获得公众的信任。正是因为这样，政府公共关系更加强调要及早地把信息完整地真实地向公众发布，以尽早获得公众的谅解和信任。在政府公共关系看来，政府所做的大量工作应当为公众所知晓，“酒香也怕巷子

① 参见［美］Scott M. Cutlip等：《公共关系教程》，391页。

② 参见［美］罗伯特·克里特加德：《控制腐败》，50页，北京，中央编译出版社，1998。

③ 参见赵正群：《政务公开反腐败论要》，见 http://jw.nankai.edu.cn/jjc/xxyd/lw3.asp。

深”，政府的行政管理能力应当能够通过各种信息和事实向公众反映，从另一个侧面来说，能否为政府的工作进行有效的公开与宣传，也是政府能力的一个重要体现。专业的公共关系人员对政府信息进行的有效处理，包括与政府高层领导人员的沟通，与政府内部公务员的团队合作，对政府外各种公众不同信息要求的满足等。随着社会对政府要求的不断提高，对政府处理信息能力的要求也将不断地提高。

11.1.3　政府信用的概念

政府信用是相对于个人信用和企业信用的社会信用体系的构成部分。对于政府信用的定义，有学者认为，政府信用是社会组织、民众对政府信誉的一种主观评价或价值判断，它是政府行政行为所产生的信誉和形象在社会组织与民众中所形成的一种心理反应。[①] 从政治委托—代理关系来看，政府信用不仅包括公众对政府的评价，还包括政府对自身能力高低的判断。有的学者认为，政府信用一方面是指政府（信用方）是否具有值得公众（信任方）信任的因素（包括诚实、守信的良好品格等政府人格方面的因素）及其履约能力在客观上能为信任方所信任的程度，即来自信任方的评价；另一方面是指政府对信任方的责任感以及实际上对公众的期待和信任的回应。[②]

从政府信用自身的特点来看，第一，政府信用是一种履约能力的表现，是公众对政府行政行为的评价和信任程度。政府和公众之间的关系既是一种委托—代理关系，又是一种服务提供者与使用者的关系，这些关系都是基于契约而形成的，政府的行政能力就成为履约情况的重要保证。政府信用是测量公众对政府评价的重要指标，政府的信用有高低之分，甚至还存在政府信用缺失和赤字的情况。第二，政府信用是一种公众对政府的评价信息，这种评价的信息不可能由政府自身做出，而是公众的评价或是由第三方的独立机构进行测量的结果。第三，政府的信用评价应有相应的测评指标，从而确定政府的信用水平和信用状况。第四，影响政府信用水平和状况的因素非常庞杂，大量政治的和行政的决策及行为影响着公众对政府信用的评价。因此，政府信用是公众对政府政治决策和行政行为的真实性和有效性的评价，是公众对政府信誉和形象的综合性心理反应。

在信息时代的新形势下，政府信用的地位与作用显得格外重要。作为最大的公共服务和公共产品提供者，政府守信与否，政府的信用高低，都对整个社会有着举足轻重的作用。第一，政府在社会信用系统中处于核心地位。政府管理涉及庞杂的社会公共事务各个方面的管理，对各个领域的发展都有着重要的影响，对企业、行业、团体等社会组织都有着重要的示范作用，政府的信用高则带动整个社会的风气向好的方面发展，反之，就会对社会的信用状况产生消极的作用。第二，政府信用建设是社会信用体系中最为复杂艰难的工程。由于一方面政府与公众之间存在着契约的关系，另一方面政府处于一种不平等的权力支配地位，因此一旦执政者产生失信行为，公众往往会处于弱势地位。因此，建设政府信用依赖于一系列外部和内部环境因素的支持，例如，政府能力的提高与民主发展的和谐推进、公民素质的提高和政治参与的有序化等，这是一个长期的、复杂的和困难的过程。

① 参见王和平：《论政府信用建设》，载《政治学研究》，2003（1）。

② 参见张旭霞：《现代政府信用及其建构的对策性选择》，载《公共行政》，2003（1）。

第三，在社会信息化和经济全球化日益加快的今天，对政府信用的要求不仅来自国内的公众，更来自其他国家和国际组织的压力。要履行对国际社会所做的承诺，就必须改革政府的管理方式，使政府行为和政府管理科学化和制度化，从而使政府具有较高的国际信用。

11.2 政府信用的构成与评估

政府治理理念的演变是政府信用在行政管理学中地位不断上升的前提。从以传统官僚制为主要特征的行政管理到以治理理念为主的公共管理，再到以企业理念再造政府的新公共管理，公众在政府管理理念中的地位越来越重要，政府信用的地位也日益提升。提出政府信用评估概念的最大意义，在于向市场领域学习，研究提供一种量度工具，这种工具能够在选举投票等传统政治评价工具之外量度民众对政府的评价，使公民对政府的意见能够在行政管理的范围内得到及时有效的反映，官僚体制对此做出回应和调整，最终使社会矛盾受到重视并得以有效缓解，使整个管理体制更富弹性并具有较强应变能力。构建对政府信用的评估模型需要考虑政府运作的多个方面，所涵盖的内容将超出政府公共关系的研究范围。本节把政府信用评估放在一个宏观的分析框架中，初步分析政府信用的构成，分析各种要素的含义及可能，研究建立政府信用评估模型的可能性，为建立全方位的政府信用评估模型提供思考的路径。

11.2.1 政府治理理念发展与政府信用评估意义分析

在行政管理学不断发展的过程中，政府治理理念的不断演变对政府信用在政府管理中的地位及发展有着非常重要的影响。

1. 传统官僚制理念与政府信用

传统公共行政学是关于官僚制的理论。在马克斯·韦伯看来，这种基于专业知识和效率的体制在所有的领域里都是最优的。马克斯·韦伯认为，纯粹的官僚体制的行政管理，即官僚体制的集权主义的、采用档案制度的行政管理，精确、稳定、有纪律、严肃紧张和可靠，形式上可以应用于一切任务，纯粹从技术上看可以达到最高的完善程度，在所有这些意义上是实施统治的最合理形式。[①] 完美的行政管理组织是有信用的，它们凭借专业知识实现效率并对上级和被统治者负责。在这里政府信用是预设的，即假设官员们是能够胜任行政管理工作并且是有道德的，他们会自动对公民和上级负责。

威尔逊把官僚制的效率优先思想和行政领域现实地结合起来的时候就考虑到这一可能。政治—行政二分法的思路把行政组织独立于政治领域，他主张行政权力应该只受单一的权力中心的领导，从而使权力的行使更有效率和负责任。总的来说，官僚制是针对任人唯亲的传统型统治制度而提出的专业人才的稳定治理结构，这种理想结构的主要特征主要表现为：（1）制度化原则。体制内的成员要服从非个人的制度，也即要服从上级的命令，

① 参见［德］马克斯·韦伯：《经济与社会》（上卷），248页，北京，商务印书馆，1997。

因为他的命令是以这个制度为取向的。(2) 层级制原则。这意味着一种牢固而有秩序的上下级制度、上下级之间的命令传达和信息的沟通都必须要有一定的程序和方式。(3) 专业化原则。通过劳动分工和专职化促进专业化的发展。(4) 公私分开原则。公共财产和私人财产、公共事务与私人事务都必须有明显的区别和分离,从而确保官僚体制的中立性。

然而,官僚制的负面功能也是不可避免的,韦伯本人也意识到官僚制倾向于垄断信息,使外人不可能知道决策的基础,以进一步增强其权力。① 另外,官僚体制中的行政管理人员将因取悦上级而忽视其他社会成员的利益。韦伯认为,官员们倾向于在实质上功利主义地对待他们的行政管理任务,以报效需要取悦的被统治者。② 因此,在实际运行中,官僚制往往成为机构重叠、部门交叉、职能不清的机械性官僚组织,公众的地位被贬得非常低,因为官员们只需对上级负责,公众的利益被漠视,政府信用在官僚们的互相推诿和指责中消失殆尽。

2. 新公共行政学与政府信用

新公共行政学是作为用全新视角对政府管理进行审视和反思的观点出现的,它抛弃了政治—行政二分法的观点,并更加强调社会公平的重要性。"社会公平强调政府提供服务的公平性;社会公平强调公共管理者在决策和组织推行过程中的责任与义务;社会公平强调公共行政管理的变革;社会公平强调对公众要求做出积极的回应而不是以追求行政组织自身需要的满足为目的。"③ 民主行政思想的提出是新公共行政学的重要特征,行政民主被认为和政治民主一样重要,公众需要应当是行政体系运转的核心,即公众的权利或利益应高于政府自身的利益扩张和利益满足。民主行政思想对官僚制的冲击主要表现为以下几个方面:第一,对官僚道德品质的重新思考。行使政府专有权的人与其同胞公民一样,前者不见得比后者更可能腐败或更不可能腐败。④ 也就是说,不能预设官僚的专业知识和道德水平有直接的联系。第二,权力未必会被用来为人民谋福利。政治权威的行使,会被某些人篡用,他们抓住机会,利用这样的权力来谋求私利,损害他人,除非政治权威是分立的。⑤ 如果对政治权力的制衡缺少必要的设计和考虑,很难指望官员们的道德能限制他们利用权力谋取私利。权力寻租将诱发不同部门官员的争权夺利,影响政府的声誉和增加廉政成本,导致社会资源浪费。第三,经过专业训练的公务人员对单一权力中心负责,这种等级秩序的完备,会削弱大型行政体制对公民、对许多形形色色的公益物品的种种偏好做出反应的能力,也会削弱其应付各种环境条件的能力。⑥ 因此,民主行政思想更加倾向于发展各不相同的、多元的、重叠的政府决策中心,在变化迅速的条件下对公民的需要作出快速的反应。

新公共行政学开始把公民的需要列入行政管理体系的中心位置,公民的地位优于行政效率。政府行政部门制定政策的力量渐渐得到认识,行政官僚的决策同样具有政治意义。

---

① 参见[德]马克斯·韦伯:《经济与社会》(上卷),250 页。
② 参见上书,251 页。
③ 顾丽梅:《信息社会的政府治理》,43 页,天津,天津人民出版社,2002。
④ 参见[美]V. 奥斯特罗姆:《美国公共行政的思想危机》,114 页,上海,上海三联书店,1999。
⑤ 参见上书,115 页。
⑥ 参见上书,116 页。

新公共行政学对于公民需求的重视使政府行政的研究有了一定程度的转向，对于下一阶段新公共管理理论的提出和发展有重要的作用。

3. 新公共管理学与政府信用

20世纪80年代，人民对公共行政的信任危机引发了当代西方政府治理理念的重大变动。以美国为例，根据一项民意调查，美国公民认为公共资源过度浪费的人数比例由1958年的45%，上升到了1985年的76%。1978年美国公民对其政府不信任的人数比例为58%，信任人数比例仅为34%。1979年英国公民对其政府管理满意的仅为35%，不满意的为54%。[①] 公众对公共行政的不信任程度在提高，政府权威的扩张也带来了不断增长的官僚主义倾向，导致公众对公共行政的信任危机。而政府合法性最重要的基础正是公民的信任，衡量政府合法性最根本的标准是获得和保持公民的信任。[②] 正因为如此，20世纪80年代以来，以英美为首的西方国家率先开始了以增强公民对政府的信任度、重新确立公共行政理念及其范式的"合法性"的行政改革，旨在建立灵活、民主、科学且高效的理想行政模式。新公共管理学正是在这样的背景下产生的。

新公共管理学继承了新公共行政学的公民主导思想，以解决政府管理问题为核心，融合了各种学科相关的知识和方法，尤其参考企业管理的理念和方式，提出企业型政府范式。政府的顾客就是公民，企业型政府应当以顾客为导向，政府职能、政府行为、政府改革都要紧紧地围绕着顾客来展开，以顾客的满意度作为政府运行最大的使命和考量。"今天人民期望着被当作顾客受到尊重——甚至受到政府的尊重……有企业家精神的政府已开始转变他们自己。他们通过顾客调查、重点群体调查和各种各样的方法，开始仔细听取顾客的意见；他们已开始向顾客提供选择；他们为顾客建立后果负责机制。"[③] 企业型的政府比以往任何类型的政府都更为重视公众的意见，更为强调政府对顾客负责，建立灵活迅速的顾客抱怨处理机制和顾客回应系统，加强政府与顾客之间的信息、情感等方面的交流与沟通，提高公众的参与程度，从而加深公众对政府的认知，提高政府在公众中的影响力；提高顾客对政府的认同程度，形成公众对政府的凝聚力，发展长期稳定的顾客关系。

新公共管理学在很大程度上借用了经济学的知识和企业领域的管理方法，政府信用的研究和评估也可以很好地参考经济学领域中信用评估的知识和思想。可以肯定的是，随着企业精神进入政府领域中，企业信用的各种理念将随之成为政府信用建设的重要参考内容。

11.2.2 政府信用的构成

1. 企业信用评估

企业信用评估又称为信用评级，是指由独立的社会中介机构，通过对企业、债券发行者、金融机构等市场参与主体的信用记录、经营水平、财务状况、所处外部环境等诸多因

① 参见左然：《当代国际公共行政的发展与改革》，载《中国行政管理》，1997。

② 参见顾丽梅：《信息社会的政府治理》，65页。

③ ［美］戴维·奥斯本等：《改革政府》，149～169页，上海，上海译文出版社，1996。

素进行分析研究之后，就其信用能力（主要是偿还债务的能力及其可偿债程度）所作的综合评价，并用简单明了的符号表达出来，以满足社会需要的市场行为。[1] 经过近百年的发展，国内外的评估机构在实践中常用的评估方法大致可以分为三类：定性评估法、定量评估法和综合评估法。

定性评估法也称为专家评估法，是评估人员根据其自身的知识、经验和综合分析判断能力，在对评价对象进行深入调查、了解的基础上，对照评价参考标准，对各项评价指标的内容进行分析判断，形成定性评价结论。公认的评价参考标准主要有五类：品格（character）、资本（capital）、偿付能力（capacity）、抵押品（collateral）、周期形式（cycle condition），因此专家评估法也称为 5C 法。这种方法的评估结果依赖于评估人员的经验和能力，主观性较强，结果的客观性和公正性较难保证。

定量评估法也称评估模型法，即以反映企业经营活动的实际数据为分析基础，通过数学模型来测定信用风险的大小。该方法使用简便、成本低，曾一度被美国各商业银行广泛用于对客户的信用风险评估。这种方法的可靠性很大程度上依赖于企业财务数据的真实性，因此预测效果随时间的长短而不一样，时间越短，准确率越高，反之则越低，而且还需要建立在企业所提供的财务数据真实的基础上。如果将其用于评估财务管理相对较为混乱的企业，就难以保证其准确性。

综合评估方法则以定性分析为主、定量分析为辅，要求对评估对象作出全局性、整体性的评价。这种评估方法的步骤是：首先，确定评估对象系统，明确评估内容和方式；其次，是建立合适的评价指标体系和评估模型；最后，根据对评估内容所作的系统分析，并在信用评价数学模型的基础上对企业的未来经营业绩变化做出趋势的推测和量的判断。该方法能够更好地反映企业的未来信用风险大小，因而已为世界各大评级公司所采用，代表了当今信用风险评估方法发展的主流方向。

信用评级最早产生于美国，从债券评级开始，穆迪公司的创始人约翰·穆迪首次建立了衡量债券倒债风险的体系，并按照倒债风险确定债券等级。此后，信用评级在美国投资界风行，1918 年，美国政府规定，凡是外国政府在美国发行债券的，发行前必须取得评级结果。事实证明，信用评估在美国的历史和金融发展史上是成功的，世界各国都在借鉴美国的经验，相继建起本国的评估机构。政府信用在发展的过程中，可以借鉴和参考企业信用评级的理念和方法。

2. 政府信用构成的初步分析

根据商业信用评级的思路，分析组织的信用必须考虑组织信用的构成因素。在分析政府信用评估的可能性时，应考虑对政府政治决策、行政行为的真实性和有效性起决定性作用、对政府信誉和形象产生积极或消极影响的各种因素。

案例　　圆明园防渗工程

2005 年 4 月 13 日，国家环保总局举行了圆明园防渗工程听证会，社会各界对这次听

① 见 http://www.eip.com.cn/gyxy1/gy1.jsp。

证会给予了热烈关注和参与，人们称这次听证会“在中国环境保护的历史上具有里程碑意义”、“它成为环保领域科学民主决策的范本”。这次听证会明显地反映出，用法律和制度来保障公众参与环保的权利，为公众提供更多参与环保决策的机会，已经成为迫切需要解决的问题。

2006年2月，国家环保总局正式发布了《环境影响评价公众参与暂行办法》，这是我国环保领域第一部公众参与的规范性文件。办法的出台，使公众参与环境保护不再是一句空洞的口号，而是法律赋予公民的“环境权益”。它也表明，政府正在用法律和制度来保障决策的科学化、民主化。

（1）公众参与。

公众的政治参与度与政府信用密切相关，这涉及政府决策的合法性问题。公众参与度对于政策的支持率和稳定性有着重要的作用。首先，一个经过公众充分论证，考虑到各方面利益的政策一定会得到较多的支持。同时，政策的稳定性和有效性是公众对政府信用的重要评价标准，一个能够充分考虑到政策对象的意见和利益的政策的稳定性和效能将能得到更多的肯定。其次，政策稳定与否很大程度上决定着政府信用的高低。朝令夕改的政策将会使公民难以形成稳定的预期，并降低对政策的信任程度，采取观望或不信任的态度。这将会给政策的推行带来困难。提高公众的参与度可以缓冲政府的经验不足，广泛吸取各方面的意见，从而增强政策的稳定性。最后，公众参与和政府效率是永恒的矛盾，不同时期的侧重点会有所不同。公众广泛的参与将会产生较高的成本，这些成本可能是来自竞争形成的冲突对社会稳定的冲击，时间和金钱的耗费等。在发展初期，通过政治权威的集中和低度政治参与而形成高速发展与超稳定的社会结构，确实有助于经济的发展。社会的高速发展也要求政府做出快速反应。但随着经济的发展，社会公众的分化，不同的政治诉求，公平重要性的提出，就会使政府需要更加重视政策过程中的公众参与。充分的公民参与既是政策合法性的重要保证，也是减少利益集团操纵政府政策的重要保障。在网络科技高速发展的今天，政府应当积极主动地利用各种渠道收集民意。在公民权利意识不断苏醒的情况下，公民不但可以通过选举代表来诉求利益，还可以通过各种通信工具直接向官僚体系进行反映。政府职能部门在制定政策的时候，应当充分考虑公众的意见，从而提高政策的合法性、稳定性和有效性。

（2）政府绩效。

政府权力使用的质量和效率日益成为政府信用的重要组成部分。在传统的行政模式中，绩效管理都是欠缺的，这种情况对个人绩效或组织绩效都是如此。[①] 但政府作为公共产品的重要提供者，也必须讲求提供产品的质量和效率，因为政府官员的行政活动同样具有重要的政治意义，他们必须为自己的活动和工作负责。一种特定的政治制度，“一再地或长时期缺乏有效性，也将危及合法制度的稳定”[②]。新公共管理学的重要内容以业绩评估和效率为焦点，通过建立绩效指标，度量组织在实现既定目标时的进展情况。政府不再是

① 参见［澳］欧文·休斯：《公共管理导论》，213页，北京，中国人民大学出版社，2001。

② ［美］利普塞特：《政治人》，56页，北京，商务印书馆，1993。

高高在上、“自我服务”的官僚机构，政府工作人员应该是负责任的“企业经理和管理人员”，社会公众则是提供政府税收的“纳税人”和享受政府服务作为回报的“顾客”或“客户”。政府提供公共产品和服务的能力是考察政府信用的重要因素。提高公共部门的绩效，目的是提高人员的发展、合格人才的招聘以及绩效奖励等方面的人力资源管理水平。具体而言，就是让组织人员参与决策和管理过程，在推行严格的绩效目标时相应放松管理控制力度；运用信息技术，改善顾客反馈渠道并强调服务的质量；将供给与需求决策结合起来。[①] 尽管量化公务员的绩效指标要比私营部门困难得多，但根据不同的公共产品和服务制定相应的考评指标进行个人考核和组织考核，将成为管理的趋势，也是我们考虑政府信用及政府能力评估时的重要因素。

（3）政府责任机制。

信用政府与责任政府密切相关，政府信用的高低与政府责任机制是否完善有着非常密切的关系。传统的行政模式也强调责任机制，把责任机制分为政治责任、官僚责任、官僚组织向上级负责，向政治官员负责，政治选举官员向选民和公众负责，公众通过选举投票评估政治官员和行政官僚的行政能力。面向公众提供公共产品和服务的政府官僚均有其特殊的位置和角色，只需要向其上级负责，只需要承担按理性原则规定的责任。这样的责任机制存在一定的问题。第一，为公众提供产品和服务是公共部门最重要的目标，但却缺乏政府向公众直接负责的机制。对于公共产品和服务，公众的意见难以反馈到高级的官僚阶层，政府对公众的需要反应也变得缓慢而低效。第二，传统责任机制是一种规避风险的消极机制而非鼓励绩效的积极机制。由于公众的意见难以及时全面地反馈到决策者，所以对于公众需要的捕捉变得缓慢，而且公务员的考核只向上级负责，因此很难指望公务员会做出积极的反应。相反，这种机制中谁最终负责是很明确的，对责任的处罚比对成绩的评估容易得多，因此，官僚的目标就变成了回避错误，逃避风险，向上隐瞒过错，向外减少作为。在缺乏管理知识和绩效测量标准时，无法保证尽职尽责。这是一种消极的责任机制，因为避免错误与获取成功是截然不同的。[②] 因此，新公共管理更加鼓励一种积极的、主动的责任机制。责任政府在明确行政官僚也需要向公众负政治责任的前提下，官僚们需要直接向公众负责，通过明确的绩效考核指标等正面激励措施，鼓励官僚们更加主动地为公众提供优质的服务，回应公众需求。

（4）政府履约程度。

在个人信用、企业信用的评估中，信用主体的履约态度、履约能力和履约历史是重要的评估参数。政府与公民之间越来越倾向于一种公共服务提供者与顾客之间的关系，契约关系和契约精神越来越多地体现在政府与公民的交往与博弈中。在承认公民权利的社会，政府就需要遵守一切对公民的承诺，履行各种政策、法规的契约。信用政府履行契约的态度应当是清晰的、坚定的，而非暧昧的、模糊的。在市场领域的违约行为将会受到来自市场和法律的惩罚。如果一个商家违反契约，那么他可能会面临双重的制裁，一方面法律将会惩罚他，尽力督促他履行契约；另一方面更重要的是，他的信用将会大大降低，只要这

---

① 参见［澳］欧文·休斯：《公共管理导论》，70 页。

② 参见上书，233 页。

一信息在市场上传播，那么市场上其他的商家都将会拒绝与他做生意，迫使他退出市场。而在讨论政府的履约情况时则需要考虑更多的问题，尽管新公共管理学说一直强调应当建立一个企业家型的政府，但无法改变的是政府拥有垄断暴力和各种资源的合法权力，如何保证政府能够利用这些资源来履行契约而非破坏契约，能够惩罚失信者但又不会成为失信者，是政治学探寻的永恒课题。在这里提出通过考察政府的履约态度、履约能力和履约效果，作为评估政府信用高低的重要参数，就是希望能够探寻一种预警的机制，能够在政府出现违约倾向的时候及早地反映，避免出现严重的破坏契约的情况，损害政府与公民之间的信任关系，危害社会稳定。

（5）政策稳定程度。

信用是一种被信任对象能够通过履约关系而获得他人信任的信息。一个组织的可信任程度与其履约能力密切相关。整个社会都是一个由约定组成的社会，如公民之间的约定、公民与社会组织之间的约定等，小至婚姻，大至宪法，都是约定。政府在一个社会中的特殊身份，在于它是公民约定执行的监督者和制裁者，它可以利用民众赋予它的力量奖励履约者，惩罚违约者，从而保护公民的各种权利。在洛克看来，“政治社会都起源于自愿的结合和人们自由地选择他们的统治者和政府形式的相互协议”[①]，“谁握有国家的立法权或最高权力，谁就应该以既定的、向全国人民公布周知的、经常有效的法律，而不是以临时的命令来实行统治；应该由公正无私的法官根据这些法律来裁判纠纷，并且只是对内为了执行这些法律，对外为了防止或索偿外国所造成的损害，以及为了保障社会不受入侵和侵略，才得使用社会的力量。而这一切都没有别的目的，只是为了人民的和平、安全和公众福利”[②]。

公共政策是合法的政府为解决公共问题而作出的正式决定或安排。[③] 公共政策的稳定与否，标志着政府定约、守约和履约能力的高低。社会可以瞬息万变，但是政策却不能朝令夕改。社会的快速发展、政治博弈的复杂因素、官僚的治理能力等问题都对公共政策的稳定性提出了巨大的挑战。然而政府政策对于社会的发展有着重要的导向作用，是政府对公众的承诺能否有效、稳定地执行的关键因素，极大地影响着政府信用的高低。因此，政策方案的出台一定要进行充分的论证。保证政策的稳定性意味着政策是合法的，在一定的时间内不会产生原则性的变动，能够被有效执行而解决问题，得到有效的监控，获得大部分预期的政策效果。

（6）政府廉洁程度。

高效政府是提高公民信任感的激励因素，廉洁政府则是维持公民信任的保健因素。政府官僚实际上也具有私利，这一点既无法否定也无法抹杀。官僚在执行社会管理职能的时候必须掌握一定的行政权力，行政权力的自由裁量空间给官僚寻租提供了机会，这也是面对社会政策要求做出有效反应的现代政府的让步。行政权力使用的边界和监督也就成为政府廉洁程度的重要保证。很显然，政府信用与政府的廉洁程度存在着非常高的相关性，公

① ［英］洛克：《政府论》，63页，北京，商务印书馆，1995。

② 同上书，80页。

③ 参见郭巍青、卢坤建：《现代公共政策分析》，17页，广州，中山大学出版社，2000。

民对政府的信任程度在很大程度上会受到这一因素的影响。腐败天然地使公众产生抵触和反感，个别官员的腐败行为会产生晕轮效应，社会公众将因为对个别官员腐败行为的突出印象，而将其扩大为整个官僚体系的整体行为特征，从而对政府产生不信任感。

（7）政府信息公开与透明。

对公众知情权的重视和实现是政府信用的特性。从政府信息公开与透明的必要性来看，第一，信息公开与政府廉洁密切相关。信息就是力量，而政府和公众之间的天然的信息不对称，使得政府有可能凭借手中的信息更有“力量”，来谋求个人和小集团的私益。[①]公开信息，一方面可以防止官员利用手中的信息寻租，另一方面公众也可以通过各种信息对官员进行有效的监督。第二，从信用和信息的关系研究我们可以看到，以下两点会影响到组织信用的高低：一是这个组织信息获得的难易程度，即信任方获得信息和鉴定信息真伪的成本；二是这个组织信息的真实程度，凭借对以往信息真伪的判定来预期是否采取信任行为。目前世界多个国家都对信息公开制定了相应的行政法规，其中，公认的信息公开原则主要有以下几点：1）信息公开是政府的责任，政府信息以公开为原则，不公开为例外。政府信息公开的范围应最大化，政府信息保密的范围应该最小化。2）信息公开应遵循合法、及时、真实和公正的原则。除法律规定外，公开的信息应全面、及时和真实。3）对于信息公开应有相应的行政法规和救助条款，政府有关部门要承担相应的公开责任。

政府信用评估对政务信息公开的要求实际上包括三方面的内容。第一，政府有关文件资料、信息情报的公开。这里包括公开信息的内容和公开的方式。目前我国行政公开的范围是比较狭窄的，法律没有明确规定公开的，行政机关原则上不能自行公开，这是我国行政公开制度的一大特点。[②] 而行政信息公开法规的存在是政府信息公开的重要依据。[③]2008 年 5 月，国务院正式颁布了《中华人民共和国政府信息公开条例》；而之前，2002 年 11 月广州市政府就已经做出了尝试，《广州市政府信息公开规定》就是地方政府制定的第一部全面、系统规范政府信息公开行为的政府规章规定，该规定就立法宗旨、公开原则、公开内容、公开方式、公开程序、法律监督、法律救济、法律责任等问题做出了具体的规范，为政府信息公开提供了法律依据和方案。第二，行政决策活动及其过程的公开。除了政府机关应该通过各种可能的渠道向公众提供信息以外，行政会议的公开也是信息公开的重要方式。[④] 程序的公开是对暗箱操作、腐败寻租的有效抑制，让政府的行为置于公众监督的阳光之下。第三，公开信息的真实性和有效性。由于在传统等级制中，官僚只向上级负责，在害怕对失误负责和受到惩罚的情况下，官僚就有可能隐瞒事实的真相或降低自身负责任的程度。然而，公布信息的真实性会很大程度地影响公众的信任。政府官员说谎的后果要比普通市民说谎的后果严重得多，也是引起信任危机的直接导火线，公开失实的信息比不公开信息的情况更为恶劣。因此，关于信息公开的法律应当规定公布真实信息的义

---

① 参见宋华琳：《英国政府信息公开立法的演进及其启示》，见刘恒等：《政府信息公开制度》，北京，中国社会科学出版社，2004。

② 参见姚西科、涂敏：《中美行政公开制度比较研究》，载《行政法学研究》，2001（2）。

③ 例如美国 1966 年通过的《信息自由法》和 1974 年通过的《隐私权法》，分别规定了联邦行政机关必须公开和免除公开的信息范围，以及保护公民的隐私权不因行政公开受到侵犯。

④ 美国 1976 年制定的《阳光下的政府法》规定，行政机关的会议必须允许公众出席、旁听和观看。

务，也就是说，当信息的真实性受到公众质疑的时候，政府部门有举证的责任，失实信息的责任应当明确清晰，官僚们要承当相应的、具体的行政责任。政府公共关系工作就是要能够把政府公共信息明确、清晰、准确地向公众传播，建立政府的良好形象和声誉，从而获得公众的信任，提高自身的信用。

3. 政府信用评估的意义

信用研究的一个重要方向就是要对信用的高低进行有效的评估，从而供信任方提供下一步行动的参考。市场交易对信用的需求和要求都非常高，对商业信用的评估体系也已经发展得比较完善，而政府信用的研究尚处于起步阶段。目前金融领域中的信用评级对象也包括政府，这种对主权的评级主要是对一个国家中央政府偿还外币债务的能力与意愿相对风险的评价。① 在行政管理的研究领域，对政府信用的研究已经逐渐起步，对政府信用实施评估将有非常广阔的前景。相比起商业信用评级，政府信用的评估同样有着非常重要的意义。

（1）政府信用评估是社会稳定发展的需要。

在市场领域中，公民和各种组织都可以选择与不同的对象进行交易，信用评级机构可以为公民和组织提供服务，个人信用和企业信用等都是可以测量的。通过参考一定的信用评级，人们可以选择不同的交易对象，和有信用的人进行长期交易，和没有信用的组织终止交易，从而保护自己的权利。时刻存在着的竞争使个人和企业倍加珍惜自己的信用和信誉，最终形成社会的良性发展。在民主国家治理的过程中，公民担任这两种“角色”，一方面是享受政府提供公共产品和服务的顾客，另一方面是决定着政府官员去留的选民。在公共管理的过程中，政府肩负着满足顾客需求的责任，但由于竞争的程度很低，顾客在公共服务领域的选择机会非常少，只能在成为选民以后才有机会作出新的选择。一个没有信用、能力低下、朝令夕改的政府显然一定会被选民抛弃，但所耗费的成本与市场领域的选择则完全不一样，到了公民不愿意再与政府订立契约的时候，政府更替所花费的政治成本将会十分巨大，社会也有可能丧失稳定和发展的机会。因此，对政府信用的评估应及早把公众的意见和满意度反馈到官僚手中，政府官员可以根据公众对政府的评价及时改善影响政府信用的问题和方面，减少选民的不满，从而维护社会的稳定和发展。

（2）政府信用评估是社会信用体系建设的趋势。

政府信用是社会信用体系建设的必要前提。在完整的现代信用体系中，个人信用是基础，企业信用是核心，政府信用是关键。② 政府应当取信于民并不是现代才有的观念，商鞅南门立木使国家信用深植人心、政行令通；孔子则在粮食、兵马和民信之中选择民信，强调“人无信不立”。由此可见，政府信用对于国家的发展一直都具有举足轻重的作用。目前，对个人和企业信用进行评估的征信系统和征信业正在迅猛发展，在各种信用都得以被日益强调的现代社会，政府信用的地位和作用也变得更为突出。首先，政府是信用行为的示范者。政府只有重信践诺，才能得到人民的尊敬与信赖。政府官员的一言一行以及政府的每一次决策都左右着公众对政府的评价，严重影响着公众的行为。信用的基础是一种

---

① 参见石明华：《信用评级及在金融风险管理中的作用》，见 http://www.jrjx.com/xypd/jx-xygk-6.htm。

② 参见刘丹：《论信用政府》，载《国家行政学院学报》，2003（2）。

长期的预期，长期的预期产生于政府的行政行为中。如果不时出现政出多门、政策多变、信息失真以及随意执法等现象，就会使市场主体面对很多不确定、不透明以及不可预见的环境。在市场主体无法明确前景的时候，就会导致市场主体预期的短期化和行为的短期化，减弱社会信用体系的稳定性。其次，在市场经济中，政府是信用制度体系的制定者和执行者。政府在市场经济中要倡导诚信、奖励守信者、惩罚失信者，其自身就必须要做到守信。然而如何评价政府的信用高低呢？缺乏明确的测评体系，就无法判断政府的信用高低，改善政府信用的工作也就无从做起。因此，政府信用的评估将成为社会信用体系建设的必要工作之一。

（3）政府信用评估是政府公共关系评估工作的重要内容。

政府公共关系工作是一种积极的、有计划的以及通过持久的努力得以建立和维护政府与其公众和团体之间相互了解的过程，其核心是争取公众的理解、拥护和支持，其目标是树立政府廉洁、科学、民主、高效、创新的美好形象。[①] 要有效地评价政府形象，政府信用的评估是必不可少的内容。民意调查与舆论调查是政府公共关系评估的重要方式，以检验组织的知名度和美誉度。政府美誉度是政府获得公众信任、好感、接纳和欢迎的程度，其重点就是政府信用。[②] 也就是说，在测评公众对政府形象的评价、度量公众对政府的信任程度上，政府信用评估和政府公共关系的评估工作是一致的。

（4）政府信用评估是社会监督的重要内容。

政府的权力需要受到社会各个方面的监督。权力的寻租、腐败、滥用将会对政府信用产生严重的腐蚀。绝对的权力导致绝对的腐败，在政治设计的框架里，权力必须受到监督和制约。随着社会发展对政府行政能力要求的提高，行政的自由裁量权日益膨胀，一方面社会需要政府更加积极地提供各项公共服务，另一方面社会也担心政府会滥用自由裁量权。而政府信用评估是对政府权力运用的界限是否得当、权力运用是否有效合理的评价，这是一种先于法律运用的评价手段，也即通过公众累积的印象和评价及早获得政府信用评估的结果，从而起到一定的监督和预警作用。

案例

标准—普尔是世界权威金融分析机构，由普尔先生（Henry V. Poor）于 1860 年创立。标准—普尔由普尔出版公司和标准统计公司于 1941 年合并而成。标准—普尔为投资者提供信用评级、独立分析研究、投资咨询等服务，其中包括反映全球股市表现的标准—普尔全球1 200 指数和作为美国投资组合指数基准的标准—普尔 500 指数等一系列指数。其母公司为麦格劳-希尔（McGraw-Hill）。1975 年，美国证券交易委员会（SEC）认可标准普尔为“全国认定的评级组织”。标准—普尔提供的多元化金融服务中，标准—普尔 1 200 指数和标准—普尔 500 指数已经分别成为全球股市表现和美国投资组合指数的基准。该公司同时为世界各地超过 22 万家证券及基金进行信用评级。目前，标准—普尔已成为

① 参见胡宁生：《政府公共关系教程》，174 页，北京，中共中央党校出版社，1996。

② 参见廖为建主编：《公共关系学》，173 页。

一个世界级的资讯品牌与权威的国际分析机构。

除了资本市场的评级之外，标准—普尔还提供政府信用等级评价体系。该体系是对各国（或地区）政府按期限偿还债务的能力和意愿——即对所谓的信用风险所做的评估。1980年，标准—普尔仅仅评估了12个国家（或地区）政府的债务信用，而且信用级别均为AAA级。目前，由标准—普尔监控的上百个国家（或地区）政府的债务信用等级从AAA级到CCC级（表示选择性违约）不等。因此，在当今全球金融市场中，许多投资者将该体系的信用等级评价看成是政府违约可能性的先行估计指标。

资料来源：陈伟：《标准—普尔政府信用等级评价体系：分析与启示》，载《国际金融》，2002（6）。

4. 政府信用评估的初步构想

政府信用评估是一项巨大的工程，一个完善的测评体系是政府信用评估的重要工具。这里提出的是对于政府信用评估体系的初步构想，为政府信用评估提供一些应考虑的因素。

（1）独立的第三方评议。

对于企业和个人信用的评级工作主要是由资信公司和银行进行的。金融领域的信用风险较大，双方交易时，授信人无法平白无故地对受信人作出的偿付承诺产生信任，因而必须评估对方偿还商品、服务或货币的能力。随着社会经济的发展，信用的交易也显得更为频繁和必要。大量信用中介机构，包括调查公司、信用征集公司、信用评价公司、信用担保公司、信用咨询公司等纷纷出现，以自身的信用和必要的资本承担经营责任，独立、公正、客观、平等地以第三者身份为社会各界提供信用产品或服务。① 古老的自然公正原则，“每个人不能作为自己案件的法官”，不仅适用于司法职务，也适用于行政职务。② 因此，政府显然不适合充当评价自己信用的裁判者。公众是政府信用的授信人，是能够对政府行政工作进行评价的主体，但公众对政府进行信用评估的成本非常大，并非单个个体所能够承受。为了能够对政府提供客观、科学、全面的信用评价，对于政府的信用，我们倾向于由独立的第三方进行评议。所谓第三方评议，主要是指由政府以外的社会机构、组织通过制定信用评估模型，收集民意，分析数据等调研工作，对政府具体职能部门作出的信用评估。在市场领域逐渐发展完善、非营利组织逐渐浮出水面的情况下，由第三方进行政府信用评估有了一定的可行性。社会中的资信服务公司、大学研究机构、民意测评机构、媒体都可以成为评估政府信用的主体，从而保证评估的公正性和客观性。

（2）政府信用评估方式和评估指标的设计。

目前信用评估的方式主要有三种，分别是对以往交易数据的采集、行业信用标准参考、专家及公众信用评价，然后通过综合的计算对信用作出综合的评级。对于政府信用评估的方式可以考虑两个方面。第一，对于专家及公众的评价意见收集，可以参考公共关系的评估方法，即通过对公众进行特定的抽样，然后围绕需要评价的职能部门的具体情况设计问卷，收集公众意见，建立一定的统计模型，从而推论社会总体对特定政府部

① 参见《信用建设的四个关键点》，见 http://www.netcm.cn/xyltview.asp?id=608。

② 参见马怀德：《论行政听证程序的基本原则》，载《中国政法大学学报》，1998（2）。

门的评价。第二，公众的评价可能带有一定的不稳定因素或受到特定事件的影响，因此，可以考虑咨询有关专家的意见，采集该职能部门以往的工作业绩作为评估的因素。

通过综合以上两种评估方式，获得一定的数据基础以后，可以考虑建立政府信用评估的指标。不同的资信服务公司会有自己的信用测评体系，国际通用的等级符号标记则实行四等十级制（见表 11—1）。对政府信用的评估标准可以参考这一体系。在确定一定的等级以后，对该等级的信用状况和含义进行定义，含义包括政府的政策合法性、政府责任机制、绩效情况、政策稳定性、廉洁程度、政务公开与透明情况等，从而为有关部门改进工作提供方向和指标。

表 11—1　　企业/政府信用国际通用的等级符号标记——四等十级制

信用等级	信用状况	企业信用等级含义	政府信用等级含义初步设计
AAA 级	信用极好	表示企业信用程度高。企业资金实力雄厚，资产质量优良，各项指标先进，经济效益明显，清偿与支付能力强，企业陷入财务困境的可能性极小	表示政府信用程度高。政府政策广泛接受公众参与，政府责任划分清晰明确，官僚绩效非常高，公众满意度非常高，践约能力良好，非常廉洁，政务信息全面公开透明，可依法接受质询
AA 级	信用优良	表示企业信用程度较高。企业资金实力较强，资产质量较好，各项指标先进，经营管理状况良好，经济效益稳定，有较强的清偿与支付能力	表示政府信用程度较高。政府政策能够咨询公众，政府责任明确，官僚绩效较高，公众满意度较高，政策稳定性好，廉洁程度较高，政府运作比较透明，政府信息公开程度较高
A 级	信用较好	表示企业信用程度良好。企业资金实力、资产质量一般，有一定实力，各项经济指标均处于中上等水平，经济效益不够稳定，清偿与支付能力尚可，受外部经济条件影响，偿债能力会产生波动，但无大的风险	表示政府信用程度良好。政府政策在一定的范围内咨询公众，政府责任有所划分，官僚绩效处于中上水平，公众满意度高，政策变化波动不大，政府廉洁程度较高但存在少许腐败现象，政府运作和信息公开程度较高
BBB 级	信用一般	表示企业信用程度一般。企业资产和财务状况一般，各项经济指标处于中等水平，可能受到不确定因素影响，有一定风险	表示政府信用程度一般。政府特定的政策会咨询部分公众，政府责任机制模糊，官僚绩效和公众满意度处于中等水平，政策波动存在一定风险，存在一定的腐败现象，政府运作和信息公开程度一般
BB 级	信用欠佳	表示企业信用程度较差。企业资产和财务状况差，各项经济指标处于较低水平，清偿与支付能力不佳，容易受到不确定因素影响，有风险。该类企业具有较多不良信用记录，未来发展前景不明朗，含有投机性因素	表示政府信用程度较差。政府政策咨询范围仅限于小部分集团，政府责任比较模糊，官僚绩效不佳，公众满意度较低，政策波动较大，存在较多的腐败现象，政府运作和信息公开程度较低，信息存在较多的失真情况
B 级	信用较差	表示企业信用程度差。偿债能力较弱，表示企业一旦处于较为恶劣的经济环境下，有可能发生倒债，但目前尚有能力还本付息	表示政府信用程度差。政府政策合法化程度低，政府责任非常模糊，官僚绩效较差，公众满意度低，政策变动大，腐败现象较严重，政府运作和信息不公开

续前表

信用等级	信用状况	企业信用等级含义	政府信用等级含义初步设计
CCC级	信用很差	表示企业信用程度很差。企业盈利能力和偿债能力很弱，对投资者而言投资安全保障较小，存在重大风险和不稳定性，几乎没有偿债能力	表示政府信用很差。政府政策暗箱操作服务于少数人，不负责任，官僚绩效低下，公众满意度非常低，政策变动非常大，腐败现象严重，政府运作和信息不公开，存在信任危机
CC级	信用极差	表示企业信用程度极差。企业已处于亏损状态，对投资者而言具有高度的投机性，没有偿债能力	表示政府信用极差。政府统治处于极权状态，公众非常不相信政府的行为，存在统治危机
C级	没有信用	表示企业无信用。企业基本无力偿还债务本息，亏损严重，接近破产	表示政府无信用，面临政治更替状态，随时倒台
D级	没有信用	表示企业已濒临破产	随时爆发革命

注：企业信用部分见汕头信用网（http://www.shantou.credit.gov.cn/Evaluation06.jsp）。关于政府信用等级的设计只是参照企业信用等级而设定的理想状态。相比较而言，政府信用的评估所考虑的因素更为复杂，而且政府信用破产的负面作用比企业要大得多，处于B级水平已经是非常危险的了。

（3）政府信用评估结果的运用。

政府信用评估的结果是政府改进管理工作的重要依据和参考。第一，在信用评估结果运用的初期，政府有关职能部门可以通过对结果的分析发现存在的问题，及时进行有效的整改，不同的政府职能部门的横向比较有助于形成一定的竞争，促进政府提供公共产品和服务的能力。第二，独立的第三方评估可以对政府信用评估的结果进行更深一步的分析，对社会发展的趋势和预测作进一步研究。第三，良好的政府信用评估结果是对政府形象最有效的宣传。政府公共关系部门可以对政府信用评估报告进行合理的运用，为政府良好形象的建立提供积极宣传。

11.3 政府信用与政府公共信息传播

信用是一种被信任对象能够通过履约关系而获得他人信任的信息。被信任对象的信用高低，是信任者基于被信任对象的有关信息所作出的评价，在政府领域中，就是公民对政府有关信息所作出的评价。根据政府信用的特性，我们提出了有效政府信用的七大方面。事实上，公民对政府信用信息的评价囊括了有效政府信用的所有方面。显然，无论是公民政治参与权的实现、政府绩效的高低、政府责任体系，还是政府履约情况、政策稳定性和廉洁度，所涉及的问题都是政府公共信息的重要构成部分。换言之，这些信息只有为公众真实地掌握并评价，才能够成为公众评价政府信用的构成因素。就这个方面而言，政府信息的公开与透明显得格外重要，是政府信用评估实现的必要条件。只有在公共信息公开的前提下，才存在政府信用评估和分析的可能性。公共信息的公开与透明并不能够直接增加政府的信用，但公共信息的隐瞒和失实公开将对政府信用有毁灭性的打击。因此，本节将着重论述政府公共信息传播与政府信用的密切关系。

"一个民主国家的全部生意都开始于公众的许可，生存于公众的批准。如果这是千真万确的话，随之而来的是商家应该高高兴兴地、心甘情愿地告诉公众其政策是什么，商家正在做的是什么，并且商家希望做的是什么。实际上，这似乎是一种义务。"[①] 事实上，这个理念不仅适用于市场，也适用于政府组织。政府公共关系的要义就是把满足公众的知情权作为自己工作的义务，政府公共关系工作的研究一直致力于探讨如何才能促进政府与公众之间信息的双向交流和沟通，目的是通过让公众了解足够的信息，建立起公众对政府形象的正面评价，获得公众的信任，提高政府的信用度，从而有利于政策的有效推行和社会的高效治理。因此，本章认为，政府公共关系的研究能够对政府信用的重要构成因素之一——政府信息有效传播与政府信用的关系给予合理和科学的解答。

11.3.1　信用与公共关系

1. 公共关系的发展史是组织信用的建设史

信用与公共关系的关系可谓源远流长，在我们回顾公共关系的发展史时，可以发现公共关系一直致力于建立组织与公众的良好关系，而这种关系的核心正是公众对组织的信任，即通过组织的良好信用来获得公众对组织的信任和支持，而全面、真实地传播组织的信息则是公共关系所努力的方式和手段。

在公共关系的发源地——美国，公共关系开始于贵族领导的爱国者和商业性的、有产阶级的英国保守党之间争夺权力的美国革命时期。其间，最著名的莫过于 1787 年宪法的通过。在 1787—1788 年间由亚历山大·汉密尔顿、詹姆斯·麦迪逊和约翰·杰伊执笔，由 85 位联邦主义者署名，在报纸上公开发表文章，号召公众通过新宪法。在回避对宪法的打击和谋求对宪法的支持中，《联邦主义文集》的作者们做了有史以来已知的最佳的公共关系工作。把公众诚惶诚恐的心理消除掉了，给无知者提供了信息和实例，方式是诚恳的而不是激昂的，坦率有说服力的而不是专横武断的。[②] 公共关系正是从这种信息的诚恳传播开始，通过告知和说服公众，逐渐建立起公众对组织的信任。

进入 20 世纪，公众逐渐受到重视，公共关系发展进入"公众该告知"的时期。在市场领域中，艾维·李对新闻业务代理向新闻宣传的演进，以及新闻宣传向公共关系的演进带来了深刻的影响。他的经营原则宣言就是协助新闻传媒获得准确、及时和全部的信息，他的宗旨被概括为"讲真话"[③]。这一原则的确立奠定了组织信用建设在公共关系工作中的重要地位。随后，政府领域也逐渐意识到公共关系的重要性。1917 年，美国总统威尔逊首次建立了美国公共信息委员会，这是世界各国中最早在政府中设立的公共关系专职机

---

① ［美］Scott M. Cutlip 等：《公共关系教程》，103 页。

② 参见上书，85～86 页。

③ 艾维·李的原则宣言："这不是一个秘密的新闻处，我们的全部工作都是开诚布公的。我们的目标是提供新闻。这不是一个广告公司，如果你认为我们送到你企业办公室的文件资料有任何不准确的话，请不要用它。我们的文件资料务求准确。我们将尽快地提供有关任何受到处理的主题的进一步细节，而且，任何主编在直接核对任何事实的陈述方面都将愉快地得到我们的帮助……简而言之，我们的计划是代表企业公司和公共机构坦率地并且公开地向美利坚合众国的新闻界和公众提供迅速和准确的信息，这些信息涉及公众感到值得和有兴趣知晓的有关主题。"（［美］Scott M. Cutlip 等：《公共关系教程》，95 页）

构，专门向公民解释政府在战争期间所采取的各项政策，以便使人民相信美国参战的合理性，并且为战争进行筹款、征兵以及瓦解敌人的工作。连续三届担任总统之职的罗斯福曾使用了一种简便有效的办法——设立一条白宫热线电话，供公民直接与白宫通话，了解他们所关心的各种问题；还在街头直接与公众接触，在广播与电视中进行公开回答，其中最著名的是第二次世界大战开始时在广播中对美国公众进行的“炉边谈话”。政府公共关系在罗斯福总统当政期间获得了迅速的发展，并创造了许多新的形式，其中总统在白宫召开记者招待会的惯例就一直保持至今，并成为美国政府树立和改善形象的重要方法。显然，信息的有效传播在建立公众与政府彼此之间的信任中起到了重要的作用。

到了相互理解、相互调整的现代社会，公共关系已经转变为对信息进行有效管理的重要学科和职业。在信息传播渠道多元化的今天，如何把信息能够真实、有效地传播给公众，获得公众的信任，增加组织的信用，成为公共关系研究者和从业人员的重要课题。

2. 公共关系与信用内涵的互动关系——减少不确定性信息，增加确定性信息

格鲁尼格教授从信息沟通的角度提出了四种公共关系的模式：新闻代理模式、公共信息模式、双向不对称模式和双向对称模式。这四种模式最大的不同就是信息沟通的目的性和方向性不一样，体现了不同时期公共关系发展的重要特点。新闻代理模式以单向沟通为主，以宣传（propaganda）为目的，所传递的信息通常都不完整，扭曲夸大，或是半真半假。信息的传递者以告知为主，并不主动探知阅听人反应，这种模式很容易就会衍生出信用问题。公共信息模式也是以单向沟通为主，但主张传递的信息应该是真实的、准确的，通过对外信息的传布，主要目的为告知大众，次要目的为说服，并不对受众作深入研究。双向不对称模式以双向沟通为主，以说服为主要目的，组织与公众之间有相互交流行动，不过沟通的结果仅有利于组织一方。双向对称模式以双向沟通为主，以促进双方相互了解与理解（mutual understanding）为目标。沟通的双方在互动时，不但有信息的交流与反馈，而且沟通的结果是以双方互蒙其惠为主。组织需要了解目标公众对于组织的看法、立场与态度，以便沟通决策的制定与规划。评估沟通结果的标准，以是否增进双方的了解和理解为主。这四种模式围绕的核心就是信息的对称性，而信息的对称与否，对于信任能否建立、信用能否形成有着重要的意义。

组织的良好信用能够使公众对其采取正面的或积极的行动，但公众需要大量的信息来对政府信用做出评价。当组织做了大量工作以增加公众对组织信任的时候，这些能够有效提高组织信任度的信息并不一定能够真实、完整、及时地送达组织的目标公众，信息的失真、残缺、延时或虚假都有可能导致组织信用的崩溃。“传播沟通”是贯穿整个公共关系的一条基线，是现代公共关系理论的精髓，是公共关系的本质属性。① 公共关系工作就是要通过传播信息把组织与公众联系起来，从而构建组织的信用，而组织信用的提高，则能够有效地实现公共关系的目的——塑造组织形象和提高组织声誉（见图11—1）。

① 参见廖为建主编：《公共关系学》，6页。

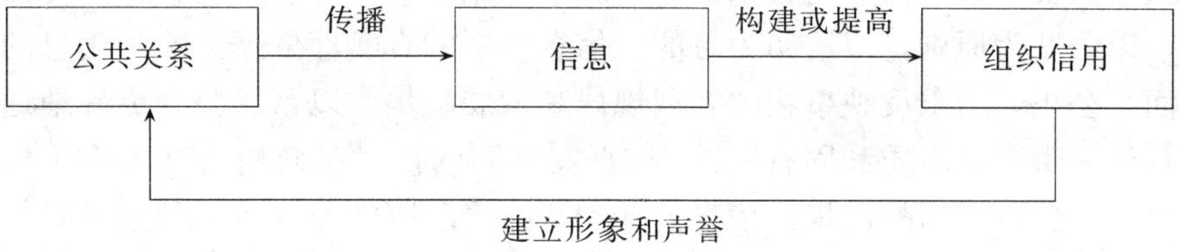

图 11—1 公共关系工作

11.3.2 政府信用与政府公共关系

1. 政府公共关系的含义

公共关系的定义虽然有很多，但是在政府公共关系方面，定义的指向性却是非常相近的。

有学者认为，政府公共关系是政府为了更好地运行其职能，运用传播手段与社会公众建立相互了解、相互适应的持久的联系，以期在公众中塑造政府的良好形象，争取公众对政府工作的理解和支持的一系列活动。① 也有学者认为，所谓政府公共关系，是指政府在科学理论和原则的指导下，为了更好地管理社会公共事务而运用传播手段，与它的公众进行双向信息沟通，建立稳定和持久的相互了解、相互信任、相互合作的关系，以便在公众中塑造政府的良好形象，争取公众对政府工作理解和支持的活动。② 与此相似的定义还有，政府公共关系是各级政府机构和人员通过特定的传播途径与社会公众进行多方面的信息沟通和理解，塑造政府组织良好形象，为政府组织实现政府目标提供管理和服务活动的过程。③ 更直接和简单的观点则认为，政府公共关系实际上就是现代政府自觉地运用公共关系塑造形象的一种行政管理职能活动。④ 最为具体的定义是，政府公共关系管理是对政府组织与社会公众之间传播沟通的目标、资源、对象、过程与效果等基本要素的管理，是对政府组织的公众传播沟通活动进行决策、计划、组织、指挥、控制、协调和监督，以提高政府的美誉度，塑造政府的良好形象，争取公众对政府工作的认同、理解和支持，最终达成政府目标。⑤ 要把公共关系的真谛和行政管理活动真正地结合起来，就必须要把握公共信息管理活动的重要地位。有学者指出行政公共关系，概指政府同广大公众之间的信息沟通与传播关系，在我国，行政公共关系是指政府机构为更好地行使其职能，增进社会公众对政府工作的了解、支持、监督，以协调内部和外部关系的社会活动。⑥

从以上各个具有代表性的政府公共关系定义可以看出，政府公共关系的核心内容可以归纳为现代政府运用各种传播手段，与公众进行信息的双向沟通，从而建立政府良好形象，最终为行政管理活动提供支持。政府公共关系活动的实质是一种信息传播活动。政府

---

① 参见胡宁生：《政府公共关系教程》，8 页。

② 参见赵伟鹏、戴元祥：《政府公共关系理论与实践》，1 页，天津，天津人民出版社，2001。

③ 参见徐家良：《政府形象与战略》，179 页，杭州，杭州出版社，1996。

④ 参见褚云茂：《公共关系与现代政府》，124 页，上海，上海大学出版社，2002。

⑤ 参见廖为建主编：《公共关系学》，334 页。

⑥ 参见夏书章主编：《行政管理学》，264 页，广州，中山大学出版社，2003。

公共关系从业人员的首要任务是告知。[①] 良好的政府公共关系意味着信息的传播必定以真实为依据，以公开为原则，以透明为目的。信息传播的真实性依据意味着信息的交流必须真实、全面、公正，力求反映事物的客观规律和发展趋势，以帮助公众更好地通过政府传递的信息，认清事物的本质和固有属性。[②] 真实全面的信息是政府公共关系工作开展的基础，也是政府与公众沟通的前提。信息公开则意味着政府向公众传播信息的具体方法、手段及整个操作过程要公开。信息公开制度源于一个重要原则，即在国家安全许可的范围内，人民能够得到全部信息时，民主政治才能最好的运行。信息公开制度是政府活动公开化的体现，是公众参政权的延伸，而这将提高公众对政府机关的信任度。[③]

2. 政府公共关系与政府信用的统一性

在单向传播模式下，组织只是把有利于自身的信息向公众宣传，却忽视了公众的需要，也就是说，公众需要经常了解政府的信息，但多数情况下，公众与政府之间所掌握的信息都是不对称的。在信息不对称的情况下，政府本身的利益驱动和自利倾向以及公众对政府情况了解的困难就有可能表现为信用风险。"只要政治代理人即政府是信息优势者，即拥有一些为政治委托人所不知的信息，而政治代理人的本性中又包含有自私自利的成分，那么，理性的政治代理人就有可能利用信息优势谋取私利。"[④] 具体而言，政府所拥有的技术资源优势拥有拒绝公开公众本可了解的信息，使公众陷入"无知"状态；公众的分散状态和"搭便车"心理也缺乏采取统一集体行动的强大动力从而采取即时的行动。但是，随着时间的延续，长期处于信息劣势地位的公众信息需求积压过久，任何的不利信息——无论信息是来自非正式渠道还是正式渠道，都可以摧毁政府的信用。政府的公共关系活动，常常会包含在公共事务、公共信息或公共传播之中，并逐步发展为一种用来完成不同组织目标的政治和行政手段。它们成为行政系统的关键组成部分，其主要目的在于填补大众政府与官僚政府之间的鸿沟。[⑤] 摧毁政府信用的还有多种因素，但是从政府公共关系的角度来看，信息的不畅将会使政府建设信用的努力功亏一篑。

詹姆斯·福里斯特尔曾经说过："政府工作的困难在于，它不仅必须干得很好，而且必须让公众相信它干得很好。换句话说，能力和表现都是必要的……"[⑥] 尽管政府地位和资源的垄断决定了现代政府一定比公众拥有更多的信息优势，但是双向的沟通模式对于政府的信用建设却是至关重要的。通过对信用的分析，我们可以发现信息的真实性、完整性、及时性极大地影响着信用方的信用。而公共关系的双向传播模式强调对公众的重视和研究，强调尽可能保持平衡的信息交流，尊重公众知情权的实现，对公众的诉求给予及时和有效的回应，以公开为原则，通过传播沟通，让公众对政府给予肯定的和正面的评价，从而提高政府的信用。

---

① 参见［美］Scott M. Cutlip 等：《公共关系教程》，393 页。

② 参见胡宁生：《政府公共关系教程》，67 页。

③ 参见黄志敏：《信息公开、依法行政》，载《中央政法管理干部学院学报》，1998（6）。

④ 李春成：《信息不对称下政治代理人的问题行为分析》，载《学术界》，2003（3）。

⑤ 参见［美］Scott M. Cutlip 等：《公共关系教程》，392 页。

⑥ 转引自［美］菲利克斯·A·尼格罗、劳埃德·G·尼格罗：《公共行政学简明教程》，10 页，北京，中共中央党校出版社，1997。

11.3.3　信息社会的政府信息传播

政府信息传播是政府公共关系工作的主要内容。公共关系工作通过对信息进行有效的管理和传播，使公众能够及时获得关于组织的足够的信息，从而能够采取积极的信任态度和行为。因此，信息对于信用主体能够被信任的程度有多深，即信任者是否愿意采取信任行为起着至关重要的作用。政府信息主要是指涉及公共事务的信息。通过对政府信息传播过程中的要素进行分析，我们可以充分了解政府公共信息传播的过程与要素，这些要素相互作用将对政府信用产生重要影响。

1. 政府信息传播要素

在传播学经典的传播模式——拉斯韦尔模式中，包含了传播者、内容、媒介、受传者和效果五大要素。而韦伯则在单向传播模式的基础上，添加了双向传播、传播者与受传者之间相互影响的要素。在政府信息传播这一特定的领域中，参考前人的经验，我们可以归纳出以下要素：政府、社会公众、媒体、公共信息和传播效果。

在政府信息传播的研究中，我们一般把政府部门确定为传播者，社会公众是受传者，公共信息从政府部门向社会公众流动。由于政府信息的公共性，政府的传播行为也带有强烈的政治性。政府内部相关的信息传播体制如何，公开信息的内容和程度，包括什么样的信息应该基于公众的利益而加以公开，什么样的信息应该基于国家的安全而进行保密；公开渠道和策略的选择，选择什么样的方式和时机进行信息传播；公开效果的评估和检讨。这些都是政府作为公共信息主要传播者所要考虑的重要问题。

由于政府信息往往涉及的都是公共的社会事务，所以传播者与受众经常是同一主体。例如，某个公民从媒体或政府获得一定的政府信息时，他是受传者，但同时他也可能积极地充当传播者的角色，既向其他社会成员传播信息，也向媒体反馈信息。因此，政府信息传播的过程永远是一个信息流动积极的、充满互动的传播过程。另外，随着社会事务的发展，政府信息传播的受众定义已经不能简单地定义为本国的公民，经济全球化的发展趋势令社会事务日益国际化，单个区域的公共事务随时可能对全球产生巨大影响，从而使得政府传播的对象变得复杂起来，对某项公共事务议题产生强烈兴趣的不但包括本国的相关利益群体，还有他国的一些相关群体、国际组织等，它们的关注往往也会令政府传播行为受到不同程度的压力。

公共信息在这些要素之间积极地流动和传播（见图 11—2）。信息可以分为客观信息和人为信息。客观信息是客观事物通过物质载体发出的消息。人对现实世界的解释（包括创造性的解释、发现）是对客观信息的把握和加工处理，人为加工处理后的信息是人为信息。[①] 社会中发生的各种事件、政府对事件所采取的管理行为等信息都是客观信息，这些客观信息一方面经过政府等职能部门的制作和过滤后成为人为信息，再通过权威发布由媒体直接或间接地传达给社会公众；另一方面，这些客观信息也可以通过人际传播等渠道，经过传播者的加工制作成为人为信息，在社会中以小道消息的形式进行传播。值得注意的是，人为加工后的信息存在着两种类型。一种是以客观信息为依据进行解释和发现的真实

① 参见张国才：《组织传播理论与实务》，20 页，厦门，厦门大学出版社，2002。

信息，另一种是没有依照客观现实加工、扭曲了的虚假信息。发布真实信息能够加强信用，而虚假信息则是对信用的毁灭性打击。政府向大众媒体、社会公众发布的人为信息不应当背离客观存在的事实。由于客观信息同样可以以其他的渠道传达给社会公众，当社会公众检验到政府发布的权威消息与客观信息不符时，这将会严重影响公众对政府的信任，从而损害政府的信用。因此，政府作为公共信息主要的传播者，对于公共信息的加工制作必须注意与客观事实的一致性，从而避免影响信息传播的效果。

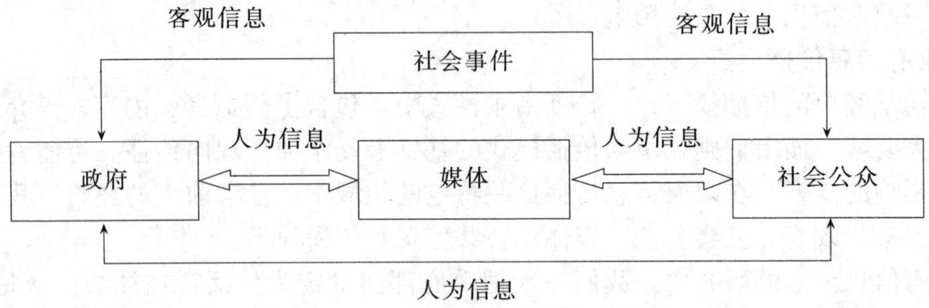

图 11—2 政府信息传播过程

在现代公共信息传播过程中，媒体是信息流动的主要渠道。大众媒体仍然扮演着重要的角色：一方面大众媒体是政府信息发布的重要场所和渠道，大众传媒积极地从政府和其他传播者处获得公众感兴趣的信息进行传播；另一方面，大众媒体又背负着对政府信息传播进行监督的责任，作为有义务满足公众知情权的大众媒体，应当检验公共信息的真伪，及时向公众发布与公共利益密切相关的信息。随着信息技术的发展，媒体的多元化给予了人们更大的传播空间。互联网、移动电话等快速、即时的信息传播方式，不断地对大众传媒传统的统治地位提出挑战。一方面，人们渴望利用这些新式的传播工具尽量获得客观的公共信息；另一方面，这些新式的传播工具由于不断地容纳了更多的传播者，从而使人为信息的传播活动急剧增加，信息的真实性和有效性并未因为传播工具的发展而获得更多的支持。

对于政府信息传播效果需要进行一定的评估。对于传播效果的评估是相对于传播的目的和满足需要的程度而言的，公共信息传播最大的目的是更好地满足公众的知情权，从而使公共利益得到最大化。但这样的评估是庞大和复杂的，而公众的知情权满足与否是对传播效果的最大检验。知情权的满足包括两个方面，一方面是信息量的提供，即对于公众需要知道的事情是否提供了充足的信息量；另一方面是信息内容的信度与效度，即公众对信息的信任程度以及指导公众行为的有效性。对于信息传播效果的评估是对政府整个传播工作的综合评价和反思，是传播环节不可缺少的一部分。

2. 信息化社会的政府信息传播

信息化社会是以信息为社会发展的基本动力，以信息技术为实现信息化社会基本特征的手段，以信息经济为维系社会存在和发展的主导经济，以信息文化改变着人类教育、生活和工作方式以及价值观念和时空观念的新兴社会形态。① 信息化社会对于政府信息传播

① 参见刘昭东、宋振峰：《信息与信息化社会》，117 页，北京，科学技术文献出版社，1994。

的影响主要体现在以下几个方面。

第一，以网络为首的信息技术的发展将会使公众的知情权获得更大程度的满足。信息量大、速度快、范围广的信息传播技术，使公民知情权的实现成为现实。充分的知情是“在合理的时间范围内，所有成员都有同等的有效的机会来了解各种备选的政策及其可能的结果”①。随着网络媒体的高速发展，各种信息能够通过各种渠道快速大量地传递给公众。大量信息汹涌而来导致的后果是信息选择困难。人们缺乏充足的时间和能力对各种信息进行筛选、综合，大量的信息使人难辨真伪，难以取舍。信息权威、舆论领袖的缺席，将使人们无法消除认识中的不定性，变得无所适从。

第二，以移动电话、移动网络等通信工具为标志的电信业的发展令人际传播与大众传播等传播方式发生整合。一方面，信息传播变得极为容易；另一方面也带来了信息失真的危险。借助通信工具的发展，信息在大众传媒、个人传播工具中的流动变得容易，人们可以即时甚至比大众传媒更快地了解公共事务的进展。公民自由形成舆论意见的条件和空间也得到了扩大。公众舆论的形成随着通信条件的改善越来越具有全局性和普遍性。公民参与的广度和深度随着舆论形成条件的改善而不断发生着变化。② 同时，计算机技术、网络技术提供了方便的信息获取和复制技术，信息在不同的媒体间复制、转换，人们在信息生产和传播过程中大量直接使用、链接他人的信息，剪贴、拼凑信息现象十分普遍。但方便的信息复制手段也造成信息数量激增，质量下降。③

第三，对政府管理能力提出了更高的要求。由于通信工具的发展以及公众对新科技的掌握程度增强，对于政府治理能力的要求也有了很大的提高。由于沟通手段的发展，政府能够更好地通过网络充分占有决策信息，对社会利益进行更好的整合，双向信息传输的系统将成为公众与政府之间互动机制的重要内容。一方面，政策决策者要与普通民众进行更好的沟通，在政策制定中更好地考虑公众的参与；另一方面，政府官僚的行政管理过程将需要更为透明和公开，为公众的信任提供信息支持。

11.4　政府信用缺失的传播因素分析

政府公共关系所倡导的政府信息传播应公开透明是政府信用建设的重要内容。政府信息传播的失灵将会严重破坏政府信用，因而有必要通过分析现代信息社会中政府信息传播的不足对政府信用所构成的负面影响及其原因，探寻建立有效政府信息传播系统所需要的必要条件，从而树立积极的政府信用形象。

11.4.1　政府信用缺失传播因素分析

1. 政府信息传播与政府信用

在一般情况下，政府信息是一种公共产品，它符合公共产品非竞争性和非独占性的特

① ［美］罗伯特·达尔：《论民主》，43 页，北京，商务印书馆，1999。

② 参见顾丽梅：《信息社会的政府治理》，220 页。

③ 参见董炎：《信息文化论——数字化生存状态冷思考》，141 页，北京，北京图书馆出版社，2003。

点。政府信息所包括的内容很广，政府信息、公共政策、各种国际和社会事件、公共事务等都是政府信息的内容。其中，政府信息主要指各级人民政府及其职能部门以及依法行使行政职权的组织在其管理或提供公共服务过程中制作、获得或拥有的信息①，这是政府信息的主要组成部分。政府是政府信息的公开义务人，应当履行公开政府信息的义务；个人和组织是公开权利人，享有获取政府信息的权利。

政府信息传播是政府公共关系工作的重要内容。及时的、足够的、真实的信息能够减少人们判断的不确定性、疑义度、未知度和混杂度。公共关系的双向传播模式强调对公众的重视和研究，强调尽可能保持对称的信息交流，尊重公众知情权的实现，对公众的诉求给予及时和有效的回应，以公开为原则，通过传播沟通，让公众对政府给予肯定的和正面的评价，从而提高政府的信用。因此，政府信息传播的失灵，将会对政府信用有非常大的负面作用，甚至造成政府信用缺失。

政府信息传播失灵对政府信用破坏的表现主要有以下两种情况：

第一，政府信息未能及时发布和公开，权威信息和主流媒体缺席，传言、流言和谣言的传播损害政府信用。这种情况主要是针对应对一些重大突发事件情况而言的。现代社会对政府能力的要求随着政府承担义务的增加而不断提高，在面对许多重大事件，如战争、瘟疫等重大突发事件时，公众往往显得非常无力，他们需要大量真实可靠的信息以在面对危机时做出判断，而提供这些信息的责任往往落在政府身上。尽管现代信息社会的发展令大众媒体能够不断地参与到这些重要信息的传播活动中，但信息的来源仍然经常掌握在政府手中，如果公众的知情权未能得到充分的满足，则容易损害公众对政府能力的信任。

第二，政府公开发布的信息的信度和效度受到质疑，破坏公众对政府的信任预期，损害政府信用。这种情况对政府信用的负面影响将比第一点谈到的更为严重。现代社会需要一个积极的、能作为的政府，研究表明，除个别发达国家的社会公共事务能够委托给非政府部门处理以外，很多国家的社会公共事务仍然需要政府作为主导力量进行处理。因此，政府随时都需要发布关于社会公共事务的公共信息，这些政策信息的形式多样，可以是公共政策、法律法规、重要社会事务的咨询、协调、宣传等，但要获得公众良好的合作，前提就必须是这些信息是可信的、有效的，一旦公众发现某些信息是不真实的，将会影响公众对所有政府公共信息的信任程度，严重的将会破坏政府的信用形象，引发治理危机。

2. 政府信息传播失灵原因分析

信息的失真意味着受众获得的人为信息与客观信息不符，从而导致认知的扭曲。在排除了噪声干扰等客观必然条件后，导致人为信息与客观信息不符的最重要的主观原因就是传播者。要讨论政府信息传播失灵，应当在政府传播行为的研究中探寻答案。政府传播体制不顺，未能适应信息社会的发展是导致政府信息传播失灵的主要原因。

首先，政府部门是政府信息传播的重要主体，信息传播的观念将对传播行为产生一定的影响。从政府治理思想的发展历史可以看到，以管理为中心和以服务为中心的政府在政府信息供给方面有完全不同的意识和行为。以管理为中心的意识强调“民可使由之，不可使知之”，对于老百姓，只能叫他们依照政策法令做人做事，不用叫他们懂得其中的道理。

① 参见 2003 年施行的《广州市政府信息公开规定》。

以服务为中心的政府视公民知情权为基本人权并努力保护。作为一种“信息”权，公民享有从政府索取信息、获得信息、接受信息的权利，政府履行提供信息的义务是知情权实现的条件和前提。为保护公民合法的权利，政府将努力为公民提供各种政府信息。因此，政府意识的转变与否，是政府信息传播工作开展的前提。

其次，政府信息传播机制完善与否将在很大程度上影响政府信用的高低。官僚体制的绩效考核倡导以上级评价为主的考核方式，为了不影响晋升和免受惩罚，人们倾向于向上隐瞒不利的消息，报告有利的消息，从而令主流媒体的声音缺席。政府信息能否有效、及时地传播，很大程度上依赖于完善的政府传播机制。而传播机制能否和公民监督机制、责任追究机制很好地结合，是政府信息传播活动能否有效进行的制度保证。政府信息的收集、制作、发布、评估反馈等一系列的传播活动都是政府信用建立的过程，这需要统一的法规规定传播活动的方式、内容，以及相应的责任机制。如果缺乏相关法律规定和救济渠道，信息传播的时间、有效含量将无法保证，从而影响政府的信用。

最后，政府公共信息传播策略未能与信息社会的发展相配合，令信息传播效果大打折扣。随着现代信息社会的发展，媒体出现了多元化的发展，电视报纸等传统的大众传媒虽然仍占据主要的信息传播地位，但多媒体的发展，计算机网络、移动通信的发展，令信息的传播更为迅速、扁平化。一方面，电视报纸的报道竞争虽然已进入白热化，但对于公众的信息需求却未必能够及时满足，对于公众知情权的维护也并未完全发挥“第四权力”的作用。另一方面，新媒体的发展令公众既成为受传者，也担当传播者的角色。在主流媒体未能满足信息需求的时候，谣言、谎言的传播就会非常容易兴起，公众作为单独的个体，没有过多的精力和成本去验证大量的信息，便利的传播工具也令谣言的传播变得容易和快捷。如果政府的传播部门未能掌握当今信息社会的发展趋势，不了解各种传播媒体的特征，对社会公众的心理情绪变化缺乏把握，从而丧失信息传播的有效时机，将会导致公共信息传播的有效性大大降低。

11.4.2　传播失灵导致政府信用缺失案例分析

1. 简要情况

2003 年年初，在中国发生的“非典”危机，就是政府信息传播失灵对政府信用产生负面作用的重要案例。

“非典”是一种传染性很强的疾病，其救治和预防都存在相当的难度。我国“非典”从 2003 年 1 月起在广东省开始出现，后扩散至华北等部分地区。由于它来势凶猛，传染性强，给人民群众的生命和健康带来了极大威胁，加上不明病因，在疫情集中爆发的广东地区人们普遍感到恐慌。从 2003 年 2 月 8 日开始到 2 月 10 日，整个广州笼罩在对“非典”的恐慌之中，出现了抢购板蓝根、抗病毒药物以及食用白醋（用作预防）的狂潮，药品价格和白醋的价格迅速飙升了几倍甚至十几倍。2003 年 2 月 11 日上午，广州市政府和广东省卫生厅举行新闻发布会，公开了“非典”的情况，使恐慌势头得到初步遏制。但公众的恐慌并未因此而打消，不断冒出广东将可能被列为“疫区”、交通中断、盐米油等将断货之类的流言，以至于 2 月 12 日起，广州等地又出现了抢购食盐、大米的风潮。2003 年 2 月 13 日，《广州日报》头版头条作了题为《盐荒米荒纯属无稽之谈——

今起广州将严厉打击哄抬物价行为，政府正告不法之徒造谣惑众必受严惩》的报道。当天，广州市内的抢购行为迅速平息下来。随后，“非典”成为广东媒体报道的重大新闻，随着媒体的广泛介入，广东民众渐渐平静下来。“到了4月上旬，广东人渐渐平静下来，而北京却是满街口罩，消毒液到处喷洒了。”① 在2003年4月3日国务院新闻办公室的记者招待会上，当时的卫生部负责人却对疫情做出这样的基本结论：中国局部地区已经有效地控制了“非典”疫情，积累了比较宝贵的预防和治疗经验。于是，“中国是安全的”、“欢迎世界各地人士来华旅游”、“各地迎来旅游旺季”等报道、图片在媒介中纷纷出现。这个结论与现实情况有非常大的出入。2003年4月20日，国务院新闻办公室就“非典”问题再次举行新闻发布会，公布中央重大决定：公开疫情，任何单位和个人都不得瞒报、缓报。此后，卫生部门及时准确地通报疫情，为政府决策提供了依据，也使广大民众尽可能多地了解信息、做好预防。此后，“非典”被列入《中华人民共和国传染病防治法》，按法定传染病进行管理，意味着相关医疗机构、政府部门报告疫情具有法律责任，隐瞒不报属于违法，将追究法律责任。疫情到2003年5月有所缓解，5月23日世界卫生组织决定撤销对广东省和中国香港的旅行警告，6月全国疫情得到了有效的控制。

2. 启示

“非典”事件是一件突发的公共卫生危机事件，但是它的出现却是信息社会对政府信息传播机制与政府信用建设的挑战。在我们回顾这一事件的过程时，可以得出以下一些启示：

第一，信息社会的发展、高科技的运用使人际传播成为最普遍的传播方式。尤其当突发性的公共危机事件发生后，高科技的使用更加扩大了传播的范围，提高了传播的速度。2003年2月8日及以后的几天，是“非典”非官方信息传播最活跃的时候，也是抢购风潮最集中的时间，人们竞相使用手机短信和口耳相授方式通报疫情而使传言不胫而走，最多有人竟接到十几条不同版本病情信息的手机短信。广州手机短信发送量达每日500余万条。先进的传播手段成为传言、流言、谣言迅速散播的肥沃土壤。

第二，政府权威真实信息的缺席，助长了小道消息的发展，减低了公众的满意程度。真实消息和小道消息的供给存在此消彼长的关系，真实信息供给量越大，小道消息供给量越小，真实信息供给量与个人效用（个人在消费中的满足程度）呈正相关关系，小道消息供给量与个人效用呈负相关关系，传播小道消息时个人得到暂时的满足，但是更多的是失落（见图11—3）。② 在政府没有正式公布疫情之前，通过手机短信和电话传播的小道消息满天飞，公众证实这类信息的成本很高，抱着“宁可信其有，不可信其无”的态度，掀起了抢购风潮。根据中国人民大学社会心理学研究所在2003年4月所作的调查显示，在4月下旬的一周时间里，68.5%的被调查者得知40条以上有关“非典”的信息，23.1%的被调查者得知4～9条。63.2%的被调查者一周内得到的“非典”消息中，后来证明有1～2条是误传或谣言，25.2%的被调查者表示有3～4条，6.4%的被调查者表示有5～7

① 陈四益：《什么最可怕》，载《羊城晚报》，2003-05-12。

② 参见冯兴元：《从SARS案例反思政府信息透明度》，载《国家行政学院学报》，2003（4）。

条。34.2%的被调查者表示无论信不信，都会传给他人。在受访者中，56.4%的被调查者人表示相信政府信息，30.0%的被调查者将信将疑。[①] 显然，政府权威信息的及时公开是危机事件中最能满足公众知情权的手段，相反，如果公开不及时、不全面，就会影响公众对政府的评价，传言、流言和谣言会充斥于公众中，最终破坏政府信用形象。

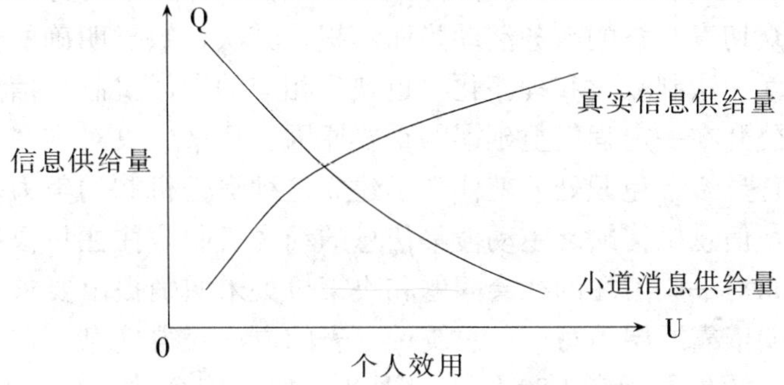

图 11—3　真实消息、小道消息和个人效用

注：图中，效用在 0 以上表示个人无论消费其中何类信息，都能感到一定的满足。

第三，信息公开体制的建立将成为政府信息传播发展的趋势。从"非典"的案例中，我们可以看到，当政府领导人在关键时刻撤换职能部门领导人，迅速建立起疫情快速反应机制，提供及时的疫情公布制度，公众对疫情信息的需求获得满足后，事件很快就得到了平息。中国政府在坦诚公开的情况下，得到了国际组织和社会公众的谅解，疫情也获得了进一步的控制。"非典"事件给了我们正反两方面的启示。在面对紧急的公共事件时，控制公共信息的公开和发布只会严重影响政府的信用，而及时有效的公开则是给政府形象大大加分的机会。由此可见，只有政府信息的公开成为一种有效的机制，才能从根本上缓解公民对公共事务信息知情权的需要，建立公民对政府行为的信任。

3. 原因分析

分析本次信息传播危机的原因主要有下面几点：

第一，政府信息传播观念跟不上信息社会的发展。在观念方面，长期以来，我们的传播机制始终在"报喜不报忧"和"内紧外松"的习惯模式中运行。[②]"报喜不报忧"，就是不报道"阴暗面"或对自己不利的信息，意在"不报"；"内紧外松"，就是组织或系统内部对某些情况高度重视或严加防范，但并不将有关情况提供给公众。这是政府公共关系意识不足的表现。在现代信息社会发达的通信方式中，对于公众极关心的事件，已经不存在密不透风的墙了。但如果政府放弃了积极主动的信息公开，就会让位于小道消息。政府做了大量的工作却又不为公众所知晓和了解，将对政府信用和形象产生负面的影响。因此，

① 参见中国人民大学社会心理学研究所：《"非典"时期国民心态网上调查报告》，载《广州社情民意研究中心民意参考》，2003（9）。

② 参见董天策：《转变传播观念、有效引导舆论——抗击"非典"的传播学思考》，见《羊城论丛·2003·第一辑》，汕头，汕头大学出版社，2004。

建立积极的和诚实的宣传观念，将有助于政府信息公开工作的推进。

第二，政府信息传播体制亟待规范化、法制化。首先，信息报告缺乏制度规范，易受人为因素的影响。对于哪些信息应该报告和公开，应通过什么渠道报告、报告到什么机关、信息报告的时限等没有明确的制度规定，信息报告往往受到各方面因素的影响，导致决策机关不能及时获得准确的信息，因而影响正确及时的决策。对外发布的内容则是有选择性地公开，避重就轻，具有明显的隐晦性和局限性，只公开次要的内容，对人事、财务、决策或涉及公众切身利益的政务活动隐而不报。其次，缺乏明确的信息公开法规，政府信息公开的工作就无法制度化和程序化，也缺乏相应的责任机制。信息报告体系的不完善是“非典”信息公开在一定程度上延误的重要原因。后来中央对在“非典”危机中对信息报告负有责任的官员给予免职处分就体现了建立这种责任机制的努力。再次，信息搜集能力不足。一方面，信息机构缺乏主动搜集信息的动力机制，往往只根据上级下达的任务搜集有关信息，因而对一些潜在的社会问题和决策机关未明确提出要求的信息不能及时搜集；另一方面，长期依靠层层填写、汇总统计报表的方法获得信息，在缺乏有效监督的情况下，瞒报、虚报、漏报的现象时有发生。因此，如何能令政府信息传播系统建立得科学、准确，是制定相关信息传播法规的重要内容。

第三，对于传播受众的分析不足。由于“非典”事件是严重的公共卫生突发事件，对其产生密切关注的除了本国的公民以外，还包括国际社会的公众。随着经济全球化进程的推进，一个地区的事务将可能对其他地区产生不同程度的影响。在“非典”事件中，中国的疫情受到了世界各国的关注，世界卫生组织等纷纷到中国进行考察。但在政府信息发布的过程中，却缺乏对这些特殊受众的关注，没有按照不同受众的特殊需求而提供充足的信息，致使负面的信息严重影响国家和政府的形象。

第四，传播策略、传播方法与信息社会发展的需要脱节。关于社会公共事务的信息，由于与公众利益密切相关，即使权威的信息不发布或延迟发布，同样也会在社会公众之间进行传播。政府职能部门的信息传播仍然停留在层层审批、层层通过的传统官僚体制运行阶段，无法适应现代信息社会快速发展的需求。如果公众通过互联网、移动通信等先进的传播工具获得的信息比政府发布的信息更快、更详尽，或者比政府发布的信息更接近事实，就会严重影响政府的信用和威信，损害政府形象。

11.4.3 建立有效的政府信息传播系统

有效政府信息传播系统的建立是提高政府信用水平的重要内容之一。信用的建立是政府工作长期一点一滴累积的结果，政府信息传播系统的建立和建设也是政府长期努力的结果。通过建立公开、透明、科学的政府信息传播机制，为公众提供真实、全面、及时的公共信息，科学地收集公众的意见、建议和评价，形成良性的信息流动系统，将是政府信用工作发展的重要方向之一。政府公共关系工作原则的探讨以及关于传播失灵而导致政府信用缺失的分析表明，建立科学、全面、有效的政府信息传播系统，能够有效地填补公共信息传播失灵的漏洞，从而建立政府良好形象，获取公众信任。

1. 建立统一的政府信息公开法规

建立统一的政府信息传播系统，必须要制定统一的全国法律规定及相应的执行制度。

对于公开信息的范围如何界定、国家机密的公开界限、对行政相对人如何实施相应的救济的问题仍缺乏权威的解释和依据。谋求建立统一的信息公开法规就是要通过行政法规把知情权保护落实到法律的层面，规定公开的内容、范围、方式、对象以及公民的权利和义务，明确规定行政人员拒绝公开或应公开而没有公开的法律责任，确定行政相对人的权利救济途径，从而奠定政府信息公开体系的法律基础。

2. 建立政府信息公开责任体系

狄马克指出："如果行政者是来自一个尊重公共利益和诚实的社会环境，则他们大多数必然是有公益心和诚实感的，假如缺乏这种环境背景，那就难以对他们做这种期望。"① 显然，建立以责任为基础的控制体系是必要的，行政管理有向公众公开政府信息的义务，必须承担公开不足等影响公众知情权实现的责任。建立这个责任体系的重要途径是在统一公开法律的基础上建立一系列的行政法规，把抽象公开的理念落实到可操作的层面，规定实施信息公开的义务人及其责任方式，从而为公开信息的信度和效度提供制度上的保障。受"非典"事件的启发，地方政府的新闻发言人制度登台亮相，该制度的背后需要一个完善的信息公开责任体系进行支撑，对事实负责，对公众负责。

（1）建立政府信息收集分析系统。

政府公共关系工作强调公共信息的双向对称流动。无论是对政府信用的评级分析，还是对政府形象的评估，都必须以充分的公众评价信息为基础。公共信息收集分析系统是对公共信息进行全面的收集、加工、传递、存储并提供作决策依据的过程和程序。一方面，政府部门需要有一定的信息处理部门面向政府各个职能部门，获取各个前线部门的第一手信息，进行加工制作并提供给决策层。另一方面是对公众意见的收集，实施这一工作可以由政府有关部门如同级部门等进行，也可以由政府委托独立的调研机构、大学以及市场调查公司进行。收集的数据主要包括两个方面，一方面是关于社会发展的硬性指标，例如社会具体方面的发展情况，如国民生产总值等硬性指标；另一方面是关于公民意向的软性指标，例如通过民意测验反映的公众评价等。通过保持信息渠道的畅通，及早地反馈信息给相应的决策职能部门，能够令政府部门根据民众的要求及时调整相关政策，为政府工作的改善和提高提供依据和参考。

（2）完善公共信息传播体系。

公共信息传播的体系包括政府职能部门和信息发布部门、大众传媒以及各种通信媒体。及时地、准确地传播公共信息除了需要有效的信息收集系统提供充分的信息支持以外，还需要一个完善的公共信息传播体系。"非典"事件给予我们的一个非常重要的启示，就是公共信息的处理和传播及时与否将对公共利益产生非常重大的影响。政府公共信息传播体系一直都存在，但要与信息社会发展相适应，必须得进一步完善。

第一，设立与政府信息传播权责相称的专职部门。与信息公开责任体制呼应，负责政府信息传播的专职部门需要获得足够的授权，能得到与公众利益有关的所有信息，并能够迅速地得到是否公开的决策结果及原因。目前的政府新闻发言人制度、新闻发布中心、信

① 狄马克：《公共行政》，600 页，台北，黎明文化事业公司，1974。

息中心等专门负责政府信息传播的部门虽然已经有了很大发展，但发布信息的内容、时间却仍然与社会需求有一定的差距。因此，应当赋予这些部门政府信息发布的权力，同时这些部门也需要承担相应的责任，及时向公众发布政府公共信息。

第二，政府信息传播体系的改革。目前大部分政府公共信息的传播存在着传播链条过长的情况，这使得政府有关部门在应对社会危机突发事件中时显得迟缓和滞后。事实上，政府职能部门处理危机事件的能力是在不断增强的，但处理和发布信息的能力却未随之而提高。一方面，科层制的层层审批体制导致传播过程中信息容易失真扭曲；另一方面，信息传播链条错综复杂也使得信息发布错过了最佳时机。因此应当对公共信息传播体系进行一定的改革，目的是把信息传播的链条尽量缩减，减少报批的层级，通过建立责权相应的信息传播体系，使公共信息的传播能够满足现代信息社会发展的需要。

第三，赋予传媒更多的空间。现代信息社会中，大众传媒肩负着公共信息传播的重任，在公共信息传播体系中，应当让大众传媒担当更重要的角色，以公众的利益为前提选取和报道真实准确的信息，避免权威媒体的缺席导致谣言、谎言满天飞。对于其他先进的网络、通信媒体，政府信息发布部门需要因应其特点制作信息供其使用，提供充足的信息源，堵塞失实信息的渠道。

第四，注重对传播受众的分析。随着全球化体系的日益发展，社会公共事务逐渐成为“地球”公共事务，传播的受众，也从一国的公众发展为国际的公众。不同的受传者对于同一公共事务有着不同的需求和理解。因此，必须针对不同的公众采取不同的传播策略，提供不同侧重点的信息内容，强化信息的信度和效度，才能够对政府形象产生更多的正面作用，推动政府国际信用的发展。

案例　新闻发言人制度在我国的创立

我国的新闻发言人制度起始于20世纪80年代。1983年4月23日，中国记者协会首次向中外记者介绍国务院各部委和人民团体的新闻发言人，正式宣布我国建立新闻发言人制度。在中国，人们比较熟悉的如外交部、每年“两会”的新闻发言人等都是在改革开放以后出现的。2003年SARS疫情爆发后，从2003年4月初到6月24日，卫生部连续举办了67次新闻发布会，是举办新闻发布会最密集的时期，也是全国全面建立新闻发言人制度的标志。SARS疫情过后，尤其是2008年颁布并实施《中华人民共和国政府信息公开条例》之后，从中央国家机关到地方政府、从社会团体到群众组织都纷纷建立了新闻发言人制度。

（3）转变思想观念，树立网络时代全员公共关系意识。

政府信用建设是社会信用体系建设的先行者和示范者，政府官员必须切实树立起信用建设带头人和示范者的观念，实现从管理型行政向服务型行政的思想转变。政府官员需要树立坚定而良好的信用意识、责任意识、服务意识和形象意识。现代信息社会瞬息万变，社会法律规范的建立往往落后于社会的发展。当某些行为缺乏相应的法律规定时，行政人员仍可以求助于内心的道德责任伦理准则，进而做出合乎公共利益的选择。[①] 政府信息公开的法律尚有待完善，公共关系强调的全员公共关系管理尤其重要。在现代信息网络社会，流动的信息量非常大，公众需要从社会上流动的大量信息中进行筛选和判别，政府的权威信息发布显得非常重要。保持公共信息的真实性、及时性和完整性是建立政府信息发布权威的唯一途径。全员公共关系意识的树立同样适用于政府信用建设的全员信用意识建设，个别官员的失实公布或失信行为，都将为政府的信用形象带来消极的影响。因此，建立起行政组织整体的信用意识，把信用建设的理念与政府为公众服务的理念结合起来，渗透到政府的各个层面，是信用建设最终的目标。

本章小结

本章主要阐述了政府信用与公共信息传播。首先对信任问题的研究进行了回顾，归纳出了信任的基本特征，并分析了信任与信用的关系，概括提炼了政府信用的特性。其次界定了政府信用的概念，介绍了政府治理理念的不断演变对政府信用在政府管理中地位的影响和变化。本章初步分析了政府信用的构成，并对如何进行政府信用评估提出了构想。本章梳理了政府信用与政府公共关系的关系，介绍了信息社会的政府信息传播。本章最后部分以“非典”事件为案例，从传播因素的角度具体分析了政府信用缺失的原因，并对建立有效的政府信息传播系统做出了建设性的探讨。

关键术语

信任　　信用　　政府信用　　政府治理理念　　政府信用评估　　政府公共信息传播　　政府信用缺失　　政府信息传播系统

复习思考题

1. 简述信任的基本特征、分类。
2. 简述政府信用的概念、特性和构成。
3. 简述政府公共信息传播与政府信用的关系。
4. 简述影响政府信用的政府公共信息传播要素。
5. 简述政府信息传播失灵的原因？
6. 如何建立政府信息传播系统？

---

① 参见蒋云根：《略论行政责任的培育机制》，载《社会科学》，2003 (7)。

第 12 章 政府形象管理

重点问题

- 政府形象
- 政府形象导入
- 政府形象调查与规划
- 政府形象评估

政府的社会形象体现了它的社会关系状态和社会舆论状态。良好的政府形象意味着良好的公众关系和社会舆论。良好的政府形象有利于政府建立良好的公共关系，争取公众与社会舆论的支持。政府形象管理需要围绕着塑造良好的公众形象这个主题去展开，即运用政府形象战略，通过传播沟通手段协调关系、影响舆论，建立、维护、优化政府形象。建设良好的公众形象是政府公共关系活动的重要目标之一。

这一章介绍政府形象管理，主要内容有政府形象概论、政府形象调查与规划、政府形象导入与政府形象评估等。

12.1 政府形象概论

12.1.1 政府形象的概念

从心理学的角度来看，形象就是人们通过视觉、听觉等各种感觉器官在大脑中形成的关于某种事物的整体印象，简言之是知觉，即各种感觉的复合与再现。有一点认识非常重要：形象不单单是事物本身，更多的是人们对事物的感知，不同的人对同一事物的感知不会完全相同，因而其正确性会受到人的意识和认知过程的影响。由于意识具有主观能动性，因此事物在人们头脑中形成的不同形象会对人的行为产生不同的影响。

政府形象是政府内外公众对政府的整体感觉、印象和认知，是政府状况的综合反映，即政府的整体特征和实际表现在社会公众中获得的认知和评价的总和。

政府形象是政府在与社会公众（当然也包括政府公务员）通过传播媒介或其他接触的过程中形成的，它包括公众印象、公众态度和公众舆论三个层次。其中，

$$\text{公众印象} = \sum_{i=1}^{n} \text{个体印象}\, i$$

在印象的基础上，加入人们的判断，进而形成具有内在性、倾向性和相对稳定性的公众态度，多数人的肯定或否定态度最终会形成公众舆论。公众舆论通过大众传播媒介和其他途径（如人们的交谈、议论等）反复作用于人脑，最后影响人的行为。

政府形象有好与不好之分，当政府在社会公众中具有良好的政府形象时，公众就愿意接受该政府的公共产品或接受其提供的服务；反之，公众将不愿意接受该政府提供的公共产品，也不愿意接受其提供的服务。政府形象的好坏与否不能一概而论，多数人认为某政府很好时，可能另有一些人感到很差，而这种不良的形象将决定他会不愿意接受该政府的公共产品或服务。任何事物都不能追求十全十美，因此，我们在这里必须把握矛盾的主要方面，从总体上认识和把握政府的形象。

案例

2011 年 1 月 17 日，美国纽约时报广场的电子显示屏播出了由中国国务院新闻办筹拍的《中国国家形象片——人物篇》，中国各领域杰出代表和普通百姓在片中逐一亮相，让美国观众看到了一个更直观更立体的中国国家新形象。

看看这些人：袁隆平，“杂交水稻之父”，外表与中国农民无异，对解决困扰中国和世界的饥饿问题贡献卓著；黄永玉，极富才情的老画家，“文革”时因为“黑画”进过“牛棚”，有“无愁河的浪荡汉子”之称；杨利伟，个子不高的解放军军官，中国太空第一人；郎朗，在西方最有市场的华人钢琴家之一，是国内无数琴童和家长仰慕的天才钢琴少年；马云，全球最大 B2B 电子商务平台之一的中国民企老板，被《福布斯》杂志选为封面人物的首位大陆企业家……

资料来源：《中国国家形象宣传片在美播出——当中国人在纽约街头微笑》，见人民网，2011-01-19。有删减。

12.1.2　政府形象的分类

政府形象的分类方法很多，根据不同的分类标准，政府形象可以有以下几种分类：

(1) 政府内在形象和外在形象。这是以政府的内外在表现来划分的，好比我们观察一个人，有内在气质和外在容貌、体型之分，政府形象也同样有这种区别。内在形象主要指政府政治目标、政府精神、政府风尚等内容，是政府形象的核心部分。外在形象则是指政

府的名称、视觉标识、典礼仪式、公众活动等容易感受到的部分，是内在形象的外在表现。

（2）政府实态形象和虚态形象。这是按照主客观属性来划分的。实态形象又称客观形象，指政府实际的观念、行为和物质形态，它是不以人的意志为转移的客观存在。诸如政府组织规模、公共产品和服务质量等，都属于政府的实态形象。虚态形象则是社会公众、政府供应商、合作伙伴、内部公务员等政府关系者对政府整体的主观印象，是实态形象通过传播媒体等渠道产生的映像，就好像我们从镜子中去观察一个物体，得到的是虚像一样。

（3）政府内部形象和外部形象。这是根据接收者的范围划分的。外部形象是政府以外的社会公众形成的对政府的认知，我们一般所说的政府形象主要就是指这种外部形象。内部形象则指该政府的全体公务员对政府的整体感觉和认识。由于公务员置身政府之中，他们不但能感受到政府的外在属性，而且能够充分感受到政府的精神、风气等内在属性，有利于形成更丰满、更深入的政府形象。但是如果缺乏内部沟通，公务员往往只重局部而看不到政府的全部形象，颇有“不识庐山真面目”的感觉。我们认为，内部形象的接受者范围虽小，作用却很大，与外部形象有着同等重要的地位，不可忽视。

（4）政府正面形象与负面形象。这是按照社会公众的评价态度不同来划分的。社会公众对政府形象的认同或肯定的部分就是正面形象，抵触或否定的部分就是负面形象。任何政府的形象都是由正反两方面构成的，换言之，政府形象应是一分为二的，公众中任何一个理智的个体都会既看到政府的正面形象又看到政府的负面形象。对于政府来说，一方面要努力扩大正面形象，另一方面又要努力减少或消除负面形象。一个值得研究的现象是，政府的正面形象并不能够决定公众一定接受其公共产品或服务，而负面形象也并不必然使得公众一定拒绝该政府的公共产品和服务，这是一个由多方面因素决定的复杂问题。

（5）政府直接形象和间接形象。这是根据公众获取政府信息的媒介渠道来划分的。公众通过直接接触某政府的公共产品和服务、由亲身体验形成的政府形象是直接形象，而通过大众传播媒介或借助他人的体验获得的政府形象是间接形象。

（6）政府主导形象和辅助形象。这是根据公众对政府形象因素的关注程度来划分的。公众最关注的政府形象因素构成主导形象，而其他一般因素构成辅助形象。政府形象由主导形象和辅助形象共同组成，决定政府形象根本性质的形象是主导形象；辅助形象对主导形象有影响作用，而且在一定条件下可以导致主导形象发生变化，甚至可以与之相互转化。

12.1.3 政府形象的构成要素

为政府规划形象首先要了解形象是由哪些具体要素构成的。政府形象是一个完整的系统，它由各个形象的子系统有机构成。其中任何一个形象子系统出现问题，都会对整个政府形象构成影响。因此，政府形象的规划与管理是一个系统工程，需要从不同的方面去塑造和维护政府的形象。不同的政府有不同的形象构成，同一类政府其形象子系统也会有不同的特点。就政府形象的共性而言，政府形象的构成大致包括以下八个方面：

（1）政府的公共产品形象。

政府的公共产品形象即公众对政府的公共产品所形成的认知和评价。公共产品是政府形象的载体，是公众对政府进行认知与判断的主要依据，通过公共产品体现出来的政府形象最为直观，公众直接通过公共产品了解政府，政府也直接运用公共产品去争取公众，公共产品形象是整个政府形象的客观基础。在政府的各个部门，不同的政府机构有不同的公共产品形式，比如，公共行政部门的公共政策，政府立法部门的法律法规，公安部门提供的治安服务，政府通过出版社出版的书籍、通过电视台播放的公共服务节目，公立学校培养的学生，市政建设部门提供的道路、桥梁及诸多公共设施等。

（2）政府的管理形象。

政府的管理形象即公众对政府的管理行为所形成的认知和评价。对政府管理形象产生影响的要素是多样的，主要包括：政府施政的战略选择、政府治理的总体承诺、政府运作的实际效率、政府施政的公平正义、政府行为的清正廉洁等。通过政府的管理行为展现的形象是全面的、整体的，包括政府的管理体制、方针政策、规章制度、办事程序、工作效率、服务态度、人事政策、财政资信、信用信誉、技术实力、办事能力、对于社区的影响力等，综合地反映着政府的管理形象。比如，现代形象竞争很大程度上在于服务的竞争，谁的服务好谁就容易赢得人心。结合政府的特点，针对公众的需要，完善政府的服务管理，增加服务的种类，扩大服务的范围，延长服务的时间，挖掘服务的深度，改善服务的态度，提高服务的效率等，对于树立政府形象相当重要。

（3）政府的公务员形象。

政府的公务员形象即公众对政府公务员所形成的认知和评价。政府公务员是最活跃的形象载体，通过政府成员所展现出来的政府形象，包括人员的品行、素质、作风、能力、行为、仪表等具体的形象因素。全体公务员的形象，管理群体的形象，尤其是政府领导人的形象，都是政府形象的缩影和化身。

（4）政府的环境形象。

政府的环境形象即公众对政府的内外环境所形成的认知和评价。环境对政府起着烘托的、装饰的作用，通过政府内部及外部环境设施所展现的形象，包括政府的建筑物、政府机关的门面、展览室、会客室、办公室、指示牌的陈设与装修等，都属于政府形象的“硬件”之一，也构成了现代办公文明的一部分。

（5）政府的文化形象。

政府的文化形象即公众对政府的特定文化所形成的认知和评价。通过政府文化系列要素展现出来的形象，构成政府形象的“软件”部分。政府的特定文化制约着政府形象的个性，标志着政府形象的特定风格。政府文化包括政府的行政文化和管理理念。政府的历史与传统、政府的英雄人物和标志性事件、政府的职业意识与职业道德、政府的礼仪与行为规范，以及政府的标语口号、各种宣传物品，均鲜明地体现出政府的形象内涵。

（6）政府的社区形象。

政府的社区形象即公众对政府的社区活动所形成的认知和评价。政府的社区形象是一种睦邻形象、地方形象、左邻右舍的形象。社区是政府生存和发展的根基，与政府在空间上紧密地联系在一块，政府的各种社会关系是通过社区形成和延伸的，政府的社会形象首先表现为社区的认知程度和评价状况。政府机构如果不能得到社区公众的认同，就很难在社会上获得良好的名声。因此，政府需要对社区的经济发展、劳动就业、文化教育、社区福利、慈善事业、环境保护等承担社会责任和义务。

（7）政府的标识形象。

政府的标识形象即公众对政府的标识尤其是视觉标识所形成的认知和评价。标识本身（如国徽、国旗）就是政府形象的标志，能够帮助公众识别和记忆政府的形象。通过标志和识别系统所展现的政府形象，包括政府机构的名称、视觉标识、建筑物的风格、政府宣传口号、公务员的服饰、政府标准字体和标准色彩（如公章的规范）、宣传的格调等。这些视觉形象或听觉形象（如国歌）的基本要素，是政府形象识别系统的基本构件之一。

（8）政府的媒介形象。

政府的媒介形象即公众对政府在大众媒介上有关的宣传报道所形成的认知和评价。在现代信息社会和大众传播时代，人们对外界的认知和判断越来越依靠各种传媒，大众媒介是广大公众认知政府的重要渠道，通过电视、广播、报纸、杂志以及网络上的宣传、广告，公众能够了解到某一政府的政策、行为、公共产品、人物或事件等，从而形成关于某一政府的认知和评价。也就是说，公众对政府的认知与评价，很大程度上受媒介宣传的引导，媒介宣传的概貌影响和制约着政府的社会形象。政府必须高度重视和谨慎处理自己的媒介形象，包括宣传的对象、内容、渠道、方法、时间、地点的选择和设计，都应该纳入政府公共关系传播管理之中。

以上政府形象的各个要素，都可以进一步分析其形象的内涵和形象的外显两个方面。比如素质、能力是公务员形象的内涵，作风、仪表是公务员形象的外显。历史传统、价值观念是文化形象的内涵，标语、口号、制服是文化形象的外显。格调、风格、含义是标识形象的内涵，文字、色彩、图案是标识形象的外显等。

案例　广州市科技和信息化局的理念识别系统（MIS）与行为识别系统（BIS）的整体框架

目　录

第五章 广州市科技和信息化局的组织使命

普及科学知识，弘扬创新精神

支撑、推动科技发展使其转化为生产力，惠及民生

为广大科技工作者创造价值实现的机会与空间

第六章 广州市科技和信息化局的组织发展战略

把广州建设成知识创新中心城市

把广州建设成华南科技创新中心城市

把广州建设成全国智慧城市

第七章 广州市科技和信息化局的职业道德

主人翁意识

责任意识

开拓意识

服务意识

忧患意识

效益意识

环境意识

第八章 广州市科技和信息化局的格言

后记

大事记及文件汇编

资料来源：吴柏林、廖为建：《广州市科技和信息化局的理念识别系统（MIS）与行为识别系统（BIS）》，广州市科技和信息化局的思想文化系统建设横向课题，2010年11月至2013年3月。

12.1.4 政府形象的基本特性

了解政府形象的基本特性对于正确把握政府形象的内涵、认识政府形象的作用、探索政府形象的发展规律是十分必要的。

（1）主客观二重性。主观性是指政府形象作为政府在公众心目中的印象，必然受到公众自身价值观、思维方式、道德标准、审美取向、性格差异等主观因素的影响，因此政府在不同公众心目中会产生有差别的形象。客观性则是指政府形象的存在这一事实不受外在因素的影响，也不受包括政府领导人在内的任何人承认与否、喜欢与否的左右，也不管政府是否主动去塑造，它与政府本身如影随形。政府形象从政府诞生之日起便开始形成，伴随政府的成长而发展变化，甚至某个政府部门由于各种原因不存在了，其形象也还会在一定时间一定范围内存在，其生命力超越了政府本身。因此，我们有理由认为，自政府创办之日起，政府形象便是一种客观存在。当然，承认政府形象的客观性，并不是说政府在自身形象面前无能为力。政府是由具有主观能动性的人组成的社会政府，人们可以通过政府管理、公共关系及对外宣传等有意识的实践活动，来主动影响和塑造政府形象，而不只是被动地接受它。

（2）系统性。政府实态形象本身是由复杂因素组成的，有公众容易感知的公共产品的

质量，有政府标识、旗帜、办公楼，政府公务员素质、文化水平、工作习惯；还有一些由于看不见、摸不着的因素，因而公众不容易感受到的政府目标、宗旨、精神、风气等。这些看似复杂的组成因素之间有着内在的必然联系，相互依存、互为条件，因此决定了政府实态形象是一个具有很强系统性的整体。主观建立在客观的基础上，因此公众主观形成的政府虚态形象也应该具有很强的系统性。公众形成对政府的整体感觉、印象和认知，需要通过多种媒介渠道，是多方面信息综合作用的结果。系统性的特点告诉我们，在塑造政府形象时要从整体着手，全盘规划，绝不能只重视其中一个方面或某几点而忽视了其他方面。

（3）动态性。由于政府的管理情况、构成公众的人群、信息传播所借助的媒介渠道等决定政府形象的因素总是处于发展变化之中，因此政府形象也是运动的，而不是静止不变的，这就是动态性的第一层含义。正面形象和负面形象、主导形象和辅助形象，以及内部形象和外部形象、直接形象和间接形象，它们作为政府形象的组成部分也不是固定不变的，而是相互间处于矛盾运动之中，在一定条件下对立面之间还能相互转化，这是动态性的第二层含义。把握动态性，对于探索塑造政府形象的科学规律来说是很重要的。

（4）相对稳定性。说政府形象具有动态性、始终处于运动变化之中，并不意味着政府形象神秘莫测、不可认识和把握。政府形象不是凭空想象出来的，其产生、更新和发展是一个连续的过程，在一段时间内它又是相对稳定的、静态的，这是我们可以从客观角度认识、了解、分析和把握其基本规律的重要前提。从相对稳定性出发，我们还可以看到政府形象发展变化离不开原来的基础，即政府形象具有继承性，政府形象规划与塑造中任何割裂历史的做法都是非常危险的。正是因为政府形象有了这种相对稳定性，我们才能够对其划分类别、剖析层次结构以及进行恰当的评价。

12.2 政府形象调查与规划

政府形象管理工作的第一步是甄别公众对象，测量舆情民意，评价政府形象，在掌握大量信息的基础上寻找差距，确定问题，为政府形象管理工作指明方向。

政府形象管理工作的第二步是根据现存问题和差距确定政府的政府形象管理目标，制定政府形象管理工作规划和实施方案，为政府设计形象，使政府形象规划工作建立在科学计划的基础上，从而得到良好的控制。这是政府形象管理规划的重要环节。

12.2.1 政府形象调查

1. 形象调查计划的拟订

形象调查计划必须包括下列一些关键性问题：

（1）调查将在哪些人中进行？如果选择抽样的方法，多大的抽样范围才是充分的？调查采用什么样的方法？问卷法、访谈法还是其他？

（2）问卷调查是采用邮寄表格方式、电话采集方式、个人或小组采访方式，还是采用联合使用这些技术的方式？

（3）调查应包括哪些主题？有无时间约束？

（4）访谈应以什么级别来组织问题？这些问题是限制性的还是非限制性的？对所有采访对象提出的问题是否在语言表达及叙述方面采取同样的形式？还是由采访人员自由地、没有层次地提问？

（5）是否存在被隐蔽起来的特别敏感的题目？怎样使敏感问题包含在调查之中？

（6）什么样的人最适合担任采访员或资料收集者？需要对他们进行何种培训？

（7）谁提供研究经费？什么人是研究结果或报告的最终听众？最终听众的态度是否会对调查产生能增添麻烦的限制性因素？

2. 形象调查的测量点

选定调查的测量点是关系到调查成败的重要一环。例如，关于国民经济与社会发展评估指标的选定已经是一门成熟的学科。能够反映调查者主要意图并能对战略规划有启示意义的测量点才是好测量点。关于形象调查的测量点大致有以下几个方面：

（1）对政府形象的价值评判。

1）公民对政府合法性的认同（支持力与支持强度）；

2）公民对政府符号的认知；

3）公民对政府权威（威望、号召力、领导力）的评价；

4）公民对政府国际地位的满意度；

5）公民对执政党作用的看法。

（2）对政府政绩的评价。

1）公民对政府运行的满意度；

2）公民对政府行政效率的看法；

3）公民对政府行政规章制度的认知程度；

4）公民对政府决策透明度的评价；

5）政府领导人在公民中的知名度和美誉度。

（3）对政府形象外在特征的识别。

1）公民对政府所在地的了解；

2）公民对政府领导人的评价；

3）公民对政府机构设置的评价；

4）公民对政府公职人员素质的评价；

5）公民对政府人员行为的评价；

6）公民对政府公共政策行为的评价（政府计划和实施公共项目的数量、质量和效果；政府公共服务的质量和水平；政府经济调控能力的高低；政府管理水平；政府参与或组织公益活动的频率等）；

7）政府权力界限。

（4）对政治传播的看法。

1）公民对政府重大事件的了解程度；

2）公民对政治信息的留心取向；

3）公民对政治传播媒介的看法；

4）政治谣言的泛滥或控制程度。

3. 形象调查的主要方法

调查者总是希望获得的调查数据越多越好，最理想的是可以获得全部资料。但这样做不仅是不可能的，也是不必要的。人们常用的方法是选择调查对象总体的一部分，对他们进行问卷或访谈形式的抽样调查，并基于对这一部分的观察分析，对总体进行推断。可以采用的抽样方法有：单纯随机抽样，即基于完全偶然性的抽样；机械随机抽样，即按一定属性排队后的抽样；分层随机抽样，即把总体分成若干层后的抽样；整群抽样；等等。非任意抽样方法有：在总体分布均匀的前提下，随意抽样；专家事先选定典型后的判断抽样；根据预先设计目标的定额抽样；等等。

问卷法的优点是调查的范围较广，花费时间也相对较少。但问卷的设计是最重要的环节。社会调查的专家主张，问卷应从询问简单的、有趣的、日常的、公开的、不敏感的、不违禁的问题开始，然后再询问复杂的、概括的、较枯燥的、涉及私人认识的问题。

访谈法由于要与访问者进行面对面的谈话，一般还以个别访谈为主，因而难度更大，要求更高。一般认为，访谈法可以分为正式访谈和非正式访谈两种，前者使用深层结构化或统一标准化的调查表格进行访问收集资料，后者只使用简单的调查表，问一些较笼统的公开性问题。用这种方法收集资料时，应注意取得公众的信任与合作；同时，调查者在引导、发问、追问、记录以及使用访问工具等环节时，都要尊重对方。访谈法的主要类型有：重点访谈，集中于某些特定经验对象及其影响的调查（如集中访谈知识分子）；临床访谈，在特定事件发生过程同时进行的访谈，以便及时收集新鲜的感受；非引导访谈，由调查者提出笼统的问题，只作鼓动，不作建议，任凭被访问者自由地表达心理体验。

如果采用了考虑周全、设计优良的问卷，并由素质出众的访谈人员进行访谈，这些方法不仅能使调查人员研究和估计公众对政府形象的多种看法成为可能，而且能提供大量用其他方法不易获得的资料。

但是，我们也必须清醒地看到这一方法的限制。有两个关键的问题。一是在我们调查的人当中，常常会出现言辞和行动相互背离的现象。调查者表现出某一强烈的意向，并不总是可以准确无误地做出相应的行动。二是被调查对象一般倾向于扮演他们认为的调查人员所预期的角色，或者也可能是被调查对象出于表现自己的独特或叛逆精神的缘故，故意扮演与自己观念相左的角色。无论怎样，这些因素都会对调查的最终数据及其真实性产生影响。

高明的调查人员能够采取一些适当的步骤把这些负面的影响压缩到最小。我们在这里重点介绍另外一种被称为“隐蔽度量法”的调查方法，供实践者结合问卷调查或访谈方法进行。这种方法主要通过利用政府档案或普通记录（如信访记录、政府热线电话记录等）、国家领导人的讲话、新闻报道甚至私人文件、通信等资料进行度量。在政府形象的调查中，对于公众的真实态度，可以主要通过几种途径来收集，一是分析政府记录和写给政府官员的信件等书面材料，二是直接观察，比如旁听、参加公共集会等。而大众传媒更能作为主要的资料来源，如报纸、电视台和电台的政治评论能非常及时地提供有关重大事件和趋向的资料，媒体还可进行特别的公众调查，或是对大家不甚了解的政治事件或政治过程予以披露，对政治或其他方面的卓越人物进行专访等。

应该介绍一下当前在广播电视中较为流行的“对（谈）话节目”。这是一种鼓励听众打电话的双向互动的节目。听众在同主持人通话的过程中讲出自己对当前各种事件的看法，或是愤怒，或是高兴，或是漠不关心。这类节目的参加者都是自告奋勇的人，虽然他们对事件的评论常常是不连贯的、肤浅的，但是这些评论的内容十分丰富，能反映出社会公众正在考虑一些什么样的问题。

这种通过对特定信息的鉴定做出推论的所谓“要意分析法”在西方政治学、社会学研究中应用广泛，而且富有成效。如对学校教科书中不同性别人物出现的次数加以计数，来研究社会领域中的性别偏见；根据图书馆中书籍的封面、里页的磨损和书中的记号多少来判断其普及的程度；甚至在地铁墙壁上、公共厕所中、电梯以及其他地方的墙上，随意涂写的内容也被调查人员重视，视为一种可以度量的民众意见和态度。有调查者曾经选择越战前后在公共场所的涂鸦进行比较，结果非常有效地发现了人们政治态度的变化。在政府形象调查中，不可避免地要询问公众对政府的评价，如果借鉴要意分析者的做法，则不直接询问，他们可以通过考察公众列举政府要员的能力、公众对某一具体政策的感受等来做出推论。

总之，对政府形象进行调查是必不可少的，但如何能获得接近真实的调查结果却是一个仍要努力研究的课题。

案例　广州市科技和信息化局的MIS与BIS建设前期调查报告框架

● 参与调查员工的基本信息

本次调查回收有效问卷82份，个人信息方面的题项有些样本没有填写，因此每一题的样本量均少于82份，计算的比例以实际样本量为准，具体见表1（略）。

● 思想文化系统导入的态度和必要性

我们通过三个问题来了解员工对思想文化系统导入的态度和必要性，结果表明，绝大多数员工认为有必要进行全局的思想文化系统导入。对科信局目前主要职责（条数）的正确认知率只有75%，有必要进一步普及员工的认知。

● 科信局思想文化系统核心要素构成

对科信局思想文化系统核心要素的调查表明，员工目前对组织愿景、组织使命、职业道德意识等均有比较统一的意见，而对于核心价值观、组织发展战略的意见呈多元化状态。这意味着对于意见多元化的要素要么修订原先设想的内容，要么需要对原先设想的内容进行充分的诠释和宣贯。

● 员工对科信局当前思想文化系统存在问题的认知

员工对科信局当前的思想文化系统存在的问题认知存在分歧，这一方面表明科信局当前思想文化系统特点不够鲜明突出、体系化程度不够、员工认同度不足等特点，也间接表明科信局导入思想文化系统的必要性和紧迫性。

● 附录　广州市科技和信息化局思想文化系统建设调查问卷（略）

资料来源：吴柏林、廖为建：《广州市科技和信息化局的理念识别系统（MIS）与行为识别系统（BIS）》，广州市科技和信息化局的思想文化系统建设横向课题，2010 年 11 月至 2013 年 3 月。

12.2.2　政府形象规划的基本特性

政府形象规划是一种艺术性、创造性很强的工作，永远没有固定的模式和不变的蓝图。但需要了解和把握它的基本特性才能形成政府形象规划思维的基本原则。政府形象管理的目标决定了它不同于其他规划的特性主要有三个方面。

1. 主观性和客观性的统一

（1）主观性。

政府形象的形成离不开政府自身的规划和传播，同时也离不开公众的主观认知和评价，从而使形象带有主观性。从政府方面来说，它是自身形象塑造的主体。政府形象是根据政府自身的特征和需要设计、规划出来，又经过政府不断的建设和推广塑造起来的，因此，政府在形象规划、设计、管理和传播的过程中极富于主观的、能动的创造性。从公众方面来说，公众是政府形象认知与评价的主体，与政府相关的各类公众从各自的具体利益和需求出发，带着不同的价值观和审美取向，依据各自不同的思维方式和信息理解能力，对某个政府形成各自不同的具体印象，从而使得在社会上显现出来的政府形象不可避免地带上形象认知与评价主体的主观色彩。

（2）客观性。

政府形象的建立具有客观的基础和内涵，并受到社会公众对政府总体评价和要求的客观制约，从而使形象又具备客观性。所谓客观性，从政府方面来说，政府形象的构成要素是客观实在的，政府形象是公众舆论对具体的政府形象要素的反映，因此政府形象的客观实在是第一性的，政府形象实在是公众认知和评价的客观对象。政府形象规划必须以政府形象实在为基础，必须从建构政府形象实在入手，绝对不能脱离政府的客观实际制造空中楼阁。从公众方面来说，虽然个别公众对政府的看法是主观的，但整体公众对政府的总体评价和要求则在客观上形成一种社会规范和社会制约，这种社会规范和社会制约作为一种社会存在，不以某个政府的主观意志为转移。政府的形象设计客观上受到公众的总体评价和要求的制约。

把握主观性和客观性的统一，是围绕政府形象主题进行规划的第一个思维原则。

2. 统一性和差异性的结合

（1）统一性。

政府形象应该是统一的，讲究整体效果和系列组合，并需要适应公众整体的共同要求。从政府方面来说，政府形象要讲究整体效果，因此政府形象的设计要有统一的原则、统一的主题、统一的格调、统一的规范、统一的传播规划，做到各个形象要素相互协调、各种传播资源相互整合，多种媒体一个声音，在多元化的时代追求形象的一体化。从公众方面来说，要求政府的总体形象要适应整体环境，适应各类公众对政府的共同要求；并要求一个高信誉度的政府在不同的时间、不同的地点、对不同的公众对象能够保持高度的一致性，包括公共政策的一致性、公共产品质量的一致性、服务承诺的一致性等。

（2）差异性。

政府形象自身必须有个性特征，对目标公众要有鲜明的针对性。从政府方面来说，要强调政府形象必须充分反映政府自身的个性，有独特的风格，这是政府形象的魅力所在。不仅相对其他政府而言要有独特的个性，而且相对政府下属不同的部分、不同的公共产品、不同的人员、不同的环境、不同的宣传媒介、不同场合的公共关系活动等，都需要显示一定的差异性。形象的个性和差异性是形象竞争力的源泉。从公众方面说，政府形象要有较鲜明的针对性，即突出该政府在主要目标公众心目中的特殊形象；要适应不同公众的不同需求和不同视角，使政府形象具有特殊的指向性。

追求统一性和差异性的结合，是围绕政府形象主题进行规划的第二个思维原则。

3. 恒定性和变通性的统一

（1）恒定性。

政府形象应该是相对稳定，对公众具有长期、稳定的影响效果的。从政府方面来说，政府公务员、公共产品、政策、行为等要有相对的稳定性、连贯性；政府形象的树立要经过长期不懈的传播努力，各个不同时期的公共关系设计都需要有一定的稳定性、连贯性，追求形象效果的累积性和延续性。从公众方面来说，政府的形象要经过长期的传播和反复的刺激才可能逐步形成，而政府的形象一旦形成便会在公众心目中形成认知惯性和心理定式，具有长期、稳定的影响效果。

（2）变通性。

政府形象不会一成不变，而是会随着主客体和环境的变化而变化。从政府方面来说，政府的公共产品、人员、政策、行为的变化，特别是突发事件、危机事件的发生，必定会引起政府形象的相应变化。在政府发展的不同时期，知名度和美誉度也会有不同的变化，因此不同时期的政府形象管理活动要适应这种变化，注意根据知名度和美誉度的不同结构来调整形象规划的思路。从公众方面来说，公众环境也处在变动的过程中，公众的变化，特别是重要公众的变化，必然会对政府形成不同的评价和印象，从而促使政府实际形象的改变。

把握恒定性和变通性的统一，是围绕政府形象主题进行规划的第三个思维原则。

12.2.3 如何塑造良好的政府形象

1. 影响政府形象塑造的四个因素

我们可以把影响政府形象塑造的诸多因素简要地区分为四种。

（1）政府形象的价值保障。

政府形象的价值保障，即公众倾向于对政府表示信任、好评（至少没有恶感）的内在原因，一个在价值上正当、受到公众拥戴的政府在形象建设一开始就居于十分有利的位置，并且能以较小的成本获取较好的成效。这主要包括两个方面，其一是政府统治的合法性，它表明政府在法律上得到了公众的认可并且可以实施政治控制。这是一个政府赖以存在的最基本条件，因为巩固政权与寻求合法性统治是政府首先要做的。其二是政治统治的自主性，即当干扰因素很强大（如政党、军队、他国政府、利益集团等试图控制政府）

时，政府仍然拥有自由决断力。这不是任何合法政府都完全拥有的，公众对政府国际形象的关注更多地集中于此。民主、公正、法治、廉洁是政府形象的价值保障的积极因素。

（2）政府形象的政绩基础。

政府形象的政绩基础，即政府通过正确有效的政策制定和实施来实现国家及公众利益的实际表现。一个政绩卓著的政府在形象建设过程中拥有强大的说服力和感召力，没有政绩作为基础的政府形象哪怕能有蒙蔽公众一时的辉煌，也终将沦为水中月、镜中花。换言之，政府如果不能正常产出政治产品，无法满足公众的需要，它的形象就是软弱和不健全的。优良的服务、明晰的责任、显著的效能都是政绩的重要组成部分。著名政治学家利普塞特认为："任何一种特定民主的稳定性，不仅取决于经济发展，而且取决于它的政治系统的有效性和合法性。"这一论点同样适合以上对政府形象建设的讨论，即政府形象的好坏很大程度上取决于政府行为的有效性和政府统治的合法性。有效性是指实际的行动，即政治系统满足社会需求的程度，主要是工具性的；合法性是指政治系统使人们产生和坚持现存政治制度是社会的最适宜制度的信仰的能力，它主要是评价性的。

（3）政府形象的识别效应。

政府形象的识别效应，即公众对政府形象的认知总是通过特定的外在特征（如建筑物、色彩与标识）、领导人、组织机构、人员行为、重大事件或亲身感受等得以体现的。其中在现代社会，政府领导人的形象对政府整体形象具有尤其突出的示范和识别作用。例如，在美国，选民们对政客支持与否，不是看政策的内容，而是由他们对政客的感觉决定的，像政客的信念、感情、品德及工作热忱等，他们似乎是在寻求一位荧幕上的理想化英雄。此外，政府在重大事件中的表现、普通公职人员的行为等也会在很大程度上影响政府形象。

（4）政府形象的传播能力。

政府形象的传播能力，就是指使政府从半封闭的自我循环变为社会大系统中的开放循环的能力，不仅指政府内部的沟通（包括纵向和横向沟通），更重要的是政府与公众之间的沟通，恰到好处地展示政府的作为，争取在公众中有较高的知名度和美誉度。

这样区分的基本出发点是把政府形象看作一个相互关联的立体结构，从而对形象建设给予整体把握。也就是说，判断政府形象优劣的前提是公众的价值准则（这种准则很可能是政府灌输的），基础是政府实绩（政府宣扬的、公众感受的），直接触动是政府领导形象、与公众密切相关的政府行为。但是由于政府的运作对于多数公众来说是一个暗箱系统，人们无法直观其内在的要素、结构和运行机制，而只能通过其外在行为表现及其社会效果，来判定优劣、强弱、高低、大小，实现这一切的落脚点就是传播、规划与沟通。因此，我们在规划政府形象战略时，应把以形象导入为主体的传播置于极其重要的位置加以阐述。

2. 避免陷入某些误区

在制定政府形象战略目标的过程中，政府应当努力避免陷入如下所述的某些"形象的误区"。

（1）缺乏周到的论证与考虑。

战略目标是诚心诚意造福于民，但由于规划时考虑不周，宣传不够，或具体实施走样，或短期内没有起到应有的效果，造成不被民众理解和信任，甚至反招怨恨。例如，一些战略目标试图帮助弱者，反而促成了弱者的依赖心理和不切实际的期待；一些战略需要公众参与，公众却漠不关心。因此在政府形象建设中，要始终把握这样的出发点，即政府形象的改善不是为政府获取政绩，而是为国家和公众谋取福利。

（2）缺乏准确定位。

战略目标的制定一般都是学术研究或智囊机构的行为，由于理想化色彩较浓或可能无法“向权力说明真理”，在一些时候难以获得决策者的支持，造成规划束之高阁或无法实施；另一种可能是由于缺乏必要的经费或资讯支持，战略目标明显流于空想，缺乏可行性。因此政府应当主动积极地介入形象战略研究，为研究人员提供必要的支持，在肯定社会正义和倡导进步的价值准则下，与政府操作的实际结合起来。战略目标太高，执行难度大，效果不佳，只会适得其反；目标太低，又失去了目标的引导和激励功能。在二者之间寻求适当的平衡，政府应该更有发言权。

（3）缺乏公众参与。

在战略目标的制定和实施中，专业人员当然占有重要地位，但是不应过分拔高其作用，那样会减弱公众的参与热情。而缺乏公众参与的战略目标是很难取得预期效果的。把公众的切身利益与政府或国家的长远利益相结合，才是理想的境界。

（4）目标不清，缺乏环境预测。

战略目标要清晰明白，减少歧义，并慎重考虑执行中的变量，如建设理念上的谬误、社会环境及公众心理的变迁、政府组织的实际能力等，及时根据环境变化作出调整。战略目标不清或执行呆板都会严重影响效果。

（5）缺乏时间和条件上的关联性。

缺乏时间上的延续性和条件上的相互衔接、目标子系统彼此孤立、各个阶段无法衔接，都会增加战略运行成本，或导致战略失败。

12.3 政府形象导入

政府形象管理工作的第三步，具体内容主要有政府理念形象的导入、政府行为形象的导入与政府视觉形象的导入。

12.3.1 CI（corporate identity，组织识别）战略对我们的启发

一般说来，公众对组织形象的认识要经历一个被称为AIDMA法则的过程：

Attention（引起注意）；

Interest（产生兴趣）；

Desire（激发欲望）；

Memory（强化记忆）；

Action（促使行动）。

AIDMA法则描述的是，公众对组织形象的认识经历了“引起注意→产生兴趣→激发

欲望→强化记忆→促使行动”这样的一个心理过程。

但是在现代信息急剧膨胀的今天，公众对组织形象的认识和认同产生了困难和混乱，抵消了组织在宣传自己时所做的大量努力。CI战略的出现为我们找到了解决这类问题的方法。

1. CI战略——塑造组织形象的利器

在“信息爆炸”、媒介渠道过分拥挤的情况下如何使组织的信息有效地传递出去，并准确地到达自己的公众对象那里，这是实施组织形象管理所面对的一个难题。为了加强形象宣传的一致性、形象宣传的视觉冲击力，可以实施CI战略，导入组织识别系统（CIS）以加强组织整体形象的个性和统一性。

CI最早源于第一次世界大战前，当时德国通用电气公司（AEG）率先采用设计师彼得·贝伦斯所设计的商标，并将其应用在该公司的系列电器产品上，遂成为组织统一视觉形象设计的早期代表。

第二次世界大战以后，市场经济蓬勃发展，企业经营范围日益扩大，且逐步迈向多元化、国际化，为适应这种突飞猛进的形势，诸多有远见的企业开始意识到：必须建立统一的、营利性组织识别系统，才能正确传达组织情报，建立有影响力的组织形象。1956年，IBM公司在其总经理的全力支持下导入CI战略，建立了一套完整的组织识别系统。树立了“公司制度健全、充满自信、永远走在电脑科技尖端的国际性企业”的良好形象，成为CI开发成功的典型范例。1970年，可口可乐公司以崭新的公司标志为核心，更新企业的CI计划，带来视觉形象的强烈冲击，令人耳目一新，更好地提升了组织形象，进一步扩大了其市场占有率。20世纪60年代至今是欧美CI运动的全盛时期，众多的大型企业先后导入CI，形成了组织经营战略与设计形式更新的新高潮。

日本的CI引进较之欧美晚了20年。1975年，日本东洋物产株式会社马自达汽车的开发设计CI，树立了日本第一个开发组织识别系统的典范。其后，大荣百货、伊势丹百货、松屋百货、麒麟啤酒、亚瑟士体育用品等知名企业也纷纷导入CI战略。再后，富士胶片、华歌尔内衣、白鹤清酒等的导入CI战略更把这股热潮推向一个新的高峰。

我国台湾地区最早引入CI战略的是大企业家王永庆的台塑关系企业，随后有味全企业、和成窑业企业、声宝电器企业、肯尼思体育用品、普腾电器企业、中华航空企业、台湾电视股份有限企业、统一企业等先后导入CI战略，宣告了台湾地区CI时代的到来。

20世纪80年代后期，作为改革开放前沿地区的广东，以太阳神集团为代表的一些企业开始导入CI战略，随后健力宝集团、今日集团（乐百氏）、白云山制药厂、浪奇化妆品、潘高寿药业、凯达化妆品、富绅衬衫、科龙电器以及以广州白天鹅宾馆为代表的各大宾馆也都先后导入CI战略。这些企业在实施CI战略短短几年中，以崭新的企业形象、优质的产品和经营服务昂首挺胸地走向市场，其鲜明、独具个性的企业形象正是其成功之所在，它们向人们展示了CI战略的价值，也促使越来越多的企业界人士认识到CI战略的价值与作用，推动了我国企业界CI战略开发与实施的深入发展。

2. CIS的基本构成

CIS是包括组织经营理念、行为活动、视觉传达等实体性与非实体性的整体传播系统，其中又以标志、标准字、标准色、组织精神口号等基本要素为主要的识别要素。

CIS由下列三个子系统构成：

(1) 理念识别系统（mind identity system，MIS）；

(2) 行为识别系统（behavior identity system，BIS）；

(3) 视觉识别系统（visual identity system，VIS）。

三个子系统相互推衍依存，共同带动组织经营的步伐，塑造组织独特的形象。

MIS是CIS的核心与原动力，属于思想文化的意识层面，组织的经营理念是由内向外扩散的，经由这种内蕴动力的贯彻，最后达成认知、识别的目的，塑造独特的组织形象。MIS是组织发展战略、生产、市场等环节的总的原则、方针、制度、规划、法规的统一规范。在设计层面上，MIS具体表现为组织的经营信条、精神标语、座右铭、经营策略等形式。

案例　广州市科技和信息化局的核心价值观

● 继承

继，续也；承，接也。"圣子神孙，继继承承，于千万年，敬戒不怠。"（唐·韩愈《平淮西碑》）……我们致力于科技管理的创新，而创新有赖于已有的业绩与成果，不能全盘否定，取其精华，推陈出新。继承前人优良传统，是科信局始终坚持的原则，也是科信局不断进行制度与管理创新的保障。

● 融合

融者，开放，合者，包容也，融合即开放与包容并蓄。合则强，分则弱，"是以泰山不让土壤，故能成其大；河海不择细流，故能就其深"（秦·李斯《谏逐客书》）。……在整个融合的过程中，我们也应当认识到，相对于硬件的融合（例如统一人员编制、统一办公场所等比较容易的融合），软件的融合（诸如组织思想、文化的融合）则是一种深层次的、不可能一蹴而就的融合。科技局、信息化办公室、无线电管理办公室已有自己的规章制度、办事流程、领导风格、办公文化等，欲将三者合一形成统一的组织思想文化系统，不可操之过急。

● 创新

"问渠那得清如许？为有源头活水来。"（南宋·朱熹《观书有感》）只有不断接触新知识、尝试新方法、开拓进取、大胆创新，才能实现更大的成就。……我们所理解的创新就是从无到有，前无古人，实现零的突破；就是从有到优，更高、更好、更美，"没有最好，只有更好"。创新是研究新情况、分析新矛盾、解决新问题、探索新路子、采取新措施、做出新业绩、创造新经验，在理论上不拘泥于现成的公式，在实践上不停步于已有的成果，在思想上不束缚于现有的经验。

● 发展

继承是对精华的融合，融合是组织和个人创新的基础，创新是发展的动力，发展是我们一切努力的归宿，继承、融合、创新的根本目的都是为了发展。……我们所理解的发展是全面的发展，是我们自身成就和服务荣誉的发展，是科技信息知识的发展，是人们生活和智能水平的发展；我们所理解的发展是有不断改进的可持续性的发展；我们所理解的发展是用发展的眼光、发展的思路、发展的办法解决前进中的问题。发展是科信局组织核心价值观的归宿，是一切工作的终极目标。

资料来源：吴柏林、廖为建：《广州市科技和信息化局的理念识别系统（MIS）与行为识别系统（BIS）》，广州市科技和信息化局的思想文化系统建设横向课题，2010年11月至2013年3月。

BIS是以明确而完善的经营理念为核心，显现组织内部的制度、管理、教育等行为，并扩散为回馈社会的公益活动、公共关系等的动态识别形式。BIS具体包括对内和对外两部分。对内包括干部教育、员工教育（服务态度、电话礼貌、应接技巧、服务水准、作业精神）、生产福利、工作环境、内部修缮、生产设备、废弃物处理、公害对策、研究开发等；对外包括市场调查、产品开发、公共关系、促销活动、流通政策、代理商、金融业、股市对策、公益性和文化性活动等。

VIS运用系统的、统一的视觉符号系统，对外传达组织的经营理念与情报信息，是CIS中最具传播力与感染力的要素，它接触的层面最广泛，可快速而明确地达成认知与识别的目的。VIS的基本要素包括组织名称、组织标志、组织标准字体、组织标准色、组织象征图案等，应用要素包括办公用具、设备、招牌、旗帜、标识牌、建筑外观、橱窗、服装饰品、交通工具、产品、包装用品、广告传播、展示陈列等。视觉识别是静态的识别符号，是具体化、视觉化的传达形式。其项目最多，层面最广，效果更直接。

综上所述，组织的MIS是实施CI战略的重心，能否开发完善的CIS，要看组织经营理念的建立与贯彻。只有在后者的基础上，才能由这一思想体系带动动态的组织活动与静态的视觉传达设计来创造独特的组织形象。在CIS中，VIS的传播力量最为具体直接，它能将CI的基本精神——差异性充分地表达出来，让社会大众清晰地了解掌握组织的情报信息，从而达到认知识别的目的。

若以CI战略的眼光来看待组织文化的对外传播，组织必须统筹设计各种形象要素，全面管理各种信息传播渠道和媒体，综合运用各种传播沟通手段和方法，在市场上进行一体化的形象宣传。在当今经济全球化的大众传播时代，世界变得越来越小，组织间的竞争日益激烈，因此形象宣传的一致性、形象宣传的视觉冲击力就显得越来越重要。而CI战略所强调的整体性和多元性正适应了时代变化的这一特征。因此，实施CI战略是塑造组织形象的有力手段。

同样，政府作为一个组织，也可以借鉴这一方法，用类似CI的设计和运作，把政府的理念、行为与视觉形象统一组合起来，用导入的方式进行建设，使政府形象定性化、系统化。

12.3.2 政府形象导入的操作模式

1. 政府理念形象的导入

政府理念与企业理念的重大区别在于，后者的目标是凝聚人心以争取为企业发展带来直接可见的收益，而前者是公众意志的集中表达，它更是一种价值准则，其目的不是谋求政府组织直接可见的利益，相反，它把公众的信赖和支持、公众福利的提高视为努力的目标。

因此，政府的理念主要应包括：

（1）政府的责任理念——前导意识和民族责任感。

例如，在党的十五大报告中曾经指出，在 20 世纪即将过去的时候，举行党的全国代表大会，大家有一种共同的认识：我们党对中华民族的命运担负着崇高的历史责任。政府要提炼出公众能够接受的口号以凝聚人心。又如抗日战争时期的“打倒日本帝国主义”、新中国成立初期的“建设新中国”、20 世纪 80 年代初期的“振兴中华”等。

（2）政府的公仆理念——为人民服务的精神。

中国政府一贯倡导的“全心全意为人民服务”、“廉洁奉公”等理念对于密切政府与公众的关系、加强公职人员的自律意识等都起到了积极作用。尽管在实际生活中还有差距，但它为政府形象的改善打开了价值补救的可能性。

（3）政府的信仰理念——旗帜与方向。

江泽民同志曾在党的十五大上指出，旗帜问题至关紧要。旗帜就是方向，旗帜就是形象。坚持十一届三中全会以来的路线不动摇，就是高举邓小平理论的旗帜不动摇。现在看来，“旗帜”对我们政府理念形象的导入仍然有启发意义。只有政府首先确立了坚定的信仰，并举起这面旗帜，才会有民众的跟随。如果政府的信仰理念模糊和摇摆，就会使公众丧失主心骨，产生无所适从的盲目情绪。

在这里，我们强调在意识形态的建设中可以发掘爱国主义的宝贵资源。爱国主义与民族主义密切相关。事实上，民族主义是一种心理状态，即个人对民族政权的忠诚高于一切。这种心理状态是与生养他的土地、本地的传统以及在这块土地上建立起来的权威等联系在一起的。民族主义并不是简单地指民族情感，而是指旨在促进社会生活的一体化，并通过群众动员来决定现代国家政治发展的意识形态和社会运动。这一群体赞同民族—国家保持统一、独立和主权，以及追求某种广泛的相互可以接受的目标。唤醒公众对国家和民族的热爱与忠诚，是政府理念导入的重要内容之一。

案例　广州市科技和信息化局的组织愿景

● 充满活力、敢于创新、开拓进取的科技部门

“创新”是科技进步的灵魂，“创新”同样是科技管理部门推动社会科技进步的关键。我们所理解的“敢于创新”至少应该包括“理念创新”、“机制创新”和“技术创新”三个内容……充满活力而不是暮气沉沉，敢于创新当然不能因循守旧，开拓进取绝对不容忍原地踏步。

● 广州市培养科技和信息化管理复合型人才的摇篮

作为科技管理部门，科信局在行使其政府管理职能的过程不仅应该具备充满活力、敢于创新、开拓进取的属性，而且在人才培养与团队建设方面也应该走在前列，它是培养科技和信息化管理复合型人才的摇篮……我们将通过一系列制度创新，促进融合，增进团队学习，培养大批科技和信息化管理的复合型人才，提升员工的自我价值，输出社会急需的

科技管理人才，为广州市的社会经济发展做出应有的贡献。

资料来源：吴柏林、廖为建：《广州市科技和信息化局的理念识别系统（MIS）与行为识别系统（BIS）》，广州市科技和信息化局的思想文化系统建设横向课题，2010年11月至2013年3月。

2. 政府行为形象的导入

从导入的角度看，政府行为是指那些与理念和符号同样容易识别的为公众所知的行为。如每天清晨在天安门广场举行的升旗仪式，吸引着无数公民前往观看，并从中深受教益。如庆祝香港回归的全国盛典，就不是一次简单的民族狂欢，而是带有深刻意念的历史仪式。在南京大屠杀纪念日里，古城长鸣空袭警报就是为了铭记那段惨痛的。因此，政府介入或直接组织这类行为，就具有形象鲜明、印象深刻的识别特征。我国政府在这方面已经形成了良好的传统，如政府领导人逢年过节深入基层，看望贫苦人民，关心他们的疾苦；政府官员在自然灾害或事故发生的第一时间赶赴现场，不顾自身危险组织抢救；政府坚持独立自主、和平共处五项原则的外交政策，积极参与国际政治生活和公共事务（如维和行动、消弭战祸、伸张正义、保护环境、控制人口等），给予弱小国家或受灾国家以经济和道义上的支持，主动关心世界各国的每一变化，为改变不合理的政治经济秩序而斗争，履行应尽的国际义务，努力塑造良好的国际形象等。

3. 政府视觉形象的导入

无论是在舆论形成中，还是在宣传工作中，政治符号都被最大限度地利用着、操纵着。因为视觉符号能消除、控制复杂多样的利害关系之间的对抗和斗争。法国符号学家罗兰·巴尔特说，他有一次看见一本杂志的封面上有一个身着法国军装的黑人青年在行军礼，他双目向上，可能正凝视着飘扬的三色旗。这张照片令他深受感动。实际上这个画面象征着法国是一个伟大的国家，它的全体国民不受种族歧视，忠实地在它的旗帜下效力。

用蕴含了理念的符号把政府的整体形象以浓缩的方式再现出来是可能的。事实上，在国家政府这一层次，国旗、国歌、中央政府办公地（如白宫、克里姆林宫、中南海等）等已在一定程度上成为政府的识别特征。而在地方政府这一层次，城市的建筑风格不仅显示出当地的地理、气候等自然特征，更是城市政治、文化的象征。古埃及的金字塔，就是法老们用来象征自己权威与主权的不可动摇。巴黎戴高乐广场中央的雄狮凯旋门，从广场向外放射的十二条大道使它具有主宰一切之感。标志性建筑更是城市的象征。如自由女神像是纽约的象征，埃菲尔铁塔是巴黎的象征，天安门是北京的象征等。

此外，一尊政治家的雕像，也不只是供人时时凭吊瞻仰的一般艺术品，而是一个携带、蕴藏着他本人政治理想、抱负、主张和英雄行为的人化自然的符号系统，接受者释读的过程也就是受教育的过程。政治色彩很强的烈士陵园、纪念碑、纪念馆、名人故居等，也是某个时代政治风貌的永久纪念，是特殊的政治“符号场”。这个“符号场”的力量不可小视。

12.4 政府形象评估

这是政府形象管理工作的第四步。评估也称评价、估价，通常是指根据一定的标准去判断某一系统或计划执行的状态或质量。从政府公共关系管理的角度看，对政府形象的评估历来存在着截然对立的不同观点。这给评估造成了一定的难度。在对于政府形象的评估中，存在着三个方面的主要分歧：(1) 评估什么？(2) 怎样评估？(3) 评估准确吗？

下面就这三个方面的问题进行探讨。

12.4.1　评估什么？

对政府形象评估的第一个主要分歧是：评估什么？

评估从一开始就存在两方面的分歧，即技术分析的层面和价值判断的层面。前者主张应用实证技术方法以分辨战略目标规定与行为结果之间的对应关系，进而验证战略是否实现了预期效果，其评估的侧重点是效率、效能、效益等；后者主张首先弄清楚战略的价值问题，进而弄清楚战略的正当性、公道性、社会性等，即评估不应当只是真实的，更应当是正义的。一些学者甚至认为，讲求效率而不重视政治原则，其评估的结果很可能会因此迷失政治方向，而迷失政治方向的后果将是灾难性的。但是毫无疑问，效果评估仍然是最基本的评估对象，离开了这一中心命题，评估的意义就十分有限了。对于政府形象导入战略尤其如此，不需要对该战略是否正当做出价值评估。

所以，我们主要讨论以下三点：

1. 政府形象导入战略的执行评估

战略后果是在执行计划的基础上产生的。如果没有严格按导入计划执行，那么没有达到预期结果就是必然的；反之，则可能是导入战略的执行计划出了问题。对执行过程的评估有助于分析出现问题的真正原因。执行评估的中心问题是确定战略是否采取了计划规定的合法的、适当的方式来执行，以及它是如何影响战略成败的。

按照完美的政策执行理念，可以建立起包括以下要件在内的评估分析框架：环境因素阻挠或牵制执行组织吗？有充分的资源和时间可供运用吗？政策是在因果理论的指导下执行的吗？因果关系是直接和清晰的吗？是单一机构执行或协作机构最少的吗？政策目标自始至终稳定和一致吗？执行机构和个人职责明确吗？相关部门能够进行充分沟通和协调吗？主管人和机构的权威受到了充分尊重吗？

可以根据上述理念设计政府形象导入战略的执行评估全过程。

2. 政府形象导入战略的后果评估

任何政府战略经历了决策和执行之后，都会形成可以称为政府公共产品的政策输出和政策产出。输出描述政府做过了什么，而不能告诉人们那些行为产生了什么样的结果或影响；产出是人们真正关心和值得评估的问题，它回答的是政府行为对于环境或政治系统所产生的影响和引起的变化，包括战略对标的团体和情境的影响、对标的以外团体和情境的影响、对目前和未来的影响、所负担的直接或间接的成本等。对后果进行评估主要有两方面内容：一是效能评估，主要通过对预期战略目标与实际执行效果的差距性分析，来确定战略实现的程度；二是效率评估，主要通过对战略实施投入与产出之间比例关系的对比分析，确定战略的合理化程度。

具体操作的简化做法有：

(1) 进行规模恰当的政府形象调查，把调查所得数据同政府形象建设目标的量化指标进行对比，可以考查战略实现的程度。

（2）进行与第一次（即形象导入之前的）规模甚至人员都一样的政府形象调查，将所得数据进行对比，可以考查实行导入战略后形象的变化程度，即变好了吗？好了多少？

3. 政府形象导入战略的效率评估

政府形象不佳，会对政府行为产生消极影响；如果重塑政府形象付出的代价等同于甚至大于前面的消极影响，那么形象的导入就是得不偿失、没有效率的。效率评估从本质上说是一种经济考量，其中成本—收益分析希望以货币形式体现政府行为的“净收益”，但事实上这种收益很难用货币币值来表现，因此使用的更多的是成本—效益分析，即通过可计算的战略投入成本与可测量的战略执行效果相比较来评估战略的合理化程度。这种程度与政府预期效益息息相关。如政府希望投入1亿元，使政府整体形象提升十个百分点，实际评估发现只改善了八个百分点，则导入战略是没有效益的。

案例　广州市科技和信息化局的职业道德

● 主人翁意识

主人翁意识是指一个人在基本符合某一个岗位任职资格的前提下，进入该岗位中，具有履行和完成岗位所赋予的全部工作、实现个人的社会价值的意识……具体到广州市科技和信息化局，主人翁意识就是指科信局的每一位职工都是本单位中负责相应领域的主人，在具体的工作中努力履行和完成岗位所赋予的全部工作，为广大科技、信息工作者提供便捷、周到的服务，从而实现自己的社会价值。

● 责任意识

责任，一是指分内应做的事，如职责、尽责任、岗位责任等；二是指没有做好自己工作，而应承担的不利后果或强制性义务。所谓责任意识，就是清楚明了地知道什么是责任，并自觉、认真地履行社会职责和参加社会活动过程中责任，把责任转化到行动中去的行为特征……科信局的责任意识主要指每一位员工，上到局长、总工程师，下至普通办事员都要明白自己要做什么、如何去做、怎么做好；工作中的疏忽、失误应该如何弥补、由谁来承担、谁来负责。

● 开拓意识

“先帝开拓土宇，劬劳后定……”（《后汉书·虞诩传》）。“开拓”的“拓”字，是提手旁加个“石”字，意为用手去推动石头，仅从字面上就可以领会出，开拓是有难度的，是要付出劳动的……科信局开拓意识的含义是指科信局在发展中要善于吸收新知识、敢于发现新困难、勇于解决新问题。开拓进取就是要求组织不畏险、不畏难，积极创新，勇于开拓，把开拓创新作为组织的工作准则。

● 服务意识

服务意识是指全体员工在与一切组织利益相关的人或组织的交往中所体现的为其提供热情、周到、主动的服务的欲望和意识……科信局的服务意识体现在以下三个方面：首先，服务科技和信息工作者是科信局的工作需要，更是我们的本能和习惯。其次，让广州市民的生活在科技和信息化的带动下更加舒适、便捷是广州市科信局的理想和追求。科信局的服务意识来自员工内心，是这种理想和追求的自然流露。第三，科信局的服务态度、服务水平和服务质量不会一成不变，它会通过不断地培养、教育和训练以提高服务的层次和境界。

● 忧患意识

忧患意识是指一个人或组织内心的关注超越自身的利害、荣辱、成败，而将社会、国家、人民的前途命运萦系于心，对社会、国家、人民可能遭遇到的困境和危难抱有警惕并由此激发奋斗图强，战胜困境的决心和勇气……“战战兢兢，如临深渊，如履薄冰。”（《诗经·小雅·小旻》）“忧患意识”在公共管理层面的另一种表达就是“危机意识”。科信局管理体制与机制还需进一步激活，有待进一步的加强，面临发展的机遇，我们的征途上更是充满着挑战和危机。我们要有清醒、理性的认识，每一位员工都必须深刻领悟到逆水行舟，不进则退，慢进也是退的道理……漠视危机是最大的危机，我们没有理由盲目乐观，更没有理由在繁荣的表象下悠然自得。我们必须审时度势，抢抓机遇，以强烈的紧迫感、危机感、使命感和敬业精神来迎接挑战。

● 效益意识

“效益”就字面的理解，可解释为效率加益处，即组织应树立在做正确事情的前提下提高工作效率的思想。效益是指项目对国民经济所作的贡献，它包括项目本身得到的直接效益和由项目引起的间接效益。所谓效益意识，主要指个人或组织通过自身的行动对自己的效益以及由于自己的行动所产生的对自身以外其他环境的效益这样一种行为特征……我们的管理工作既要讲效率，又要讲质量，更要讲效益。通过优化配置、扩大民主、制度创新，实现政治、经济、社会效益同步增强，组织、队伍、自身建设协调发展，是当前推动组织工作科学发展的重要任务……增强组织工作效益，实现组织工作科学发展，必须将科学发展观所蕴含的理念、方法、路径、原则、任务、目标等各方面要求贯穿到组织工作的每个阶段、每项工作、每个环节和每步程序，让“公正”和“效益”成为组织工作永不分割的核心主题词，让科学发展成为组织工作的主旋律。

● 环境意识

环境意识是指人们对环境和环境保护的一个认识水平和认识程度，又是人们为保护环境而不断调整自身经济活动和社会行为，协调人与环境、人与自然互相关系的实践活动的自觉性……科信局的环境意识主要指在进行科技和信息化建设过程中通过监管减少光污染、电磁污染等各种形式的信息污染，为广州市营造一个良好的生存和发展环境。科信局的环境意识还要体现在周边环境发展变化的层面上……保护环境，热爱环境，改善环境，建设环境，提高全民族环境意识，是我国社会主义现代化建设的奋斗目标之一。

资料来源：吴柏林、廖为建：《广州市科技和信息化局的理念识别系统（MIS）与行为识别系统（BIS）》，广州市科技和信息化局的思想文化系统建设横向课题，2010年11月至2013年3月。

12.4.2　怎样评估？

对政府形象评估的第二个主要分歧是：怎样评估？

至今还没有一种对各种情况普遍适用的评估方法，也没有一种方法能够评估同一种情况的各个方面。

我们介绍两种最常见的评估方法。

1. 成本—效益分析法

在战略执行的过程中，所消耗的费用被称为成本，它既包括直接的实际耗费，也包括间接的财富损失。大致有五种形式：战略制定费用，指战略主体从提出战略到战略最后出台生效全过程中的资源投入，是直接的价值或实物投入；衔接成本，指新旧战略衔接过程中付出的代价；摩擦损失，是指在缺乏配合、协调以及相关度低而不能形成完整相容体系时造成的价值浪费；操作费用，是指执行部门在实施中因宣传、解释、监控乃至成立专门机构、配备专门人员所消耗的资源；对策行为的损耗，是指战略标的对象为追求自身利益最大化而抵制和削弱运行效率的投入。在这些成本中，比较容易计算的是制定费用和操作费用，其他几项只能通过模型测算或估计来获得。在进行评估时通常使用的原则有三条：效益相等时，成本越小的战略越优；成本相等时，效益越大越好；效益成本比越大越好。

2. 模糊综合评价

在政府形象战略导入过程中，以及在投入和后果效果评价中，经常会遇到的问题是不少指标不能精确描述或统计。形象导入中主观色彩浓厚的价值判断占据了统计表的绝大多数。为了便于问题的分析，可以选取形象评估中的若干因素组成一个评估集合，对这些因素的评判再区分为若干等级。如一方面把调查中关于政治形象的测量点分为一组，公众对每个测量点的评价分为五个等级打分。另一方面通过抽样调查以及专家分析，将百分制的评判结果换成等级制，如 90～100 分，很好；75～90 分，较好；60～75 分，一般；59 分以下，不好。由于测评的若干因素对形象建设的重要性或影响并不一致，可以由专家根据实际情况给出各因素相应的权重指数。这里，权数的分配是评估的关键。最后把调查所得结果引入与权数相关的统计模型，就是模糊综合评价的基本结论。

12.4.3 评估准确吗?

对政府形象评估的第三个主要分歧是：评估准确吗?

由于评估在本质上是寻求、证明和确定政策或战略价值的过程，价值标准的不统一、评估人员的介入立场、科学测量的手段等都会影响评估的准确性。也就是说评估中存在很多问题。具体而言有：

1. 主观误区

评估者出于各种可能的不良动机，有意识地夸大或缩小、掩盖或曲解评估中的某些事实，或者混淆评估中的某些是非和原则，以求实现某种特殊的目的。它使评估从一开始就背离了实事求是的原则，试图经由合法的评估程序得出事先设定的结果，或经由合法的评估形式将评估引向自己期望的方向，使得评估内容的失真性、模糊性与形式的周全性、科学性非正常地统一，表现出隐蔽性和欺骗性。在政府形象导入评估中，可能出现的是：

（1）以表象取代现实，文过饰非，规避责任，隐藏关键性事实，甚至提供伪证；

（2）以政治取代科学，借评估攻击战略或战略主体，用评估来损害政府利益；

（3）以社会目的取代政策目的，过高估计政策效果以博取功名；

（4）以获取资源取代政策目的，借评估证明战略的重要性，以改变目标与政策资源的约束，要求获取更多资源。

2. 客观误区

受客观条件限制，评估的结果不一定可靠、可信。参与战略执行的各方通过各种方式介入评估过程，不同利益团体同时作业，使评估主体无所适从。尤其是政府既可能是最强大的支持者，也可能是最坚定的反对者。这取决于它们对评估的价值判断倾向的认同程度。在许多情况下，尤其是当评估主体来自政府体制之外——譬如来自接受委托的学术机构时，作为组织的政府经常会持有怀疑的态度，因为它们担心不能体会实际情况又持有不同价值标准的评估会打破现有的秩序，或者造成它们内部的分裂，或者带来利益的损害；在证实担心将要变成现实的条件下，由最初是怀疑态度转向更激烈的反对态度就很自然。评估通常意味着变革，而惰性正是官僚组织的特性之一。从这个意义上说，“组织”成为评估的障碍之一是合乎逻辑的。

（1）政府行为的复杂性使某些客观情形的改变难以充分证明是直接起因于形象导入战略的实施，行为的成本也无法精确计算。政府行为的复杂性使得其行为后果也变得复杂和难以控制。例如，社会救济改善了穷人的生活，还是改变了社会不公平状况？扶贫计划是增加了穷人的就业机会，还是改变了他们的就业态度？社会福利政策是增加了社会受益群体的收入，还是降低了他们的就业热情？此外还可能产生非预期的长期政策效应，如 20 世纪 50 年代对马尔萨斯人口论的批判，导致人口的急剧膨胀，其恶性影响到现在也无法消除。在政府形象建设中有一些行为，如举办全国性的纪念活动、公益性行动等并不一定会引起直接的社会事件或环境改变，但在凝聚民族感情、引导社会风气等方面的效果却非同一般。就像难以计算因越战导致的美国社会分裂、内部冲突的代价一样，这种行为输出因为存在无形的效果而难以评估，从而产生了难以把握的评估“灰色地带”。

（2）对形象的整体评估与分项评估的结果会很不相同。前者要解决的是形象在基本特征上是对的还是错的、是好的还是坏的、是利大还是弊大的问题。但在考虑具体的评估单元时，往往存在着差异。另外，资料收集方法的局限也使获得全部客观数据变得不可能。

本章小结

政府形象是政府内外公众对政府的整体感觉、印象和认知，是政府状况的综合反映，即政府的整体特征和实际表现在社会公众中获得的认知和评价的总和。

政府形象的分类方法很多，根据不同的分类标准，政府形象可以划分为以下几类：（1）政府内在形象和外在形象；（2）政府实态形象和虚态形象；（3）政府内部形象和外部形象；（4）政府正面形象与负面形象；（5）政府直接形象和间接形象；（6）政府主导形象和辅助形象。

政府形象的构成大致包括以下八个方面：（1）政府的公共产品形象；（2）政府的管理形象；（3）政府的公务员形象；（4）政府的环境形象；（5）政府的文化形象；（6）政府的社区形象；（7）政府的标识形象；（8）政府的媒介形象。政府形象的基本特性有：（1）主客观二重性；（2）系统性；（3）动态性；（4）相对稳定性。

关于形象调查的测量点大致有以下几个方面：（1）对政府形象的价值评判；（2）对政

府政绩的评价；（3）对政府形象外在特征的识别；（4）对政治传播的看法。

政府形象规划的基本特性主要有三个方面：（1）主观性和客观性的统一；（2）统一性和差异性的结合；（3）恒定性和变通性的统一。

影响政府形象塑造的四个因素是：（1）政府形象的价值保障；（2）政府形象的政绩基础；（3）政府形象的识别效应；（4）政府形象的传播能力。

组织识别系统由下列三个子系统构成：（1）理念识别系统；（2）行为识别系统；（3）视觉识别系统。

政府形象导入的操作模式有：（1）政府理念形象的导入；（2）政府行为形象的导入；（3）政府视觉形象的导入。

关键术语

政府形象　政府形象管理　形象调查　形象分析　CI 战略　MIS　BIS　VIS　形象评估

复习思考题

1. 试分析政府形象的概念。政府形象的分类方法有哪些？政府形象的构成大致包括哪几个方面的内容？

2. 关于形象调查的测量点大致有哪几个方面？

3. 试述政府形象规划的三个基本特性。联系实际谈谈为什么要注重主观性和客观性的统一、恒定性和变通性的统一？

4. CIS 的三个子系统是什么？三者的关系如何？

5. 联系实际谈谈在对政府形象的评估中存在的三个主要分歧：（1）评估什么？（2）怎样评估？（3）评估准确吗？

第13章 政府公共关系危机管理

重点问题

- 危机、危机管理与危机传播
- 政府公共危机与政府公共关系危机
- 政府公共关系危机的性质与特点
- 政府公共关系危机的基本类型
- 政府公共关系危机管理的原则
- 政府公共关系危机管理的一般策略
- 政府公共关系危机管理的流程

13.1 危机管理概念辨析

13.1.1 危机与危机管理

在韦伯词典中，危机被定义为“有可能变好或变坏的转折点或关键时刻”[①]。研究危机的先驱赫尔曼（C. F. Hermann）认为：危机是威胁到决策集团优先目标的一种形势，在这种形势中，决策集团做出反应的时间非常有限，且形势常常向令决策集团惊奇的方向发展。[②] 荷兰莱登大学危机研究专家罗森塔尔（Rosenthal）在赫尔曼定义的基础上进行了修改，他认为：危机就是对一个社会系统的基本价值和行为准则架构产生严重威

---

① 薛澜、张强、钟开斌：《危机管理——转型期中国面临的挑战》，25页，北京，清华大学出版社，2003。

② 参见中国现代国际关系研究所危机管理与对策研究中心：《国际危机管理概论》，5页，北京，时事出版社，2003。

胁，并且在时间压力和不确定性极高的情况下，必须对其做出关键决策的事件。学者巴顿（Barton）认为，危机是“一个会引起潜在负面影响的具有不确定性的大事件，这种事件及其后果可能对组织及其人员、产品、服务、资产和声誉造成巨大的损害”①。

上述定义中，赫尔曼对危机的定义是着重从决策的角度分析的。他认为危机本身就是一个决策过程，这种决策过程不同于常态决策，它强调的是决策者对恶劣形势的判断与迅速反应。罗森塔尔的定义更强调危机的本质是对一个社会系统的基本价值和行为准则架构产生的严重威胁。巴顿的定义则是将危机的表现形态展现出来，例如“对组织及其人员、产品、服务、资产和声誉造成巨大的损害”。

危机管理（crisis management）在西方研究中又被称为紧急事件管理（emergency management）、紧急事件的风险管理（emergency risk management）和灾难风险管理（disaster risk management）。“危机研究和管理的目的就是要最大限度地降低人类社会悲剧的发生。”②

在危机中，组织采取不同的危机管理就会有不同的结果。“任何组织形态在经历危机状态的过程中，都可能面临着三种截然不同的结局。”③ 一种是由于组织采取了果断有力的危机管理而使组织损失减少到了最小，组织从危机中获得了生机；另一种是组织在面临危机时，由于未能采取正确、及时的危机管理措施而使组织在危机中丧失机遇，遭遇失败；最后一种是组织采用的危机管理措施虽然使组织避免了暂时的危难，但从长远发展看却未能使组织真正恢复生机。

由此可见危机管理的重要作用。那么如何进行危机管理呢？格林（Green）注意到危机管理的一个特征是“事态已发展到无法控制的程度”。一旦发生危机，时间因素非常关键，减少损失将是主要的任务。危机管理的任务是尽可能控制事态，在危机事件中把损失控制在一定的范围内，在事态失控后要争取重新控制住。④

米特罗夫和佩尔森认为收集、分析和传播信息是危机管理者的直接任务。危机发生的最初几小时（或危机持续时间很长时的最初几天），管理者应同步采取一系列关键的行动。这些行动是“甄别事实，深度分析，控制损失，加强沟通”⑤。

罗伯特·希斯对于危机管理的理解可通过图形表现出来的（见图13—1）。通过图示我们看出，整个危机管理过程包括了两个阶段：一是危机初期的反应阶段；二是危机后期的恢复阶段。它强调了危机中的“公众认知”因素，即公众在初期受到的多为事件产生的“物理影响”，在后期则多为“精神影响”。这揭示了危机管理中应当重视组织与公众的沟通，应针对公众在危机事件不同发展阶段的反应及时进行危机传播与管理。在这种与公众的沟通中重新恢复组织的信誉，重塑组织的形象，实现危机管理的最终目标：最大限度地减少组织的损失，包括形象、信誉等。

---

① 转引自［澳］罗伯特·希斯：《危机管理》，18～19页，北京，中信出版社，2001。

② 胡宁生主编：《中国政府形象战略》，159页，北京，中共中央党校出版社，1998。

③ 薛澜、张强、钟开斌：《危机管理——转型期中国面临的挑战》，25页。

④ 参见上书，43页。

⑤ ［澳］罗伯特·希斯：《危机管理》，19页。

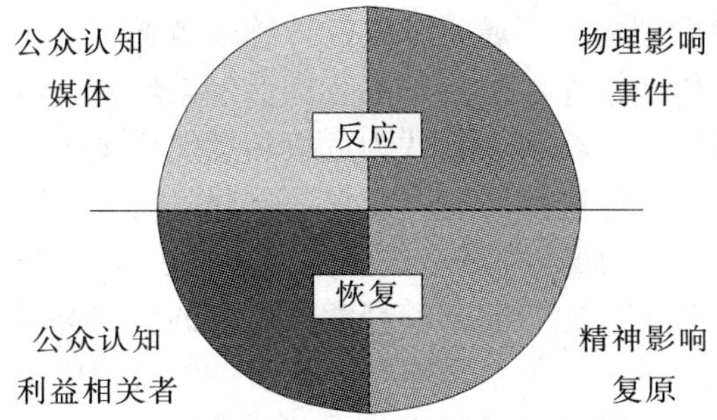

图 13—1　危机管理过程图示

资料来源：［澳］罗伯特·希斯：《危机管理》，31 页。

上述对危机管理的定义可以归纳为两个方面：第一，危机管理就是要尽可能控制事态，减少损失。为了达到这个目标组织需要针对危机的特点分阶段进行危机管理，危机管理实质上可以划分为事前、事中和事后三个阶段的管理。既强调危机前的预防，更强调危机发生时的应对和危机后的恢复。第二，危机管理的过程就是危机信息传播与沟通的过程。只有最大限度地及时掌握信息才能够为危机管理做出可靠、可行的决策，才能够影响"公众认知"，最终恢复组织信誉与形象。

13.1.2　危机传播

危机传播（crisis communication）常常与危机管理紧密相连。对于危机传播的研究主要集中于三个学科：传播学、管理学及公共关系学。

在具有传播学知识背景的学者看来，危机传播不过是人类传播过程中的一种特殊形式，因此对它的理解和研究均可运用传播学研究方法，重点研究危机传播过程中的传播效果、媒介、受众等变量。比如，有美国学者将危机传播定义为"在危机事件发生之前、之中以及之后，介于组织和其公众之间的传播"①。他认为，一个有效的传播不仅能减轻危机，还能给组织带来比危机发生之前更为正面的声誉；而低劣的危机处理则会损伤组织的可信度、公众的信心和组织多年来建立起来的信任。

国内传播学者喻国明等认为，"危机传播可以通俗地理解为危机状态下的传播现象与传播行为"。危机传播方法的一般定义是指政府、企业或其他组织面对危机事件所采取的旨在降低危机损坏程度的沟通信息、树立形象的策略。②

还有学者认为，所谓危机传播是指面对社会危机时，如何通过大众传播媒介及其他手段对社会加以有效控制的信息传播活动。它的目的在于，按照社会传播和新闻传播的规律，对危机处理过程进行干预和影响，促使危机向好的方向转化。③

① W. Timothy Coombs, "Teaching the Crisis Management/Communication Course," *Public Relations Review*, 2001(27): 89-101.

② 参见冯惠玲主编：《公共危机启示录：对 SARS 的多维审视》，107～147 页，北京，中国人民大学出版社，2003。

③ 参见张任明：《迅速开放传播通道——公共危机事件中的政府传播对策》，载《公关世界》，2003（10）。

这些观点表明，危机传播是危机管理的次一级研究领域，危机管理中的信息搜集、分析、处理以及沟通传播等管理内容都属于危机传播管理范畴。

管理学者一般将危机传播视作一种特殊的管理活动来经营，将危机传播策略视为管理策略中的一种。西方尤其是美国学者大都认为危机传播实质上就是危机管理。其代表人物是库姆斯（Coombs），他认为危机传播的研究都是强调危机应对策略的选择，即组织在危机后“说什么”和“做什么”，而这种策略选择本身就是管理的过程。

西方学者不少是从公共关系的角度来解释危机传播的。公共关系中有一项非常重要的内容就是危机公共关系。危机公共关系是指在危机管理的过程中借用公共关系手段来处理危机，如信息监测与传播、媒体关系管理等。因此，危机公共关系与危机传播的基本策略是非常相似的。美国学者伯恩斯坦就认为，从更专业的角度看危机公共关系可以称为危机管理或危机传播。[①] 公共关系的作用就是通过与公众（内部和外部）进行及时、诚恳的交流与沟通去传达信息，进而协调、稳定和融洽社会环境。通过公共关系来研究危机传播的学者还包括美国马里兰大学的格鲁尼格教授，他认为良好的危机传播始于危机爆发之前，在决策之前与公众沟通是解决问题和危机的最有效的方法。如果一个公共关系人员不能在危机爆发前与公众沟通，那么解决冲突的机会则非常之小。

由此可见，危机传播只是一个研究领域，不同的学科可以从不同的角度进行描述、分析和研究，这完全符合危机传播的综合性、实践性和跨学科性的特点，有助于丰富危机传播的研究视角、方法和手段。尽管各学科的研究侧重点不一，但都共同关注和强调信息在处理危机事件中的重要地位与作用。不管是危机前的信息预警，还是危机爆发后的新闻发布和与公众沟通，抑或是危机后期的形象修复等，无一不需要调动一切信息传播手段来进行处理。因此，英国学者迈克尔·里杰斯特一针见血地指出，“只有进行有效的传播管理，才能进行有效的危机管理”[②]。这的确是对危机传播本质特征的精准把握。

危机管理与危机传播等相关概念的研究大多来自西方理论界对企业的观察所得。危机管理的运用也最为企业所熟悉。但随着全球化与信息化的迅猛发展，危机无论对于企业还是政府而言都是一种不可回避的“常态”。企业面对危机所采用的公共关系危机手段如何运用于政府，成为当今公共行政领域面对危机时所必须思考的问题。

13.2 政府公共关系危机概念分析

13.2.1 政府公共关系危机的概念

公共关系危机强调在遭遇危机事件后，组织与公众之间的传播沟通遭受破坏、出现障碍，导致关系紧张、舆论恶劣，进而使组织形象和声誉受损。而危机公共关系则是指在危

---

① Jonathan Bernstein, “The Biggest Mistakes in Crisis Communication,” http://www.bernsteincrisismanagement.com/articles.html。

② ［英］迈克尔·里杰斯特：《危机公关》，30页，上海，复旦大学出版社，1995。

机管理的过程中，借用公共关系手段进行危机处理：控制事态、解决矛盾、处理纠纷、化解冲突、引导舆论、维持关系、凝聚民心、争取支持、挽回影响、重塑形象等，其内容包括一系列的公共关系活动，如信息监测与传播、媒体关系管理等。

政府在危机处理过程中需要借助危机公共关系渡过难关。但政府与企业作为两种截然不同的组织形态，其面临危机时的表现迥然有别。政府承担着提供公共产品（公共服务）、制定公共政策、管理公共事务的重要责任。它所面对的公众是全体社会成员，这是企业组织所远不能达到的对象覆盖程度。政府作为公共行政精神的落实者、公共权力的行使者更加强调公共利益至上的原则。因此，在日益频繁的危机爆发中，政府处理危机的能力与效能成为反映民意的晴雨表和衡量现代政府绩效的重要指标之一。

政府面对的公共危机是指行政管理机构自身或因外部因素引发的对其正常的行政职能造成破坏甚至危及社会公众，且需要在时间压力和不确定性极高的情况下做出决策的重大突发公共事件。政府危机管理是政府针对公共危机事件所进行的一系列管理活动，力求最大限度地降低危机带来的各种损失，控制危机事态的蔓延与恶化，维护社会正常的公共秩序。

政府危机管理强调的是行政机关在危机中的主体地位和作用。在计划经济时代，我国政府与市场没有明晰的界限，政府是一切事务的代表者与管理者。当面对各种危机时（多为自然灾害引起的危机），政府是通过各级行政系统来履行管理危机的职能的。改革开放后，随着市场因素的不断壮大与发展，“政府统管一切”的模式已被打破。社会呈现分化，各种政府与市场之外的第三部门/非政府组织（NGO）等不断崛起，公众个人的公民权利意识亦不断增强。这些变化反映在危机中，表现为出现了越来越多的影响广泛、需要多方主体参与解决的重大的公共危机。公共危机是一种危及社会全体公众共同利益的、需在高度不确定的情况下进行紧急决策和处理的突发公共事件。公共危机可能是政府危机，也可能是企业危机。例如，公共卫生、食品安全、公共交通、能源、市政建设等都可能引发出公共危机。有效的公共危机管理需要依靠政府、公民社会、非政府组织以及国际组织的协作分工。“9·11”事件之后，公共危机管理成为当今世界各国普遍重视的领域。在各国的实践中，公共危机管理通常包括以下职能：提升国家危机管理的能力；降低生命和财产的损失；将痛苦和破坏降到最低点；组织危机事件的善后处理；成立国家门户网络，提供信息服务；营造有创造力和挑战的环境。①

通过上述对政府公共危机概念的辨析，不难看出随着危机形式的多样化与爆发的频繁化，公共危机管理将日益成为公共行政的内在要求。在解决公共危机的各种主体中，政府无疑扮演着不可忽视的重要角色。尤其在我国目前所处的社会转型期中，政府承担着协调各种力量、统一领导的职责。作为政府职能之一的政府公共关系在危机管理中的角色亦不容忽视。政府公共关系在整个公共危机管理过程中发挥着重要的传播沟通、公共信息发布等作用。借用政府公共关系的双向沟通机制协调公共危机各方主体的关系、及时面向公众发布公共信息、争取公众对政府的理解与支持、稳固政府的合法性地位、塑造政府良好的国际形象，这就是政府危机公共关系。政府危机公共关系强调在应对危机过程中，政府借

---

① 参见唐钧：《从国际视角谈公共危机管理的创新》，载《理论探讨》，2003（5）。

用公共关系手段进行危机管理，例如组织新闻发布会定期发布公共信息等。

政府公共关系是现代民主政府不可缺少的一种管理职能。在政府中的公共关系部门，如同在其他组织环境中一样，主要帮助政府的各个机构、部门和其他公共实体对公众的需求做出回应。[①] 政府公共关系作为公共行政的职能要素之一所体现的是一种基于双向交流的回应关系，是现代民主政府的精神所在。政府作为公共行政的实施者需要寻求最为有效的方式为公众提供公共产品及公共服务。政府公共关系则作为公共行政的职能之一为公众提供公共信息，满足公众的知情权和参与权。

政府公共关系存在的合理性有两个基本前提：一个民主的政府必须向公民报告它的活动；有效的政府行政管理需要积极的公民参与和支持。[②] 当政府公共关系职能遭遇危机状态时，正常的政府与公众之间的双向交流与沟通就会中断或不畅，政府的回应机制就随之不能正常发挥作用。由于沟通不畅，政府不能获得公众的理解与支持，其所需要的公众参与则不可能实现。政府公共关系职能这一单一部门的管理瘫痪就会直接引发政府其他部门甚至更大范围的失序。

因此，政府公共关系危机就是指政府在时间压力和不确定性极高的情况下不能正常提供与公众之间的双向交流，不能满足公众知晓公共信息的权利；政府的管理职能受到挑战；政府的形象与声誉受到极大的威胁。

13.2.2 政府公共关系危机的性质

与其他类型的危机相比，政府公共关系危机不但具有危机的一般特性，例如破坏性、突发性、不确定性等，还具备自身的独特性，例如公共性、政治性、关系性等。

1. 公共性

政府公共关系作为公共行政的职能之一，其所担负的主要职责应当是为公众提供公共产品或公共服务。政府公共关系危机就是不能满足公众在危机过程中对公共信息的需求。这是政府作为公共行政主体所具备的公共性精神的缺失，也是企业公共关系危机与政府公共关系危机最本质的区别。

公共性是公共行政得以存在的合法性依据。政府公共关系危机的本质属性在于它是一种基于公共性的突发事件。学界对于公共性的理解主要集中在如下五个方面：第一，在伦理价值层面上，公共性必须体现公共部门活动的公正与正义。第二，在公共权力的运用上，公共性要体现人民主权和政府行为的合法性。第三，在公共部门运作过程中，公共性体现为公开与参与。第四，在利益取向上，公共性表明公共利益是公共部门一切活动的最终目的，必须克服私人或部门利益的缺陷。第五，在理念表达上，公共性是一种理性与道德，它支持公民社会及其公共舆论的监督作用。[③] 政府公共关系作为行政职能，它在危机过程中所体现的这种公共性具体是指上述特性中的“在公共部门运作过程中，体现的公开与参与”。这种公开与参与实际上反映为政府公共关系所担当的如下角色：透明与

① 参见［美］格伦·布鲁姆等：《有效的公共关系》，417页。

② 参见上书，411页。

③ 参见王乐夫、陈干全：《公共性：公共管理研究的基础与核心》，载《社会科学》，2003（4）。

回应。

其一，政府公共关系危机的发生就在于政府不能将涉及公众的公共信息透明、公开地告知公众。在重大公共危机面前，尤其是危及公众生命财产的危机面前，政府不公开公共信息，反而一味地“捂盖子”，采取鸵鸟政策。这些都是一种不透明的做法，也是违背公共行政公共性的表现。相反，政府只有在危机发生过程中，及时发布关于危机的公共信息，将政府所采取的努力最大化地公之于众，才能保证公共行政在解决危机的过程中不背离公共精神。

其二，政府将要面对的危机将会越来越多的是一种全球性的重大公共危机。在应对过程中，政府所要承担的最大责任在于统一领导，协调包括非政府组织、国际组织等在内的一切公共部门共同参与管理。政府如果要充分协调各方，那么就必须建立能够充分体现回应精神的机制，听取公众或政府之外的声音；对公众的要求与建议进行及时有效的回应，保障在危机处理过程中顺畅的双向沟通。政府公共关系危机的发生也在于在危机过程中政府不能或不能有效地进行回应，从而引发公众的不满，形成对政府的不信任。

2. 政治性

政府公共关系危机的第二个特性是政治性。西方学者迈克尔·罗斯金等人认为政府合法性的基础是公众同意。[①] 对政府而言，其作为公共行政的实施者必须体现公共精神；同时政府作为公共权力的实际运行者，其统治的权威性与合法性又来源于公民的同意。这种统治层面的权威性与合法性就是政府公共关系危机体现的政治性。在政府的实际运作中，公众同意需要通过公共行政机构设立相应的配套机制来实现。政府公共关系的职能就是众多配套机制中的一种，它通过各种信息传播沟通渠道完成政府与公众之间的双向交流与沟通，例如政府设置的信访机构、新闻发言人制度等，从而争取公众的支持，获得基于公众认同的合法性。

面对公共危机，政府公共关系的职能就会凸显其重要性。政府及时、公开、坦诚地与公众沟通，就会减少流言、谣言的产生，避免舆论危机，在危机中树立公共服务的形象。

政府公共关系危机在于危机爆发后政府与公众丧失了正常的沟通渠道，公众难以了解关乎自身利益的公共信息。官方渠道信息的阻塞就会导致民间流言、谣言的盛行，进而引发更大程度上的舆论危机甚至于社会心理危机。如果政府还不能有效解决公共关系职能引发的危机，公众的猜疑与恐惧就会升级为不满。这种不满一旦为有组织的、大规模的抗议行为甚至暴力行为所引导，政府统治的合法性就会遭受巨大威胁。

3. 关系性

政府公共关系危机造成的最大后果就是使政府与公众之间的双向沟通受阻或者中断，从而影响政府与公众之间建立一种互相信任的关系。关系管理是政府公共关系的重要内容之一，轻视或拙劣的关系管理都会引发政府公共关系危机。由此，关系性是政府公共关系危机所具备的另一独特性质。

美国马里兰大学的格鲁尼格教授认为有效的组织选择并实现正确的目标是由于他们与目标公众发展了良好的关系。而缺乏效率的组织不能实现其目标，是由于其公众不支持并

---

① 参见［美］迈克尔·罗斯金等：《政治科学（第六版）》，6 页，北京，华夏出版社，2001。

会反对那些未考虑公众意愿的决策目标。因此，在危机管理中，发展并维系与公众的关系的过程是非常关键的。[①]

政府公共关系作为一种管理职能最为主要的就是进行有效的关系管理。具体说就是政府能够通过一切公共关系手段，在传播与沟通中与公众建立一种相互理解、支持与信任的关系。良好的关系一旦形成，还需要借助多种政策、手段来维系，使之稳固化。在危机过程中，政府公共关系更加需要及时了解公众所想，尽量制定满足公众的政策，为公众提供最需要的公共服务，缓解危机造成的损失和伤害。反之，政府公共关系危机出现时，政府与公众之间所建立的关系就有可能遭受冲击，因为正常的双向交流机制受损，不能发挥正常的联系功能。由此，政府公共关系危机所体现的关系性在于通过深入人心的公共产品和公共服务的提供，满足公众的需要，解决公众的问题，以争取民心，建立长期的良好的公共关系。

政府公共关系危机所强调的关系性具体包含六个方面的内容：互控（control mutuality)、信任（trust)、满意（satisfaction)、承诺（commitment)、交换（exchange)、社区(community)。[②] 以此六项作为衡量政府公共关系危机的指标，不难看出，正常的政府公共关系需要以此与公众建立各种关系；而政府公共关系一旦呈现危机状态或发生公共危机时，这六方面的关系将受到破坏，进而会引发危机的恶化。而改善危机状况、解决危机的关键，体现在关系管理上就是加强沟通，增加政府与公众之间的互动；增强信任与满意；做出公共服务的承诺，承担危机带来的责任；等等。

案例　深圳警方在“5·26”飙车案中及时回应，成功化解公众质疑

2012年5月26日凌晨3:08，在深圳滨海大道一辆高速行驶的跑车与两辆出租车相撞，致使其中一辆出租车起火，车内3人当场死亡，红色跑车内一男三女也不同程度受伤。5月26日上午10时许，跑车司机侯某在逃逸7小时后到交警部门自首被刑拘。5月26日上午11:43，“深圳交警”首次通过微博发布事件信息，称“初步调查，粤BG077R红色跑车司机侯某涉嫌超速行驶、酒后驾驶，在超越同方向车辆时与前方同方向车辆发生碰撞”。此条微博在两天内转发量就超过5 000条，评论1 000多条。26日、27日当天“深圳交警”还发布另外三条微博，介绍肇事者身份和酒精检测结果以及死者身份已被确认的情况，表示警方“将会严格执法、公正处理”。

针对警方发布的微博信息，车祸中死者家属、朋友质疑被刑拘的男子并不是肇事司机，网络上斥责“富二代”飙车惹祸，警方语焉不详的声音四起。“深圳交警”在5月28日召开了第一次新闻发布会，会上说明侯某来自农村，在车主许某公司打工，并向媒体公布了当晚侯某与三女进出酒吧、逃逸后到大梅沙游艇会的视频录像，否认了“顶包”一说。但警方的视频证据被网友质疑为是后期PS过的。5月29日，距离事故86小时之后，深圳交警召开第二次新闻发布会，公布了肇事司机侯某离开酒吧在电梯内的录像，公布了

① James E. Grunig，Linda Hon，Guidelines for Measuring Relationships in Public Relations，The Institute for Public Relations Commission on PR Measurement and Evaluation，1999，p. 8.

② Ibid.，p. 3.

车主许某当日拍摄的照片，其身上并无伤痕。然而，受害人家属对于事发当晚侯某离开酒吧上车的关键视频缺失，以及侯某的身份问题等提出异议，希望警方尽快公布 DNA 比对结果。5 月 30 日 17 时，深圳交警第三次召开新闻发布会，向媒体提供了 24 段新旧视频，试图向媒体还原事发当晚的具体情况：侯某与三女先后进出两家酒吧喝酒，然后驾车离开，在滨河大道上超速行驶，与两出租车相撞其中一辆起火，事发后打的到大梅沙游艇会，在大梅沙游艇会内被朋友劝说投案自首。同时还公布了 DNA 鉴定结果，DNA 鉴定报告指出，车上的血迹与侯某 STR 分型一致，综合各类证据显示侯某为肇事者。5 月 31 日，深圳交警第四次召开新闻发布会介绍，找到一张肇事车辆于 5 月 26 日凌晨 3 时经过滨河路香蜜湖立交西行的图片，从照片可见驾驶座为一名着紫红色格子衬衣男子，佐证了侯某的肇事者身份。

总的来说，深圳警方在此次事件中的应对是及时、公开且智慧的。通过四次交通事故通报会和“微发布”、“微访谈”，深圳交警向社会及时地公布最新线索和调查进展，借助视频、图解、现场演示、当事人佐证等多种形式逐一对公众的诸多质疑作出解答，使得事实真相得以越来越清晰完整地呈现在公众面前。这种高效负责、专业冷静、及时响应的态度有助于深圳交警在这次事件中迅速辟谣，重建政府公信力，让事件舆论讨论归于理性，也赢得了公众的肯定与赞誉。

13.2.3 政府公共关系危机的特征

政府公共关系危机的特征包含三个方面的内涵要素：一是关于危机的普适性特征；二是基于政府组织特性的特征；三是涉及公共关系的特征。这三个方面内涵的组成构成了政府公共关系危机独特的表象。

第一，突发性。突发性是危机最为明显的特征。政府公共关系危机同样具有此特征。“在逻辑上就可以说，危机必定是突发事件，然而突发事件未必就形成危机。”[①] 政府公共关系危机的突发性表现在两个方面：一是时间短。政府公共关系危机一旦爆发，就会在短时间内对政府的传播渠道产生强烈冲击。同时由于公共关系危机的突然性，政府决策者需要进行决策的时间亦极为有限；二是决策者面临巨大的心理压力。这种心理压力一方面由于决策时间紧迫所致，另一方面在于政府公共关系危机爆发后会引发社会舆论危机，即针对组织的不良信息会通过各种渠道传播，尤其在互联网、手机短信息等传播工具日益发达的今天，危机事件会通过舆论迅速扩散，使政府决策者的心理压力增大。

第二，“连锁”破坏性。政府公共关系危机会产生一种“连锁”破坏性，它具体表现为一系列的过程。当政府公共关系管理呈现危机状态时，政府如果不能及时发布有效的公共信息，公众就会因获取不了足够的信息而产生猜疑、恐惧、不满情绪，甚至会通过口头传播等形式散布流言、谣言，造成舆论危机——这是破坏之一；在强烈的舆论压力下，政府的公共危机状态将会更加恶劣，而公众的不满情绪也会随之转化为对政府的不信任，造成政府信任危机——这是破坏之二；公众对政府产生不信任意味着其交流沟通的基础就不

① 薛澜、张强、钟开斌：《危机管理——转型期中国面临的挑战》，27 页。

存在了，依照这样的发展，政府最终会面临统治的合法性危机——这是破坏之三。

第三，“溢出效应”性。“危机具有‘溢出效应’（spillover effect）”①。政府公共关系危机的“溢出效应”表明危机不是封闭性地传播，而是发散式地传播的。随着全球化的推进，信息的传播与流动将会更加突破地界与国界。在这种流动式的传播过程中，公共危机将越来越多地表现为全球性危机，其影响将不仅仅局限于危机爆发地。

对于政府而言，全球性危机事件频繁发生，例如“疯牛病”事件、“非典”事件等。这些都说明危机发生后，信息不可能出现真空，各种媒体都会在第一时间“抢新闻”。在政府公共关系危机中否认“溢出效应”就是“鸵鸟心理”的反映，而这直接会破坏政府的国际形象与声誉，丧失国际竞争力。

第四，广覆性。政府公共关系危机的广覆性表现在影响范围广。范围广首先表现在影响的公众广泛。企业出现危机，其所影响的受众仅仅是与企业相关的顾客群体，影响范围有限。而政府公共关系危机，它所涉及的对象是政府需要提供公共服务与公共产品的所有公民，涉及的范围显然远远大于企业顾客群。范围广其次表现在影响的内容广泛。政府向公众提供的公共产品及公共服务涉及内容广泛，例如公共安全、公共交通、能源供给、福利救济等，这些内容影响到社会生活的方方面面。当政府公共关系出现危机时，沟通受阻、信誉丧失、形象受损等诸多危机的影响将辐射到提供公共服务的各个方面。这种影响的广泛性危害至深。

第五，政府主控传播性。政府公共关系的基本准则在于建立一种双向沟通机制。处于社会转型期的我国，由于行政官僚体制还未完成结构性改革，因此，政府拥有至高的权威性与主控性。在社会生活中，政府正逐渐从市场、公民个人领域积极退出，但退出的程度有限，政府依然发挥着主控作用。在顺应现代民主行政的改革中，政府通过设立信访局、城市论坛等机构与形式来逐步增加与公众进行双向交流的渠道。在这种逐步开放的双向交流中，政府掌握着传播的主动权。由于政府可以借助媒体实现大众传播，因此其掌握着公共信息的信息源。对谁发布、何时发布、发布什么、发布多少都由政府行使决策权。从这个意义而言，政府与公众的双向传播是一种非对称传播，政府处于传播过程的强势，公众处于传播过程的弱势。传播的结果导致双方信息不对称，所能掌控的权力亦不对称。

政府公共关系所追求的是双向对称传播，但在各种公共事务管理中，尤其是在公共危机中，政府的主控性所引发的双向非对称传播实质上是一把双刃剑。

第一，政府主控传播的必要性。面对影响范围较小、危害程度较低的危机，政府在危机传播过程中采用主控传播的策略将会有助于控制事态的发展。例如各种中小规模的火灾、车祸等，由于其涉及人数较少，政府能够在小范围内控制传播媒介，减少不必要的公众过激反应。

第二，政府主控传播的负面性。面对公共危机时，由于涉及社会全体公众，政府就会缺乏垄断、控制所有信息的能力。尤其是在媒介工具日益多样化的今天，政府所能掌控的只有部分大众媒介，而诸如手机短信息、互联网等新型媒介都是不能为政府所完全控制

① 胡鞍钢主编：《透视 SARS：健康与发展》，10 页，北京，清华大学出版社，2003。

的。同时又由于政府需要按照现代公共行政的公共精神去履行职责，就必须用平等的心态面对公众，而非面对权力；用公共服务的精神去降低官本位形成的“官架子”，而非高高在上。一旦政府在面对公共危机时不能调整传播策略与心态，就会凸显政府主控的负面作用，加剧公众对政府的厌恶、不满等情绪。

案例 河南杞县钴 60 事件

2009 年 6 月 7 日，河南杞县利民辐照厂在完成辐照辣椒粉作业后，因货物跌落造成装有放射源钴 60 的放射盒无法正常回到铅井内的“卡源”现象。故障发生后，辐照厂马上通报了县市领导，并逐级上报到国家环保部。很快，环保部专家也赶到现场，检测结果不会造成核泄漏，不会影响周边环境。6 月 14 日，辐照室内接受辐照加工的辣椒粉由于放射源的长时间照射，温度过高自燃。在消防及环保部门采取灌注水等措施后，引燃物于当晚 24 时得到控制。7 月 12 日，开封市政府召开新闻发布会，通报了相关情况：安全无事，正在处理。

事发一个月间，政府并未向群众公开通报信息，口传和网络就成为杞县居民打探和议论辐照故障的平台。令当地政府想不到的是，事故发生不久，“钴 60 泄漏将引发各种污染事故”、“核辐射导致白血病”等谣言不仅在群众中愈传愈烈，相关谣言帖子也成为网络焦点。7 月 16 日，环保部发布通告，确认当地环境未发现辐射污染现象。但 7 月 17 日随着“放射源将爆炸”谣言的盛传，当地大批群众在无法核实消息正确性的情况下纷纷奔向周边县市“避难”，上演了现代版的“杞人忧天”，汽车、拖拉机、三轮车等各种车辆堵满了该县通往周边县市的道路。杞县县城一度基本沦为“空城”。直至 7 月 17 日下午，杞县政府才通过手机短信的形式，向民众通报情况，并于当晚召开新闻发布会，澄清事实真相。当晚，大部分出走群众陆续返乡，社会秩序趋于稳定。随后，开封市公安机关查清了谣言源头及传播途径，并抓获了 5 名造谣者。

显然，这是一起由当地政府处置安全隐患不力引发的社会事件。从 6 月 7 日钴 60“卡源”事件发生后，到 7 月 12 日开封市政府召开新闻发布会通报情况，前后间隔一个多月，此举引发广泛质疑。信息的不透明直接导致当地谣言滋生、人心惶惶，谣言的散播对当地民众正常的生产和生活秩序造成了很大影响。杞县县委、县政府在这次危机事件中牢牢掌控着公共信息，没有及时、滚动地进行公开发布，信息的流动渠道只限于行政机构内部，这是典型的面向权力而非面向公众的行为。它所导致的后果就是使公众滋生强烈不满，引起社会猜疑和恐慌。

13.3 政府公共关系危机的类型

政府公共关系危机的类型划分可以有不同的角度。本节将主要从如下三个角度来划分：性质、源头和内容。

13.3.1 从政府公共关系危机的性质划分

前文已分析了政府公共关系危机具有的性质，公共性与政治性都是其中之一。按照其性质，可以将政府公共关系危机的类型划分为两种：一为行政性危机；二为政治性危机。

第一，行政性危机。政府公共关系危机具备公共性表明政府首先是作为公共权力的行使者而存在的，它所履行的公共服务职能就是公共行政活动。在进行公共产品以及公共服务提供的过程中，可能面对各种公共危机事件。在危机中政府需要提供更多的公共信息、公共福利等，它所采取的一切行动都表明这是其能力所及的行政性危机。最为常见的行政性危机有自然灾害、公共卫生危机、环境污染危机等。

第二，政治性危机。行政性危机解决不好就可能引发政治性危机。政治性危机对于社会系统的基本价值与政府存在的合法性将直接构成重大威胁。通常这类性质的危机大多表现为由于政府在传播中产生严重的沟通障碍等所带来的巨大社会冲突，政府难以通过行政部门和行政手段来缓解或解决，而要通过政治决策和政治手段来解决。

13.3.2 从政府公共关系危机爆发的源头划分

从政府公共关系危机爆发的源头划分，可以有如下三种类型的危机：一般公务员引发的危机、职能部门引发的危机、领导人引发的危机。

第一，一般公务员引发的危机。政府职能部门的公务员是落实公共行政的责任人和执行者。由于公务员责任心、能力或经验的不足而导致工作失误，从而可能导致危机的发生。因此现代公共行政对于公务员的内在要求就在于具备现代公共行政理念与高素质的管理能力，具备妥善化解矛盾和处理纠纷的能力，以最大限度地避免日常工作中危机的发生。

第二，职能部门引发的危机。公共服务与产品的提供是由政府各职能部门完成的。现代政府内部的各个职能部门在赋予公共行政实践内涵时，往往受“工具理性与技术理性”的影响而出现误区：一是行政生活逐步扩大的商品化和物化；二是组织体系的偶像化或官僚化（bureaucratization）。前者主要的表现为市场等值交换的法则侵入公共行政生活之中，公共权力成为个别部门和少数人谋取私利的工具和手段，因而使公共行政的公正原则受到损害；后者最主要的表现为借以实现公认的最高目标的手段变成了目的，如公共行政体系中为实现公共目的而赋予的权力、职位，被一些人变成了自己实际追求的目的，而对整个公共行政的目标表现出消极的态度和行为。[①] 这两种情况都可能导致政府公共关系的危机。

汕头经济特区的兴衰历程就是对职能部门引发的政府公共关系危机的最好注释。1990—1998年，汕头经济发展迅猛，而高增长的背后却是当地税务部门、海关部门逃税、骗税、走私大行其道。暂时的繁荣最终导致汕头沦为“制假、骗税”的无诚信之地。“信誉危机”给汕头政府和汕头地区整体形象带来巨大冲击，最终引发了一场政府公共关系

---

① 参见张成福：《论公共行政的“公共精神”——兼对主流公共行政理论及其实践的反思》，载《中国行政管理》，1995（5）。

危机。

第三，领导人引发的危机。领导人是政府形象的重要标志。领导人作为的好坏将直接影响政府公共关系的质量。领导人无论是在正式场合，还是在非正式场合都体现着政府理念，其决策、形象等一系列因素都有可能引发政府公共关系危机。

美国前总统克林顿因私生活引发的“拉链门事件”就是对美国联邦政府形象的极大破坏。又例如利比亚领导人卡扎菲由于不注意领导人的身份象征在国际公开场合表现欠佳而影响了政府形象。在突尼斯举行的被视为阿拉伯国家团结象征的阿拉伯国家联盟首脑会议上，卡扎菲中途退场，使会议出现了分裂的迹象。不仅如此，在埃及沙姆沙伊赫召开的阿盟国家首脑会议上卡扎菲还挑起了与沙特王储阿卜杜拉的口角，几乎使首脑会议不欢而散。整个阿拉伯世界有数百万电视观众目睹了阿卜杜拉破口大骂卡扎菲的一幕。[①] 这些都在一定程度上引发了利比亚的政府公共关系危机，使其被美国誉为“流氓国家”，并恶化了与周边国家的关系。

13.3.3 从政府公共关系危机的内容划分

政府公共关系危机的发生首先在于其传播沟通出现了问题，由此引发出一系列与之相关的舆论危机、信誉危机、形象危机、公共信息危机。因此，从政府公共关系危机内容的角度将政府公共关系危机划分为下述四个类型：

第一，舆论危机。舆论危机是指负面消息、非官方的小道消息阻塞传播通道，引起社会心理恐慌。这里所要讨论的舆论危机主要有两个方面的内涵：第一为“口头舆论”危机——谣言；第二为“体态舆论”（或称“行为舆论”）危机——抢购。

谣言是舆论的一种畸形形态。[②] 谣言的传播会促使舆论呈现巨大的负面社会影响。谣言的盛行往往引发舆论关注，形成舆论压力，进而导致舆论危机。参照美国社会心理学家奥尔波特与波茨曼总结的公式，可以更加明晰谣言对舆论危机形成的推动作用。他们提出公式 $R=i\times a$，其中 R＝传闻（谣言）(rumor)，i＝重要度（importance)，a＝模棱度(ambiguity)。这个公式所揭示的是“流行谣言传播广度随其对相关人员的重要性乘以该主题论据的模糊性的变化而变化”[③]。在 2003 年的 SARS 危机中，谣言的广泛传播引发了一系列舆论危机。首先出现的大规模谣言源于 2003 年元旦期间。据传在 2003 年元旦期间，河源发生了一种“怪病”，住进河源人民医院的两位病人传染了 5 名医务人员；接着，中山市也发生该种“怪病”，中山市中医院呼吸科先后收治了 12 个“不明原因性肺炎”病人，他们传染了七八个医务人员；再之后，广州市中山三院也被卷进了谣言旋涡。无数通过手机短信息传播的谣言迅速在广州的城市上空扩散，例如，短信称中山三院已有病人死亡，请勿到该医院就诊，以免传染。据统计，2003 年 2 月 8 日广州市手机短信息传送 4 000 万次，次日传送 4 100 万次，第三天传送 4 500 万次。[④]

这些传闻与谣言的广泛传播说明：此次危机对于公众而言首先是事关生命的重要事

---

① 见 http://www.sina.com.cn，2004-05-24。

② 参见谭芳：《公共危机中的谣言与传媒》，载《城市管理》，2003 (3)。

③ ［美］奥尔波特等：《谣言心理学》，17 页，沈阳，辽宁教育出版社，2003。

④ 关于 SARS 的事件回顾资料来源于《南方日报》、《南方都市报》、《新快报》、《羊城晚报》。

件，其次是由于政府未能及时发布相关的公共信息，公众对突发而至的不明疾病缺乏了解与认识。至 2003 年 2 月 10 日广州市政府正式召开新闻发布会之前，社会舆论已因谣言的广泛散播而呈现危机状态。此时舆论危机对社会、对公众的破坏性都是难以估量的。尤其是舆论危机一经形成就很难得以改善，原因在于公众接受信息的心理具有“首因效应”性。一旦谣言信息占据了公众心理，就难以轻易改变。比如，虽然广州市政府在召开新闻发布会后公众情绪得以舒缓，但在后期又出现了关于“多年哑巴开口说话，放鞭炮驱‘非典’”等更大规模的流言、传言与谣言。

抢购也是一种舆论形式。国内学者刘建明教授将之定义为“体态舆论”或“行为舆论”，因为抢购这种集群行为是舆论支配的结果，也是舆论表达的一种方式。[①] 当这种“体态舆论”能够足以影响社会公众、破坏正常的社会秩序时，就成为舆论危机的一种。

2002 年 12 月 15 日，广东河源“出现怪病”的传言流传之后，随即引发了当地公众的恐慌，出现了大规模抢购抗病毒感冒药的抢购风。进入 2003 年 2 月后，广州公众亦出现大量抢购板蓝根、白醋、口罩等商品的抢购风潮，甚至引发抢购大米、食油和盐的公众恐慌。由于抢购风潮影响面广，公众对前期流言的信任增加，致使新的谣言产生，又引发了更深程度的舆论危机。可见，口头舆论危机与体态舆论危机在整个危机过程中是相互联系、互相推动发展的。口头舆论危机有可能引发体态舆论危机，体态舆论危机又将加深口头舆论危机的程度。

第二，信誉危机。信誉是任何组织存在的基石。对于政府而言，信誉意味着政府不但是“服务政府、责任政府、有限政府”，还是基于契约的“诚信政府”。现代民主理念认为政府的来源在于契约精神的支持。政府的权力来源于公民。公民将公共权力交给政府行使，以实现自身权利的最大化。同时政府亦按照这种授权契约向公众承诺必须履行提供公共服务、管理公共事务、制定公共政策的职能。政府与公众双方的这种契约关系能够得以维持的基础就是信任。

政府公共关系的职能之一就在于建立并维系政府与公众之间的信任关系。如果政府公共关系危机出现，那么这一信任关系的建立与维系就会受损，形成信誉危机。

素有“滨海邹鲁”和“百载商埠”之称的汕头，数百年来商贸发达，人才辈出。特别是改革开放后的汕头经济快速增长，但在 1998 年之后，各种畸形经济带来的问题浮出水面。由海关方面的走私问题，税务部门的偷税、骗税问题以及产品造假问题引发了汕头政府的全面信誉危机。当时在广东流传这样的评语“广东治乱看粤东，粤东治乱看汕头”。汕头在空前的诚信危机中，遭受了重创。以海关为例，汕头海关检查过的货物，到了深圳海关还得重新检查；再以税务为例，国家税务总局向全国下发通知，要求全国各地必须认真审查来自潮汕地区的发票。不仅汕头政府对外失去诚信，更重要的是其与公众之间的关系亦出现了信任危机。当地市民评价政府说：“汕头现在的情况就像一个橘子，看起来还挺光鲜的，但切开后才发现里面都烂了。”[②]

---

① 参见梁庆寅主编：《非典：反思与对策》，139 页，广州，中山大学出版社，2003。

② 见 http://www.toshantou.com/luntan/chaoshan/st008.htm。

从上例可见，政府信誉危机的发生对于政府公共关系有着巨大的破坏力。良好的政府公共关系需要建立并维系健康的信誉关系。

第三，形象危机。政府公共关系的目标就是在公众中树立良好的形象。民主的目标本身就紧紧地同公共关系的目标相匹配。[①] 政府的形象面临危机，就意味着政府体现的民主理念与公共行政精神亦遭受一定程度的破坏。政绩工程不代表政府形象，政府的形象应是体现民主精神的透明、公正、责任、高效的形象。因此，形象危机对于政府而言是最具"杀伤力"的。

2003 年 SARS 疫情席卷全球，其中北美地区的加拿大多伦多市政府在面对这场公共卫生危机时通过一系列政府行为将一场政府形象危机成功消除。

2003 年 4 月 23 日世界卫生组织发出警告，劝诫人们尽可能避免到中国的北京和山西以及加拿大的多伦多旅游。然而，加拿大对此深感不满，认为加拿大的疫情并没有如此严重。加拿大是亚洲以外 SARS 疫情最为严重的国家。由于此前多伦多曾经被世界卫生组织誉为是控制 SARS 疫情较好的一个地方，因此难以接受世界卫生组织的最新旅游"制裁"。又加之多伦多市的主要经济产业是旅游业，如此警告将严重破坏多伦多的旅游城市形象，影响经济发展。因此多伦多市市长当日立即发表讲话：生活在多伦多是安全的，既然生活在这里是安全的，游客到这里来旅游也是安全的。随后其立即宣布建立一个负责监督多伦多从 SARS 中重建的特别工作小组。2003 年 4 月 25 日，多伦多市市长和相关卫生官员向多伦多当地、全国和国际传媒提供了一段录像，提醒世界多伦多仍然是一个安全和健康的旅游目的地。该录像经卫星电视向全世界转播。这些应对政府形象危机的处理办法使公众充分了解到多伦多最新的情况，并产生心理认同感，从而在最短的时间内防止了形象危机可能恶化的危险。之后，加拿大政府又派专人前往日内瓦召开的世界卫生组织大会说服该组织负责人考虑解除其旅游警告。2003 年 4 月 29 日，世界卫生组织取消对多伦多发布的旅游警告。[②] 在为期一周的政府公共关系形象危机应对和处理中，多伦多市政府采取的一系列措施都证明了政府形象的重要意义。缺乏对政府形象的重视就难免会在应对形象危机中错失良机。

第四，公共信息危机。公共信息危机是指由公共信息问题引发的危机，它是政府公共关系危机中的一种。

信息论奠基者香农认为信息就是能够用来消除不确定性的东西。那么所谓的信息危机就是指传播过程中信息不能消除不确定性，从而引发新的危机或加剧已有的危机。

对于信息的理解因学科不同而差别迥异。从经济学上理解，信息就是一种资源，一种可以被大众从不同角度反复利用的资源，并且信息还是一种特殊的资源，信息越公开就越能够使信息资源得到最大限度的利用。从政治学角度来说，信息就是力量，信息就是权力。[③] 信息是继军事、财政、人事权力之外的又一重要权力。基于此，所谓的公共信息就也有两种理解路径：一是认为公共信息就是一种稀缺的公共资源，这种公共资源只能由政

① 参见［美］格伦·布鲁姆等：《有效的公共关系》，409 页。

② 见 http://www.toronto.ca; http://www.thestar.com。

③ 参见黎平、孙炜：《公民知情权与我国信息公开立法之检讨》，载《中国海洋大学学报（社会科学版）》，2004（1）。

府向公众提供；二是认为公共信息就是公共权力的一种，这一公共权力的来源是公众，因此执掌公共信息的政府就应履行将公共权力服务于公众的承诺。

由此，公共信息危机的产生基于以下两种可能：

（1）政府垄断公共信息资源导致公共信息危机。

按照经济学的观点，公共信息是一种稀缺的公共资源。公共信息的这种稀缺性与公共性必然要求政府是唯一的提供者。在公共行政的实践过程中，政府有可能背离公共行政精神而将稀缺资源的唯一供给者变为稀缺资源的垄断者。一旦政府成为公共信息资源的垄断者，那么公共信息的发布与否、发布范围、发布内容等将取决于政府。当政府面对公共危机时，如果依然将公共信息完全垄断，那么导致的后果就是将引发一场公共信息危机，而公共信息危机又将对已发生的公共危机起到推波助澜的作用。

以此观点看待“非典”这场公共卫生危机，不难发现其本质上就是一场公共信息危机。

1）公共信息处于完全垄断状态。

“非典”第一个病例发现的时间是 2002 年 11 月，而广州市政府召开新闻发布会公布疫情的时间是 2003 年 2 月 11 日。在这段时间内，中央政府及各级地方政府都未就此次疫情发布任何信息。2002 年 12 月 15 日，广东省东北部城市河源出现了一种怪病。首先发病的黄某被喻为中国“非典”报告患者第一人。当地产生恐慌，抢购药品成风。河源市疾病预防控制中心曾在当地的《河源报》上刊载声明，指出河源并没发生流行病毒，希望市民不要恐慌，不要乱服药。随后，自 2003 年 1 月 2 日起中山市中医院呼吸科先后收治了 12 个“不明原因性肺炎”病人。该市随即出现抢购药品风潮。在此期间，广州《新快报》记者曾专门赶赴中山采访，但被有关部门拒绝。2003 年 1 月 21 日至 22 日广东省卫生厅组织专家前往中山调查和指导。同时，2003 年 1 月 23 日广东省卫生厅将调查报告印发到各地级以上市卫生局，省直、部属驻穗及厅直属医疗卫生单位。广东省卫生厅向各市卫生局和有关医疗单位通报情况，要求学习和掌握专家组提出的治疗原则和预防措施。但关于这份调查报告以及相关的信息均未向公众公布。

政府将所掌握的疫情信息只局限于各级行政机构内部传播，并严格控制传播疫情消息的大众传播渠道。因此在“非典”危机爆发时期，公共信息完全缺失。政府完全垄断了公共信息资源。

政府对公共信息的垄断直接后果是导致小道消息、流言、谣言蔓延，引发大规模的舆论危机。这些非官方信息代替了官方的公共信息，加剧了包括抢购在内的社会恐慌，即社会心理危机。而这一过程本质上是由公共信息危机引起的。

2）公共信息处于垄断松动状态。

2003 年 2 月 11 日上午，广州市政府正式召开新闻发布会，广州地区的省市电视台采取现场直播的形式，向社会正式公布广东遭遇“非典”病毒袭击的消息。当天下午，广东省卫生厅召开情况通报会。继而，广东各大媒体开始全面报道“非典”。这一时间从 2003 年 2 月 12 日持续到 2 月 25 日。2 月 25 日后，由于“两会”召开，各媒体停止报道“非典”。“非典”报道出现真空长达一个月之久，同时“非典”开始在香港地区流行并开始在北京出现。

自广州市政府召开新闻发布会起，政府完全垄断公共信息的局面显露出松动的迹象。广东各大媒体开始报道“非典”疫情，公共信息所具备的权威性使之前的小道消息、流言等相继消失，公众恐慌、焦虑的心理得以缓解。但在 2003 年 2 月 25 日召开“两会”后，“稳定压倒一切”的传播理念再次将公共信息垄断。

3）公共信息处于竞争状态。

随着“两会”的结束，以及国际社会舆论的压力，中央政府于 2003 年 4 月初介入“非典”公共信息的发布。2003 年 4 月 2 日，时任卫生部部长张文康接受中央电视台专访，首次披露全中国的疫情。4 月 3 日，国务院新闻办公室召开第一次新闻发布会。同时，卫生部“非典”防治工作领导小组正式成立，下设综合组、疫情信息组、医疗组、现场指导组、新闻联络组、文件资料组、外事联络组、技术支持组和监督检查组九个工作组，除监督检查组设在卫生部卫生监督中心外，其他工作组联合办公，并对外公布了热线联系电话。2003 年 4 月 10 日，国务院新闻办公室召开第二次新闻发布会。时任卫生部副部长马晓伟说，中国通报的“非典”疫情报告是可信的。2003 年 4 月 13 日，国务院召开全国“非典”防治工作会议，温家宝同志要求定期公布疫情，用事实说话。

这一系列举措表明中央政府看待公共信息的思路发生了转变。但竞争状态的出现则是在 2003 年 4 月 20 日之后。2003 年 4 月 20 日被誉为公共信息传播的分水岭。在此期间，一系列措施出台，首先是国务院新闻办公室召开第三次新闻发布会。时任卫生部副部长高强公布北京最新疫情，北京“非典”确诊病人和疑似病例，较之前的一天成倍增加。之后，国务院定期召开新闻发布会公开疫情，各级新闻媒体开始全面报道，境外国际媒体也开始纷纷加入。公共信息的公布显示了多方竞争的格局。

4）公共信息再次进入垄断状态。

公共信息再次进入垄断状态不是指政府又进入“哑巴”状态，而是指公共信息发布的垄断形式表现得更加隐秘。政府在这个阶段对公共信息的垄断表现为大规模宣传英模事迹，主导了公共信息的发布内容。进入 2003 年 4 月底，中央宣传的基调由直接公布疫情信息转为树立典型，宣传英模；深入群众，全民动员。

美国传播学者沃纳·赛佛林等人认为传播学意义上的垄断是指传播的信息不涉及主题。从上述分析中可以看出，政府在 2003 年 4 月底之后公共信息发布的内容转向与疫情非直接相关的英模宣传，这是一种隐性的垄断。

（2）政府物化公共权力导致公共信息危机。

政府对公共权力的物化表现在政府行政官员趋于个人私利而进行“权钱交易”、“滥用权力”，从而将掌握的公共信息作为交易的商品。这种原因导致的公共信息危机往往都涉及重大的腐败问题。

2001 年 7 月 17 日凌晨 3 时许，南丹龙泉矿冶总厂拉甲坡矿发生特大透水事故，致使在拉甲坡、龙山和田角锌矿井下作业的 81 名矿工遇难。拉甲坡矿矿长黎家西，龙泉总厂总经理黎东明，分管南丹矿业的县委副书记莫壮龙，南丹县的党政干部万瑞忠、唐毓盛等人相互勾结，在事故发生后掩盖真相，销毁罪证。关于此次矿难的公共信息完全被上述官员封锁、隐瞒，后经媒体突破重重危险与困难才得以报道出来。中央对此高度重视，进行追查，最终使真相水落石出。

13.4 政府公共关系危机管理的原则与策略

13.4.1 政府公共关系危机管理的原则

危机管理所强调的一般原则包括及时、主动、真实、公开等。美国学者格鲁尼格教授在总结一般的原则之上提出了四条公共关系危机管理的原则：关系原则（the relationship principle)、责任原则（the accountability principle)、公开原则（the disclosure principle）和双向传播原则（the symmetrical communication principle)。①

第一，关系原则。关系原则是指一个组织如果平时与公众已建立了良好的长期关系，那么在危机状态时它就能更好地承担危机带来的后果。对于政府而言，建立与维系和公众之间良好的关系需要关注平日的作为，多做关乎百姓的实事。

第二，责任原则。当危机发生时，即使原因不出自自身，组织也要主动承担责任。这一原则对于现代民主政府而言更是题中应有之意。政府享有管理公共事务的权力，就必须承担相应的社会责任。尤其是在危机过程中，政府官员承担责任，将有利于公共危机的解决，有利于公共服务质量的提高。

第三，公开原则。当危机发生时，一个组织必须公开它所知道的一切关乎危机的信息。如果确实不能掌握可靠信息，那就必须承诺在了解后全部加以公布。现代政府应该是透明性政府，世界贸易组织对政府信息公开提出了两大原则：公开性原则与透明性原则。公开公共信息，使政府透明化，这些在危机状态中更加重要。SARS危机证明“流言止于公开”，政府奉行公开与透明的原则就可以防止小道消息的出现，杜绝舆论危机；增强公众的信任感，获得良好的政府形象。

第四，双向传播原则。危机发生时，组织必须将公众的利益视为自身利益来考虑。如此，组织就必须与公众进行真实的沟通，承担社会责任。政府要与公众建立并维系良好的关系、树立良好的形象必须借助传播手段来完成。而民主政府所要求的回应性等就必然要求政府进行双向传播，在这种平等的互动中寻求相互信任、支持与理解。

13.4.2 政府公共关系危机管理的策略

1. 策略之一：谁来“说”

在危机中，政府作为公共信息的主要提供者应当把好“传者关”。为此，政府需要建立专门的危机新闻中心。传者的选择就是解决谁来说的问题，其将直接影响政府公共关系危机的战略管理。

（1）建立完善的危机新闻中心。

危机爆发后，政府内外的一切信息都需要进行系统的调查、归纳与总结。良好的信息管理机构的建立就成为必需，该机构充当着危机传播中信息搜集、发布、传播、反馈的功

① James E. Grunig, Linda Hon, Guidelines for Measuring Relationships in Public Relations, The Institute for Public Relations Commission on PR Measurement and Evaluation, 1999, p. 1.

能。完善的危机新闻中心就是这样一种专门的信息管理机构。它将组织内部的信息搜集起来，掌握第一手的材料，从而建立一个动态的信息库，随时更换新近变化的信息。同时新闻中心又作为政府专职的对外信息发布机构，向媒体、公众发布危机事件的具体情况、组织文化的基本内容等。新闻中心的具体工作还应包括设立专线电话提供 24 小时服务，不间断地满足组织外部公众、媒体的咨询需求。负责接听电话的人员必须经过专业技术培训，具备公共关系素质，能够展现政府的公共行政形象。新闻中心还担当着组织新闻发布会等工作，它能将掌握的信息资料随时提供给新闻发布会的媒体。

（2）设立新闻发言人。

新闻发言人是政府公共关系危机传播中非常重要的要素之一。新闻发言人代表着政府，他的一言一行都事关政府的形象。

1）新闻发言人的选择。新闻发言人必须具备沉着冷静的思考能力、适应突发事件的应变能力、善于言辞的口头表达能力、善于沟通的人际关系能力等，只有具备这些能力，新闻发言人才可能在面临危机时表现出镇定自若的气质，显示政府良好的形象。同时，新闻发言人还必须第一时间接触危机事件的详细内容，掌握政府内外的一切信息。

2）新闻发言人的类型。新闻发言人一般有两种类型：高官发言人和专职发言人。高官发言人是指政府各级领导。这种类型发言人的最大优点是其公布的信息具有权威性、可靠性，公众易于信服，同时能向公众传达政府高度重视危机事件、负责任的无形信息。专职发言人则是指政府的专业人员。这些专业人员平时受过专门训练，掌握新闻发言的技巧和经验，他们长期从事专业工作，善于处理危机事件的信息传播，尤其是面对公众的新闻发布会。这种发言人的优点在于能够体现政府的规范与制度，确保危机处理的规范性操作。

2. 策略之二："说什么"

新闻发言人解决了"谁来说"的问题，接下来的工作就是"说什么"。政府公共关系危机传播过程中，"说什么"就是指政府掌握的公共信息的内容以何种形式对外发布？是政府的所有人员都有权"说"，还是只能授权"新闻发言人"一家言？是向不同的媒体提供不同的信息资源，还是应"一视同仁"？公共关系危机传播中的一句俗语"用一个声音说话"能够回答上述问题：政府进行公共信息传播时，必须指定新闻发言人作为政府的唯一"声音出口"；新闻发言人对外发布尤其是面对媒体的信息最好是由政府相关部门撰写的统一的新闻稿，新闻稿的内容不能使用专业术语，避免公众难以理解。

3. 策略之三："怎么说"

政府公共关系危机传播过程中，新闻发言人根据统一的新闻稿对外发布公共信息时，还面临着"怎么说"的问题。当信息掌握比较充足时，是一次性全部对外公布还是像"挤牙膏式"[①] 地一点一点告诉公众？当公共信息掌握不充足时（如危机事件是比较新型的，暂时无法认识了解），是干脆无可奉告还是发布一些不真实的信息？"和盘托出"、"挤牙膏式"、"无可奉告"等这些"说"的方式在危机传播中都是有弊病的、不可取的。他们都没

① "挤牙膏"是危机管理中的词语，意指组织发言人回避问题的一种状态，每天像挤牙膏一样一点一点地报出信息，这更加剧了人们的恐惧。

有把握好危机传播中信息发布的“度”的原则。政府公共关系危机信息的发布不同于常态下的信息发布，它更强调对公众心理的认知。面对危机，尤其是面对关系到自己切身利益的危机，公众会出现焦虑、猜疑、恐慌甚至是恐惧。而解决公众心理问题的有效办法就是迅速发布危机事件的相关公共信息，减少组织与公众之间的信息不对称，缓解公众的紧张、焦虑与恐惧。然而由于公众的这种心理不可能在产生后通过一次性告知便迅速化解，因此危机信息发布不能采用“一次性告知”方式；相反“无可奉告”更不可取，它只会加剧公众恐慌心理，恶化危机；而“挤牙膏式”的告知方式则不能充分表明组织的诚意，也不可取。

梯度信息发布机制就是针对上述问题采取的一种较为合理的传播方式。它是指遵照危机状态下的公众心理需求，依照信息发布的“度”的原则，政府有计划、分步骤地进行公共信息发布。这种梯度原则不仅表现在分步发布不同程度的公共信息；还表现在梯度地邀请各级领导进行公共信息发布，发布的梯度与领导的级别要相互对称，这样才能达到预期的效果。这种梯度发布不同于“挤牙膏式”，它没有信息数量的限制，会根据信息发布会对公众心理影响的程度来进行信息公布。

13.5 政府公共关系危机管理的操作流程

在任何危机管理过程中，危机生命周期都是制作操作流程最重要的考虑因素。按照美国学者斯蒂芬·芬克的危机生命周期理论，我们将政府公共关系危机管理的流程归纳为以下四个阶段：危机预防（prevention）阶段、危机准备（preparation）阶段、危机反应（response）阶段和危机恢复（recovery）阶段。

13.5.1 政府公共关系危机预防

“危机管理的关键是危机预防。”[①] 政府公共关系危机预防包括两个方面的含义：一是预防危机发生的最好办法是平日注重政府公共关系职能的良好管理，塑造良好形象；二是针对政府公共关系危机建立专门的预警机制。

其一，预防在于平日的良好管理与形象塑造。政府的形象管理主要在于提高美誉度，这需要经过较长时间的传播沟通才能逐步建立起来。政府公共关系危机发生后，政府的形象会受损。政府公共关系危机管理的目的就是最大限度地减少政府形象的受损程度。良好的危机预防措施无疑就是政府平日的良好管理与运作，它所建立的形象资产就是防止危机、预防危机最有效的资源。

其二，政府公共关系危机预防的第二条思路在于：政府在常态下的良好管理固然重要，但随着各种危机爆发的频繁度越来越高，组织发生危机不可避免。诱发危机的原因有很多，除了自身内部因素外，还有更多的原因来自外力的破坏。因此，政府公共关系危机预防需要建立一套完善、有效的危机预警机制。

① ［英］迈克尔·里杰斯特：《危机公关》，130页。

危机预警机制的核心是建立信息监测（预警）系统。危机状态下的公共信息具有不确定性、稀缺性。因此，信息成为危机处理的关键。信息监测系统的建立旨在有效进行危机信息的搜集、分析、整理、预测等。(1) 信息搜集。搜集的信息不仅应包括潜在危机的征兆、信号，还应包括整个政府各职能部门机构的运作状况、人员配备、物资储备等基本情况；不仅应包括政府内部的各种信息，还应包括政府外部的社会信息、媒体信息、公众意见等。(2) 信息分析。对上述搜集到的信息应做具体分析，一类是分析潜在危机的可能性；一类是分析潜在危机的破坏性。同时还应分析潜在危机的种类、诱发原因，以方便危机发生后的迅速处理。(3) 提供预测。根据分析结果，该系统应及时进行预测，使政府能够进入危机准备状态。

2007 年 8 月，受“帕布”和热带辐合带共同影响，广东雷州半岛遭遇特大暴雨。暴雨造成湛江、茂名、梅州三市 116.5 万人受灾，倒塌房屋 3 665 间。由于连日大暴雨，2007 年 8 月 12 日凌晨 4 时，湛江的乌石、北和、覃斗等地出现“湛江大暴雨要引发大地震”的传言，引起当地群众恐慌。面对这些传言与谣言，地方领导没有忽视，而是将其视为重要的信息来监测。8 月 12 日凌晨 5 时许，英利镇镇长先后接到了覃斗镇和英利镇两名退休干部的电话，询问雷州是否会发生地震。之后，当地干部发现传言范围正在不断扩散，于是立即上报上级单位。湛江市地震局、湛江市气象局获悉传言后，在充分分析了信息的内容、流传速度和范围后决定公开辟谣，防止因谣言产生更大的社会危机。在 8 月 12 日上午 8 时 25 分两部门决定利用气象部门的手机短信应急服务平台，向湛江民众发送辟谣短信。8 时 30 分，接到指示的省气象局科技服务中心立即启动应急服务预案，随时向湛江市 140 万手机用户发送紧急短信。8 时 41 分，准备工作就绪，辟谣短信以每小时 50 万条的速度开始下发，湛江民众开始陆续收到由广东省气象部门和地震部门联合发布的短信：“湛江市地震局、气象局特别提醒您：近日没有发生地震，今天早上 4 点钟左右，湛江市雷州乌石、北和、覃斗等地出现地震谣传，请大家不要恐慌!” 10 时 30 分，广东省气象局再次通过手机短信应急服务平台加发另一条免费气象短信，告知湛江民众未来天气动向：“湛江市气象局特别提醒您：未来两天天气仍不稳定，有阵雨、局部大雨，请注意做好防御，并可随时随地拨打 12121 密切关注最新天气。”在短短 3 个多小时内，280 万条免费提醒短信顺利下发，有效平息了一场有可能因谣言引起的社会恐慌。[①]

这则案例生动地说明了危机预防就是最好的危机管理。而危机预防的有效手段就在于重视对信息的侦察、分析与预警。

13.5.2　政府公共关系危机准备

政府公共关系危机准备就是在危机发生之前，在预测可能发生的危机之后，着手建立相应的机构、准备危机中有可能需要的各种物质资料等。具体的准备可分为如下三个部分：

第一，组建危机处理小组。政府的危机处理小组可以是专设机构，也可以是由各部门人员兼职组成的临时机构。危机处理小组必须获得各级政府最高领导的授权，以使其在危

---

①　见 http://www.sina.com.cn，2007-08-13。

机爆发后，能拥有危机处理的最高决策权力，调动所需的资源。为此，危机处理小组的成员必须包括政府的最高决策者和专业性的公共关系人员、管理人员、法律人员、财务人员等。危机处理小组还应承担起危机传播机构的职能，即在政府内部确保危机传播渠道以及反馈渠道的顺畅。

第二，充足的资源保障。资源保障包括两个方面：人力资源和物力资源。人力资源的保障重在对政府内部的公务员进行危机意识的培养，同时要对政府公共关系危机管理的专业人员进行培训，以确保危机处理时有一批训练有素的专职人员。物力资源则应注重政府各职能机构的硬件建设，提供危机处理时所需要的各种物资保障。

第三，仿真“演习”。任何组织的危机预防都要落实到具体的实战演习中，以确保危机意识能够有效转化为行动，并发现与改进危机预案的问题和缺陷。因此，政府可在平日进行仿真训练，增强政府危机管理人员的应变能力。例如北京市公安局、消防局、地铁公司在2007年9月15日组织了地铁灾害事故实战演习。在演习中，地铁司机在发现火情后，立即向行车总调度报告，并将列车开进国贸站，总调度向主管部门报告情况，同时拨打110、119报警，启动应急广播、事故照明和通风排烟系统，组织引导车厢和站台上的乘客紧急疏散和火灾扑救。众多部门在演习中强化了危机意识，提高了危机处理能力。

13.5.3 政府公共关系危机反应

危机爆发后，政府应及时作出反应。这些反应应建立在有条不紊的程序安排上。

第一，调查了解、获取第一手材料。

危机爆发后，政府公共关系职能部门的领导首先要进行危机事件的调查、了解并获取第一手材料，掌握事件发生的原因、类别、性质、目前影响等情况。依据此初步评估形势，做出决策。

第二，制定暂时的对外传播时间表。

危机的爆发意味着危机传播的开始。任何延滞的、虚假的甚至缄默式的对外信息传播都会加剧危机的恶化。因此，制定一个暂时的传播时间表尤为重要。这个时间表可以是12小时的、24小时的或更长时间的。时间长短主要视危机的程度和发展而定，但其基本的做法都是一致的：迅速掌握第一发布权，告知公众、媒体发生了什么危机；成立发布信息的机构，如新闻小组或办公室、新闻中心等；设立媒体询问电话，24小时不间断服务；确定对外新闻发言人；统一新闻稿等。

第三，启动危机管理小组和危机管理预案。

危机爆发后，政府应迅速启动危机管理小组，根据相关预案制定具体的危机管理计划。涉及专业领域的公共危机时，则应在制定危机管理计划时咨询专业人士共同参与决策，确保危机计划的可实施性。危机管理计划必须明确危机解决方案、目标和策略等内容。

第四，处理危机。

危机管理小组按照危机管理计划，实施管理。由于政府公共关系危机使组织与公众、媒体间的传播处于非常态中，因此危机管理小组在实施具体行动时，必须明确目标公众、目标媒体，了解并重视公众，依靠大众媒体进行危机的处理，尽可能将媒体“议程设置”

的正功能发挥出来，避免陷入媒体危机。

第五，总结经验。

危机处理的传播并不代表政府已经渡过了危机。针对危机所进行的经验总结更加必要。经验总结一方面要总结不足。在危机处理过程中，政府公共关系职能部门的缺陷会暴露出来。例如，政府机构设置不合理、缺乏专业的公共关系危机管理人员、缺乏危机预防意识等。另一方面要总结长处。任何政府公共关系危机事件都是政府理念得以展现的机会。在危机中，政府会形成强烈的责任感、公众服务意识，这些都是值得宣扬的政府经验。

在 2004 年 5 月 23 日法国戴高乐机场 2E 候机楼坍塌这场公共危机中，法国政府进行的危机反应是较为快速的，尤其是对外传播可圈可点。它们在事发后一边展开调查，一边制定对外传播时间表，启动了危机管理小组。首先，总统发布讲话。2004 年 5 月 23 日清晨 7 点左右，在危机爆发半个小时之内，第一个进行信息发布的人是法国总统希拉克，他首先表示了“深切同情”，接着发表声明要求立即展开调查，尽快确定原因。这就为法国民众乃至全球公众吃了一颗“定心丸”，表明这一事件无论是何种性质，都会得到法国政府的妥善处置。其次，交通部长发布信息。总统发表声明后，法国交通部长德罗比安发布信息，指出没有任何证据证明当天清晨戴高乐机场的 2E 候机楼部分坍塌事故为恐怖袭击事件。这进一步把此事件的不确定性大幅减少，消减了公众对事件不确定性的怀疑与恐惧。再次，戴高乐机场总裁召开新闻发布会。在当天事故发生两个小时内，法国巴黎戴高乐机场总裁比埃尔·格拉夫在戴高乐机场举行的新闻发布会上回答记者提问，宣布目前已发现遇难者 6 人，有关部门正在进行积极寻找和搜救。最后，机场设计师发布信息，公开致歉。2004 年 5 月 25 日，戴高乐机场设计师安德鲁发表声明，否认自己对这起事故负有责任，但同时对遇难者表示歉意。这样的危机应对措施很好地延缓了危机的恶化速度，逐步消除了公众的疑惑心理，并从政治责任逐步转入行政责任，从政治领域转入专业领域，使公众获取的公共信息渐趋明朗，使整个社会心理趋于平静、理性。

13.5.4　政府公共关系危机恢复

作为社会变革和政治发展的一部分，危机对于一个理性的、有活力的政府而言，能够成为公共政策改进和完善的外动力，以调整公共政策的导向与价值选择。因此，危机事件解决后，危机管理主体在尽快恢复社会结构和功能、重建社会秩序的同时，要有效利用媒体对危机事件进行反思。①

政府公共关系危机的恢复主要是针对总结的经验进行改进，既包括政府的“硬件”改进，也可能包括政府的“软件”提升。美国在处理“9·11”事件时，就充分发挥了政府公共关系职能，从管理到恢复都有众多可圈可点之处。

2001 年 9 月 11 日，美国遭受恐怖主义分子袭击。在这场震惊世界的公共安全危机中，美国政府的危机管理能力以及危机事后恢复能力都成为各国借鉴的对象。

在危机的运作过程中，及时、准确地将重要的公共信息向公众和大众传媒发布构成美国危机管理体系的重要部分。美国危机管理体系对信息的管理涉及两大功能：信息与计划

① 参见薛澜、张强、钟开斌：《危机管理——转型期中国面临的挑战》，128 页。

功能、公共事务支持功能，前者主要为危机管理通信提供技术支持，后者则主要是与社会大众和媒体打交道。设置这两大职能的目的是保证危机状态下准确、及时、连续、易懂的信息得以发布，确保公众对政府危机管理应对绩效和对社会秩序快速、有效恢复持有信心。

在美国危机管理体系中，主要由危机管理的牵头机构（危机爆发前期为联邦调查局，直到司法部长把牵头机构的职责交给联邦紧急事务管理署）负责选择合适的危机事务发言人，就危机事态向媒体和公众发布信息。同时，根据危机事态的发展，由相关联邦机构公共事务官员组成的危机联合信息中心（JIC）也很快建立，这是危机管理信息发布的权威机构，在此之前信息发布则由联邦调查局的战略信息和运作中心（SIOC）负责。“9·11”恐怖事件发生后，CNN中心对公众关闭，有关此次危机的任何消息，就由危机联合信息中心掌握和控制。特别要注意的是，联合信息中心地址的选取必须便于媒体的集中，同时鼓励中央和地方政府、志愿者组织以及私人机构参与和共享联合信息中心的各种资源。

后期灾难救援和恢复阶段，作为牵头机构的联邦紧急事务管理署分派紧急事务信息和媒体事务官负责发布灾难应对、恢复和减缓的相关信息，这些信息的来源包括联邦紧急事务管理署、州政府、地方政府以及支援机构、私人组织等。紧急事务信息和媒体事务官的主要任务是：提供准确、及时的危机信息和媒体一道发布准确、建设性的新闻报道；监控新闻发布，确保重要的危机信息得以传达；确认危机应对和恢复工作中潜在的各种问题；纠正媒体错误或不正确的信息报道等。①

案例　瓮安“6·28”事件后期的政府反思和危机恢复

2008年6月28日，贵州省黔南布依族苗族自治州瓮安县发生一起严重的群体性暴力事件。6月22日晚，该县三中初二学生、17岁的李树芬因不满父母重男轻女而投水自溺。6月22日、25日，瓮安市公安法医、黔南州公安法医分别对李树芬进行尸检，均认定李树芬确系溺水死亡，李树芬家属对尸检结果表示怀疑和不满。6月28日，300多人游行“喊冤”，沿途不断有人加入，最后放火焚烧了县委县政府大楼和公安局大楼，54台车辆和大量文件档案被焚，数万人的骚乱整整持续了7个多小时。事件中不同程度受伤的警察、干部和群众多达258人。6月30日，县城基本恢复正常秩序。

瓮安事件暴露了基层政府治理功能弱化的问题，官民关系紧张缺乏互信，长期积蓄的怨气在偶发事件中被引燃，发展到不可收拾。6月30日，事件初步平息第二天一早，贵州省委书记石宗源赶到瓮安查看现场，走进老百姓家里倾听群众的想法，并召开当地人大代表、政协委员和群众座谈会，他三次鞠躬向百姓道歉，并一针见血地指出大量积案和积怨的存在，导致党群干群警民关系紧张，一些地方、一些部门在思想意识、干部作风和工作方法上还存在很多问题，使部分群众对党委政府的信心不足。同时，贵州迅速启动瓮安“6·28”事件干部问责程序，7月4日，黔南布依族苗族自治州州委及瓮安县委组织部门在瓮安分别宣布原瓮安县委常委、县委政法委书记、县公安局政委罗来平的党内职务已被

① 参见薛澜、张强、钟开斌：《危机管理——转型期中国面临的挑战》，128页。

免去，原县公安局局长申贵荣、县委书记王勤、县长王海平被免职。

7月11日起到10月底，瓮安县委每月开展两次“县委书记大接访”活动，县委书记带头、县级领导干部参加，直接面对群众、接待来访，重点解决群众反映的突出问题，化解各种矛盾纠纷，维护群众合法权益。7月11日当天，该活动就接受群众来访198起，领导接访105起。新任县委书记龙长春表示，通过大接访活动，就是要探索建立起正确处理人民内部矛盾的长效工作机制，使群众话有处说，理有处讲，难有处帮。

两年后的瓮安，群众的安全感由当年不到50%上升为全省第四，全州第一，对干部的满意率由27.6%上升到了85.6%。瓮安事件带来的一个重要警示就是，干群关系的维护和政府公信力的打造是政府在公共事务管理中的重要环节，只有真正深入基层、问需于民，才能获得群众的信任和拥护。

由此可见，政府公共关系危机可能引发政府一系列的信任危机、声誉危机、形象危机。在总结经验的基础上，政府还应进行形象恢复、声誉恢复。政府公共关系的常态管理就可以发挥积极作用：加强政府与公众的了解、沟通，增进理解；逐步恢复政府形象或塑造新形象。危机＝危险＋机会。正如英国著名公共关系学者迈克尔·里杰斯特所言：“危机经常成为组织的一个转折点。它为组织建立富有竞争力的声誉、树立组织的形象和处理组织的重大问题创造了机会。”①

13.6　政府公共关系危机案例

2005年12月初，广东北江韶关段常规水质监测发现镉超标，并呈镉超标的高峰值下移现象。经调查发现，这一现象是由于广东韶关冶炼厂（韶冶）超标排放含镉废水所致。

此次事故引起中国政府各级领导人的高度重视。国家环保总局副局长张力军率环保、城市、供水、卫生、农业等领域的14名专家赶往处于韶冶下游的英德，并会合广东省有关部门在英德成立了北江水污染处理总指挥部，指挥事故处理工作。

事故发生后，广东省委、省政府高度重视，省委书记、省长分别作出重要批示，指出北江水遭污染事关重大，责令韶冶立即停止排放，同时应追究该厂超标排放的责任，严肃处理。2005年12月19日上午，广东省省长召开省政府常务会议，听取省环保局汇报，进行专题研究，提出处理措施，降低污染造成的影响，把损失减少到最低，并迅速成立北江水域污染事故调查处理小组，负责事故调查处理工作。12月19日下午，游宁丰副省长率省直有关部门领导和专家赴英德市。12月20日，省政府办公厅向广州、佛山发出通知，要求启动饮用水应急预案，检查应急措施是否落实到位，切实保障沿江群众饮用水安全。12月22日，广东省省长也从广州赶往英德，副省长也提前结束在外国的访问赶回。

12月18日上午，在查清污染源的前提下，环保部门已责令韶冶对浸镉工序及其马坝分厂实施停产整顿，并关闭了西污水排放口，有效截住了污染源。12月19日的监测显示，

① ［英］迈克尔·里杰斯特：《危机公关》，30页。

北江韶关段镉浓度已有所下降，污染水体正缓慢下移，但仍将影响处于北江下游的英德市区十多万人的饮水安全。

12月18日下午，卫生部门接到英德市关于停止英德部分水厂供应饮用水的申请，立即召开紧急会议，讨论确保相关水域人民群众饮用水卫生安全方面的处理措施，并组织卫生部门有关专家参加北江水域污染事故调查处理小组。12月19日，在省政府常务会议后，卫生部门专家随省领导及相关部门小组成员一同进驻英德。12月20日，省卫生厅发出《关于做好北江流域生活饮用水卫生监督监测工作的紧急通知》至主要受影响的韶关、清远、佛山、广州四市的卫生局及省疾控中心和省卫监所。

在充分听取专家分析和意见的基础上，事故调查处理小组果断作出决策：一方面请英德市立即启用备用水源，尽快接通市郊区长湖水库供水管道；调集周边地区消防车等运水工具以向市区应急供水。另一方面，治污双管齐下：在污水团到达处（建设部门根据调查所得情况与数据，结合所采取的措施，在工程学上推断12月23—28日污染峰值将在南华水厂断面和白石窑水电站断面之间）投放絮凝剂除镉净水；同时，采取上游水库加大排水量稀释污染物的办法，调动南水水库集中排水，快速稀释污染水体。据专家测算分析，经过化学除镉调水稀释后，污染水体到达飞来峡水库时，镉浓度可降至安全饮用水标准内。

与此同时，迅速展开事故查处与污染整治工作，由省监察厅、环保局牵头组成事故责任调查组，尽快查明情况，严肃依法追究单位和人员的责任；由韶关市政府和省国土资源委牵头组成环境执法监督组，立即开展韶关全市污染大检查，坚决落实企业达标排污措施，加大整治力度，关闭违法排污企业。

根据广东省的统一部署，韶关、清远和英德市紧急启动了应急预案，增设水质监测断面至20个，进行水质连续监测，加强协调运作，严密监控污染水体，及时通知沿江居民不要直接饮用污染水源，认真落实各项措施。

其中，根据12月20日英德市水厂采样送省疾控中心的检测结果，事故调查处理小组对两个镉超标水厂作出了如下处理：云山水厂启用备用水源对其供水区进行供水，并进行水质监测；南华水厂每日于8:00—20:00供应非饮用水，同时由消防车在其供水区（水泥厂及其生活区）定时供应饮用水，启动除镉净化改造示范工程并进行水质监测。该除镉净化改造示范工程，是在由环保总局请来的以清华大学环境工程学张教授为主的、集各系统专家的专家组的指导下，在南华水厂水处理区加设除镉工艺，即在净化池区装配自动添加装置，从12月23日早上开始，在弱碱性条件下（加入氢氧化钠）投入聚合硫酸铁、聚合氯化铝为主的化学絮凝剂，降低该厂出厂水（用稀硫酸调至PH值7.5）镉浓度。同时，在该厂下游的白石窑坝上亦采取相似的处理，利用白石窑水电站的水轮机放药，搅拌形成反流，有效地降低该断面及以下水域的镉浓度。该项措施实施至12月28日止。除镉示范工程取得了预期的效果，其成功经验也指导下游的清远等市做好了迎接镉污染团到来的充分的应急准备（见图13—2）。

2005年12月23日晚至26日中午，根据清远疾病中心对22日14:00云山水厂水样的检测结果：云山水厂已启用备用水源，出厂水（0.002 58mg/L<0.005mg/L）符合饮用水标准；南华水厂启动除镉净化改造示范工程（见表13—1）。

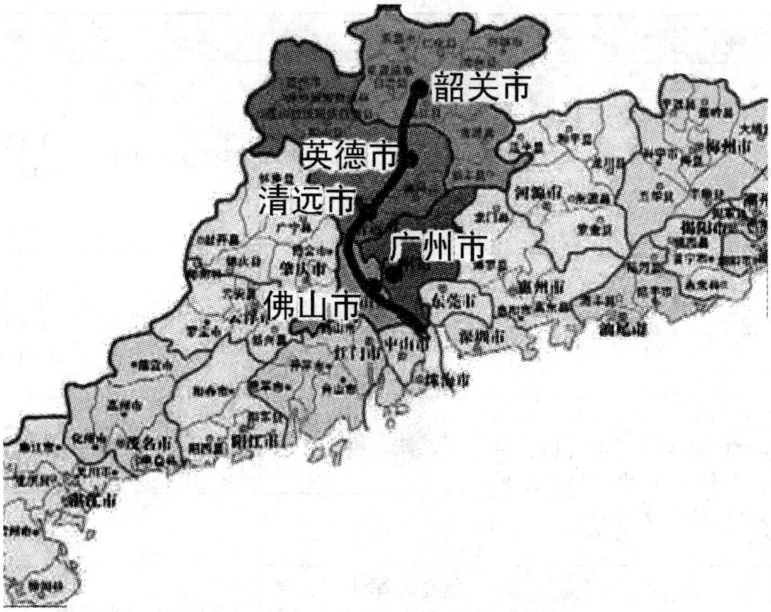

图 13—2　广东北江镉污染示意图

表 13—1　　2005 年 12 月 23 日至 26 日云山水厂与南华水厂水样检测情况

水厂	日期	时间	水样	采样	检测	要求
云山水厂	23—26 日	每天：6:00、14:00	进厂水（1）、出厂水（1）、末梢水（2）	英德疾控中心	英德疾控中心	4 小时内报卫生厅驻英德小组
南华水厂	24 日	晨	入厂水（1）		清远疾控中心	
	试运行后	供水后 1 小时、3 小时	进厂水（1）、出厂水（1）、末梢水（2）			
		之后每隔 2 小时（6:00、16:00 各送一次样）				

注：（1）表示 200ml 水样 1 份。（2）表示 200ml 水样 2 份。

根据 2005 年 12 月 23 日 14:00 至 26 日 14:00 的省环保局北江镉污染事件应急处理水质情况专报：污染带前锋从云山水厂断面向英城桥下断面以下推移，峰值处于南华水厂断面和白石窑水厂断面之间，最高值为 0.044mg/L；北江韶关段镉浓度逐渐下降，至 26 日 10:00，白沙断面以上河段达标；北江清远段自 25 日镉浓度达最高值后开始有所下降，南华水厂断面 26 日 10:00 为 0.028mg/L，云山水厂断面为 0.031mg/L，飞来峡水库出口断面水质达标。

2005 年 12 月 26 日中午至 28 日：南华水厂除镉净化改造示范工程已完工（镉浓度已降至 0.005mg/L 以下），为确保供水区饮用水卫生，专家组讨论决定增加其他检测项目（见表 13—2）。

表 13—2　　　　2005 年 12 月 26 日至 28 日云山水厂与南华水厂水样检测情况

<table>
<tr><th>水厂</th><th>日期</th><th>时间</th><th>水样</th><th>项目</th><th>采样</th><th>检测</th><th>要求</th></tr>
<tr><td>云山水厂</td><td>26—28 日</td><td>每天 8:00</td><td>进厂水（1）、出厂水（1）、末梢水（3）</td><td>镉浓度、色度、浑浊度、臭和味、肉眼可见物、PH、耗氧量、细菌总数、总大肠菌数、游离余氯</td><td>英德疾控中心</td><td>英德疾控中心</td><td>镉浓度 4 小时内报卫生厅驻英德小组</td></tr>
<tr><td rowspan="4">南华水厂</td><td>26 日</td><td>12:00</td><td>出厂水</td><td>生活饮用水水质全部常规检查</td><td></td><td>省、清远、英德的疾控中心</td><td>检验结果及时通报相关部门</td></tr>
<tr><td rowspan="3">26—28 日</td><td rowspan="2">8 小时/次（从零时算起，14:00 送检）</td><td rowspan="2">进厂水（1）、出厂水（1）、末梢水（3）</td><td>镉、铁、氯仿</td><td>英德疾控中心（专用采样瓶由清远疾控中心准备）</td><td>清远疾控中心</td><td rowspan="3">4 小时内报卫生厅驻英德小组</td></tr>
<tr><td>铝</td><td rowspan="2">英德疾控中心</td><td>省职防院</td></tr>
<tr><td>每天 10:00</td><td>末梢水（3）</td><td>色度、浑浊度、臭和味、肉眼可见物、PH、耗氧量、细菌总数、总大肠菌数、游离余氯</td><td>英德疾控中心</td></tr>
</table>

注：（3）表示 200ml 水样 3 份。

根据 2005 年 12 月 27 日 8:00 至 27 日 14:00 的省环保局北江镉污染事件应急处理水质情况专报：污染带前锋向英城桥下断面以下推移，峰值处于白石窑断面，最高值为 0.029mg/L；北江韶关段镉浓度逐渐下降，至 27 日 10:00，白沙断面以上河段稳定达标；北江清远段南华水厂断面 27 日 10:00 为 0.023mg/L，云山水厂断面为 0.026mg/L，飞来峡水库出口断面水质达标。

2005 年 12 月 28—31 日：南华水厂处于除镉净化改造示范工程调试阶段，出厂水镉、铝、铁等指标尚不稳定（27 日 16:00 结果显示：水源水铝浓度为 0.249mg/L，沉淀池出水铝浓度为 1.032mg/L，出厂水铝浓度为 0.903mg/L，超出生活饮用水卫生规范限值 0.2mg/L），未能完全达到生活饮用水卫生规范的要求（见表 13—3）。

表 13—3　　　　2005 年 12 月 28 日至 31 日云山水厂与南华水厂水样检测情况

<table>
<tr><th>水厂</th><th>日期</th><th>时间</th><th>水样</th><th>项目</th><th>采样</th><th>检测</th><th>要求</th></tr>
<tr><td>云山水厂</td><td rowspan="2">28—31 日</td><td>2 天/次 8:00</td><td>进厂水（1）、出厂水（1）、末梢水（3）</td><td>镉、铁浓度、色度、浑浊度、臭和味、肉眼可见物、PH、耗氧量、细菌总数、总大肠菌数、游离余氯</td><td rowspan="2">英德疾控中心</td><td rowspan="2">英德疾控中心</td><td rowspan="2">镉、铁浓度 4 小时内报卫生厅驻英德小组</td></tr>
<tr><td>南华水厂</td><td>随时待命采样</td><td></td><td></td></tr>
</table>

根据 2005 年 12 月 28—30 日的省环保局北江镉污染事件应急处理水质情况专报：污

染带前锋向黎溪断面以下推移，峰值处于白石窑断面，最高值为 0.023mg/L；北江韶关段镉浓度逐渐下降。至 30 日，北江韶关段达标；北江清远段南华水厂断面 30 日为 0.021mg/L，云山水厂断面为 0.018mg/L，飞来峡水库出口断面水质达标。

2005 年 12 月 31 日至 2006 年 1 月 5 日：南华水厂进入除镉净化改造工程最后调试阶段，12 月 31 日凌晨水样检测结果显示：除南华宾馆末梢水镉浓度（0.005 59mg/L）超标外，出厂水、末梢水的其他各项指标均在生活饮用水卫生规范限值之内（见表 13—4）。

表 13—4　　2005 年 12 月 31 日至 2006 年 1 月 5 日云山水厂与南华水厂水样检测情况

<table>
<tr><th>水厂</th><th>日期</th><th>时间</th><th>水样</th><th>项目</th><th>采样</th><th>检测</th><th>要求</th></tr>
<tr><td>云山</td><td>2005 年 12 月 31 日至 2006 年 1 月 5 日</td><td>2 天/次</td><td>出厂水、末梢水</td><td></td><td rowspan="4">英德疾控中心</td><td>英德疾控中心</td><td rowspan="4">4 小时内报卫生厅驻英德小组</td></tr>
<tr><td rowspan="3">南华</td><td rowspan="3">2006 年 1 月 1—3 日</td><td rowspan="2">每天 8:00、12:00（13:00 送省 CDC）</td><td>水源水、滤后水 1 号、滤后水 2 号、出厂水（1）、末梢水（3）</td><td>镉、铁、铝（水源水只检测镉）</td><td>省疾控中心</td></tr>
<tr><td>滤后水 1 号、滤后水 2 号、出厂水（1）、末梢水（3）</td><td>PH、色度、浑浊度、游离余氯</td><td rowspan="2">英德疾控中心</td></tr>
<tr><td>每天 16:00</td><td>水源水、滤后水 1 号、滤后水 2 号、出厂水（1）、末梢水（3）</td><td>镉、铁、铝、PH、色度、浑浊度、游离余氯</td></tr>
</table>

注：云山水厂除镉净化改造工程完成后，英德市疾控中心根据其运行状况，及时加强监测工作；英德市疾控中心要尽快提高实验室检验检测能力和水平，并尽快开展生活饮用水中二价铝离子的检测工作。

根据广东省疾控中心对南华水厂 2006 年 1 月 1 日 8:00 和 12:00 时对出厂水的采样检验结果，经广东省卫生厅组织专家组讨论，卫生厅同意南华水厂于 2006 年 1 月 1 日23:00 恢复饮用水供应，同时加强水厂除镉工艺的规范化管理，保证出厂水的水质稳定。卫生部门进一步加强对北江沿岸水厂水质的卫生监测工作。

本章小结

本章从理论和实践的角度重点阐述了政府公共关系危机管理。本章首先对危机、危机管理、危机传播等学术概念进行了辨析和界定，在此基础之上归纳总结了政府公共关系危机的概念、性质和特征。本章的第三部分分别从性质、源头和内容三个角度划分了政府公共关系危机的类型，并以实例解释说明。本章在介绍了政府公共关系危机处理的关系原则、责任原则、公开原则和双向传播原则等四原则之后，从新闻发布的角度概括了政府公共关系危机管理的策略。本章从四个阶段（危机预防阶段、危机准备阶段、危机反应阶段和危机恢复阶段）分析了政府公共关系危机管理的流程之后，重点分析了北江镉污染事件中的政府公共关系危机管理。

关键术语

危机　危机管理　危机传播　公共关系危机　政府公共关系危机　公共关系危机管理　政府公共关系危机管理

复习思考题

1. 如何理解危机、政府公共危机与政府公共关系危机？
2. 如何理解政府公共关系危机的性质与特点？
3. 政府公共关系危机有哪些基本类型？
4. 政府公共关系危机管理的原则是什么？
5. 结合实例说明政府公共关系危机管理的一般策略。
6. 联系实际说明政府公共关系危机管理的流程。
7. 讨论北江镉污染事件中政府应对的经验与不足。

参考文献

1. ［美］爱德华·赫尔曼，罗伯特·麦克切斯尼．全球媒体．天津：天津人民出版社，2001

2. ［英］桑德拉·奥里弗．战略化公共关系．北京：中国市场出版社，2008

3. 蔡志强．危机治理与社会和谐．长沙：湖南人民出版社，2007

4. 曹随，陆奇．政府机关形象设计与形象管理．北京：经济管理出版社，2002

5. 陈福今，唐铁汉．公共危机管理．北京：人民出版社，党建读物出版社，2006

6. 陈晋胜．群体性事件研究报告．北京：群众出版社，2004

7. 陈耀春．中国政府公共关系．北京：中国经济出版社，1999

8. 程曼丽．公关传播．北京：中国国际广播出版社，1994

9. 程世寿．公共舆论学．武汉：华中科技大学出版社，2003

10. 褚云茂．公共关系与现代政府．上海：上海大学出版社，2002

11. ［美］菲利普·莱斯礼主编．公关圣经．汕头：汕头大学出版社，2004

12. 高世屹．政府危机管理的传播学研究．济南：山东人民出版社，2005

13. ［英］安妮·格里高利．公共关系实践．北京：北京大学出版社，2008

14. ［美］格鲁尼格．卓越公共关系与传播管理．北京：北京大学出版社，2008

15. ［美］格伦·布鲁姆等．有效的公共关系．北京：华夏出版社，2002

16. 郭春甫，定明捷．试论政府形象危机的构成．西南政法大学学报，2005（1）

17. 郭海鹰．与公关高手过招——公关锦囊 168．广州：华南理工大学出版社，2003

18. 郭惠民．危机管理的公关之道．上海：复旦大学出版社，2006

19. 郭庆光．传播学教程．北京：中国人民大学出版社，1999

20. 韩运荣，喻国明．舆论学原理、方法与应用．北京：中国传媒大学出版社，2005

21. 胡百精．公共关系学．北京：中国人民大学出版社，2008

22. 胡百精. 危机传播管理. 北京：中国传媒大学出版社，2005

23. 胡百精主编. 中国危机管理报告（第一卷）. 广州：南方日报出版社，2006

24. 胡百精. 中国危机管理报告 2006. 北京：中国人民大学出版社，2007

25. 胡百精. 中国危机管理报告 2007. 北京：中国人民大学出版社，2008

26. 胡宁生. 政府公共关系教程. 北京：中共中央党校出版社，1996

27. 胡宁生主编. 中国政府形象战略. 北京：中国中央党校出版社，1998

28. 胡钰. 大众传播效果问题与对策. 北京：新华出版社，2000

29. 蒋春堂. 政府形象探索. 北京：中国国际广播出版社，2001

30. 居延安. 公共关系学. 上海：复旦大学出版社，2008

31. 李宏，李民. 传媒政治. 北京：中国传媒大学出版社，2006

32. 李锦红，王谦. 浅谈政府部门公众满意度评价的有效实现途径. 天府新论，2006（1）

33. 李良荣. 当代西方新闻媒体. 上海：复旦大学出版社，2003

34. 李希光. 全球传媒报告（Ⅱ公共形象与危机管理）. 上海：复旦大学出版社，2005

35. 廖为建主编. 公共关系学. 北京：高等教育出版社，2000

36. 廖为建. 论政府形象的构成与传播. 中国行政管理，2001（3）

37. 刘建明. 当代新闻学原理. 北京：清华大学出版社，2003

38. 刘卫. 浅析影响政府形象管理的公众变量. 理论界，2005（3）

39. 刘小燕. 政府形象传播的本质内涵. 国际新闻界，2003（6）

40. 刘小燕. 中国政府形象传播. 太原：山西人民出版社，2005

41. 刘晓红，卜卫. 大众传播心理研究. 北京：中国广播电视出版社，2001

42. [美] 伦纳德·萨菲尔. 强势公关. 北京：机械工业出版社，2002

43. 孟建. 中国公共关系发展报告蓝皮书（2007—2008）. 上海：复旦大学出版社，2008

44. [美] 帕特里夏·基利等. 公共部门标杆管理. 北京：中国人民大学出版社，2002

45. 彭步伟. 信息时代政府形象传播. 北京：社会科学文献出版社，2005

46. 邵培仁. 政治传播学. 南京：江苏人民出版社，1991

47. 史安斌. 危机传播与新闻发布. 广州：南方日报出版社，2004

48. 谭昆智. 公关原理与案例剖析. 北京：清华大学出版社，2008

49. 唐钧. 公共部门的危机公关与管理：政府与事业单位的危机公共关系解决方案. 北京：中国人民大学出版社，2007

50. 唐钧. 政府公共关系策略与实务. 北京：中国传媒大学出版社，2008

51. 童星，张海波. 中国转型期的社会风险及识别——理论探讨与经验研究. 南京：南京大学出版社，2007

52. 汪兴明，李希光. 政府发言人 15 讲. 北京：清华大学出版社，2006

53. 汪秀英. 当代公共关系学. 北京：首都经济贸易大学出版社，2008

54. 吴宜蓁. 危机传播. 苏州：苏州大学出版社，2005

55. 吴友富，于朝晖. 现代公共关系基础教程. 上海：上海外语教育出版社，2006

56. 薛晓源，周战超. 全球化与风险社会. 北京：社会科学文献出版社，2005
57. 颜世富. 关系管理. 北京：机械工业出版社，2008
58. 叶皓. 政府新闻学. 南京：凤凰出版传媒集团，江苏人民出版社，2006
59. 叶皓. 政府新闻学案例. 南京：凤凰出版传媒集团，江苏人民出版社，2007
60. 游昌乔. 危机公关：中国危机公关典型案例及评点. 北京：北京大学出版社，2006
61. 余明阳. 中国公共关系史 1978—2007. 上海：上海交通大学出版社，2007
62. 袁曙宏. 政府形象论纲. 国家行政学院学报，2000 (3)
63. 詹文都. 政府公共关系. 广州：华南理工大学出版社，2004
64. 张观发，佳玉. 政府公共关系概论. 北京：北京邮电出版社，1990
65. 张小玲. 国外政府评估方法比较研究. 软科学，2004 (5)
66. 张学洪. 舆论传播学. 南京：南京大学出版社，1992
67. 赵伟鹏等. 政府公共关系理论与实践. 天津：天津人民出版社，2001
68. 陈向阳主编. 最佳公共关系案例. 北京：清华大学出版社，2007
69. 周运清. SARS 危机对中国政府及其公信力的影响. 武汉大学学报（社会科学版），2003 (4)
70. 邹东升. 危机管理视角下的现代政府形象塑造. 社会科学战线，2005 (2)
71. 邹建华. 如何面对媒体——政府和企业新闻发言人使用手册. 上海：复旦大学出版社，2006

人大版公共管理类教材

公共管理类专业教材——学科基础课教材

书名	作者
现代管理学原理（第三版）（“十一五”国家级规划教材）	娄成武　魏淑艳
一般管理学原理（第四版）	张康之　周　军
管理学基础（第三版）	方振邦
管理学教程	方振邦
政治学原理（第三版）	景跃进　张小劲
现代政治学原理（第四版）	石永义　刘玉萼　张　璋
政治学教程	舒　放　刘琼莲
公共管理学（第二版）	陈振明
公共管理学——一种不同于传统行政学的研究途径（第二版）	陈振明
公共管理学（第二版）（“十二五”国家级规划教材）	蔡立辉　王乐夫
公共管理学（精编版）	王乐夫　蔡立辉
公共管理学（第二版）	张康之　郑家昊
公共管理概论（第二版）	朱立言　谢　明
公共管理学概论	曹现强　王佃利
公共管理学导引与案例（第二版）	王丛虎
公共管理案例	中国人民大学公共管理学院
公共政策导论（第五版）（数字教材版）	谢　明
公共政策概论（第二版）	谢　明
公共政策学——政策分析的理论、方法和技术（“十一五”国家级规划教材）	陈振明
公共政策学	杨宏山
政策科学——公共政策分析导论（第二版）	陈振明
公共政策学导引与案例	陈季修
公共政策案例	中国人民大学公共管理学院
公共经济学（第三版）（“十二五”国家级规划教材）	高培勇
公共经济学教程	秦立建
政府经济学（第四版）（“十一五”国家级规划教材）	郭小聪
政府经济学（第四版）	潘明星　韩丽华

公共管理类专业教材——方法课教材

书名	作者
行政学研究方法与应用案例	萧鸣政
管理定量分析：方法与技术（第二版）	刘兰剑　李　玲
公共管理的方法与技术（第二版）	魏　娜
公共管理实用分析方法	汪明生　胡象明

公共管理类专业教材——行政管理、公共事业管理专业教材

书名	作者
行政法学导论	姜晓萍
行政法学	朱新立　唐明良　李春燕
公共部门人力资源管理（第四版）	孙柏瑛　祁凡骅
公共部门人力资源开发与管理（第五版）（“十二五”国家级规划教材）	孙柏瑛　祁凡骅
公共部门人力资源开发与管理（第三版）	孙柏瑛
公共部门人力资源管理（第三版）	滕玉成　于　萍
公共部门人力资源管理	方振邦

书名	作者
公共部门人力资源管理概论	方振邦
公共部门人力资源管理案例	周均旭
公共人事制度	刘俊生
行政管理学（第四版）	郭小聪
公共行政学（第五版）	彭和平
公共行政学	张康之　张乾友
行政学导论（第三版）	齐明山
行政管理学导引与案例	陈季修
管理心理学（第二版）	范逢春
公共组织行为学（第三版）（“十一五”国家级规划教材）	孙　萍　张　平
公共组织学（第三版）	李传军
行政组织学（第二版）	张　昕　李　泉
公共组织理论	陆明远
公共事业管理概论（第三版）	朱仁显
公共事业管理概论（“十一五”国家级规划教材）	娄成武　李　坚
公共组织财务管理（第三版）（“十一五”国家级规划教材）	王为民
国家公务员制度（第四版）（数字教材版）（“十二五”国家级规划教材）	舒　放　王克良
国家公务员制度概论（第二版）	刘碧强　郗永勤
公务员制度概论	李如海
公务员制度导论	孙德超
行政领导学（第三版）	朱立言　李国梁
领导学（第四版）	邱霈恩
领导学	王自亮
领导学：理念、行为与艺术	祁凡骅
领导学	孙　健
现代市政学（第四版）（数字教材版）	王佃利　张莉萍　高　原
市政管理学（第四版）（“十一五”国家级规划教材）	杨宏山
市政学导引与案例（第二版）	李燕凌
社区管理（第三版）	汪大海　魏　娜　郇建立
社区管理原理与案例	魏　娜
电子政务教程（第三版）（“十一五”国家级规划教材）	赵国俊
电子政府与电子政务（第二版）（“十一五”国家级规划教材）	张锐昕
电子政府概论（第二版）	张锐昕
管理信息系统	张维明　黄金才
行政伦理学教程（第三版）（“十二五”国家级规划教材）	张康之　李传军
公共危机管理导论（“十一五”国家级规划教材）	肖鹏军
公共危机管理概论	王宏伟
公共危机管理	唐　钧
公共危机与应急管理：原理与案例	王宏伟
行政决策学	许文惠　张成福　孙柏瑛
非营利组织管理	吴东民　等
非营利组织管理（第二版）	康晓光
非营利组织管理导引与案例	崔向华　张　婷
当代中国政府与政治	景跃进　陈明明　肖　滨
当代中国政府与行政（第三版）	魏　娜　吴爱明
当代中国政府（第二版）（“十一五”国家级规划教材）	吴爱明
地方政府学概论（第二版）	方　雷
地方政府管理（第二版）	陈瑞莲　张紧跟
管理秘书实务（第三版）	赵锁龙
行政秘书学	唐　钧
公文写作与处理	赵国俊
机关管理的原理与方法（第三版）	赵国俊　陈幽泓

书名	作者
公共部门绩效管理	方振邦
政府绩效管理	方振邦　葛蕾蕾
政府绩效评估	蔡立辉
公共关系概论（第二版）	邹正方
政府公共关系（第二版）（“十一五”国家级规划教材）	廖为建　张　宁
社会管理	汪大海
社会管理——理论、实践与案例	陈振明
西方行政学理论概要（第二版）（“十一五”国家级规划教材）	丁　煌
公共行政学史	何艳玲
公共行政学经典理论导引与案例	付小均
西方公共管理名著导读	汪大海
管理思想史教程	方振邦　葛蕾蕾
文化管理学（第三版）（“十二五”国家级规划教材）	孙　萍
文化创意产业导论	魏鹏举
卫生事业管理（第二版）（“十一五”国家级规划教材）	李　鲁
教育经济与管理（第二版）（“十一五”国家级规划教材）	娄成武　史万兵
现代公用事业管理	崔运武

公共管理类专业教材——劳动与社会保障专业教材

书名	作者
社会保障概论（第六版）（数字教材版）（教育部推荐教材）	孙光德　董克用
社会保障管理（“十一五”国家级规划教材）	邓大松　刘昌平
劳动经济学（“十一五”国家级规划教材）	董克用　刘　昕
劳动法与社会保障法	黎建飞　李　静
人力资源管理	彭剑锋
社会保险学（第三版）	孙树菡　朱丽敏
社会保障基金管理	李春根
社会保险精算原理与实务	王晓军
社会保障国际比较	仇雨临
国际社会保障制度教程	穆怀中
员工福利概论（第二版）（“十一五”国家级规划教材）	仇雨临
医疗保障	王虎峰

公共管理类专业教材——土地资源管理专业教材

书名	作者
土地经济学（第八版）（“十一五”国家级规划教材）	毕宝德
土地法学（中国人民大学“十三五”规划教材）	严金明
土地法学	王守智　吴春岐
土地科学导论	叶剑平
土地资源管理学	张正峰
土地利用规划学	张占录　张正峰
不动产估价（第二版）（“十一五”国家级规划教材）	叶剑平　曲卫东
土地信息系统	曲卫东　韩　琼
地籍管理（第五版）（“十一五”国家级规划教材）	谭　峻　林增杰

公共管理类专业教材——城市管理专业教材

书名	作者
城市管理学（第三版）	杨宏山

书名	作者
城市管理法	王从虎
城市总体规划原理	郐艳丽　田　莉

公共管理硕士（MPA）教材——核心课教材

书名	作者
全国公共管理硕士（MPA）核心课程教学指导纲要	全国公共管理专业学位研究生教育指导委员会
社会主义建设理论与实践（第三版）	李景治　蒲国良
公共管理英语（修订版）	顾建光
公共管理学（第三版）	张成福　党秀云
公共管理学原理（修订版）	陈振明
公共管理导论	竺乾威　朱春奎　李瑞昌
公共政策分析	陈振明
公共政策分析导论	陈振明
公共政策分析概论（修订版）	谢　明
政治学：基本理论与中国视角	任剑涛
公共部门经济学（第三版）	高培勇　崔　军
公共经济学	唐任伍
行政法学（修订版）	皮纯协　张成福
行政法学概论（第三版）	胡锦光
非营利组织管理概论（修订版）	王　名
非营利组织管理	王　名　王　超
公共管理伦理学（修订版）	张康之
社会研究方法	陈振明
定量分析方法（第三版）	谭跃进
电子政务理论与方法（第四版）	金江军
电子政务	吴爱明　何　滨
公文写作概论	高永贵
信息技术及其应用（第三版）	张维明

公共管理硕士（MPA）教材——专业方向必修课、选修课教材

书名	作者
公务员制度教程（第五版）	舒　放　王克良
比较政府与政治（修订版）	卓　越
当代中国政府与政治（第三版）	吴爱明　朱国斌　林　震
公共部门人力资源管理及案例教程（第三版）	陈天祥
领导学	祁凡骅　刘　颖
领导学教程	常　健
领导理论与实践	邱霈恩
西方公共行政管理理论精要	丁　煌
社会管理概论	唐　钧
公共部门绩效评估（修订版）	卓　越
公共危机管理（修订版）	王宏伟
公共部门危机管理（第三版）	张小明
公共部门战略管理（修订版）	陈振明
城市管理理论与实务	杨宏山
公共冲突管理	常　健
MPA 学位论文写作指南	汪大海

图书在版编目（CIP）数据

政府公共关系/廖为建主编. —2版. —北京：中国人民大学出版社，2013.12
21世纪公共管理系列教材　普通高等教育"十一五"国家级规划教材
ISBN 978-7-300-18450-0

Ⅰ.①政…　Ⅱ.①廖…　Ⅲ.①国家行政机关—公共关系学—高等学校—教材　Ⅳ.①D035.1

中国版本图书馆CIP数据核字（2013）第290208号

普通高等教育"十一五"国家级规划教材
教育部普通高等教育精品教材
21世纪公共管理系列教材
政府公共关系（第二版）
主　编　廖为建
副主编　张　宁
Zhengfu Gonggong Guanxi

出版发行	中国人民大学出版社		
社　　址	北京中关村大街31号	**邮政编码**	100080
电　　话	010－62511242（总编室）		010－62511770（质管部）
	010－82501766（邮购部）		010－62514148（门市部）
	010－62515195（发行公司）		010－62515275（盗版举报）
网　　址	http://www.crup.com.cn		
经　　销	新华书店		
印　　刷	北京宏伟双华印刷有限公司	**版　　次**	2010年6月第1版
规　　格	185 mm×260 mm　16开本		2014年1月第2版
印　　张	23 插页1	**印　　次**	2020年9月第6次印刷
字　　数	531 000	**定　　价**	42.00元

教学支持说明

（教学课件）

中国人民大学出版社政治与公共管理出版分社秉承“出教材学术精品，育人文社科英才”的出版宗旨，多年来，出版了大批高质量的公共管理、教育学、政治学、政治理论公共课教材和学术著作。

我们为本教材制作了相应的 PPT 教学课件，任何一位采用本书作为授课教材的教师均可免费获得该课件。为了确保该课件仅为授课教师获得，烦请您填写如下材料，并将相关信息通过 E-mail 发送给我们，我们将在收到相关信息后通过 E-mail 给您发送该课件。欢迎您加入我们的 QQ 群（全国政管教师交流群，群号为 236159213），或登录我社官方网站（www. crup. com. cn），注册并认证成为教师会员，以获得更好的服务。

我们的联系方式：

地址：（100872）北京市中关村大街甲 59 号文化大厦 1202 室

中国人民大学出版社政治与公共管理出版分社

电话：（010） 82502724　62514775（传真）

E-mail：ggglcbfs@vip. 163. com

QQ 群：236159213

兹证明__________大学/学院__________院/系__________专业__________学年第__________学期开设的__________课程，采用中国人民大学出版社出版的____________________（书名、作者）作为本课程教材。授课教师为__________，授课班级共______个、学生______人。授课教师需要与本书配套的教学课件。

联 系 人：____________________

通信地址：____________________

邮　　编：____________________

电　　话：____________________

E-mail：____________________

系/院主任：__________（签字）

（系/院办公室章）

______年_____月_____日